Act on External Audit of Stock Companies, etc

외부감사법

이상복

박영사

머리말

2017년 9월 28일 회계투명성 강화를 위하여 외부감사법 전부개정 법률안이 국회 본회의를 통과하여 공포된 후 1년이 경과한 2018년 11월 1일부터 시행되었다. 이 개정은 1981년 외부감사법이 시행된 이후 처음으로 전부개정한 것이다. 2017년 9월 외부감사법 개정의 폭이 법 제정 이래 가장 방대하고 새로운 제도가 도입되다 보니 종전의 패러다임이 많이 변경되었다.

외부감사법 전부개정 당시의 우리나라는 회계투명성을 위한 제도적 기본 틀이 현실에서 충분히 작동하지 않아 개혁수준의 보완이 필요한 상황이었다. 2015년 8월 대우조선해양의 분식회계 등 대형 회계부정 사건이 발생하였다. 그 결과 회사의 재무제표가 경영진 이해에 맞게 조작되면서 투자자 등 다수의 이해관계자의 피해 발생 및 기업경영 자체에 대한 신뢰를 상실하게 되었고, 회사의 분식회계와 회계법인의 부실감사에 대한 책임론이 확대되었다. 또한 스위스 국제경영개발원(IMD)이나 세계경제포럼(WEF)에서 발표한 우리의 회계투명성 수준은 전 세계 하위권 수준이었는데, 이는 조사방식이 기업의 임직원 대상 설문이라는 점을 감안하는 경우 기업 스스로가 불투명한 회계관리를 인정하는 것이었다. 따라서 우리나라의 회계 투명성 및 신뢰성을 제고해 나가기 위한 근본적인 처방이 필요한 상황이었다.

전부개정된 신외부감사법은 상장주식회사 중심의 회계투명성 제고 과정에서 나타난 유한회사의 주식회사 상장기피 등 부작용을 방지하기 위하여 유한회사를 외부감사 규율대상에 포함하고, 감사인의 독립성과 책임성을 강화하고 감사업무의 품질을 높이기 위하여 회사의 외부감사인 선임절차 등을 개선하며, 회계법인의 품질관리에 관한 제도적 장치를 마련하는 한편, 회계감사기준 위반 등에 대한 행정조치를 정비하고, 회사의 회계 관련 내부통제를 강화하는 가운데, 감사의 독립성과 전문성을 확보할 수 있는 감사인 주기적 지정제를 도입하는 등 제도의 운영과정에서 드러난 미비점을 개선·보완하였다.

저자는 2015년 12월부터 금융위원회 증권선물위원회 비상임위원으로 활동하면서 외부감사법 관련 안건을 다루게 되었다. 외부감사법은 법조문이 방대하지는 않지만 다른 금융관련법 보다 복잡해서 법률, 시행령, 외부감사 및 회계 등에 관한 규정("외부감사규정"), 외부감사 및 회계 등에 관한 규정 시행세칙("외부감사규정 시행세칙") 등을 함께 살펴보고 안건에 적용하는 경우가 많았다. 때로는 자본시장법과 공인회계사법 등을 함께 살펴보아야 관련 사안을 파악할 수 있는 경우도 있었다.

이 책을 집필하면서 실무경험을 바탕으로 다음과 같은 점들에 유념하였다.

첫째, 이해의 편의를 위해 법조문 순서에 구애받지 않고 책의 체계를 구성하였고, 법률, 시행령, 외부감사규정, 외부감사규정 시행세칙 등의 주요 내용을 대부분 반영하였다.

둘째, 실무상 많이 적용되는 외부감사규정 시행세칙상의 「심사·감리결과 조치양정기준」(별표1), 「지정제외점수의 부과 및 적용기준」(별표2), 「독립성의무 위반 및 감사조서 보존 등 의무 위반 조치양정기준」(별표3), 「감사인의 사업보고서 및 수시보고서 제출 등 의무 위반 조치양정기준」(별표4)을 반영하였다. 특히 「심사·감리결과 조치양정기준」은 실무상 매우 중요한 의미를 갖는다.

셋째, 이론을 생동감 있게 하는 것이 법원의 판례와 금융당국의 사례임을 고려하여 판례와 증권선물위원회에서 처리한 외부감사법 위반 주요사례들을 반영하였다.

이 책을 출간하면서 감사드릴 분들이 많다. 바쁜 일정 중에도 초고를 읽고 조언과 논평을 해준 손영채 국장, 김영근 사무관, 정종수 회계사, 홍동균 회계사(변호사)에게 감사드린다. 박영사의 심성보 위원이 정성을 들여 편집해주고 김선민 이사가 제작 일정을 잡아 적시에 출간이 되도록 해주어 감사드린다. 출판계의 어려움에도 출판을 맡아 준 박영사 안종만 회장님과 안상준 대표님께 감사의 말씀을 드린다. 그리고 법률가와 학자로서의 길을 가는 동안 격려해준 아내 이은아와 딸 이가형, 아들 이지형과 함께 출간의 기쁨을 나누고 싶다.

2021년 6월

이 상 복

차 례

제 1 편 서 론

제1장 외부감사법의 목적과 성격

제2장 외부감사법의 연혁

제3장 외부감사법의 법원

제4장 규제감독기관

제 2 편 회 사

제1장 서 설

제2장 외부감사의 대상

제3장 회계처리기준

제4장 재무제표의 작성 책임 및 제출 등

제5장 내부회계관리제도

제6장 감사인의 선임 및 해임

제7장 증권선물위원회의 감사인 지정

제 3 편　감사인

제1장 서 설

제2장 감사인의 자격 제한 등

제3장 주권상장법인 감사인의 등록 및 취소

제4장 감사인의 감사계약 해지

제5장 회계감사기준과 품질관리기준

제6장 표준 감사시간

제7장 감사보고서 및 감사조서의 작성

제8장 감사인의 권한과 의무

제4편 감독 및 행정제재

제1장 감 독

제2장 증권선물위원회의 조치권

제3장 위반행위의 공시 등

제4장 과징금

제5장 과태료

제 5 편 손해배상책임

제1장 서 설

제2장 회사에 대한 손해배상책임

제3장 제3자에 대한 손해배상책임

제4장 손해배상의 범위

제5장 책임이행의 보장

제6장 증권관련 집단소송

제 6 편　형사제재

제1장 서 설

제4장 양벌규정

제
1
편

서 론

외부감사법의 목적과 성격

제1절 외부감사법의 목적

　「주식회사 등의 외부감사에 관한 법률」("외부감사법") 제1조는 "외부감사를 받는 회사의 회계처리와 외부감사인의 회계감사에 관하여 필요한 사항을 정함으로써 이해관계인을 보호하고 기업의 건전한 경영과 국민경제의 발전에 이바지함을 목적으로 한다"고 규정한다.

　외부감사법("법") 제1조의 규정형식을 보면 "외부감사를 받는 회사의 회계처리와 외부감사인의 회계감사에 관하여 필요한 사항을 정함"을 수단으로, "이해관계인을 보호하고 기업의 건전한 경영과 국민경제의 발전에 이바지함"을 목적으로 규정한 것처럼 보인다. 그러나 외부감사법의 직접적이고 제1차적인 목적은 "이해관계인 보호"이고, 기업의 건전한 경영과 국민경제의 발전이라는 것은 이해관계인 보호를 통해 이루어지는 간접적이고 제2차적인 목적이다. 그리고 외부감사를 받는 회사의 회계처리와 외부감사인의 회계감사에 관하여 필

요한 사항을 정하는 것은 이러한 목적들을 달성하기 위한 수단이라고 할 수
있다.

제2절 외부감사법의 성격

외부감사법은 상법에 대하여 특별법적 성격을 갖는다. 외부감사법은 1980
년 12월 31일 법률 제3297호로 제정되었는데, 상법과는 상호보완적인 관계에
있다. 또한 외부감사법은 행정법적 성격을 갖는다. 즉 회사 및 감사인에 대한
감독 및 처분에 관한 규정, 그리고 행정제재인 과징금 및 행정질서벌인 과태료
에 관한 규정을 두고 있다. 또한 외부감사법은 형사법적 성격을 갖는다. 즉 외
부감사와 관계된 공공성을 확보하기 위해 여러 가지 준수사항과 금지사항을 정
해 놓고, 이에 위반하는 경우 형벌인 징역형과 벌금형의 제재를 가하는 규정을
두고 있다.

제3절 외부감사법과 다른 법률과의 관계 등

Ⅰ. 다른 법률과의 관계

회사의 외부감사에 관한 다른 법률을 제정하거나 개정하는 경우에는 외부감
사법의 목적과 기본원칙에 맞도록 하여야 한다(법3①). 공인회계사의 감사에 관
한 자본시장법의 규정이 외부감사법과 다른 경우에는 그 규정을 적용한다(법3②
본문). 다만, 회사의 회계처리기준에 관한 사항은 그러하지 아니하다(법3② 단서).

Ⅱ. 감사 미선임 회사에 대한 특례

다른 법률에 따라 감사를 선임하지 아니한 회사에 대해서는 제8조(내부회계
관리제도의 운영 등), 제10조(감사인의 선임), 제11조(증권선물위원회에 의한 감사인 지

정 등), 제14조(전기감사인의 의견진술권), 제22조(부정행위 등의 보고), 제23조(감사
보고서의 제출 등), 제28조(부정행위 신고자의 보호 등), 제31조(손해배상책임) 또는
제40조(벌칙)에 따른 감사에 관한 사항을 적용하지 아니한다(법37).

외부감사법의 연혁

제1절 외부감사의 의의 및 도입취지

I. 의의

외부감사법상 외부감사에 대한 정의 규정은 없지만 다음과 같이 정의할 수 있다. 외부감사는 회사의 외부인이고 회계전문가인 회계법인 또는 감사반에 의한 회계감사를 말한다. 즉 회사로부터 독립된 제3자인 외부감사인이 경영자가 작성한 재무제표에 대하여 회계감사를 실시하고 이 재무제표가 기업회계기준에 따라 적정하게 작성되었는지 여부에 대하여 전문가로서의 의견을 표명하는 것이다.[1]

외부감사의 대상인 회사는 제3자인 투자자 등으로부터 자금을 조달받아 운영되므로 재무제표의 작성자인 회사만을 믿을 것이 아니라 독립된 전문가인 외

---

1) 정영기·조현우·박연희(2008), "자산규모에 의한 외부감사 대상 기준이 적절한가?", 회계저널 제17권 제3호(2008. 9), 113쪽.

부감사인에게 감사를 맡겨 회계 투명성을 제고함으로써 투자자들의 의사결정이 실재하는 재무정보에 기초하여 이루어지도록 하는 것이다. 이러한 법정의 외부 감사제도로 인해 공인회계사로 구성되는 외부감사인은 공공적 기능을 부여받게 된다.[2]

일반적으로 외부감사는 독립적인 제3자인 외부감사인이 재무제표에 인증을 표명함으로써 회계정보의 신뢰성이 제고된다고 알려져 있다. 또한 투자자의 경제적 의사결정에 도움이 되며 투자자 보호를 위한 자본시장의 중요한 안전장치로 기능한다. 또한 경영자의 이익조정행위를 억제하는 등 정보비대칭의 완화 효과가 있으며, 이로 인하여 자본조달비용 감소로 연결될 수 있다. 특히 주식시장에서 자본조달이 어려운 소규모 비상장회사의 경우 외부감사는 비상장회사의 차입에 있어 대출자로 하여금 정보 불확실성을 감소시켜 차입이자율이 낮아지게하는 효과가 있다.[3]

외부감사는 관련 법률에 따라 의무적으로 감사를 받아야 하는 법정감사와 법률상 의무는 없으나 회사의 자유의사에 따라 외부감사인을 선임하여 회계감사를 받는 임의감사로 나눌 수 있다. 법정감사는 다시 외부감사법에 따른 감사와 그 밖에 자본시장법 등 개별 법률[4]에 따른 감사로 구분할 수 있다. 임의감사 및 개별 법률에 따른 감사의 경우에는 외부감사법의 적용대상이 아니므로 감사업무의 소홀이 있더라도 외부감사법에 따른 민사(제31조 손해배상책임)·행정(제29조 및 제35조)·형사(제39조 이하 벌칙)상 책임이 부과되지 않는다.

Ⅱ. 도입취지

외부감사제도는 외부의 회계전문가가 감사를 담당하므로 감사의 독립성과 적정성이 확보될 것이라는 믿음에 근거하는 제도라고 할 수 있다. 이러한 기대에 부응해서 회계감사 그리고 종국적으로는 회계처리의 적정성을 충분히 확보하여 그에 대한 공신력 내지 신뢰성을 제고하고자 하는 것이 외부감사제도 도입의 취

---

2) 한수진(2016), "회계감사인의 손해배상책임", 서울대학교 대학원 석사논문(2016. 2), 53쪽.
3) 장금주·강민정·김상순(2014), "법정 외부감사에서 배제된 소규모 비상장기업의 이익조정", 회계저널, 제23권 제5호(2014), 241쪽.
4) 자본시장법 제169조 제1항, 공동주택관리법 제26조 제1항, 할부거래법 제18조의2 제1항 등.

지이다.5)

감사인에 의한 회계감사는 감사대상 회사의 재무제표가 회사의 재무상태와 경영성과 및 기타 재무정보를 기업회계기준에 따라 적정하게 표시하고 있는지 여부에 대한 의견을 표명하여 재무제표의 신뢰성을 제고하고 재무제표 이용자가 회사에 관하여 올바른 판단을 할 수 있도록 함을 목적으로 한다.6)

현대의 자본주의 경제에서 중요한 경제활동은 대부분 기업에 의하여 수행되고 있다. 기업은 사회구성원에 의해 제공된 자원을 경영활동을 통하여 확대 재생산하고 다양한 이해관계자에게 분배하는 역할을 하고 있다. 회계는 이러한 경제환경에서 한정된 자원을 효율적으로 이용하고 생산된 부를 재분배하는 데에 유용한 정보를 제공하는 역할을 수행하고 있다. 회계는 기업의 재정상태와 영업실적 등 재무적 정보를 제공함으로써 경제체제 내에서 자원이 어디에서 흘러들어와 어떤 과정을 거쳐 어디로 흘러나가고 있는지, 즉 자원의 흐름과 생산에 관한 정보를 제공한다. 따라서 회계는 기업 내에서는 기업의 언어로, 자본주의 체제 내에서 경제의 파수꾼으로 불리고 있다.7)

제2절 제정배경

Ⅰ. 상법과 증권거래법에 의한 외부감사제도 시행

1. 상법의 제정

1962년 1월 20일 상법의 제정은 근대적 회계의 근간이 되면서 기업회계실무에 큰 영향을 주었다. 특히 가장 중요한 기업형태인 주식회사와 관련하여 수권자본제도, 주식할인발행제도, 상환주식제도 등이 채택되었다. 또한 기업지배구조와 관련하여 이사회제도, 감사의 지위와 권한 등을 규정하였고, 주주의 회계서류

---

5) 이영종(2014), "주식회사 외부감사의 법적지위와 직무수행에 관한 고찰: 기관과 기관담당자의 구별에 기초를 둔 이해를 위한 시론", 증권법연구 제15권 제3호(2014. 12), 510쪽.
6) 대법원 2004. 7. 8. 선고 2002두1946 판결.
7) 주인기·조성표·권선국·나종길(2006), "한국의 경제발전과 회계의 역할", 한국회계학회 학술연구발표회 논문집(2006. 6), 647쪽.

열람권 등 주주의 지위강화와 관련한 제도 등이 규정되었다. 그러나 이미 1958년
에 제정된 기업회계원칙과 재무제표규칙이 손익법적인 입장을 일관되게 적용하
는 반면에 상법은 손익법적인 입장을 일관되게 적용하지 못하고 재산법적 요소
를 갖추고 있어 기업회계실무에 큰 혼선을 가져오게 되었다. 이에 따라 이러한
불일치성은 후일 1984년 상법개정 때 해소되었다.[8]

2. 증권거래법에 법정 외부감사의 도입

외부감사제도는 증권시장의 발달과 함께 도입되었다. 우리나라 증권시장의
태동은 1920년대 주식의 현물거래시장에서 그 기원을 찾을 수 있다. 그런데 증권
시장이 본궤도에 오르게 된 것은 증권거래법이 제정(1962. 1. 15, 법률 제972호)되
고, 이에 따라 그해 4월 1일 대한증권거래소를 주식회사로 전환하면서부터였다.
증권시장의 태동과 함께 기업에 대한 이해관계자가 급증함에 따라 기업 재무제
표에 대한 신뢰성 확보가 시급하였다. 이에 따라 외부감사제도가 요구되기 시작
하면서 이와 관련한 감사기준 및 외부감사 대상기업들이 나타나기 시작하였다.
정부는 1963년 4월 27일 증권거래소 운영을 공영제로 전환하고, 투자자 보호를
보다 강력하게 실천하기 위하여 증권거래법 제126조 제2항의 "계리사에 의한 감
사증명"규정을 신설하였는데, 이것이 외부감사제도와 관련된 최초의 규정이었다.
이 규정은 증권거래소에 상장되어 있는 주식발행인에 대해 계리사에 의한 재무
제표의 감사증명을 받도록 제도화하는 등 내자 동원과 투자자 보호를 위한 획기
적인 조치였다. 이것이 상장법인에 대한 법정 강제감사가 계리사에 의하여 실시
되는 출발점이 되는 셈이었다.[9]

1962년 1월 증권거래법에 제정되어 4월부터 시행되었다. 1963년 4월에 있
었던 증권거래법 제1차 개정으로 상장법인에 대한 공인회계사의 외부감사제도가
도입되었다. 그러나 당시의 경제 사정과 자본시장의 미성숙으로 인해 감사업무
는 크게 활성화되지 못하였다. 1966년 7월 외부감사인의 자격요건을 크게 강화
한 공인회계사법의 제정으로 인해 1950년에 제정된 계리사법이 폐지되었다.
1968년 공인회계사법의 개정에서 조직적인 감사업무를 수행하기 위하여 회계법
인제도를 최초로 도입하였다. 1973년 증권거래법의 개정에서 감사 범위를 확대

---

8) 주인기·조성표·권선국·나종길(2006), 652쪽.
9) 주인기·조성표·권선국·나종길(2006), 653쪽.

하였다. 또한 1976년 증권거래법의 전면 개정으로 상장법인뿐만 아니라 등록법
인도 감사대상에 포함되었다.[10]

Ⅱ. 외부감사제도 도입의 필요성

1. 내부감사제도의 실효성 결여

1980년 12월 31일 "주식회사의 외부감사에 관한 법률"이 제정되기 이전 대
부분의 기업이 형식상 주식회사 형태를 취하고 있었으나 실질적으로는 소유와
경영이 분리되지 않고 있는 실정으로 인해 내부감사제도는 대부분의 경우 독립
성의 결여로 인해 유명무실한 상태였다. 더구나 급속한 경제성장 과정에서 경영
의 상대적 중요성이 강화됨에 따라 감사는 사실상 경영진에 비해 소외되었다. 이
것은 그 당시 상법에 감사인의 선임, 지위와 권한 측면에서 감사의 독립성과 실
효성을 거둘 수 있도록 규정되어 있지 못하였기 때문이었다. 즉 상법에 의한 내
부감사가 기업의 소유와 경영의 미분리로 인해 그 선임에 있어 독립성이 결여되
어 있을 뿐만 아니라 그 선임자격을 구체적으로 규정하고 있지 않아 전문적 지
식을 요구하는 감사업무를 감당할 수 있는 자가 선임되지 않는 경우가 있었다.
그로 인해 운영이 형식적이고 실효성이 없으므로 회계전문가인 공인회계사로 하
여금 회계감사를 담당하게 함으로써 감사의 객관성과 실효성이 보장될 수 있도
록 하였다.[11]

2. 재무구조의 불건전성과 이해관계자의 증대

기업경영의 목표는 이윤의 극대화에 있으며, 기업회계기준에 따라 회계처리
를 하여 기업의 재무상태 및 경영성과를 적정하게 표시하게 된다. 그런데도 그
당시에는 소유와 경영의 미분리로 인하여 기업주 가계와 기업의 회계간에 구분
이 불명확한 경우가 허다하였다. 더구나 기업주의 윤리의식이 결여되어 불요불
급한 경비지출은 말할 것도 없었고, 고의적인 기업자금의 사외유출 등으로 분식

---

10) 권재열(1998), "회계감사와 회계감사인: 주식회사의 외부감사에 관한 법률과 관련하여",
    연세법학연구 제5권 제1호(1998. 5), 468쪽.
11) 이강(2016), "한국 외부감사제도의 생성 및 변천과정에 관한 연구", 가천대학교 일반대학
    원 박사학위논문(2016. 12), 76쪽.

회계 처리가 불가피하여 재무구조의 불건전은 더욱 심화되었다. 따라서 외부감사의 실시를 통해 기업의 과다한 경비지출 억제 및 자금의 효율적 운영으로 재무구조를 개선하여 건전한 회계제도를 확립하고 경비의 효율적 운영을 도모함으로써 재무구조개선과 대외경쟁력을 강화할 수 있도록 하였다. 또한 기업의 대규모화 및 국제화에 따라 그 조직은 복잡하게 되고 자본과 경영이 분리되는 현상을 가져왔으며, 경영에 직접 참여하지 않는 여러 이해관계자가 증대함에 따라 그들의 권익보호를 위해 독립된 제3자인 공인회계사가 해당 기업의 재무제표를 감사하게 됨으로써 그 기업과 관련된 의사결정을 하는데 있어 정확한 제반 정보를 제공하기 위한 외부감사제도가 필요하게 되었다.[12]

Ⅲ. 외부감사법의 제정

1980년 12월 31일 외부감사법 제정 이전 한국의 경제는 국제적 불황에 따른 저성장, 고물가, 실업증가 및 국제수지의 악화 현상이 나타나게 되었다. 수차례에 걸친 경제개발 계획 기간 중 기업은 재정·금융면의 혜택과 세제상의 지원 등을 통해 고속성장을 지속하여 왔으나 1970년대 후반의 국내외 경제여건의 악화에 그 취약성이 쉽게 노출되었다. 이것은 선진국에 비해 타인자본 의존도의 증가, 능력에 넘치는 기업 팽창과 비업무용 부동산의 과다소유 등으로 기업의 재무구조가 불건전해지고, 경쟁적 수출과 생산성 향상 부진으로 인한 국제경쟁력의 약화로 기업의 채산성이 악화되었기 때문이었다. 이에 따라 한국 정부는 지속적인 경제의 안정적 성장을 통한 국민의 복지향상을 위하여 건전한 기업풍토를 방해하는 요인들을 제거함으로써 기업체질을 개선하여 기업을 육성·발전시키기 위한 조치인 "기업체질강화대책"을 1980년 9월 27일 발표하였다. "기업체질강화대책"의 주요내용을 보면 기업의 재무구조개선을 위하여 ⅰ) 비업무용 부동산의 처분 촉진, ⅱ) 재벌그룹의 계열기업정리, ⅲ) 각종 조합 및 협회의 정리, ⅳ) 구제금융의 최대한 억제, ⅴ) 여신관리기능의 강화, ⅵ) 외부감사제도의 확대실시 등이다. 이 중에서 외부감사제도 확대실시의 주요내용은 증권거래법에 의한 상장법인, 여신관리법인, 등록법인 및 합작법인에 대해 실시되는 외부감사 이외에

---

12) 이강(2016), 76-77쪽.

추가적으로 직전 사업연도말의 자본금이 5억원 이상 또는 총자산이 30억원 이상
인 기업은 공인회계사에 의한 외부감사 대상업체로 되었고, 또한 외부감사 전담
기구의 설치 및 회계법인의 대형화 유도 등이 있었다. 따라서 "기업체질강화대
책"의 일환으로 촉진되었던 외부감사제도의 확대실시를 위해 1980년 12월 31일
에 상법의 특별법 형식으로 제정한 "주식회사의 외부감사에 관한 법률"로 입법
화되었다.[13]

제3절 개정과정

Ⅰ. 개정내용 개관

1980년 12월 31일 제정·공포되어 1981년 1월 1일부터 시행된 외부감사법
은 자본시장의 수요에 맞추어 지속적으로 개정되었는데, 외부감사법 개정의 역
사는 우리나라 외부감사제도의 발전과정을 보여주는 것이라 볼 수 있다.

외부감사법의 제·개정이유와 주요내용을 살펴보면 아래와 같다.

1. 1980년 12월 31일 제정(법률 제3297호)

일정 규모 이상의 주식회사에 대하여 외부감사인에 의한 회계감사를 실시함
으로써 내부감사제도의 단점을 보완하고 적정한 회계처리를 유도하여 이해관계
인의 보호와 기업의 건전한 발전에 기여하려는 것이다.

① 외부감사의 대상은 자본금 또는 자산총액이 대통령령이 정하는 기준액
  이상에 해당하는 주식회사로 함.
② 외부감사인은 공인회계사 또는 회계법인이어야 하며, 회사의 규모에 따
  라 감사인의 업무를 제한할 수 있도록 함.
③ 회사는 매사업년도 개시 후 5월 이내에 감사인을 선임하여야 함.
④ 재무부장관은 외부감사 대상회사에 대하여 결산기의 변경을 권고할 수

---

13) 이강(2016), 77-78쪽.

있도록 함.

⑤ 감사보고서를 감리하기 위하여 증권감독원에 감리위원회를 두도록 함.

2. 1983년 12월 31일 개정(법률 제3690호)

정부투자기관관리법 폐지에 따른 다른 법률의 정비가 이루어졌다. 국민경제의 운용에 있어서 큰 비중을 차지하고 있는 정부투자기관의 경영합리화를 촉진하기 위하여 정부투자기관의 관리방식을 사전통제방식에서 사후평가방식으로 전환하고, 그 운영의 자율성을 높이는 한편 정부투자기관의 경영층조직을 의결기능과 집행기능으로 분리하여 집행기능을 전문화하는 등 정부투자기관의 책임경영체제를 확립하기 위한 제도적 장치를 마련하려는 것이다.

3. 1984년 4월 10일 개정(법률 제3724호)

1963년 상법이 시행된 이래 기업의 규모와 경제적 여건의 변화에도 불구하고 20년간이나 개정되지 아니하여 기업현실과 상법규정간의 괴리가 극심하고, 기업사회의 새로운 요구에 부응하지 못하고 있는바, 이에 최근의 경제적 여건과 기업의 실태를 참작하여 회사제도의 남용에 의한 부실기업의 발생을 원천적으로 제거하고, 기업의 자금조달의 편의와 재무구조의 개선을 촉진하며, 주식회사기관의 합리적 재편과 운영의 효율화를 도모하고, 투자자의 이익보호를 위한 제도적 장치를 마련함으로써 우리의 기업현실에 적합한 기업기본법으로서의 체제를 갖추려는 것이다.

4. 1989년 12월 30일(법률 제4168호)

감사인의 독립성을 확보하기 위하여 감사인 선임방식을 개선하고, 감리기구의 개편 및 감리기능의 강화를 통하여 감사보고서에 대한 감리의 실효성을 높이며, 부실감사에 대한 규제를 강화하고, 분식회계처리기업에 대하여 제재를 할 수 있게 함으로써 기업재무제표의 신뢰성과 외부감사의 실효성을 높이려는 것이다.

① 회사가 감사인을 선임하고자 할 경우에는 감사의 제청에 의하여 이사회의 의결을 거쳐 정기총회의 승인을 얻도록 함으로써 감사인의 선임을 엄격히 하고, 감사인의 독립성을 확보하도록 함.

② 회사의 감사인은 종전과 같이 회사가 선임하도록 하되, 감사인이 그 독립성을 유지하기가 어렵다고 인정되는 회사와 특히 공정한 감사가 필요하다고 인정되는 회사의 경우에는 증권관리위원회가 지명하는 자를 감사인으로 선정하도록 요구할 수 있게 함으로써 감사인의 독립성을 확보하고 외부감사의 공신력을 높이도록 함.

③ 증권감독원에 설치된 감리위원회가 수행하여 오던 감사보고서에 대한 감리업무를 증권관리위원회로 하여금 수행하게 하고, 증권관리위원회는 감리업무를 수행함에 있어 필요한 때에는 회사의 회계에 관한 장부와 재산상태를 조사할 수 있게 함.

④ 증권감독원에 외부감사에 관한 각계의 전문가로 구성되는 외부감사심의위원회를 설치하고, 증권관리위원회가 이 법에 의한 업무를 수행함에 있어서 중요사항에 대하여는 사전에 외부감사심의위원회의 심의를 거치도록 함.

⑤ 부실감사등 위법행위를 한 감사인에 대한 제재조치에 관하여 이 법에서 직접 정하고 있던 것을 공인회계사법에서 정하기 위하여 이 법에서는 삭제하는 대신 감사인의 위법행위에 대하여 증권관리위원회가 재무부장관에게 제재조치를 건의할 수 있도록 하는 한편, 특정회사에 대한 감사업무의 제한등의 조치는 증권관리위원회가 직접 할 수 있도록 함으로써 감사인에 대한 제재의 실효성을 높이도록 함.

⑥ 회사는 매년 정기총회를 거쳐 확정된 재무제표를 증권관리위원회에 제출하도록 하고, 회사가 분식회계처리 등을 한 경우에는 증권관리위원회가 유가증권의 발행제한 등의 제재를 할 수 있도록 함으로써 회사의 분식회계처리를 방지하고 재무제표의 신뢰성을 높이도록 함.

⑦ 감사인이 임무해태, 감사보고서 허위기재등으로 회사나 제3자에게 손해를 발생하게 한 경우 그 손해배상책임을 보장하기 위하여 감사인으로 하여금 보험가입등 필요한 조치를 하도록 함.

⑧ 감사인등에 대한 벌칙을 현실화함.

5. 1993년 12월 31일 개정(법률 제4680호)

회계업무의 선진화를 도모하기 위하여 연결재무제표를 작성하여야 하는 주식회사의 범위를 종속회사를 가지고 있는 모든 외부감사대상 주식회사로 확대하고, 경제행정규제의 완화를 위하여 관계조문을 정비하려는 것이다.

① 연결재무제표의 작성대상인 주식회사의 범위를 종전에는 상장법인으로 한정하였으나, 앞으로는 종속회사를 가지고 있는 모든 외부감사대상 주식회사로 확대하여 주주·채권자등 이해관계인에게 정확한 회계정보를 제공하게 하여 기업회계의 신뢰성을 높이도록 함.

② 감사보고서에 대한 감리업무를 종전에는 증권관리위원회가 단독으로 수행하였으나, 업무의 과다로 인하여 감리업무의 적정한 수행이 곤란하므로 앞으로는 증권관리위원회가 감리하지 못하는 법인에 대하여는 공인회계사회가 감리하도록 하기 위하여 감리업무의 일부를 공인회계사회에 위탁할 수 있도록 함.

③ 외부감사심의위원회위원의 위촉시 종전에는 증권관리위원회위원장이 재무부장관과 협의하여 위촉하였으나, 앞으로는 증권관리위원회위원장이 재무부장관과의 협의없이 직접 위촉하도록 함.

④ 회계분식 및 부실감사가 있는 경우 종전에는 부실감사의 책임자만 처벌하도록 하였으나, 회계분식을 근절하기 위하여 앞으로는 회사의 임직원이 허위재무제표를 작성하여 회계분식을 하는 등의 경우에도 처벌할 수 있도록 함.

6. 1996년 12월 30일 개정(법률 제5196호)

회사의 외부감사인 선임절차를 개선하고 회계법인에 대한 공시제도를 도입하여 외부감사의 신뢰성을 제고하는 한편 손해배상공동기금을 설치하여 투자자보호기능을 강화하려는 것이다.

① 회계법인에 대한 공시제도를 도입함으로써 회사가 외부감사인을 선임할 때 감사인에 대한 평가가 가능한 자료가 제공될 수 있도록 함.

② 회사의 외부감사인 선임절차를 개선하여 객관성을 확보함으로써 기업경영의 투명성제고를 위한 기반을 마련함.

③ 투자자보호가 특히 요구되는 상장법인에 대하여는 3개 사업연도단위로

외부감사인을 선임하도록 함으로써 외부감사인의 독립성을 제고함.

④ 감사인평가제도를 제도화하고 평가기준 등을 업계가 중심이 되어 마련하도록 함으로써 외부감사인이 자율적으로 조직을 개선할 수 있는 기반을 마련함.

⑤ 한국공인회계사회에 손해배상공동기금을 설치하여 외부감사인의 손해배상책임능력을 향상시킴으로써 투자자보호기능을 강화함.

7. 1998년 1월 8일 개정(법률 제5497호)

금융감독체계의 개편으로 금융감독위원회 및 증권선물위원회가 설치됨에 따라 외부감사관련 감독기능을 조정하고, 현행 연결재무제표가 회사간 소유관계만을 기준으로 작성되어 개인중심으로 소유관계가 형성되어 있는 우리나라 기업집단의 재무구조와 경영행태를 파악하는 데 한계가 있어, 개인의 출자관계를 포함한 실질적 지배관계에 있는 기업집단의 재무구조를 나타나는 기업집단결합재무제표를 도입하여 감사인의 외부감사를 받도록 함으로써 기업경영의 투명성을 제고하려는 것이다.

8. 1998년 2월 24일 개정(법률 제5522호)

기업집단의 재무구조를 나타내는 기업집단결합재무제표의 시행시기를 앞당기고 상장법인과 대규모기업집단 소속 계열회사에 대한 외부감사인의 공신력을 제고하기 위하여 감사인선임위원회의 설치를 의무화하고, 외부감사인 및 회사의 회계관계인에 대한 벌칙을 강화하여 기업경영의 투명성을 제고하려는 것이다.

① 상장법인과 대규모기업집단 소속기업에 대한 외부감사의 공신력을 제고하기 위하여 감사인선임위원회의 설치를 의무화하고(제4조), 재무제표의 신뢰성과 기업경영의 투명성을 제고하기 위하여 외부감사인 및 회사의 회계관계인에 대한 벌칙을 강화함(제20조).

② 기업집단결합재무제표의 도입시기를 2000년 1월 1일 이후 시작되는 사업연도에서 1999년 1월 1일 이후 시작되는 사업연도로 1년 앞당김(법률 제5497호 부칙 제2조).

9. 2000년 1월 12일 개정(법률 제6108호)

회계처리기준제정업무의 전문성을 제고하기 위하여 동 업무를 전문성을 갖춘 민간기관에 위탁할 수 있도록 하는 한편, 업무를 위탁받은 민간기관은 금융감독원이 징수한 분담금 중 일부를 지원받을 수 있도록 하려는 개정이다.

10. 2001년 3월 28일 개정(법률 제6427호)

회사가 감사인을 선임하는 경우의 감사인 선임절차를 개선하고, 감사인의 책임을 강화하기 위하여 감사인이 감사보고서를 허위로 작성한 경우 등에는 당해 위반사실을 공시하도록 하는 공시제도를 새로 도입하는 한편, 현행 제도의 운영상 나타난 일부 미비점을 개선·보완하려는 것이다.

① 회사가 감사인을 선임하는 경우 종전에는 감사 또는 감사인선임위원회의 제청에 의하여 정기주주총회의 승인을 얻도록 하였으나, 앞으로는 감사 또는 감사인선임위원회의 승인을 얻어 선임하되 그 사실을 사후에 정기주주총회에 보고하도록 감사인의 선임절차를 개선함(제4조 제2항 및 제3항).

② 상장법인 외에 협회등록법인의 경우에도 감사인을 선임함에 있어서 연속하는 3개 사업연도의 감사인을 동일감사인으로 선임하도록 의무화함(제4조의2 제1항).

③ 회사가 감사인을 해임하고자 하는 경우에는 당해 감사인에게 감사 또는 감사인선임위원회에 의견을 진술할 수 있는 기회를 주도록 의무화하고, 해임되는 감사인이 의견을 진술한 때에는 그 내용을 증권선물위원회에 보고하도록 하여 회사가 부당하게 감사인을 해임할 수 없도록 함(제4조의5 신설).

④ 부실감사를 예방하고 회계정보의 신뢰성을 제고하기 위하여 회사 또는 감사인이 회계처리기준에 위반하여 재무제표를 작성한 경우, 감사보고서에 기재하여야 할 사항을 기재하지 아니하거나 허위로 기재한 경우 등에는 증권선물위원회로 하여금 그 위반사실을 공시할 수 있도록 함(제16조의2).

11. 2003년 12월 11일 개정(법률 제6991호)

기업회계 및 경영의 투명성을 높여 투자자를 보호하고, 우리 기업 및 시장에 대한 국내외 신뢰를 높이기 위하여 감사업무를 수행하는 회계법인의 주기적인 교체를 의무화하는 한편, 그 밖의 회계제도의 운영상 나타난 일부 미비점을 개선·보완하였다.

① 외부감사대상인 회사는 회계정보의 작성과 공시를 위하여 회계정보의 검증방법, 회계관련 임·직원의 업무분장 등을 정한 내부회계관리제도를 갖추도록 하고, 감사인은 회사에 대한 감사업무를 수행하는 경우 내부회계관리제도의 운영실태 등을 검토하여 종합의견을 감사보고서에 표명하도록 함(법 제2조의2 및 제2조의3 신설).

② 주권상장법인 및 협회등록법인은 6개 사업연도를 초과하여 동일감사인의 감사를 받을 수 없도록 하되, 외국인투자기업으로서 모기업과의 관계상 연속적인 감사가 불가피한 경우나 회계투명성이 보장되는 기업에 한하여 상장을 허용하는 외국의 증권거래소에 유가증권이 상장되어 있는 경우에는 6개 사업연도를 초과하여 동일감사인의 감사를 받을 수 있도록 함(법 제4조의2 제4항 신설).

③ 감사인은 감사결과를 기술한 감사보고서를 작성하되, 감사보고서에는 감사범위 및 감사의견 등이 포함되도록 하고, 감사인이 감사를 실시하여 감사의견을 표명한 경우에는 감사조서를 작성하여 이를 8년간 보존하도록 함(법 제7조의2 및 제14조의2 신설).

④ 회사의 회계부정에 대하여 증권선물위원회에 신고하거나 당해 회사의 감사인 또는 감사에게 고지한 자에 대하여는 징계나 시정조치 등을 감면할 수 있도록 하고, 회사는 신고 또는 고지한 자에 대하여 불이익한 대우를 하지 못하도록 함(법 제15조의3 신설).

12. 2005년 5월 31일 개정(법률 제7524호)

비공개 중소기업의 현실적인 여건을 감안하여 내부회계관리제도의 구축·운영대상에서 일정한 비공개 중소기업은 2년간 그 적용을 유예하도록 하고, 회사의 회계부정행위에 대한 내부고발로 회사가 불이익한 대우를 한 경우에는 회사 및 임직원에게 연대 손해배상책임을 부과하는 한편, 회계부정행위 신고를 활성화하기 위하여 포상금 제도를 도입하였다.

(1) 내부회계관리제도의 운영 등(제2조의2)

주권상장법인 또는 코스닥상장법인이 아닌 회사로서 대통령령이 정하는 회사에 대하여는 2007년 6월 30일이 속하는 사업연도말까지 내부회계관리제도의 구축·운영 적용대상에서 제외함.

(2) 부정행위 신고자의 보호(제15조의3 제4항 신설)

회사의 회계부정을 신고 또는 고지한 자에게 불이익한 대우를 한 회사·당해 회사의 임원 또는 직원에 대하여 신고자 또는 고지자에게 연대하여 손해를 배상할 책임을 부과함.

(3) 포상금의 지급(제15조의3 제5항 신설)

증권선물위원회는 주권상장법인 또는 코스닥상장법인인 회사의 회계정보와 관련한 부정행위를 신고한 자에 대하여 포상금을 지급할 수 있도록 함.

13. 2007년 3월 29일 개정(법률 제8314호)

금융기관으로 하여금 증권선물위원회의 감리결과 및 조치내용을 신용공여의 심사에 의무적으로 반영하도록 하는 것은 회계처리의 적정성 도모라는 공적 목적을 위하여 사기업인 금융기관의 업무를 제한하는 것으로 과도한 제한이 될 소지가 있고, 금융기관의 여신공여심사는 회사의 채무상환능력, 수익구조, 성장성 등을 종합적으로 고려하여 자율적으로 실시하는 것이 타당한 측면이 있으므로, 증권선물위원회의 감리결과 및 조치내용을 신용공여 심사에 반영할지 여부를 금융기관이 자율적으로 결정할 수 있도록 하였다.

14. 2007년 8월 3일 개정(법률 제8635호[자본시장법])

현재 자본시장을 규율하는 증권거래법, 선물거래법, 간접투자자산 운용업법 등의 법률은 금융기관이 취급할 수 있는 상품의 종류를 제한적으로 열거하고 있어 창의적인 상품개발 등 금융혁신이 어렵고, 금융업의 겸영을 엄격하게 제한하고 있어 시너지 효과를 통한 경쟁력 향상에 한계가 있으며, 각 금융기관별로 상이한 규제체계로 되어 있어 규제차익문제 등 비효율성이 발생하고 있고, 투자자

보호장치가 미흡하여 자본시장에 대한 신뢰를 저하시키는 등 제도적 요인이 자
본시장의 발전에 장애가 되고 있으므로 증권거래법 등 자본시장 관련 법률을 통
합하여 금융투자상품의 개념을 포괄적으로 규정하고, 겸영 허용 등 금융투자회
사의 업무범위를 확대하며, 금융업에 관한 제도적 틀을 금융기능 중심으로 재편
하고, 투자자 보호장치를 강화하는 한편, 자본시장에서의 불공정거래에 대한 규
제를 강화하는 등 자본시장에 대한 법체계를 개선하여 금융투자회사가 대형화·
전문화를 통하여 경쟁력을 갖출 수 있도록 하고, 투자자 보호를 통한 자본시장의
신뢰를 높이며, 자본시장의 혁신형 기업에 대한 자금공급 기능을 강화하는 등 자
본시장의 활성화와 우리나라 금융산업의 발전을 위한 제도적 기반을 개선·정비
하였다.

15. 2008년 2월 29일 개정(법률 제8863호[금융위원회법])

대형화·겸업화·국제화 등 급격히 변화하는 금융환경에 능동적으로 대응하
고 금융산업의 발전을 위하여, 재정경제부의 금융정책기능과 금융감독위원회의
감독정책기능을 통합하여 금융위원회를 설치하고, 금융정책과 감독집행 사항을
명확히 구분하여 금융행정의 책임성을 강화함으로써 금융산업 선진화의 발전 기
반을 마련하였다.

16. 2008년 3월 21일 개정(법률 제8984호)

선의의 소액 투자자를 보호하기 위하여 감사인의 잘못과 원고가 입은 손해
의 인과관계에 관한 입증책임을 감사인에게 부담시키고 있는 제도가 재무정보에
관한 수집·분석능력 등이 뛰어난 금융대출기관 등에게까지 획일적으로 적용될
경우 이를 악용한 남소의 우려가 있으므로 감사인을 선임한 회사, 자금중개기능
을 담당하는 은행, 보험회사, 종합금융회사 및 상호저축은행에 대하여는 원고가
그 입증책임을 지도록 하였다.

17. 2009년 2월 3일 개정(법률 제9408호)

세계적으로 회계기준이 단일화됨에 따라 회계정보의 국제적 비교가능성을
제고할 수 있도록 국제회계기준의 도입 근거 등을 마련하고, 국제적인 기준에 부
합하도록 내부회계관리제도 및 주권상장법인의 감사인 의무교체제도 등 관련 제

도를 정비하는 등 현행 제도의 운영상 나타난 일부 미비점을 개선·보완하는 한 편, 법 문장을 원칙적으로 한글로 적고, 어려운 용어를 쉬운 용어로 바꾸며, 길고 복잡한 문장은 간결하게 하는 등 국민이 법 문장을 이해하기 쉽게 정비하였다.

(1) 결합재무제표 작성의무 등의 폐지(현행 제1조의2 제3호 및 제1조의3 삭제, 제2조)

① 기업의 지배구조 개선 및 계열사 간 지급보증 금지 등으로 결합재무제표에 대한 정보의 효용성이 감소하였음에도 불구하고 결합재무제표 작성이 의무화되어 있고, 결합재무제표 작성 회사를 외부감사의 대상으로 하고 있어 관련 기업에 부담으로 작용하고 있음.

② 결합재무제표의 작성 의무 및 외부감사를 받을 의무를 폐지하되, 2012년 1월 1일 이후 사업연도부터 적용함.

(2) 내부회계관리제도의 적용 대상 축소(제2조의2 제1항)

① 국제적으로 내부회계관리제도는 상장기업만을 대상으로 하고 있으나, 우리나라는 외부감사를 받는 모든 회사를 대상으로 하고 있어, 인력 및 자금력이 부족한 중소기업에 과도한 부담으로 작용하고 있음.

② 주권상장법인이 아닌 회사로서 직전 사업연도 말의 자산총액이 1천억원 미만인 회사는 내부회계관리제도의 적용 대상에서 제외하도록 함.

③ 이에 따라 비상장법인의 부담이 완화되고 국제적인 기준에 부합하는 내부회계관리제도를 운영할 수 있을 것으로 기대됨.

(3) 주권상장법인의 감사인 의무교체 제도 폐지(현행 제4조의2 제4항 삭제)

① 미국, 일본 등 주요국은 감사인의 독립성을 제고하기 위하여 감사참여자만 주기적으로 교체하도록 하고 있으나, 우리나라는 감사참여자 교체 제도와 함께 감사인 의무교체 제도도 함께 운용하고 있어 감사의 효율성이 저하되고 기업과 감사인에게 과도한 부담으로 작용하고 있음.

② 주권상장법인이 6개 사업연도를 초과하여 동일한 감사인을 선임할 수 없도록 한 감사인 의무교체제도를 폐지함.

③ 이와 같이 제도를 개선하여 감사에 대한 규제 수준을 국제적 수준에 맞추고, 감사업무의 효율성이 제고될 것으로 기대됨.

(4) 감사인의 감사계약 해지권 신설(법 제6조 제3항부터 제5항까지 신설)

① 회사의 경우 감사계약 해지권이 있으나, 감사인은 감사계약 해지권이 없

어 감사가 불가능한 경우에도 감사를 해야 하는 문제점이 있음.

② 감사인이 제한된 범위에서 해당 사업연도 중이나 매 사업연도 종료 후 3 개월 이내에 감사계약을 해지할 수 있도록 함으로써 감사인의 과도한 부담을 완화하고 정상적인 감사가 이루어질 수 있을 것으로 기대됨.

(5) 국제회계기준의 도입 근거 마련(법 제13조)

현행 규정은 모든 외부감사 대상 회사에 대하여 단일한 회계기준을 적용하고 있으나, 2011년에 국제회계기준이 우리나라에도 의무적으로 도입됨에 따라 이해관계자가 많은 주권상장법인 등에 대하여는 국제회계기준을 적용할 수 있도록 하였다.

18. 2010년 5월 17일 개정(법률 제10303호[은행법])

은행의 경쟁력을 강화하기 위해 규제 완화를 통해 은행의 업무 영역 및 자산운용상의 자율성을 확대하며, 은행경영의 투명성과 책임성을 제고하기 위해 사외이사 관련 조항의 정비 및 지배구조내부규범을 제정하도록 하고, 금융소비자보호를 강화하기 위해 은행의 꺾기 등 불공정영업행위를 금지하는 한편, 법 문장을 원칙적으로 한글로 적고, 어려운 용어를 쉬운 용어로 바꾸는 등 국민이 법 문장을 이해하기 쉽게 정비하였다.

19. 2013년 5월 28일 개정(법률 제11845호[자본시장법])

금융환경 변화를 적극적으로 수용하면서 우리 금융산업의 도약의 계기를 마련하고 투자자의 자본시장에 대한 신뢰성을 높여 공정한 시장질서를 확립하기 위하여 국내 투자은행 및 자산운용산업 등에 관한 규제체계를 전반적으로 정비하며, 자본시장의 경쟁력 강화를 위하여 다자간매매체결회사 제도, 거래소 허가제 등을 도입하고, 투자자 보호를 위하여 우리 자본시장 질서를 교란하는 불공정거래 등에 관한 규제를 정비하는 한편, 집합투자증권 판매 시 원칙적으로 간이투자설명서를 통해 설명을 하도록 함으로써 투자자의 이해도를 제고하고, 5억원 이내의 범위에서 대통령령으로 정하는 금액 이상의 보수를 받는 임원의 개인별 보수를 사업보고서에 기재하도록 의무화함으로써 기업경영의 투명성을 제고하며, 미공개중요정보 이용행위나 시세조종 등 불공정거래에 대하여 최소한 불법이익금 이상의 벌금이 부과될 수 있도록 벌금형의 하한선을 마련하여 불공정거래행위를 억제하려는 것이다.

20. 2013년 12월 30일 개정(법률 제12148호)

감사인이 고의가 없는 경우 원칙적으로 법원이 귀책사유에 따라 정하는 책임비율에 따라 손해를 배상할 책임을 지도록 하고, 회계부정을 저지른 자의 처벌수준을 상향하는 등 규제를 강화하여 투자자 등 회계정보의 이용자를 보호하고자 하였다.

① 분식회계 등에 대한 증권선물위원회의 조치 및 형사처벌 대상자의 범위에 회사 경영에 영향력을 줄 수 있는 최대주주 등의 상법상 업무집행지시자를 추가함(제16조 제2항).

② 증권선물위원회는 감사보고서의 감리결과 및 이에 대한 조치내용을 금융위원회가 정하는 바에 따라 인터넷 홈페이지에 게시하도록 함으로써 일반인에게 감리결과 등에 관한 정확한 정보를 적시에 제공함(제16조의2 제2항).

③ 손해를 배상할 책임이 있는 자가 고의가 없는 경우에는 법원이 귀책사유에 따라 정하는 책임비율에 따라 손해를 배상할 책임을 지도록 함(제17조 제4항 단서 신설).

④ 대표이사 등 회사 임직원 등이나 회계담당자, 내·외부감사인이 이 법에 따른 의무 위반 시 부과하는 벌칙수준을 상향 조정함(제19조 및 제20조).

21. 2014년 5월 28일 개정(법률 제12715호)

2011년 국제회계기준(IFRS) 전면도입 등으로 한국회계기준원의 업무와 기능이 늘어남에 따라 기관운영에 필요한 재원이 부족한 실정이므로 한국회계기준원에 대한 지원을 확대하도록 하는 한편, 감사인 지정제도의 확대, 「공인회계사법」상 직무제한 규정을 위반한 감사인의 감사계약 해지 의무화, 감사과정의 공개 등을 통하여 회계제도의 투명성 및 감사인의 독립성을 제고하였다.

① 감사인이 공인회계사법상 직무제한 규정을 위반한 경우 해당 감사인과의

감사계약 해지 및 새로운 감사인 선임을 의무화함(제4조 제9항).

② 주권상장법인 중 대통령령으로 정하는 재무기준에 해당하는 회사 등에 대하여 증권선물위원회가 감사인을 지정하도록 하고, 지정받은 감사인을 지정 사업연도 이후 최초로 도래하는 사업연도의 감사인으로 선임할 수 없도록 함(제4조의3 제1항 및 제4항).

③ 감사인은 감사보고서에 외부감사 참여인원, 소요시간 등 외부감사 실시 내용을 기재한 서류를 첨부하도록 함(제7조의2 제3항).

④ 유가증권 발행분담금 중 회계기준제정기관에 지원하는 금액의 상한을 현행 5%에서 8%로 상향조정함(제13조 제6항).

22. 2015년 7월 31일 개정(법률 제13453호[금융회사지배구조법])

글로벌 금융위기 이후 전 세계적으로 금융회사의 바람직한 지배구조에 관한 중요성이 강조되고 있고, 금융회사의 이사회와 감사위원회의 역할 강화 등 금융회사의 지배구조에 관한 규율을 강화할 필요성이 제기됨에 따라, 이사회의 사외이사 비율, 임원의 자격요건 등 개별 금융업권별로 차이가 나는 지배구조에 관한 사항을 통일적이고 체계적으로 규정하여 금융업 간의 형평성을 제고하였다.

또한 이사회와 감사위원회의 기능을 강화하고 위험관리위원회와 위험관리책임자를 두도록 함으로써 금융회사의 책임성을 높이는 한편, 금융회사의 대주주에 대한 자격요건을 주기적으로 심사하도록 함으로써 건전한 경영을 유도하여 금융시장의 안정성을 유지하기 위한 제도적 기반을 마련하였다.

23. 2016년 5월 29일 개정(법률 제14242호[수산업협동조합법])

수산업협동조합중앙회의 이사회 및 상임임원 정수를 축소하여 의사결정의 효율화 및 경영의 책임성을 강화하는 등 수산업협동조합과 중앙회의 운영 및 조직구조와 관련하여 현행 제도의 운영상 나타난 일부 미비점을 개선·보완하였다.

현행법은 선거범죄와 다른 죄의 경합범에 대하여 형을 선고하는 경우 이를 분리하여 선고하도록 하는 규정을 두고 있지 않다. 이에 따라, 결과적으로 선거범죄와 다른 죄의 경합범에 대해 하나의 형을 선고하고 그 선고형 전부를 선거범죄에 대한 형으로 의제하여 임원 자격의 제한 여부를 확정할 수밖에 없도록 하고 있다.

로 전부개정한 것이다. 2017년 9월 외부감사법 개정의 폭이 법 제정 이래 가장 방대하고 새로운 제도가 도입되다 보니 종전의 패러다임이 많이 변경되게 되었다.

2. 전부개정의 배경

(1) 전부개정 당시의 상황

회계투명성을 위한 제도적 기본 틀이 현실에서 충분히 작동하지 않아 개혁 수준의 보완이 필요한 상황이었다. 대우조선해양의 분식회계(2015. 8) 등 대형 회계부정 사건이 발생하였다. 그 결과 회사의 재무제표가 경영진 이해에 맞게 조작되면서 투자자 등 다수의 이해관계자의 피해 발생 및 기업경영 자체에 대한 신뢰를 상실하게 되었고, 회사의 분식회계와 회계법인의 부실감사에 대한 책임론이 확대되었다. 또한 스위스 국제경영개발원(IMD)이나 세계경제포럼(WEF)에서 발표한 우리의 회계투명성 수준은 전 세계 하위권 수준에 있었는데, 이는 조사방식이 기업의 임직원 대상의 설문이라는 점을 감안하는 경우 기업 스스로가 불투명한 회계관리를 인정하는 것이었다. 따라서 우리나라의 회계 투명성 및 신뢰성을 제고해 나가기 위한 근본적인 정책 처방이 필요한 상황에 처해 있었다.[15]

(2) 문제점과 개선방향

(가) 회사

회사의 경우 경영진의 분식회계에 대한 책임의식이 전반적으로 부족하였다. 외부감사를 단순히 비용으로만 인식하여 감사품질보다는 낮은 수임료를 제시하는 회계법인을 선택하는 경향이 있었으며, 외부감사인에 대한 감사자료 협조도 매우 소극적이었다. 따라서 근본적인 인식 전환을 위한 내부통제 기능을 강화할 필요성이 매우 컸다.

(나) 감사인

감사인의 경우를 살펴보면 감사인의 소극적인 감사 자세를 야기하는 감사환경의 문제를 지적할 수 있다. 자유선임제하에서 치열한 수주경쟁 및 저가수주로 인해 감사품질이 저하되고 있었고, 독립성 부족으로 인해 감사인이 회사의 눈치를 보게 되는 구조에 이르렀다. 회사의 비협조적인 외부감사 수감에 대해 의견거

---

15) 금융위원회·금융감독원(2017), "회계 투명성 및 신뢰성 제고를 위한 종합대책"(2017. 1. 20), 1쪽.

절 등 결단력 있는 감사의견 표명으로 대응하기보다는 갑을관계 논리로 정당화하고, 회계업계의 자율규제 기능은 전혀 발휘되지 않고 있는 실정이었다. 따라서 독립적 감사환경 조성을 통한 감사품질의 향상을 도모할 필요성이 컸다.

(다) 감독당국

감독당국의 측면에서는 회계부정에 대한 감독기능의 한계가 문제였다. 즉 회계부정에 대한 제재수준이 낮아 경각심을 유도하기에는 불충분하였고, 감리인력의 부족으로 감리주기가 지나치게 길어짐(상장회사 약 25년)에 따라 회사·감사인이 회계부정에 적발될 가능성이 낮았다는 점이다. 따라서 감독권한을 강화하고 제재수준도 대폭 상향해 나갈 필요성이 있었다.[16]

3. 전부개정법의 주요내용

상장주식회사 중심의 회계투명성 제고 과정에서 나타난 유한회사의 주식회사 상장기피 등 부작용을 방지하기 위하여 유한회사를 외부감사 규율대상에 포함하고, 감사인의 독립성과 책임성을 강화하고 감사업무의 품질을 높이기 위하여 회사의 외부감사인 선임 절차 등을 개선하며, 회계법인의 품질관리에 관한 제도적 장치를 마련하는 한편, 회계감사기준 위반 등에 대한 행정조치를 정비하고, 회사의 회계 관련 내부통제를 강화하는 가운데, 감사의 독립성과 전문성을 확보할 수 있는 감사인 주기적 지정제를 도입하는 등 제도의 운영과정에서 드러난 미비점을 개선·보완하였다.

(1) 법률의 제명 변경 및 체계 정비

법률의 규율대상확대 등을 반영하여 법률 제명을 「주식회사의 외부감사에 관한 법률」에서 「주식회사 등의 외부감사에 관한 법률」로 변경하고 법률체계를 전반적으로 정비하였다.

(2) 유한회사에 대한 외부감사 도입(제2조 제1호 및 제4조)

회계감독 관련 규제의 형평을 도모하고 회계정보 이용자의 올바른 판단을 유도하기 위하여 주식회사와 경제적 실질이 유사한 유한회사도 감사인에 의한 외부감사를 받도록 하였다.

---

16) 금융위원회·금융감독원(2017), 2쪽.

(3) 외부감사 대상 선정기준에 매출액 기준 도입(제4조 제1항 제3호)

외부감사 대상이 되는 회사의 범위를 정함에 있어 자산·부채·종업원 수 외에 회사의 규모, 이해관계자, 재무상황 등과 관련성이 높은 매출액을 선정기준에 추가하였다.

(4) 회사의 감사 전 재무제표 제출의무 강화(제6조 제2항부터 제5항까지 및 제30조 제1항)

회사가 감사인 및 증권선물위원회에 재무제표를 사전제출하지 않은 경우 그 사유를 공시하도록 하고, 증권선물위원회는 해당 위반사실을 공시할 수 있도록 하였다.

(5) 회사의 재무제표 대리작성 요구 등 금지(제6조 제6항)

감사인의 독립성을 강화하기 위하여 감사인에게만 회사의 재무제표 대리작성, 회계처리 자문행위 금지의무를 부과하던 것을 회사에 대해서도 이러한 행위를 감사인에게 요구하지 못하도록 하였다.

(6) 회사의 내부통제 실효성 강화(제8조 제4항 및 제6항)

내부회계관리제도 운영실태 등을 회사의 대표자가 직접 주주총회 등에 보고하도록 하고, 상장법인에 한해 내부회계관리제도에 대한 인증수준을 현행 "검토"에서 "감사"로 상향하였다.

(7) 대형비상장주식회사 및 금융회사에 대한 회계규율 강화(제9조 및 제10조)

이해관계자 보호 필요성이 높은 대형비상장주식회사 및 금융회사에 대해 감사인의 자격 및 선임 등과 관련하여 상장회사에 준하는 회계규율을 적용하였다.

(8) 상장법인 감사인 등록제도 도입(제9조의2)

상장법인의 외부감사는 감사품질 관리를 위하여 일정 요건을 갖추어 금융위원회에 등록한 회계법인만 할 수 있도록 하였다.

(9) 감사인 선임 기한 변경(제10조 제1항)

회사는 매 사업연도 개시일부터 45일 이내에 감사인을 선임하도록 하되, 감사위원회를 의무적으로 설치하여야 하는 회사는 매 사업연도 개시일 이전까지 감사인을 선임하도록 하였다.

(10) 감사인 선임절차 개선(제10조 제4항)

감사인 선임절차의 투명성 확보를 위하여 회사 경영진이 감사 또는 감사인 선임위원회의 승인을 받아 감사인을 선임하던 것을 감사 또는 감사위원회가 선정한 자를 선임하도록 변경하였다.

(11) 감사인 지정 사유 확대(제11조 제1항)

회사의 재무제표 작성의무 위반, 최근 3년간 최대주주(2회) 또는 대표이사(3회) 교체가 빈번한 회사, 주채권은행 또는 대통령령으로 정하는 주주의 요청, 제16조의2 제1항에서 정한 표준 감사시간에 현저히 미달한 경우 등을 감사인 지정 사유로 추가하며, 기존의 감사인 지정 사유인 상장법인 재무기준 요건을 일부 강화하였다.

(12) 상장법인 등에 대한 주기적 감사인 지정제 도입(제11조 제2항 및 제3항)

감사인의 독립성을 확보하고 감사품질을 개선하기 위하여, 상장법인 및 소유·경영 미분리 회사에 대해 연속하는 6개 사업연도의 감사인을 회사가 선임한 이후에는 증권선물위원회가 지정하는 감사인을 선임하도록 하는 주기적 감사인 지정제를 도입하였다. 다만, 최근 6년 이내에 감리를 받은 결과 회계부정이 발견되지 않은 경우, 그 밖에 대통령령으로 정하는 바에 따라 회계처리의 신뢰성이 양호한 경우는 주기적 감사인 지정대상에서 제외하였다.

(13) 표준 감사시간 도입(제16조의2)

한국공인회계사회에서 표준 감사시간을 정할 수 있도록 하되, 대통령령으로 정하는 바에 따라 금융감독원 등 대통령령으로 정하는 이해관계자의 의견을 청취·반영하도록 하고 3년마다 타당성을 재검토하도록 하였다.

(14) 감사업무의 품질관리기준 근거 마련 및 회계법인의 감사품질 관리 강화 (제17조 및 제29조 제5항부터 제7항까지)

감사업무의 품질관리기준에 대한 법적 근거를 마련하고, 품질관리기준에 대한 감사인 대표자의 책임을 명시하며, 증권선물위원회가 품질관리감리 결과에 따른 개선권고, 그 이행여부 점검 및 미이행 사실의 외부 공개를 할 수 있도록 하였다.

(15) 회계처리기준 위반에 대한 감사 또는 감사위원회의 처리절차 강화(제22조 제3항부터 제5항까지 및 제47조 제2항)

내부감사는 회계부정 발견 시 외부전문가를 선임하여 조사·시정조치하고 그 결과를 증권선물위원회와 감사인에게 제출하도록 하였다. 이 경우 필요한 자료나 정보, 자금 등을 회사 대표에게 요청할 수 있으며, 요청에 불응한 회사 대표에 대해서는 과태료를 부과하도록 하였다.

(16) 회계법인에 대한 보고의무 강화(제25조 제2항 및 제5항)

회계법인의 사업보고서 제출 시 연차별 감사투입 인력 및 시간, 이사 보수, 이사의 징계내역 등을 추가 기재하도록 하며, 상장법인의 감사인인 회계법인은 그 법인의 경영, 재산, 감사업무의 품질관리 등에 중대한 영향을 미치는 사항이 발생한 경우 이를 증권선물위원회에 수시보고하도록 하였다.

(17) 회계감사기준 위반 등에 대한 조치 정비(제29조 제3항 및 별표 1)

공정·타당하다고 인정되는 회계감사기준에 따르지 아니하고 감사를 실시하는 등의 행위를 한 감사인에 대하여 손해배상공동기금 추가적립 명령, 감사업무의 제한, 경고 및 주의 등의 조치를 할 수 있도록 하였다.

(18) 회계법인 대표이사 등 제재 신설(제29조 제4항 및 별표 2)

금융위원회가 정하여 고시하는 회사에 대한 중대한 감사 부실이 발생한 경우 품질관리기준에 따른 업무설계·운영을 소홀히 한 대표이사(품질관리업무 담당이사 포함)에 대하여 제재조치를 할 수 있는 근거를 마련하였다.

(19) 회사 및 감사인에 대한 과징금 제도 도입(제35조 및 제36조)

분식회계 회사에 대해서는 분식회계 금액의 20%, 회사의 회계업무를 담당하는 자 등에 대해서는 회사에 대한 과징금의 10%, 부실감사를 한 감사인에 대해서는 감사보수의 5배를 각각 초과하지 않는 범위에서 과징금을 부과할 수 있도록 하였다.

(20) 회계부정 관련 제재 강화(제29조 제1항, 제31조 제9항, 제39조, 제40조, 제45조 및 제48조)

분식회계를 한 회사 임원에 대한 직무정지 조치 신설, 회계부정 관련 징역 및 벌금의 상향 및 병과, 필요적 몰수·추징 규정, 감사인의 손해배상책임 시효연장 등 회계부정 관련 제재를 강화하였다.

(21) 내부신고자 보호 강화(제41조 제5호, 제43조 및 제47조 제1항)

내부신고자의 신분 등에 관한 비밀을 누설하거나 내부신고자에게 불이익한 대우를 한 자에게 벌금 또는 징역 및 과태료를 부과하도록 하였다.

외부감사법의 법원

제1절 외부감사법

　외부감사법은 "외부감사를 받는 회사의 회계처리와 외부감사인의 회계감사에 관하여 필요한 사항을 정함으로써 이해관계인을 보호하고 기업의 건전한 경영과 국민경제의 발전에 이바지함"(법1)을 목적으로 하는 외부감사에 관한 기본 법률이다. 외부감사법의 구조는 그 목적과 회사와 감사인 등에 대한 정의를 규정하고, 회사 및 감사인에 관한 규정, 감독 및 처분에 관한 규정, 벌칙에 관한 규정을 두고 있다.

제2절 관련법규 및 판례

Ⅰ. 법령 및 규정

1. 법령

외부감사법 이외에 외부감사와 관련된 법률로는 금융위원회법, 공인회계사법, 자본시장법, 상법 등이 있다. 또한 법률 이외에 시행령과 시행규칙은 중요한 기준을 정하고 있다.

2. 규정

법령 이외에 구체적이고 기술적인 사항을 신속하게 규율하기 위하여 금융위원회가 제정한 규정이 적용된다. 특히 「외부감사 및 회계 등에 관한 규정」("외부감사규정")이 중요한 기능을 수행하고 있다.

또한 「외부감사 및 회계 등에 관한 규정 시행세칙」("외부감사규정 시행세칙")이 별표에서 규정하고 있는 「심사·감리결과 조치양정기준」(별표 1), 「지정제외점수의 부과 및 적용기준」(별표 2), 「독립성의무 위반 및 감사조서 보존 등 의무 위반 조치양정기준」(별표 3), 「감사인의 사업보고서 및 수시보고서 제출 등 의무 위반 조치양정기준」(별표 4)은 실무상 많이 활용되고 있다.

Ⅱ. 판례

판례는 미국과 같은 판례법주의 국가의 경우에는 중요한 법원이지만, 우리나라와 같은 대륙법계 국가에서는 사실상의 구속력만이 인정되고 있을 뿐 법원은 아니다. 우리나라의 경우 외부감사법 시행 후 축적된 판례는 많지 않으나 회사의 회계부정과 감사인의 부실감사에 대한 이해관계자의 권리의식의 향상으로 판례가 축적되어 가는 과정인 것으로 보인다.

규제감독기관

제1절 정부규제기관

I. 금융위원회

1. 설립목적

금융위원회의 설치 등에 관한 법률("금융위원회법") 제1조에 따르면 금융위원회는 "금융산업의 선진화와 금융시장의 안정을 도모하고 건전한 신용질서와 공정한 금융거래 관행을 확립하며 예금자 및 투자자 등 금융 수요자를 보호함으로써 국민경제의 발전에 이바지함"을 목적으로 설립되었는데, 금융위원회는 그 업무를 수행할 때 공정성을 유지하고 투명성을 확보하며 금융기관의 자율성을 해치지 아니하도록 노력하여야 한다(금융위원회법2).

2. 설치 및 지위

행정기관에는 그 소관사무의 일부를 독립하여 수행할 필요가 있는 때에는 법률로 정하는 바에 따라 행정위원회 등 합의제행정기관을 둘 수 있다(정부조직법5). 행정기관에 그 소관사무의 일부를 독립하여 수행할 필요가 있을 때에는 법률이 정하는 바에 의하여 행정기능과 아울러 규칙을 제정할 수 있는 준입법적 기능 및 이의의 결정 등 재결을 행할 수 있는 준사법적 기능을 가지는 행정위원회 등 합의제행정기관을 둘 수 있다(행정기관의 조직과 정원에 관한 통칙21).

이에 따라 금융정책, 외국환업무 취급기관의 건전성 감독 및 금융감독에 관한 업무를 수행하게 하기 위하여 국무총리 소속으로 금융위원회를 둔다(금융위원회법3①). 금융위원회는 중앙행정기관으로서 그 권한에 속하는 사무를 독립적으로 수행한다(금융위원회법3②). 중앙행정기관이라 함은 국가의 행정사무를 담당하기 위하여 설치된 행정기관으로서 그 관할권의 범위가 전국에 미치는 행정기관을 말한다(행정기관의 조직과 정원에 관한 통칙2(1)). 다만 업무 및 권한 등에 있어 다른 정부부처의 업무 및 권한이 정부조직법에 의해 정해지는 것과는 달리 금융위원회법, 대통령령인 「금융위원회와 그 소속기관 직제」 및 금융관련법령에 의해 정해진다.

3. 구성

금융위원회는 9명의 위원으로 구성하며, 위원장·부위원장 각 1명과 기획재정부차관, 금융감독원 원장, 예금보험공사 사장, 한국은행 부총재, 금융위원회 위원장이 추천하는 금융전문가 2명, 대한상공회의소 회장이 추천하는 경제계대표 1명의 위원으로 구성한다(금융위원회법4①). 위원장은 국무총리의 제청으로 대통령이 임명하며, 금융위원회 부위원장은 위원장의 제청으로 대통령이 임명한다(금융위원회법4② 전단). 이 경우 위원장은 국회의 인사청문을 거쳐야 한다(금융위원회법4② 후단). 위원장은 금융위원회를 대표하며, 금융위원회의 회의를 주재하고 사무를 총괄한다(금융위원회법5①). 위원장·부위원장과 임명직 위원의 임기는 3년으로 하며, 한 차례만 연임할 수 있다(금융위원회법6).

4. 운영

금융위원회의 회의는 3명 이상의 위원이 요구할 때에 위원장이 소집한다(금융위원회법11① 본문). 다만, 위원장은 단독으로 회의를 소집할 수 있다(금융위원회법11① 단서). 금융위원회의 회의는 그 의결방법에 관하여 금융위원회법 또는 다른 법률에 특별한 규정이 있는 경우를 제외하고는 재적위원 과반수의 출석과 출석위원 과반수의 찬성으로 의결한다(금융위원회법11②). 금융위원회는 심의에 필요하다고 인정할 때에는 금융감독원 부원장, 부원장보 및 그 밖의 관계 전문가 등으로부터 의견을 들을 수 있다(금융위원회법13). 위원장은 내우외환, 천재지변 또는 중대한 금융 경제상의 위기로 긴급조치가 필요한 경우로서 금융위원회를 소집할 시간적 여유가 없을 때에는 금융위원회의 권한 내에서 필요한 조치를 할 수 있다(금융위원회법14①). 금융위원회의 사무를 처리하기 위하여 금융위원회에 사무처를 둔다(금융위원회법15①).

5. 소관 사무

금융위원회의 소관 사무는 ⅰ) 금융에 관한 정책 및 제도에 관한 사항(제1호), ⅱ) 금융기관 감독 및 검사·제재에 관한 사항(제2호), ⅲ) 금융기관의 설립, 합병, 전환, 영업의 양수·양도 및 경영 등의 인가·허가에 관한 사항(제3호), ⅳ) 자본시장의 관리·감독 및 감시 등에 관한 사항(제4호), ⅴ) 금융소비자의 보호와 배상 등 피해구제에 관한 사항(제5호), ⅵ) 금융중심지의 조성 및 발전에 관한 사항(제6호), ⅶ) 제1호부터 제6호까지의 사항에 관련된 법령 및 규정의 제정·개정 및 폐지에 관한 사항(제7호), ⅷ) 금융 및 외국환업무 취급기관의 건전성 감독에 관한 양자 간 협상, 다자 간 협상 및 국제협력에 관한 사항(제8호), ⅸ) 외국환업무 취급기관의 건전성 감독에 관한 사항(제9호), ⅹ) 그 밖에 다른 법령에서 금융위원회의 소관으로 규정한 사항(제10호) 등이다(금융위원회법17).

Ⅱ. 증권선물위원회

1. 설치배경

증권 및 선물거래의 특수성을 감안하여 증권선물위원회를 금융위원회 내부에 설치하고 증권 및 선물 분야에 대하여는 별도로 심의 또는 의결할 수 있도록 하는 체계를 구축하기 위한 것이다.

2. 업무

증권선물위원회는 금융위원회 내의 위원회로서 금융위원회법 또는 다른 법령에 따라 i) 자본시장의 불공정거래 조사(제1호), ii) 기업회계의 기준 및 회계감리에 관한 업무(제2호), iii) 금융위원회 소관 사무 중 자본시장의 관리·감독 및 감시 등과 관련된 주요사항에 대한 사전 심의(제3호), iv) 자본시장의 관리·감독 및 감시 등을 위하여 금융위원회로부터 위임받은 업무(제4호), v) 그 밖에 다른 법령에서 증권선물위원회에 부여된 업무(제5호)를 수행한다(금융위원회법19).

3. 구성

증권선물위원회는 위원장 1명을 포함한 5명의 위원으로 구성하며, 위원장을 제외한 위원 중 1명은 상임으로 한다(금융위원회법20①). 위원장이 아닌 증권선물위원회 위원의 임기는 3년으로 하며, 한 차례만 연임할 수 있다(금융위원회법20⑤).

증권선물위원회 위원장은 금융위원회 부위원장이 겸임하며, 증권선물위원회 위원은 i) 금융, 증권, 파생상품 또는 회계 분야에 관한 경험이 있는 2급 이상의 공무원 또는 고위공무원단에 속하는 일반직공무원이었던 사람, ii) 대학에서 법률학·경제학·경영학 또는 회계학을 전공하고, 대학이나 공인된 연구기관에서 부교수 이상 또는 이에 상당하는 직에 15년 이상 있었던 사람, iii) 그 밖에 금융, 증권, 파생상품 또는 회계 분야에 관한 학식과 경험이 풍부한 사람 중에서 금융위원회 위원장의 추천으로 대통령이 임명한다(법20②).

4. 운영

증권선물위원회의 회의는 2명 이상의 증권선물위원회 위원이 요구할 때에 증권선물위원회 위원장이 소집한다(금융위원회법21① 본문). 다만, 증권선물위원회 위원장은 단독으로 회의를 소집할 수 있다(금융위원회법21① 단서). 회의는 3명 이상의 찬성으로 의결한다(금융위원회법21②).

Ⅲ. 금융감독원

1. 설립과 지위

금융위원회나 증권선물위원회의 지도·감독을 받아 금융기관에 대한 검사·

감독 업무 등을 수행하기 위하여 금융감독원을 설립한다(금융위원회법24①). 금융감독원은 무자본 특수법인으로 한다(금융위원회법24②). 무자본이란 자본금 없이 국가예산이나 기타의 분담금으로 운영된다는 의미이다. 금융감독원은 특별법인 금융위원회법에 의해 설립되고 국가 또는 지방자치단체로부터 독립하여 특정 공공사무를 수행하는 영조물법인이다.

2. 구성과 직무

금융감독원에 원장 1명, 부원장 4명 이내, 부원장보 9명 이내와 감사 1명을 둔다(금융위원회법29①). 금융감독원장("원장")은 금융위원회의 의결을 거쳐 금융위원회 위원장의 제청으로 대통령이 임명한다(금융위원회법29②). 부원장은 원장의 제청으로 금융위원회가 임명하고, 부원장보는 원장이 임명한다(금융위원회법29③). 감사는 금융위원회의 의결을 거쳐 금융위원회 위원장의 제청으로 대통령이 임명한다(금융위원회법29④). 원장·부원장·부원장보 및 감사의 임기는 3년으로 하며, 한 차례만 연임할 수 있다(금융위원회법29⑤). 원장·부원장·부원장보와 감사에 결원이 생겼을 때에는 새로 임명하되, 그 임기는 임명된 날부터 기산한다(금융위원회법29⑥).

원장은 금융감독원을 대표하며, 그 업무를 총괄한다(금융위원회법30①). 원장이 부득이한 사유로 직무를 수행할 수 없을 때에는 금융감독원의 정관으로 정하는 순서에 따라 부원장이 원장의 직무를 대행한다(금융위원회법30②). 부원장은 원장을 보좌하고 금융감독원의 업무를 분장하며, 부원장보는 원장과 부원장을 보좌하고 금융감독원의 업무를 분장한다(금융위원회법30③). 감사는 금융감독원의 업무와 회계를 감사한다(금융위원회법30④).

3. 업무

금융감독원은 금융위원회법 또는 다른 법령에 따라 ⅰ) 검사대상기관(법38)[1]의 업무 및 재산상황에 대한 검사(제1호), ⅱ) 검사 결과와 관련하여 금융위

---

1) 금융위원회법 제38조(검사 대상 기관) 금융감독원의 검사를 받는 기관은 다음과 같다.
　1. 은행법에 따른 인가를 받아 설립된 은행
　2. 자본시장과 금융투자업에 관한 법률에 따른 금융투자업자, 증권금융회사, 종합금융회사 및 명의개서 대행회사
　3. 보험업법에 따른 보험회사

원회법과 또는 다른 법령에 따른 제재(제2호), iii) 금융위원회와 금융위원회법 또는 다른 법령에 따라 금융위원회 소속으로 두는 기관에 대한 업무지원(제3호), iv) 그 밖에 금융위원회법 또는 다른 법령에서 금융감독원이 수행하도록 하는 업무(제4호)를 수행한다(금융위원회법37).

원장은 업무수행에 필요하다고 인정할 때에는 검사대상기관 또는 다른 법령에 따라 금융감독원에 검사가 위탁된 대상기관에 대하여 업무 또는 재산에 관한 보고, 자료의 제출, 관계자의 출석 및 진술을 요구할 수 있다(금융위원회법40①). 검사를 하는 자는 그 권한을 표시하는 증표를 관계인에게 내보여야 한다(금융위원회법40②).

원장은 검사대상기관의 임직원이 i) 금융위원회법 또는 금융위원회법에 따른 규정·명령 또는 지시를 위반한 경우(제1호), ii) 금융위원회법에 따라 원장이 요구하는 보고서 또는 자료를 거짓으로 작성하거나 그 제출을 게을리한 경우(제2호), iii) 금융위원회법에 따른 금융감독원의 감독과 검사 업무의 수행을 거부·방해 또는 기피한 경우(제3호), iv) 원장의 시정명령이나 징계요구에 대한 이행을 게을리한 경우(제4호)에는 그 기관의 장에게 이를 시정하게 하거나 해당 직원의 징계를 요구할 수 있다(금융위원회법41①). 징계는 면직·정직·감봉·견책 및 경고로 구분한다(금융위원회법40②).

원장은 검사대상기관의 임원이 금융위원회법 또는 금융위원회법에 따른 규정·명령 또는 지시를 고의로 위반한 때에는 그 임원의 해임을 임면권자에게 권고할 수 있으며, 그 임원의 업무집행의 정지를 명할 것을 금융위원회에 건의할 수 있다(금융위원회법42). 원장은 검사대상기관이 금융위원회법 또는 금융위원회법에 따른 규정·명령 또는 지시를 계속 위반하여 위법 또는 불건전한 방법으로 영업하는 경우에는 금융위원회에 i) 해당 기관의 위법행위 또는 비행(非行)의 중지, ii) 6개월의 범위에서의 업무의 전부 또는 일부 정지를 명할 것을 건의할 수 있다(금융위원회법43).

---

4. 상호저축은행법에 따른 상호저축은행과 그 중앙회
5. 신용협동조합법에 따른 신용협동조합 및 그 중앙회
6. 여신전문금융업법에 따른 여신전문금융회사 및 겸영여신업자
7. 농업협동조합법에 따른 농협은행
8. 수산업협동조합법에 따른 수협은행
9. 다른 법령에서 금융감독원이 검사를 하도록 규정한 기관
10. 그 밖에 금융업 및 금융 관련 업무를 하는 자로서 대통령령으로 정하는 자

Ⅳ. 상호관계

1. 금융위원회 · 증권선물위원회의 금융감독원에 대한 지도 · 감독 · 명령권

금융위원회는 금융위원회법 또는 다른 법령에 따라 금융감독원의 업무·운영·관리에 대한 지도와 감독을 하며, ⅰ) 금융감독원의 정관 변경에 대한 승인(제1호), ⅱ) 금융감독원의 예산 및 결산 승인(제2호), ⅲ) 그 밖에 금융감독원을 지도·감독하기 위하여 필요한 사항(제3호)을 심의·의결한다(금융위원회법18).

증권선물위원회는 업무에 관하여 금융감독원을 지도·감독한다(금융위원회법23). 금융위원회나 증권선물위원회는 금융감독원의 업무를 지도·감독하는 데 필요한 명령을 할 수 있다(금융위원회법61①). 금융위원회는 증권선물위원회나 금융감독원의 처분이 위법하거나 공익 보호 또는 예금자 등 금융 수요자 보호 측면에서 매우 부당하다고 인정하면 그 처분의 전부 또는 일부를 취소하거나 그 집행을 정지시킬 수 있다(금융위원회법61②). 증권선물위원회는 업무에 관한 금융감독원의 처분이 위법하거나 매우 부당하다고 인정할 때에는 그 처분의 전부 또는 일부를 취소하거나 그 집행을 정지시킬 수 있다(금융위원회법61③).

2. 금융감독원장의 보고의무

원장은 금융위원회나 증권선물위원회가 요구하는 금융감독 등에 필요한 자료를 제출하여야 한다(금융위원회법58). 원장은 검사대상기관의 업무 및 재산상황에 대한 검사를 한 경우에는 그 결과를 금융위원회에 보고하여야 한다. 제41조(시정명령 및 징계요구) 및 제42조(임원의 해임권고 등)의 조치를 한 경우에도 또한 같다(금융위원회법59).

금융위원회는 필요하다고 인정하는 경우에는 금융감독원의 업무·재산 및 회계에 관한 사항을 보고하게 하거나 금융위원회가 정하는 바에 따라 그 업무, 재산상황, 장부, 서류 및 그 밖의 물건을 검사할 수 있다(금융위원회법60).

3. 권한의 위임 · 위탁

(1) 증권선물위원회에의 위임

자본시장법에 따라 금융위원회는 자본시장법에 따른 권한의 일부를 대통령령으로 정하는 바에 따라 증권선물위원회에 위임할 수 있다(자본시장법438②). 이에 따라 금융위원회는 ⅰ) 자본시장법 제3편(증권의 발행 및 유통)을 위반한 행위에 대한 조사 권한(제1호)을 위임한다. ⅱ) 제1호의 위반행위에 대한 자본시장법 또는 동법 시행령에 의한 조치 권한을 위임한다. 다만, 부과금액이 5억원을 초과하는 과징금의 부과, 1개월 이상의 업무의 전부 정지, 그리고 지점, 그 밖의 영업소의 폐쇄에 해당하는 조치는 제외한다(제2호). ⅲ) 자본시장법 제178조의2에 따른 시장질서 교란행위의 금지 의무를 위반한 행위에 대한 과징금의 부과 권한(제3호)을 위임한다(자본시장법 시행령387①).

(2) 한국거래소 · 한국금융투자협회에의 위탁

금융위원회는 자본시장법에 따른 권한의 일부를 대통령령으로 정하는 바에 따라 거래소 또는 협회에 위탁할 수 있다(자본시장법438③).[2)]

(3) 금융감독원장에의 위탁

금융위원회 또는 증권선물위원회는 자본시장법에 따른 권한의 일부를 대통령령으로 정하는 바에 따라 금융감독원장에게 위탁할 수 있다(자본시장법438④).[3)]

(4) 보고

거래소, 협회 및 금융감독원장은 위탁받은 업무의 처리내용을 6개월마다 금융위원회 또는 증권선물위원회에 보고하여야 한다(자본시장법 시행령387④ 본문).

---

2) 금융위원회는 다음의 권한을 거래소 또는 협회에 위탁한다(영387②).
  1. 거래소의 경우에는 다음의 권한
    가. 법 제416조 제7호의 사항 중 장내파생상품 거래규모의 제한에 관한 권한
    나. 그 밖에 가목에 준하는 권한으로서 금융위원회가 정하여 고시하는 권한
  2. 협회의 경우 다음의 권한
    가. 법 제56조 제1항 본문에 따른 보고의 접수, 같은 항 단서에 따른 신고의 수리 및 약관이 같은 조 제7항에 해당하는지에 대한 검토 권한
    나. 제10조 제3항 제16호 · 제17호(이에 준하는 외국인 포함)에 따른 관련 자료제출의 접수 권한
    다. 그 밖에 가목 및 나목에 준하는 권한으로서 금융위원회가 정하여 고시하는 권한
3) 금융위원회 또는 증권선물위원회는 별표 20 각 호에 따른 권한을 금융감독원장에게 위탁한다(영387③).

다만, 금융위원회는 금융위원회가 정하여 고시하는 업무에 대해서는 보고 주기를 달리 정할 수 있다(자본시장법 시행령387④ 단서).

4. 금융감독원장에 대한 지시·감독

금융위원회 또는 증권선물위원회는 자본시장법에 의한 권한을 행사하는 데에 필요하다고 인정되는 경우에는 금융감독원장에 대하여 지시·감독 및 업무집행방법의 변경, 그 밖에 감독상 필요한 조치를 명할 수 있다(자본시장법430①). 금융감독원은 자본시장법에 따라 금융위원회 또는 증권선물위원회의 지시·감독을 받아 ⅰ) 증권신고서에 관한 사항, ⅱ) 증권의 공개매수에 관한 사항, ⅲ) 자본시장법에 따라 금융감독원장의 검사를 받아야 하는 기관의 검사에 관한 사항, ⅳ) 상장법인의 관리에 관한 사항, ⅴ) 상장법인의 기업분석 및 기업내용의 신고에 관한 사항, ⅵ) 거래소시장(다자간매매체결회사에서의 거래를 포함) 외에서의 증권 및 장외파생상품의 매매의 감독에 관한 사항, ⅶ) 정부로부터 위탁받은 업무, ⅷ) 그 밖에 자본시장법에 따라 부여된 업무, ⅸ) 앞의 8가지 업무에 부수되는 업무를 행한다(자본시장법430②).

제2절 자율규제기관(한국공인회계사회)

Ⅰ. 목적 및 설립

공인회계사의 품위향상과 직무의 개선·발전을 도모하고, 회원의 지도 및 감독에 관한 사무를 행하기 위하여 한국공인회계사회("공인회계사회")를 둔다(공인회계사법41①). 공인회계사회는 법인으로 한다(공인회계사법41②). 공인회계사회는 회칙을 정하여 금융위원회의 인가를 받아 설립하여야 한다(공인회계사법41③). 공인회계사회는 지회 또는 지부를 둘 수 있다(공인회계사법41④). 공인회계사회의 회칙개정과 지회 또는 지부의 설치에 관하여는 금융위원회의 승인을 얻어야 한다(공인회계사법41⑤).

Ⅱ. 입회의무

등록한 공인회계사 및 회계법인은 공인회계사회에 입회하여야 한다(공인회계사법42).

Ⅲ. 윤리규정

공인회계사회는 회원이 직무를 행함에 있어 지켜야 할 직업윤리에 관한 규정을 제정하여야 한다(공인회계사법43①). 회원은 직업윤리에 관한 규정을 준수하여야 한다(공인회계사법43②).

Ⅳ. 금융위원회의 감독 및 검사

공인회계사회는 금융위원회가 감독한다(공인회계사법47①). 금융위원회는 필요하다고 인정한 때에는 공인회계사회에 대하여 보고서의 제출을 요구하거나 소속공무원으로 하여금 공인회계사회의 업무상황과 기타 서류를 검사하게 할 수 있다(공인회계사법47②).

제3절 업무의 위임 또는 위탁 등

Ⅰ. 업무의 위탁

1. 증권선물위원회 위원장 위임

증권선물위원회는 외부감사법에 따른 업무의 일부를 증권선물위원회 위원장에 위임할 수 있다(법38①).

2. 금융감독원장 위탁

(1) 감사인 등록심사업무의 위탁

주권상장법인의 감사인이 되려는 자는 ⅰ) 금융위원회에 등록된 회계법인으로, ⅱ) 감사품질 확보를 위하여 금융위원회가 정하는 바에 따른 충분한 인력, 예산, 그 밖의 물적 설비를 갖추어, ⅲ) 감사품질 관리를 위한 사후 심리체계, 보상체계, 업무방법, 그 밖에 금융위원회가 정하는 요건을 갖추어 금융위원회에 등록하여야 하는데(법9의2①), 이에 관한 감사인 등록심사에 관한 업무를 금융위원회는 금융감독원장에게 위탁한다(영44①).

(2) 위탁업무

증권선물위원회는 외부감사법에 따른 업무의 일부를 금융감독원장에 위탁할 수 있다(법38①). 이에 따라 증권선물위원회는 다음의 업무를 금융감독원장에게 위탁한다(영44②).

1. 회사(주권상장법인은 제외)가 제출하는 재무제표를 접수·심사하는 업무
2. 주권상장법인이 제출기한을 넘겨 재무제표를 제출하는 경우 그 사유를 접수하고 공시하는 업무
3. 감사인 지정 관련 서류 접수, 자료제출 요구 및 심사, 지정감사인 선정 또는 지정 결과 통보 등 집행에 관한 업무
4. 회사가 감사인 선임 또는 변경선임 사실을 보고하는 경우에 그 보고 내용을 접수·심사하는 업무
5. 주권상장법인, 대형비상장주식회사 또는 금융회사[4]가 감사계약 해지 또는 감사인 해임 사실을 보고하는 경우에 그 보고 내용을 접수하는 업무
6. 해임된 감사인(법14②)의 의견 진술의 보고를 접수하는 업무
7. 감사인의 감사계약 해지(법15③) 사실의 보고를 접수하는 업무
8. 감사인이 증권선물위원회에 제출하는 감사보고서(법23①)를 접수하는 업무
9. 감사인으로부터 제출받은 감사보고서를 일반인이 열람하도록 하는 업무
10. 회사가 정기총회 또는 이사회의 승인을 받아 제출하는 재무제표(법23③)를 접수하는 업무

---

[4] 금융회사는 은행, 중소기업은행, 투자매매업자·투자중개업자, 집합투자업자, 투자자문업자 또는 투자일임업자, 신탁업자, 종합금융회사, 보험회사, 상호저축은행, 금융지주회사, 여신전문금융회사(금융산업구조개선법2(1)), 농협은행 또는 수협은행을 말한다(법9①(3)).

11. 직전 사업연도 말의 자산총액이 일정 금액 이상인 주식회사(주권상장법인
    은 제외)가 대주주 및 그 대주주와 특수관계에 있는 자의 소유주식현황 등의
    서류를 정기총회 종료 후 14일 이내에 제출하는 서류(법23④)를 접수하는
    업무

12. 회계법인인 감사인이 매 사업연도 종료 후 3개월 이내에 제출하는 사업보
    고서(법25①)를 접수하는 업무

13. 회계법인으로부터 제출받은 사업보고서를 일반인이 열람(법25④)하도록 하
    는 업무

14. 주권상장법인의 회계법인인 감사인이 그 회계법인의 경영, 재산, 감사보고
    서 품질관리 등에 중대한 영향을 미치는 사항으로서 일정 사실이 발생한 경
    우에는 제출하는 수시보고서(법25⑤)를 접수하는 업무

15. 다음의 감사인에 대하여 감리 또는 평가를 하는 업무("감사인 감리등")
    가. 주권상장법인 감사인
    나. 금융감독원장의 감사인 감리등이 필요하다고 금융위원장 또는 증권선물
       위원회 위원장이 정하여 금융감독원장에게 통지한 감사인

16. 다음의 회사에 대하여 감리를 하는 업무("회사 감리등"[5])
    가. 사업보고서 제출대상 법인
    나. 금융감독원의 검사대상기관[6]
    다. 금융감독원장의 회사 감리등이 필요하다고 금융위원장 또는 증권선물위
       원회 위원장이 정하여 금융감독원장에게 통지한 회사

17. 법 제27조(자료의 제출요구 등) 제1항·제3항 및 제4항에 따른 업무(이 조
    제4항 제2호의 업무는 제외)

18. 법 제29조(회사 및 감사인 등에 대한 조치 등) 제1항·제3항 또는 제4항에
    따른 조치 중 금융위원회가 정하는 업무[7](이 항 제15호 및 제16호에 관한
    업무에 한정)

---

5) "감리등"이란 외부감사법 제26조 제1항의 업무를 말한다(외부감사규정23①(4)). 따라서
   감리등이란 감사보고서 감리, 재무제표 감리, 품질관리감리, 내부회계관리제도 감리를 말
   한다.
6) 금융감독원의 검사대상기관은 은행, 금융투자업자, 증권금융회사, 종합금융회사 및 명의
   개서대행회사, 보험회사, 상호저축은행과 그 중앙회, 신용협동조합 및 그 중앙회, 여신전
   문금융회사 및 겸영여신업자, 농협은행, 수협은행, 다른 법령에서 금융감독원이 검사를 하
   도록 규정한 기관을 말한다(금융위원회법38).
7) "금융위원회가 정하는 업무"란 재무제표 심사결과에 따른 ⅰ) 경고, ⅱ) 주의, ⅲ) 내부회
   계관리제도상 취약사항의 해소 등 위법상태를 시정하거나 다른 위법행위를 방지하기 위
   한 권고 조치를 말한다(외부감사규정39①).

19. 법 제29조 제5항에 따라 감사인이 증권선물위원회의 개선권고를 이행하는
    지를 점검하는 업무
20. 법 제30조(위반행위의 공시 등) 제1항에 따른 위반사실 공시 업무
21. 법 제30조 제2항에 따라 감리결과 및 증권선물위원회의 조치내용을 인터넷
    홈페이지에 게시하는 업무 및 한국거래소와 금융기관에 통보하는 업무
22. 그 밖에 제1호부터 제21호까지의 업무에 준하는 업무로서 증권선물위원회
    의 결정을 집행하는 데 필요하다고 금융위원회가 정하여 고시하는 업무[8]

(3) 자료제출요구 등

증권선물위원회는 금융감독원장에 위탁한 업무와 관련하여 자료제출을 요
구하거나 그 밖에 필요한 조치를 할 수 있다(영44⑧).

3. 한국거래소 위탁

(1) 위탁업무

증권선물위원회는 외부감사법에 따른 업무의 일부를 거래소에 위탁할 수 있
다(법38①). 이에 따라 증권선물위원회는 주권상장법인이 제출하는 재무제표(법6
④)를 접수하는 업무를 거래소에 위탁한다(영44③).

(2) 자료제출요구 등

증권선물위원회는 거래소에 위탁한 업무와 관련하여 자료제출을 요구하거
나 그 밖에 필요한 조치를 할 수 있다(영44⑧).

(3) 위탁업무 수행결과의 보고

한국거래소는 위탁업무 수행결과를 매년 5월말까지 증권선물위원회 위원장
에게 보고하여야 한다(외부감사규정40⑧).

4. 한국공인회계사회 위탁

(1) 위탁업무

증권선물위원회는 업무의 전부 또는 일부를 한국공인회계사회에 위탁할 수

---

8) 증권선물위원회는 ⅰ) 외부감사의 대상(법4) 회사인지에 대한 확인 및 통보 업무, ⅱ) 회
  사의 회계정보와 관련한 부정행위 신고(법28①) 접수, ⅲ) 부정행위 신고 또는 고지(영31
  ⑥)의 내용을 특정하는 데 필요한 사항의 확인 및 관련 자료제출 요구 업무, ⅳ) 위탁업무
  (영44) 또는 외부감사규정의 집행에 필요한 서식을 정하는 업무를 금융감독원장에 위탁한
  다(외부감사규정39②).

수산물 등의 위탁·공동 판매 기능 중심이었던 수산업협동조합과 중앙회의 경제사업 부문이 수산물 등의 유통·가공·판매 및 수출 기능까지 포괄할 수 있도록 수산업협동조합과 중앙회의 수산물 등의 판매활성화에 관한 규정 등을 신설하였다.

최근 수산물 수요가 다양해지면서 이에 부응하기 위한 사업들이 모색되고 있으나 개별적인 사업 수행 시 사업 규모가 작아 효율성을 확보하기 어렵다. 이에 현행법에 조합공동사업법인 설립·운영 및 지원에 관한 사항을 규정하여 여러 조합이 함께 사업을 추진할 수 있도록 함으로써 수산업의 경쟁력을 제고할 필요가 있다.

어선원 인력난을 개선하기 위해 수산업협동조합이 외국인선원 도입, 선원복지증진 등의 사업을 지속적으로 실시하고 있으나, 수협법상 중앙회의 사업에 어선원 인력수급 및 복지증진을 위한 사업을 포함하지 않아 법적 근거 없이 사업을 수행하는 문제가 있다.

현재 수산업협동조합중앙회의 신용사업 부문은 금융기관으로서의 역할을 수행하고 있으나, 협동조합의 사업 부문체제로는 국제결제은행(BIS)이 정한 금융기관의 자기자본비율규제에 관한 기준(바젤Ⅲ)을 충족하기 어려우므로 수산업협동조합중앙회에서 신용사업을 분리하고 그 자본확충에 관한 규정을 마련할 필요가 있었다.

Ⅱ. 2017년 10월 전부개정의 배경과 주요내용

1. 의의

2017년 9월 28일 회계투명성 강화를 위하여 "주식회사 등의 외부감사에 관한 법률"("외부감사법") 전부개정 법률안이 국회 본회의를 통과하여 공포 후 1년이 경과한 날부터 시행되었다. 국회에서 의결된 외부감사법 전부개정법률은 동년 10월 31일 공포[14]되어 감사인지정제 등 일부 제도를 제외하고 공포 후 1년이 경과한 2018년 11월 1일부터 시행되었다. 이 개정은 2016년부터 발의된 17개 개정안의 내용을 통합해 반영한 것으로 1981년 외부감사법이 시행된 이후 처음으

---

14) 대한민국 관보 제19121호(2017. 10. 31).

있다(법38② 전단). 이에 따라 증권선물위원회는 ⅰ) 법 제26조(증권선물위원회의 감리업무 등) 제1항에 따른 업무(시행령 제44조 제2항 제15호의 감사인 감리등 및 제16호의 회사 감리등 업무는 제외)(제1호), ⅱ) 법 제27조(자료의 제출요구 등) 제1항에 따른 회사, 관계회사 또는 감사인에 대한 자료 중 제1호에 따른 업무수행에 필요한 범위의 자료제출 요구 업무(제2호), ⅲ) 법 제29조(회사 및 감사인 등에 대한 조치 등) 제3항 각 호 또는 법 제29조 제4항 각 호의 조치를 하는 업무(제1호에 관한 업무에 한정)(제3호)를 한국공인회계사회에 위탁한다(영44④).

(2) 위탁감리위원회

한국공인회계사회는 위탁받은 업무를 수행하기 위하여 위탁감리위원회를 설치하여야 한다(영44⑤).

(가) 구성

위탁감리위원회는 위원장 1명과 8명의 위원으로 성별을 고려하여 구성한다(주식회사 등의 외부감사에 관한 법률 시행규칙11①, 이하 "시행규칙").

(나) 위원장의 위촉

위원장은 회계에 관한 전문지식과 공정한 직무수행을 위한 도덕성을 갖춘 사람으로서 한국공인회계사회의 회장("회장")이 증권선물위원회의 동의를 받아 위촉한다(시행규칙11②).

(다) 위원의 위촉

위탁감리위원회의 위원은 ⅰ) 금융위원회 4급 이상 공무원 중에서 공인회계사제도 관련 업무를 담당하는 사람 1명, ⅱ) 금융감독원 부서장 중에서 감리등을 담당하는 사람 1명, ⅲ) 한국공인회계사회 부서장 중에서 감리등을 담당하는 사람 1명, ⅳ) 한국회계기준원 소속 임원 1명, ⅴ) 회계와 회계감사 또는 관련 법률 등에 관한 학식과 경험이 풍부한 사람으로서 한국공인회계사회의 동의를 받은 사람 1명, ⅵ) 대학의 재무 또는 회계 분야 교수로서 한국회계학회가 추천하는 사람 1명, ⅶ) 회계 또는 회계감사업무에 관한 전문지식과 실무경험이 있는 사람으로서 대한상공회의소가 추천하는 사람 1명, ⅷ) 회계 또는 회계감사업무에 전문지식이 있는 변호사 1명 중에서 회장이 임명하거나 위촉한다(시행규칙11③).

(라) 위원의 결격사유

위원의 결격사유에 관하여는 시행규칙 제3조 제6항을 준용한다(시행규칙11④). 따라서 ⅰ) 피성년후견인, ⅱ) 파산선고를 받고 복권되지 아니한 사람, ⅲ)

금고 이상의 실형을 선고받고 그 집행이 끝나거나(집행이 끝난 것으로 보는 경우를
포함) 집행이 면제된 날부터 5년이 지나지 아니한 사람, ⅳ) 금고 이상의 형의 집
행유예를 선고받고 그 유예기간 중에 있는 사람, ⅴ) 금융회사지배구조법 시행령
제5조[9])에 따른 금융관련법령에 따라 벌금 이상의 형을 선고받고 그 집행이 끝나
거나(집행이 끝난 것으로 보는 경우를 포함) 집행이 면제된 날부터 5년이 지나지 아
니한 사람, ⅵ) 공인회계사법 제48조(징계)에 따라 직무정지(일부 직무정지를 포함)
를 받은 후 그 직무정지기간 중에 있거나 등록취소 또는 직무정지를 받은 날부
터 5년이 지나지 아니한 사람은 위원이 될 수 없다(시행규칙3⑥).

(마) 임기

위원장 및 다음의 위원, 즉 ⅰ) 회계와 회계감사 또는 관련 법률 등에 관한
학식과 경험이 풍부한 사람으로서 한국공인회계사회의 동의를 받은 사람 1명,
ⅱ) 대학의 재무 또는 회계 분야 교수로서 한국회계학회가 추천하는 사람 1명,
ⅲ) 회계 또는 회계감사업무에 관한 전문지식과 실무경험이 있는 사람으로서 대
한상공회의소가 추천하는 사람 1명, ⅳ) 회계 또는 회계감사업무에 전문지식이
있는 변호사 1명인 위원의 임기는 2년으로 하며, 한 차례만 연임할 수 있다(시행
규칙11⑤ 본문). 다만, 임기가 만료된 경우에도 후임자가 위촉될 때까지 그 직무를
수행할 수 있다(시행규칙11⑤ 단서).

(바) 직무대행

위원장이 부득이한 사유로 직무를 수행할 수 없을 때에는 위원장이 지명하
는 위원이 그 직무를 대행하며, 위원장이 부득이한 사유로 그 직무를 대행할 위
원을 지명할 수 없을 때에는 회장이 지명하는 위원이 그 직무를 대행한다(시행규
칙11⑥).

---

9) 공인회계사법, 퇴직급여법, 금융산업구조개선법, 금융실명법, 금융위원회법, 금융지주회사
  법, 금융혁신지원 특별법, 자산관리공사법, 기술보증기금법, 농림수산식품투자조합 결성
  및 운용에 관한 법률, 농업협동조합법, 담보부사채신탁법, 대부업법, 문화산업진흥 기본
  법, 벤처기업육성에 관한 특별조치법, 보험업법, 감정평가법, 부동산투자회사법, 민간투자
  법, 산업발전법, 상호저축은행법, 새마을금고법, 선박투자회사법, 소재부품장비산업법, 수
  산업협동조합법, 신용보증기금법, 신용정보법, 신용협동조합법, 여신전문금융업법, 예금자
  보호법, 온라인투자연계금융업법, 외국인투자 촉진법, 외국환거래법, 유사수신행위법, 은
  행법, 자본시장법, 자산유동화법, 전자금융거래법, 전자증권법, 외부감사법, 주택법, 중소
  기업은행법, 중소기업창업 지원법, 채권추심법, 특정금융정보법, 한국산업은행법, 한국수
  출입은행법, 한국은행법, 한국주택금융공사법, 한국투자공사법, 해외자원개발 사업법(금융
  회사지배구조법 시행령5).

(사) 위원 해촉 요구

증권선물위원회는 임명되거나 위촉된 위원이 법령을 위반하는 행위를 하거나 직무를 게을리하는 등 위원으로서의 직무수행에 현저한 지장이 있다고 판단되는 경우 회장에게 그 위원을 해촉할 것을 요구할 수 있다(시행규칙11⑦).

(아) 위탁감리위원회의 구성 및 운영

위의 사항 외에 위탁감리위원회의 구성 및 운영 등에 필요한 사항은 한국공인회계사회가 정한다(시행규칙11⑦).

(3) 증권선물위원회의 규정 승인권

한국공인회계사회는 위탁받은 업무의 수행에 관한 규정을 제정하거나 개정하려는 경우에는 증권선물위원회의 승인을 받아야 한다(영44⑥).

(4) 자료제출요구와 조치

증권선물위원회는 한국공인회계사회에 위탁한 업무와 관련하여 자료제출을 요구하거나 그 밖에 필요한 조치를 할 수 있다(영44⑧).

(5) 위탁업무에 대한 사후통제

증권선물위원회는 한국공인회계사회의 조치가 위법하거나 부당하다고 인정할 때에는 한국공인회계사회에 재심(再審)을 요구하거나 그 조치를 취소하고 직접 조치할 수 있다(외부감사규정42).

Ⅱ. 위탁업무의 보고

1. 금융감독원장의 보고

금융감독원장은 위탁받은 업무의 처리결과를 증권선물위원회에 보고하여야 한다(영44⑦). 아래서 "감리집행기관"이란 금융감독원장 또는 한국공인회계사회를 말한다(외부감사규정15⑦).

(1) 감리등 연간 계획서 및 대상 선정안의 보고

감리집행기관인 금융감독원장은 감리등(법26①)을 실시하는 경우에 연간 계획서 및 감리등 대상 선정안을 작성하여 매년 1분기 내에 증권선물위원회에 보고하여야 한다(외부감사규정40①).

(2) 감리등의 대상 선정의 보고

감리집행기관인 금융감독원장은 감리등의 대상을 선정한 경우에는 지체없이 증권선물위원회 위원장에게 보고하여야 한다(외부감사규정40②).

(3) 재무제표 심사결과의 보고

감리집행기관인 금융감독원장은 재무제표 심사결과를 매분기가 종료된 후 다음 달에 증권선물위원회 위원장에게 보고하여야 한다(외부감사규정40③).

(4) 품질관리수준에 대한 평가결과의 보고

감리집행기관인 금융감독원장은 품질관리수준에 대한 평가 결과를 매년 8월말까지 보고하여야 한다(외부감사규정40④).

(5) 관련 서류의 제출요구와 조치

증권선물위원회는 감리등과 관련하여 금융감독원장에 관련 서류의 제출을 요구하거나 그 밖의 필요한 조치를 할 수 있다(외부감사규정40⑥).

(6) 위탁업무의 처리결과 보고기한

금융감독원장은 위탁업무의 처리결과를 매년 다음의 기한까지 증권선물위원회 위원장에게 보고하여야 한다(외부감사규정40⑦).

1. 1월말: 감사인 지정 관련 서류 접수, 자료제출 요구 및 심사, 지정감사인 선정 또는 지정 결과 통보 등 집행에 관한 업무(영44②(3)), 외부감사의 대상(법4) 회사인지에 대한 확인 및 통보 업무(외부감사규정39②(1)), 회사의 회계정보와 관련한 부정행위 신고(법28①) 접수(영39②(2))

2. 5월말: 회사(주권상장법인은 제외)가 제출하는 재무제표를 접수·심사하는 업무(영44②(1)) 및 주권상장법인이 제출기한을 넘겨 재무제표를 제출하는 경우 그 사유를 접수하고 공시하는 업무(영44②(2))

3. 9월말: 감사인이 증권선물위원회에 제출하는 감사보고서(법23①)를 접수하는 업무(영44② (8), 회계법인인 감사인이 매 사업연도 종료 후 3개월 이내에 제출하는 사업보고서(법25 ①)를 접수하는 업무(영44②(12)), 주권상장법인의 회계법인인 감사인이 그 회계법인의 경영, 재산, 감사보고서 품질관리 등에 중대한 영향을 미치는 사항으로서 일정 사실이 발생한 경우에는 제출하는 수시보고서(법25⑤)를 접수하는 업무(영44②(14))

2. 한국공인회계사회의 보고

한국공인회계사회는 위탁받은 업무의 처리결과를 금융위원회가 정하는 방법에 따라 증권선물위원회에 보고하여야 한다(영44⑦).

(1) 감리등 연간 계획서 및 대상 선정안의 보고

감리집행기관인 한국공인회계사회는 감리등(법26①)을 실시하는 경우에 연간 계획서 및 감리등 대상 선정안을 작성하여 매년 1분기 내에 증권선물위원회에 보고하여야 한다(외부감사규정40①).

(2) 감리등의 대상 선정의 보고

감리집행기관인 한국공인회계사회는 감리등의 대상을 선정한 경우에는 지체없이 증권선물위원회 위원장에게 보고하여야 한다(외부감사규정40②).

(3) 재무제표 심사결과의 보고

감리집행기관인 한국공인회계사회는 재무제표 심사결과를 매분기가 종료된 후 다음 달에 증권선물위원회 위원장에게 보고하여야 한다(외부감사규정40③).

(4) 품질관리수준에 대한 평가결과의 보고

감리집행기관인 한국공인회계사회는 품질관리수준에 대한 평가 결과를 매년 8월말까지 보고하여야 한다(외부감사규정40④).

(5) 감리등 처리결과 또는 내용의 보고

한국공인회계사회는 감리등을 실시한 결과 ⅰ) 감사인 또는 공인회계사에 대하여 조치를 한 경우(위탁업무에 대한 사후통제에 따른 재심의 경우를 포함), ⅱ) 감사인 또는 공인회계사에 대한 조치는 없으나 회사에 대한 조치가 필요하다고 인정되는 경우, ⅲ) 품질관리감리 결과 개선을 권고한 경우에는 그 처리결과 또는 내용을 지체 없이 증권선물위원회에 보고하여야 한다(외부감사규정40⑤).

(6) 관련 서류의 제출요구와 조치

증권선물위원회는 감리등과 관련하여 한국공인회계사회에 관련 서류의 제출을 요구하거나 그 밖의 필요한 조치를 할 수 있다(외부감사규정40⑥).

(7) 감리업무 수수료

한국공인회계사회는 감사인의 감사보수 중 일부를 감리업무 수수료로 징수할 수 있다(법38② 후단). 이에 따라 한국공인회계사회는 감사인이 해당 사업연도에 받은 감사보수의 1% 이내의 금액을 감리업무 수수료로 징수할 수 있다(시행규칙12①).

그 밖에 감리업무 수수료 징수에 필요한 세부사항은 한국공인회계사회가 정한다(시행규칙12②).

Ⅲ. 금융감독원의 업무 지원

금융감독원은 외부감사법 및 외부감사법 시행령에 따른 금융위원회 및 증권선물위원회의 업무를 지원하기 위하여 해당 업무를 총괄하는 회계전문가 1명을 둘 수 있다(영46). 이에 따라 금융감독원장은 ⅰ) 감리결과 조치안 작성에 관한 사항, ⅱ) 감리결과 조치와 관련된 소송업무, ⅲ) 그 밖의 금융위원회 및 증권선물위원회의 업무수행을 위하여 필요한 사항을 지원한다(외부감사규정41).

제 2 편

회 사

제
1
장

서 설

제1절 상법상의 회사

상법은 회사를 합명회사, 합자회사, 유한책임회사, 주식회사, 유한회사의 5
가지 종류로 구분하고 있다(상법170). 그중 주식회사는 자본금이 주식으로 분할
되어 주식의 인수를 통해 출자하거나 기발행주식을 취득함으로써 주주가 되며,
주주는 인수한 주식의 한도에서 출자의무를 부담할 뿐 회사의 채무에 대해서는
직접 책임을 지지 않는 회사이다. 회사의 종류 중에서 주식회사가 가장 널리 이
용되는 까닭은 자본집중이 용이하고, 주주가 유한책임을 지므로 사업실패시 부
담하는 위험이 제한되기 때문이다.

유한회사는 사원의 균일한 비례적 단위의 출자로 이루어진 자본금을 가지
고, 사원은 원칙적으로 그 출자금액을 한도로 하여 회사에 대하여만 책임을 지는
회사이다. 유한회사는 주식회사와 같이 자본금, 출자, 유한책임을 요소로 하는
물적회사라는 점에서 주식회사와 동일하다. 그러나 주식회사와 다른 점은 소규

모 폐쇄회사에 적합하도록 하기 위하여 설립이 용이하고 기관의 형태가 간소화
되어 있으며, 지분의 양도가 제한된다는 점이다. 또한 유한회사의 사원은 자본금
전보책임을 진다는 점이 주식회사와 다르다.[1]

제2절 상법상 회사의 이용실태

우리나라의 회사 이용실태를 보면 주식회사가 압도적이다. 기업가가 유한책
임제도에 의해 사업손실을 제한할 수 있고, 회사의 자본구조와 경영조직이 개방
적이라서 다수인의 출자가 용이한데다, 장차 주식의 상장을 통해 대규모의 대중
자본을 흡수할 수도 있기 때문이다. 그래서 상장법인을 비롯한 대규모회사들은
예외 없이 주식회사이다. 구체적인 이용실태를 보면, 2019년말 현재 우리나라에
서 등기되어 있는 회사의 총수는 1,192,703개사인데, 이 중 주식회사가 1,084,544
개(90.93%), 유한회사가 88,242개(7.40%), 합자회사가 15,523개(1.30%), 합명회사
가 2,504개(0.21%), 유한책임회사가 1,890개(0.16%)이다. 등기되어 있는 회사의
수는 이와 같으나, 실제 활동 중인 회사는 훨씬 적다. 국세청이 세적을 관리하고
있는 회사는 2019년말 현재 787,438개사(등기된 회사의 66%)에 불과하다. 우리나
라에서 설립된 회사의 3분의 1 정도는 과세청도 파악하고 있지 못한 휴면회사임
을 의미한다.

법인구분	2019년말	2020년말	2021.4월말
주식회사	1,084,544	1,143,678	1,180,922
유한회사	88,242	95,747	98,356
합자회사	15,523	15,672	15,739
합명회사	2,504	2,512	2,514
유한책임회사	1,890	2,355	2,497
총계	1,192,703	1,259,964	1,300,028

(※ 법원통계: 2019년말 자료부터 조회 가능)

---

1) 장덕조(2014), 「회사법」, 법문사(2014), 625쪽.

제3절 외부감사법상 회사

외부감사법 제2장의 "회사"란 외부감사의 대상(법4①)이 되는 주식회사 및 유한회사를 말한다(법2(1)). 외부감사의 대상에 관하여는 뒤에서 살펴본다.

외부감사의 대상

제1절 서설

Ⅰ. 의의

　　1980년에 외부감사법이 제정되면서 외부감사제도가 시행되었다. 제정 당시에는 외부감사 대상기업이 직전 사업연도 말 자본금 5억 원 또는 자산총액 30억원 이상인 기업으로 선정되었으나 2017년 10월 전부개정 전(이하 "구법" 또는 "구외부감사법"이라 한다)에는 직전 사업연도말의 자산총액, 부채규모 또는 종업원 수등 대통령령으로 정하는 기준으로 외부감사의 대상을 정하고 있었다(구법2). 구체적으로는 직전 사업연도말의 자산총액이 120억원 이상인 주식회사나 부채총액이 70억원 이상이고 자산총액이 70억원 이상인 주식회사, 또는 직전 사업연도 말의 종업원 수가 300명 이상이고 자산총액이 70억원 이상인 주식회사를 그 대상으로 하고 있었다(구법 시행령2①). 그런데 이러한 규정은 경제적 상황변화에 적절히 대응하지 못하고 있었으며, 자산규모 이외에도 업종의 특성, 종업원 수, 매출액, 자본금 등을 고려하여 중소기업의 범위를 결정하도록 하고 있는 중소기업 기본법의 취지에도 미치지 못하고 있는 실정이라는 비판이 있었다.[1]

유한회사는 인적회사(합명회사와 합자회사)와 물적회사(주식회사)의 장점을 기초로 하여 설계된 회사이다. 즉 유한회사는 인적회사와 물적회사의 중간형태로서의 성격을 띠고 있어 소수출자자가 폐쇄적으로 운영하는 데 적합한 기업의 형태이다. 이 점에서 대규모의 자본을 모집하여 설립되어 후에 상장의 가능성이 열려 있는 주식회사와는 구별된다. 유한회사가 어떠한 기준에 의하여 회계처리를 할 것인지에 대해서는 상법상의 선언적인 조문인 제29조(상업장부의 종류·작성원칙) 외에는 전혀 관련된 규정이 없다. 이 때문에 구외부감사법(2017년 개정전 외부감사법)에서 유한회사는 외부감사를 받을 의무를 부담하지 않았으며, 회계처리에 적용할 회계기준도 임의적으로 선택이 가능하였다.[2]

Ⅱ. 입법취지

개정법(신외부감사법)은 외부감사대상 기준 항목으로 기존의 "자산, 부채, 종업원 수"에 기업의 경제적 실질을 반영할 수 있도록 "매출액" 기준을 추가(법4①(3) 본문)하였다. 정확한 재무정보 제공을 통한 이해관계자 보호라는 외부감사제도의 목적을 고려할 때, 매출이 큰 회사의 경우 거래처, 채권자, 소비자 등 이해관계자도 다수일 가능성이 있다. 더욱이 매출액은 과세당국에서 회사에 대한 법인세 및 부가가치세 부과의 투명성 확보를 위해 정확히 파악하고자 하는 항목으로서 신뢰성이 높은 재무정보이며, 이러한 이유로 영국, 독일, 호주 등 해외 주요국의 경우에도 매출액 기준을 외부감사 대상요건에 포함시키고 있다.[3]

또한 그동안 주식회사에 한해 적용해 오던 외부감사 의무를 유한회사에도 확대하였다(법2(1) 및 법4①(3) 단서). 다만 그 시행시기는 시행일로부터 1년이 경과한 날 이후 시작되는 사업연도부터 적용한다(부칙2). 신외부감사법은 유한회사에 대한 외부감사 의무를 처음으로 부과하였다. 유한회사에 대한 외부감사법의

---

1) 정영기·조현우·박연희(2008), 114쪽.
2) 권재열(2017), "주식회사의 외부감사에 관한 법률 개정안의 주요 규정에 대한 비판적 검토", 기업법연구 제31권 제3호(2017. 9), 423-424쪽.
3) 정무위원회(이하 "1차 정무위원회"라 함)(2017), "주식회사의 외부감사에 관한 법률 전부개정법률안 검토보고", 제350회 국회(임시회) 제1차 정무위원회(2017. 3), 9쪽.

적용배경을 살펴보면, 2011년 상법개정으로 유한회사에 대해 첫째, 사원 총수 제한인 50인의 폐지(개정 전 상법545), 둘째, 지분양도 제한 규정의 완화(상법556), 셋째, 사원총회 소집 시 서면통지 외 전자통지 가능(상법578), 넷째, 유한회사를 주식회사로 조직변경하는 사원총회 결의 요건을 정관에서 완화할 수 있게 하는 (상법607) 등 각종 규제가 폐지되면서 유한회사와 주식회사 사이에 경제적 실질이 유사해진 것으로 평가되기 때문이다. 그럼에도 불구하고 유한회사는 주식회사와 달리 외부감사 의무를 면제받고 있어 규제차익이 발생하는바, 이로 인해 자산 1,000억원 이상의 유한회사 수가 2010년 말 306개에서 2014년 말 기준 586개로 약 2배 가까이 증가하고, 주식회사가 유한회사로 조직변경을 하거나 외국기업이 유한회사 형태로 국내법인을 신설하는 경우가 다수 발생[4]하는 등 유한회사 형태를 이용한 일종의 규제회피 형태가 나타나고 있었기 때문이다.[5]

제2절　외부감사의 대상법인

Ⅰ. 주권상장법인

"주권상장법인"은 재무제표를 작성하여 회사로부터 독립된 외부의 감사인 (재무제표 및 연결재무제표의 감사인은 동일하여야 한다)에 의한 회계감사를 받아야

---

4) 국내의 유한회사는 2010년 1만6,998개에서 2015년 2만5,929개로 52.5% 급증했다. 2011년 상법 개정으로 유한회사 설립 규제가 크게 완화된 게 원인이다. 이런 상황에서 유한회사는 외부감사를 받지 않아도 된다는 점이 국내에 진출한 외국 기업들의 주목을 끌게 됐다. 다국적기업들은 국내기업과 달리 굳이 한국에서 자금을 조달할 필요가 없어 지사를 주식회사 형태로 유지할 필요가 없다. 또 외부감사를 받을 경우 본사 관련 정보가 유출되는 것을 우려하는 경향이 있다. 그 결과 2011년 이후 다국적기업들은 한국지사를 세우며 유한회사로 만들거나 기존의 주식회사를 서둘러 유한회사로 바꿨다. 마이크로소프트코리아는 2006년 주식회사에서 유한회사로 전환했고 애플코리아(2009년), 루이비통코리아(2012년) 등이 뒤를 따랐다. 알리바바코리아(2014년)와 테슬라코리아(2015년)는 처음부터 유한회사로 설립됐다. 유한회사도 주식회사처럼 외부감사를 받도록 하는 "주식회사의 외부감사에 관한 법률(외부감사법)" 개정안이 국회를 통과하면 이들 글로벌 기업에 대한 사회적 감시망이 본격적으로 작동할 것으로 전망된다. 정부는 다국적기업들이 세금을 탈루하거나 옥시처럼 자신들에게 불리한 정보를 숨기는 일이 줄어들 것으로 기대한다(동아일보, 2016년 8월 9일: '유한회사' 베일 쓴 글로벌기업… 한국내 매출액 규모도 깜깜 참조).

5) 1차 정무위원회(2017), 12쪽.

한다(법4①(1)). 주권상장법인이란 ⅰ) 증권시장에 상장된 주권을 발행한 법인, 또
는 ⅱ) 주권과 관련된 증권예탁증권이 증권시장에 상장된 경우에는 그 주권을
발행한 법인을 말한다(법2(4), 자본시장법9⑮(3)). 즉 주권상장법인이란 그 발행한
주식이 증권시장에서 거래될 수 있는 회사를 말한다.

2021년 4월말 현재 유가증권시장에는 804개사, 코스닥시장에는 1,496개사,
코넥스시장에는 138개사가 상장되어 있다. 다만, 국내 증시에 상장된 외국법인의
경우에는 상법에 따라 설립된 주식회사 또는 유한회사에 해당되지 않으므로 외
부감사 대상에서는 제외된다.

Ⅱ. 상장예정법인

"해당 사업연도 또는 다음 사업연도 중에 주권상장법인이 되려는 회사"(상장
예정법인)는 재무제표를 작성하여 회사로부터 독립된 외부의 감사인(재무제표 및
연결재무제표의 감사인은 동일하여야 한다)에 의한 회계감사를 받아야 한다(법4①
(2)). 상장예정법인(현재는 주권비상장법인)을 외부감사의 대상에 포함시킨 이유는
상장의 욕심으로 저지르기 쉬운 분식회계의 위험성을 방지하고 정보이용에 대한
규제를 할 필요가 있기 때문이다.

여기의 상장예정법인에는 ⅰ) 거래소의 상장규정에 따른 우회상장이 인정되
는 회사, ⅱ) 기업인수목적회사[6]와 합병하여 주권상장법인이 되려는 회사가 포
함된다(외부감사규정2①).

Ⅲ. 비상장 소규모 회사

비상장 소규모 회사, 즉 "그 밖에 직전 사업연도 말의 자산, 부채, 종업원수
또는 매출액 등 대통령령으로 정하는 기준에 해당하는 회사"는 재무제표를 작성
하여 회사로부터 독립된 외부의 감사인(재무제표 및 연결재무제표의 감사인은 동일
하여야 한다)에 의한 회계감사를 받아야 한다(법4①(3)). 비상장 소규모 회사에 대
해서는 매출액 요건을 추가하였다.

---

6) 기업인수목적회사(SPAC)는 다른 법인과 합병하는 것을 유일한 사업목적으로 하고 모집을
   통하여 주권을 발행하는 법인을 말한다(자본시장법 시행령6④(14)).

여기서 "직전 사업연도 말의 자산, 부채, 종업원 수 또는 매출액 등 대통령령으로 정하는 기준에 해당하는 회사"란 다음의 회사를 말한다(영5①).

1. 직전 사업연도 말의 자산총액이 500억원 이상인 회사

비상장 소규모 회사는 직전 사업연도 말의 자산총액이 500억원 이상인 회사를 말한다(영5①(1)).

2. 직전 사업연도의 매출액이 500억원 이상인 회사

비상장 소규모 회사는 직전 사업연도의 매출액이 500억원 이상인 회사를 말한다(영5①(2)). 직전 사업연도가 12개월 미만인 경우에는 12개월로 환산하며, 1개월 미만은 1개월로 본다(영5①(2)).

3. 직전 사업연도 말의 자산총액이 120억원 이상이며 부채총액이 70억원 이상인 회사 등

비상장 소규모 회사는 다음의 사항 중 2개 이상에 해당하는 회사를 말한다(영5①(3)).

가. 직전 사업연도 말의 자산총액이 120억원 이상
나. 직전 사업연도 말의 부채총액이 70억원 이상
다. 직전 사업연도의 매출액이 100억원 이상
라. 직전 사업연도 말의 종업원(근로기준법 제2조 제1항 제1호[7])에 따른 근로자를 말하며, 다음의 어느 하나에 해당하는 사람은 제외)이 100명 이상
    1) 소득세법 시행령 제20조 제1항 각 호[8])의 어느 하나에 해당하는 사람

---

7) 1. "근로자"란 직업의 종류와 관계없이 임금을 목적으로 사업이나 사업장에 근로를 제공하는 사람을 말한다.
8) 1. 건설공사에 종사하는 자로서 다음의 자를 제외한 자
  가. 동일한 고용주에게 계속하여 1년 이상 고용된 자
  나. 다음의 업무에 종사하기 위하여 통상 동일한 고용주에게 계속하여 고용되는 자
    (1) 작업준비를 하고 노무에 종사하는 자를 직접 지휘·감독하는 업무
    (2) 작업현장에서 필요한 기술적인 업무, 사무·타자·취사·경비등의 업무
    (3) 건설기계의 운전 또는 정비업무
  2. 하역작업에 종사하는 자(항만근로자를 포함)로서 다음의 자를 제외한 자
  가. 통상 근로를 제공한 날에 근로대가를 받지 아니하고 정기적으로 근로대가를 받는 자
  나. 다음의 업무에 종사하기 위하여 통상 동일한 고용주에게 계속하여 고용되는 자

2) 「파견근로자보호 등에 관한 법률」 제2조 제5호9)에 따른 파견근로자

Ⅳ. 유한회사

해당 회사가 유한회사인 경우에는 자산, 부채, 종업원수, 매출액 요건 외에 사원 수, 유한회사로 조직변경 후 기간 등을 고려하여 "대통령령으로 정하는 기준"에 해당하는 유한회사는 회계감사를 받아야 한다(법4①(3) 단서).

여기서 "대통령령으로 정하는 기준에 해당하는 유한회사"란 다음의 어느 하나에 해당하는 유한회사를 말한다(영5② 본문).

1. 직전 사업연도 말의 자산총액이 500억원 이상 또는 직전 사업연도의 매출액이 500억원 이상인 유한회사
2. 다음의 사항 중 3개 이상에 해당하는 유한회사
    가. 직전 사업연도 말의 자산총액이 120억원 이상
    나. 직전 사업연도 말의 부채총액이 70억원 이상
    다. 직전 사업연도의 매출액이 100억원 이상
    라. 직전 사업연도 말의 종업원이 100명 이상
    마. 직전 사업연도 말의 사원(정관에 기재된 사원)이 50명 이상

다만, 2019년 11월 1일 이후 주식회사에서 유한회사로 조직을 변경(상법604)한 유한회사의 경우에는 조직변경을 등기(상법606)한 날부터 5년까지는 시행령 제5조 제1항 각 호의 어느 하나에 해당하는 회사를 말한다(영5② 단서).

---

(1) 작업준비를 하고 노무에 종사하는 자를 직접 지휘·감독하는 업무
(2) 주된 기계의 운전 또는 정비업무
3. 제1호 또는 제2호 외의 업무에 종사하는 자로서 근로계약에 따라 동일한 고용주에게 3월 이상 계속하여 고용되어 있지 아니한 자
9) 5. "파견근로자"란 파견사업주가 고용한 근로자로서 근로자파견의 대상이 되는 사람을 말한다.

<h1>제3절 외부감사의 제외대상 법인</h1>

Ⅰ. 공기업 또는 준정부기관

공공기관운영법에 따라 공기업 또는 준정부기관으로 지정받은 회사 중 주권 상장법인이 아닌 회사는 외부의 감사인에 의한 회계감사를 받지 아니할 수 있다 (법4②(1)).

Ⅱ. 개별법상 규제대상 회사

위의 공기업 또는 준정부기관 이외에 다음의 회사도 외부의 감사인에 의한 회계감사를 받지 아니할 수 있다(법4②(2), 영5③).

1. 해당 사업연도에 최초로 설립등기를 한 회사

해당 사업연도에 최초로 설립등기(상법172)를 한 회사는 회계감사를 받지 아니할 수 있다(영5③(1)).

비상장 소규모회사와 유한회사(법4①(3))가 사업연도 중에 분할하거나 합병 또는 조직변경하여 설립등기를 한 회사는 설립등기를 한 날을 기준으로 최초 사업연도에 다음의 어느 하나에 해당하는 경우 해당 사업연도에 최초로 설립등기를 한 회사에 해당하지 않는 것으로 본다(외부감사규정2②).

1. 직전 사업연도 말의 자산총액이 500억원 이상인 회사(영5①(1))
2. 직전 사업연도 말의 자산총액이 120억원 이상, 직전 사업연도 말의 부채총액이 70억원 이상, 또는 직전 사업연도 말의 종업원이 100명 이상인 회사(영5①(3) 가목, 나목, 라목) 중 1개 이상에 해당하는 경우. 다만, 유한회사는 직전 사업연도 말의 자산총액이 120억원 이상, 직전 사업연도 말의 부채총액이 70억원 이상, 또는 직전 사업연도 말의 종업원이 100명 이상인 회사(영5①(3) 가목, 나목, 라목) 및 사원(정관에 기재된 사원)이 50명 이상인 경우 중 2개 이상에 해당하는 경우

2. 감사인 선임기간의 종료일에 투자회사에 해당되는 회사 등

감사인 선임기간의 종료일에 다음의 어느 하나에 해당되는 회사(감사인을 선임한 후 다음의 어느 하나에 해당하게 된 회사로서 증권선물위원회가 인정하는 회사를 포함)도 회계감사를 받지 아니할 수 있다.

가. 지방공기업법에 따른 지방공기업 중 주권상장법인이 아닌 회사
나. 투자회사 및 투자유한회사,[10) 투자목적회사(자본시장법249의13)
다. 기업구조조정투자회사[11)
라. 유동화전문회사[12)
마. 금융결제원으로부터 거래정지처분을 받고 그 처분의 효력이 지속되고 있는 회사(다만, 채무자회생법에 따라 회생절차의 개시가 결정된 회사는 제외)
바. 해산·청산 또는 파산 사실이 등기되거나 1년 이상 휴업 중인 회사
사. 합병절차(상법174)가 진행 중인 회사로서 해당 사업연도 내에 소멸될 회사
아. 그 밖에 가목부터 사목까지에 준하는 사유로 외부감사를 할 필요가 없는 회사로서 금융위원회가 고시하는 기준에 해당하는 회사

위 아목에 따라 다음의 어느 하나에 해당하는 회사는 감사인으로부터 회계감사를 받지 아니할 수 있다(외부감사규정2③)

1. 금융위원회가 상호저축은행법 또는 금융산업구조개선법에 따라 상호저축은행의 관리인을 선임한 경우
2. 국세청에 휴업 또는 폐업을 신고한 경우
3. 채권, 부동산 또는 그 밖의 재산권을 기초로 자본시장법에 따른 증권을 발행하거나 자금을 차입할 목적으로 설립된 법인으로서 법인세법 시행령 제10조

---

10) 주식회사 형태의 집합투자기구("투자회사") 및 유한회사 형태의 집합투자기구("투자유한회사")(자본시장법9⑱(2)(3)).
11) "기업구조조정투자회사"라 함은 약정체결기업의 경영정상화를 도모하는 것을 목적으로 약정체결기업에 투자하거나 약정체결자산을 매입하는 등의 방법으로 자산을 운영하여 그 수익을 주주에게 배분하는 회사로서 기업구조조정투자회사법에 의하여 설립된 회사를 말한다(기업구조조정투자회사법2(3)).
12) "유동화전문회사"라 함은 자산유동화법 제17조 및 제20조의 규정에 의하여 설립되어 자산유동화업무를 영위하는 회사를 말한다(자산유동화법2(5)).

제1항 제4호 각 목13)의 요건(마목은 제외)을 모두 갖춘 경우

4. 연락 두절 등 사회의 통념에 비추어 폐업한 회사로 인정될 수 있는 경우로서 증권선물위원회가 회사에 감사인으로부터 회계감사를 받을 것을 요구하기가 거의 불가능한 경우

---

13) 가. 상법 또는 그 밖의 법률에 따른 주식회사 또는 유한회사일 것
   나. 한시적으로 설립된 법인으로서 상근하는 임원 또는 직원을 두지 아니할 것
   다. 정관 등에서 법인의 업무를 유동화거래에 필요한 업무로 한정하고 유동화거래에서 예정하지 아니한 합병, 청산 또는 해산이 금지될 것
   라. 유동화거래를 위한 회사의 자산 관리 및 운영을 위하여 업무위탁계약 및 자산관리위탁계약이 체결될 것
   마. 2015년 12월 31일까지 유동화자산의 취득을 완료하였을 것

제 3 장

회계처리기준

제1절 회계처리기준의 제정

Ⅰ. 구분 제정

금융위원회는 증권선물위원회의 심의를 거쳐 회사의 회계처리기준을 ⅰ) 국제회계기준위원회의 국제회계기준을 채택하여 정한 회계처리기준("한국채택국제회계기준"), ⅱ) 그 밖에 외부감사법에 따라 정한 회계처리기준("일반기업회계기준")으로 구분하여 정한다(법5①).

한국채택국제회계기준(K-IFRS)은 한국회계기준원이 국제회계기준(IFRS)에 맞추어 2007년 말 제정한 새로운 회계기준으로, 2011년부터 대한민국의 모든 주권상장법인(코넥스상장법인은 제외)에 의무적으로 적용되기 시작하였다. 이에 따라 재무제표의 구성 항목이 바뀌어 대차대조표는 재무상태표로 명칭이 바뀌었고, 손익계산서는 기존 손익계산서에서 대차대조표의 기타포괄손익을 포함하는 포괄손익계산서로 변경되었다.

한편, 한국회계기준원은 이해관계의 정도와 회계처리의 복잡성 등을 고려하여 외부감사법의 적용대상 회사 중 한국채택국제회계기준에 따라 회계처리하지 아니하는 회사가 적용하는 일반기업회계기준을 별도로 제정하였다.

Ⅱ. 통일성과 객관성 확보

회계처리기준은 회사의 회계처리와 감사인의 회계감사에 통일성과 객관성이 확보될 수 있도록 하여야 한다(법5②).

Ⅲ. 회계처리기준 제정·개정의 보고

한국회계기준원은 회계처리기준을 제정하거나 개정하는 경우에 ⅰ) 제·개정 내용 및 외부 의견청취 결과(제1호), ⅱ) 제1호와 관련하여 회계처리기준위원회에 상정된 안건과 의사록(제2호)을 금융위원회에 지체없이 보고하여야 한다(외부감사규정5①).

Ⅳ. 업무협의 및 자료제출요구

금융위원회는 한국회계기준원에 위탁한 업무와 관련하여 업무협의 및 자료제출을 요구할 수 있다(외부감사규정5②).

제2절 회계처리기준에 따른 회사의 재무제표 작성의무

Ⅰ. 한국채택국제회계기준 또는 일반기업회계기준

회사는 "한국채택국제회계기준"(K-IFRS) 또는 "그 밖에 외부감사법에 따라 정한 회계처리기준"(일반기업회계기준) 중 어느 하나에 해당하는 회계처리기준에 따라 재무제표를 작성하여야 한다(영5③ 전단).

Ⅱ. 한국채택국제회계기준 적용 회사

다음의 어느 하나에 해당되는 회사, 즉 ⅰ) 주권상장법인(다만, 코넥스시장에 주권을 상장한 법인은 제외), ⅱ) 해당 사업연도 또는 다음 사업연도 중에 주권상장법인이 되려는 회사(다만, 코넥스시장에 주권을 상장하려는 법인은 제외), ⅲ) 금융지주회사(다만, 전환대상자는 제외), ⅳ) 은행, ⅴ) 투자매매업자, 투자중개업자, 집합투자업자, 신탁업자 및 종합금융회사, ⅵ) 보험회사, ⅶ) 신용카드업자는 한국채택국제회계기준을 적용하여야 한다(법5③ 후단, 영6①).

Ⅲ. 한국채택국제회계기준 적용 방법

지배·종속의 관계에 있는 경우로서 지배회사가 연결재무제표에 한국채택국제회계기준을 적용하는 경우에는 연결재무제표가 아닌 재무제표에도 한국채택국제회계기준을 적용하여야 한다(영6②).

제3절 회계처리기준 관련 업무 위탁

Ⅰ. 한국회계기준원

1. 회계기준원에의 업무위탁

금융위원회는 회계처리기준 제정 업무를 전문성을 갖춘 민간 법인 또는 단체에 위탁할 수 있다(법5④). 이에 따라 금융위원회는 ⅰ) 회계처리기준의 제정 또는 개정, ⅱ) 회계처리기준 해석 및 관련 질의에 대한 회신 업무를 금융위원회의 허가를 받아 설립된 사단법인 한국회계기준원에 위탁한다(영7①).

2. 적립금

한국회계기준원은 매년 총지출 예산의 10%에 해당하는 금액을 직전 2개 사업연도 총지출 예산액이 될 때까지 적립하여야 한다(영7③).

3. 적립금의 사용

한국회계기준원은 금융감독원의 지원금이 감소하는 등 재정상 어려움으로 사업을 정상적으로 유지하기 어렵다고 인정되는 경우에는 금융위원회의 승인을 받아 적립금을 사용할 수 있다(영7⑤).

Ⅱ. 회계처리기준위원회

1. 설치

한국회계기준원은 회계처리기준에 관한 사항을 심의·의결하기 위하여 총리령으로 정하는 바에 따라 9명 이내의 위원으로 구성되는 회계처리기준위원회를 두어야 한다(영7②).

2. 구성

회계처리기준위원회는 위원장 1명을 포함한 9명의 위원으로 성별을 고려하여 구성한다(시행규칙3①). 위원장은 한국회계기준원의 원장이 겸임한다(시행규칙3②).

3. 위원의 선임방법

회계처리기준위원회의 위원은 회계처리기준위원 후보추천위원회가 추천한 후보 중 8명을 한국회계기준원 이사회의 의결을 거쳐 한국회계기준원의 원장이 위촉하며, 그중 1명은 한국회계기준원 총회의 승인을 받아 한국회계기준원의 원장이 상임위원으로 위촉한다(시행규칙3③).

4. 위원 후보추천위원회

회계처리기준위원 후보추천위원회는 ⅰ) 대한상공회의소 회장, ⅱ) 한국상장회사협의회 회장, ⅲ) 전국은행연합회 회장, ⅳ) 한국금융투자협회 회장, ⅴ) 한국공인회계사회 회장, ⅵ) 금융감독원 원장, ⅶ) 한국거래소 이사장, ⅷ) 한국회계학회 회장, ⅸ) 한국회계기준원 원장이 추천하는 9명의 위원으로 성별을 고려하여 구성한다(시행규칙3④).

5. 위원의 자격과 추천

회계처리기준위원 후보추천위원회는 회계에 관한 전문지식과 공정한 직무 수행을 위한 도덕성을 갖춘 사람으로서 ⅰ) 공인회계사 자격을 가진 사람으로서 그 자격을 취득한 후에 관련된 업무에 10년 이상의 실무 경력이 있는 사람, ⅱ) 재무 또는 회계 분야의 석사 이상 학위를 취득한 사람으로서 ㉠ 재무 또는 회계 분야의 공인된 연구기관의 연구원으로서 10년 이상 근무한 경력이 있는 사람, 또 는 ㉡ 대학, 산업대학, 교육대학, 전문대학, 방송대학·통신대학·방송통신대학 및 사이버대학("원격대학"), 기술대학(이에 상응하는 외국 대학을 포함하며, 이하 "대 학"이라 한다)에서 조교수 이상으로 재직하면서 재무 또는 회계 분야를 가르치는 사람으로서 10년 이상 근무한 경력이 있는 사람, ⅲ) 주권상장법인 또는 금융위 원회법 제38조에 따른 검사대상기관(이에 상응하는 외국금융기관을 포함)에서 재무 또는 회계 분야 업무에 임원으로 10년 이상 또는 직원으로 15년 이상 근무한 경 력이 있는 사람, ⅳ) 국가, 지방자치단체, 공공기관운영법에 따른 공공기관, 금융 감독원, 거래소, 한국금융투자협회, 한국예탁결제원, 금융투자상품거래청산회사, 증권금융회사, 신용평가회사, 종합금융회사, 자금중개회사, 단기금융회사, 명의개 서대행회사에서 재무 또는 회계 분야 업무 또는 이에 대한 감독업무에 10년 이 상 종사한 경력이 있는 사람을 위촉할 인원의 2배수 내에서 추천할 수 있다(시행 규칙3⑤).

6. 위원의 결격사유

다음의 어느 하나에 해당하는 사람, 즉 ⅰ) 피성년후견인 또는 피한정후견 인, ⅱ) 파산선고를 받고 복권되지 아니한 사람, ⅲ) 금고 이상의 실형을 선고받 고 그 집행이 끝나거나(집행이 끝난 것으로 보는 경우를 포함) 집행이 면제된 날부 터 5년이 지나지 아니한 사람, ⅳ) 금고 이상의 형의 집행유예를 선고받고 그 유 예기간 중에 있는 사람, ⅴ) 금융회사지배구조법 시행령 제5조에 따른 금융관련 법령에 따라 벌금 이상의 형을 선고받고 그 집행이 끝나거나(집행이 끝난 것으로 보는 경우를 포함) 집행이 면제된 날부터 5년이 지나지 아니한 사람, ⅵ) 공인회계 사법 제48조(징계)에 따라 직무정지(일부 직무정지를 포함)를 받은 후 그 직무정지

기간 중에 있거나 등록취소 또는 직무정지를 받은 날부터 5년이 지나지 아니한 사람은 위원이 될 수 없다(시행규칙3⑥).

7. 위원의 임기

위원의 임기는 3년으로 하며, 한 차례만 연임할 수 있다(시행규칙3⑦ 본문). 다만, 임기가 만료된 경우에도 후임자가 위촉될 때까지 그 직무를 수행할 수 있다(시행규칙3⑦ 단서).

8. 직무대행

위원장이 부득이한 사유로 직무를 수행할 수 없을 때에는 상임위원이 그 직무를 대행하며, 위원장과 상임위원이 모두 부득이한 사유로 직무를 수행할 수 없을 때에는 위원으로 위촉된 순서에 따라 그 직무를 대행한다(시행규칙3⑧).

9. 한국회계기준원의 구성 및 운영 등

위의 사항 외에 회계처리기준위원회의 구성 및 운영 등에 필요한 사항은 한국회계기준원이 정한다(시행규칙3⑨).

Ⅲ. 금융위원회의 회계처리기준 수정요구권

금융위원회는 이해관계인의 보호, 국제적 회계처리기준과의 합치 등을 위하여 필요하다고 인정되면 증권선물위원회의 심의를 거쳐 업무를 위탁받은 민간법인 또는 단체("회계기준제정기관")에 회계처리기준의 내용을 수정할 것을 요구할 수 있다(법5⑤ 전단). 이 경우 회계기준제정기관은 정당한 사유가 없으면 이에 따라야 한다(법5⑤ 후단).

Ⅳ. 금융감독원의 지원

1. 한국회계기준원 지원금

금융감독원은 금융감독원이 징수하는 분담금의 8%를 초과하지 아니하는 범위에서 회계기준제정기관에 지원할 수 있다(법5⑥). 이에 따라 금융감독원은 증권신고서를 제출하는 발행인(그 증권이 집합투자증권인 경우에는 집합투자업자)으로부터 징수한 분담금(자본시장법422①)의 8%를 넘지 아니하는 범위에서 한국회계기준원의 해당 사업연도 총지출 예산과 해당 사업연도에 적립하여야 하는 금액을 더한 금액에서 해당 사업연도 자체수입(금융감독원으로부터 지원받는 금액을 제외한 나머지 수입)을 뺀 금액을 지원한다(영7④).

2. 지원금의 조정

금융감독원장은 분기별로 한국회계기준원에 지원하는 금액("지원금")을 4등분한 금액을 그 분기가 시작된 달의 말일까지 한국회계기준원에 지급한다(외부감사규정5③ 본문). 다만, 지원금과 증권신고서를 제출하는 발행인(그 증권이 집합투자증권인 경우에는 집합투자업자)으로부터 징수한 금액(자본시장법422①) 간에 상당한 차이가 발생하는 등 부득이한 이유로 한국회계기준원에 지원금을 제때 지급하기가 곤란한 경우에 금융감독원장은 금융위원회의 승인을 받아 해당 분기의 지원금 지급액을 조정할 수 있다(외부감사규정5③ 단서).

Ⅴ. 한국회계기준원의 예산보고의무

회계기준제정기관인 한국회계기준원은 사업연도마다 총수입과 총지출을 예산으로 편성하여 해당 사업연도가 시작되기 1개월 전까지 금융위원회에 보고하여야 한다(법5⑧).

Ⅵ. 회계제도심의위원회

1. 설치와 구성 등

(1) 설치

금융위원회 또는 증권선물위원회가 ⅰ) 회계감사기준의 제·개정에 관한 사항(제1호), ⅱ) 품질관리기준의 제·개정에 관한 사항(제2호), ⅲ) 회계처리기준의 제정 또는 개정, 회계처리기준 해석 및 관련 질의에 대한 회신 업무 중 금융위원회 또는 증권선물위원회에 보고가 필요한 사항(제3호), ⅳ) 감사인이 반기보고서와 분기보고서 중 재무에 관한 서류(자본시장법 시행령189②(2) 단서)를 확인하고 의견을 표시하는데 기준으로 적용되는 규정의 제ㆍ개정에 관한 사항(제4호), ⅴ) 법령 또는 고시 등("법령등")에서 금융위원회 또는 증권선물위원회의 업무로 규정한 회계 또는 외부감사 관련 기준 등의 제ㆍ개정에 관한 사항(제5호), ⅵ) 그 밖에 제1호부터 제5호까지의 업무에 준하는 사항(제6호)을 효율적으로 심의할 수 있도록 증권선물위원회 위원장 소속으로 회계제도심의위원회("위원회")를 둔다(외부감사규정3①).

(2) 구성

위원회는 위원장 1명을 포함한 11명의 위원으로 성별을 고려하여 구성한다(외부감사규정3②). 위원회의 위원장은 증권선물위원회 상임위원으로 한다(외부감사규정3③).

(3) 위원의 자격

위원회의 위원(위원장을 제외)은 재무ㆍ회계ㆍ회계감사 또는 관련 법률에 관한 전문지식과 공정한 직무수행을 위한 윤리성을 갖춘 사람으로서 증권선물위원회 위원장이 임명 또는 위촉하는 다음의 사람이 된다(외부감사규정3④).

(가) 회계전문가

금융감독원은 외부감사법 및 외부감사법 시행령에 따른 금융위원회 및 증권선물위원회의 업무를 지원하기 위하여 해당 업무를 총괄하는 회계전문가 1명을 둘 수 있는데(영46), 이 회계전문가를 말한다(외부감사규정3④(1)).

(나) 위촉위원

다음의 어느 하나에 해당하는 사람을 말한다(외부감사규정3④(2)). 그러나 금융위원회, 금융감독원, 한국회계기준원, 또는 한국공인회계사회 중 어느 하나에 소속된 사람은 위촉위원으로 위촉할 수 없다(외부감사규정3⑤).

가. 공인회계사의 자격을 가진 사람으로서 그 자격을 취득한 후에 관련된 업무에 10년 이상의 실무 경력이 있는 사람

나. 재무ㆍ회계ㆍ회계감사 또는 관련 법률 분야의 석사 이상의 학위를 취득한 사람으로서 다음의 어느 하나에 해당하는 사람

   1) 재무ㆍ회계ㆍ회계감사 또는 관련 법률 분야의 공인된 연구기관의 연구원

으로서 10년 이상 근무한 경력이 있는 사람

    2) 대학, 산업대학, 교육대학, 전문대학, 방송대학·통신대학·방송통신대학 및 사이버대학("원격대학"), 기술대학(이에 상응하는 외국대학을 포함)에서 조교수 이상의 직에 재직하면서 재무·회계·회계감사 또는 관련 법률 분야를 가르치는 사람으로서 10년 이상 근무한 경력이 있는 사람

다. 주권상장법인 또는 금융위원회법 제38조에 따른 검사 대상 기관(이에 상응하는 외국 금융기관을 포함)에서 재무·회계·회계감사 또는 관련 법률 분야 업무에 임원으로 10년 이상 또는 직원으로 15년 이상 근무한 경력이 있는 사람

라. 국가, 지방자치단체, 공공기관운영법에 따른 공공기관, 금융감독원, 한국거래소, 한국금융투자협회, 한국예탁결제원, 금융투자상품거래청산회사, 증권금융회사, 신용평가회사, 종합금융회사, 자금중개회사, 단기금융회사, 명의개서대행회사에서 재무·회계·회계감사 또는 관련 법률 분야 업무 또는 이에 대한 감독업무에 10년 이상 종사한 경력이 있는 사람

(다) 금융위원회의 자본시장 정책 담당자

금융위원회의 고위공무원단에 속하는 공무원 중에서 자본시장 정책 업무를 담당하는 사람을 말한다(외부감사규정3④(3)).

(라) 기획재정부의 조세 정책 담당자

기획재정부의 고위공무원단에 속하는 공무원 중에서 조세 정책 업무를 담당하는 사람을 말한다(외부감사규정3④(4)).

(4) 위원장 직무대리

위원장이 부득이한 사유로 그 직무를 수행할 수 없는 경우에는 위촉위원이 위촉된 순서에 따라 그 직무를 대리한다(외부감사규정3⑥).

(5) 대리 참여

금융위원회의 자본시장 정책 담당자인 위원 또는 기획재정부의 조세 정책 담당자인 위원이 부득이한 사유로 회의에 참석할 수 없는 경우에는 그 직무를 대리할 수 있는 4급 이상 공무원이 심의·의결에 참여할 수 있다(외부감사규정3⑦).

(6) 위원의 결격사유

ⅰ) 피성년후견인 또는 피한정후견인, ⅱ) 파산선고를 받고 복권되지 아니한 사람, ⅲ) 금고 이상의 실형을 선고받고 그 집행이 끝나거나(집행이 끝난 것으

로 보는 경우를 포함) 집행이 면제된 날부터 5년이 지나지 아니한 사람, ⅳ) 금고 이상의 형의 집행유예를 선고받고 그 유예기간 중에 있는 사람, ⅴ) 금융회사지 배구조법 시행령 제5조에 따른 금융관련법령에 따라 벌금 이상의 형을 선고받고 그 집행이 끝나거나(집행이 끝난 것으로 보는 경우를 포함) 집행이 면제된 날부터 5 년이 지나지 아니한 사람, ⅵ) 공인회계사법 제48조(징계)에 따라 직무정지(일부 직무정지를 포함)를 받은 상태이거나 등록취소 또는 직무정지를 받은 날부터 5년 이 지나지 아니한 사람은 위원이 될 수 없다(외부감사규정3⑧).

(7) 위원의 임기

위원의 임기는 3년으로 하며, 한 차례만 연임할 수 있다(외부감사규정3⑨ 본 문). 다만, 임기가 만료된 경우에도 후임자가 위촉될 때까지 그 직무를 수행할 수 있다(외부감사규정3⑨ 단서).

(8) 위촉위원의 해촉

증권선물위원회 위원장은 위촉위원이 ⅰ) 심신장애로 인하여 직무를 수행할 수 없게 된 경우, ⅱ) 비밀누설 등 직무와 관련된 비위사실이 있는 경우, ⅲ) 직 무태만, 품위손상이나 그 밖의 사유로 위원으로 적합하지 아니하다고 인정되는 경우, ⅳ) 위원 스스로 직무를 수행하는 것이 곤란하다는 의사를 전달한 경우에 는 해당 위원을 해촉(解嘱)할 수 있다(외부감사규정3⑩).

2. 회계제도심의위원회의 운영

(1) 회의 소집

위원회의 회의는 ⅰ) 금융위원회 위원장 또는 증권선물위원회 위원장이 위 원회에 회부한 안건을 회의에 상정하고자 하는 경우, ⅱ) 금융감독원 원장, 한국 회계기준원 원장, 한국공인회계사회장이 위원장에 부의를 요청한 안건을 회의에 상정하고자 하는 경우, ⅲ) 그 밖에 위원장이 회의를 소집하는 것이 필요하다고 판단한 경우에 위원장이 소집하며, 위원장이 의장이 된다(외부감사규정4①).

(2) 개의와 의결

회의는 재적위원 과반수의 출석으로 개의(開議)하고, 출석위원 과반수의 찬 성으로 의결한다(외부감사규정4②).

(3) 제척

위원은 ⅰ) 자기와 직접적인 이해관계가 있는 사항, ⅱ) 배우자, 4촌 이내의 혈족, 2촌 이내의 인척 또는 자기가 속한 법인과 이해관계가 있는 사항에 대한 심의·의결에서 제척된다(외부감사규정4③).

(4) 회피

위원은 위의 제척사유 중 어느 하나에 해당하면 위원회에 그 사실을 알리고 스스로 안건의 심의·의결에서 회피하여야 한다(외부감사규정4④).

(5) 안건 등의 송부

위원장은 회의가 열리는 날부터 5일 전까지 회의 개최일시 및 장소, 해당 회의에 상정되는 안건 등을 문서(전자문서를 포함)로 위원에게 보내야 한다(외부감사규정4⑤).

(6) 안건 설명 요구

위원장은 안건을 상정하며, 해당 안건에 관한 업무를 수행하는 기관장에게 소속 임직원이 회의에 출석하여 위원에게 안건을 설명할 것을 요구할 수 있다(외부감사규정4⑥).

(7) 검토의견 제출

금융감독원의 원장("금융감독원장")은 위원장에게 ⅰ) 회계감사기준의 제·개정에 관한 사항(제1호), ⅱ) 품질관리기준의 제·개정에 관한 사항(제2호), ⅲ) 회계처리기준의 제정 또는 개정, 회계처리기준 해석 및 관련 질의에 대한 회신 업무 중 금융위원회 또는 증권선물위원회에 보고가 필요한 사항(제3호), ⅳ) 감사인이 반기보고서와 분기보고서 중 재무에 관한 서류(자본시장법 시행령189②(2) 단서)를 확인하고 의견을 표시하는데 기준으로 적용되는 규정의 제·개정에 관한 사항(제4호), ⅴ) 법령 또는 고시 등("법령등")에서 금융위원회 또는 증권선물위원회의 업무로 규정한 회계 또는 외부감사 관련 기준 등의 제·개정에 관한 사항(제5호), ⅵ) 그 밖에 제1호부터 제5호까지의 업무에 준하는 사항(제6호)(외부감사규정3①)에 대한 검토의견을 제출할 수 있다(외부감사규정4⑦ 전단). 이 경우 위원장은 필요한 경우에 금융감독원 소속 임직원에게 회의에서 검토의견을 설명할 것을 요구할 수 있다(외부감사규정4⑦ 후단).

(8) 의견청취

위원장은 필요한 경우에 회사, 관계회사, 회계법인, 민간전문가 또는 금융위원회, 금융감독원, 한국회계기준원, 한국공인회계사에 소속된 임직원을 회의에 참석하게 하여 의견을 들을 수 있다(외부감사규정4⑧).

(9) 의사록 작성 및 기명날인

금융위원회의 4급 이상 공무원 중에서 회계정책 업무를 담당하는 사람은 ⅰ) 회의 개최 일시 및 장소, ⅱ) 위원 출결(出缺) 내역 및 위원 외 참석자의 성명·소속, ⅲ) 안건별 주요 논의내용, ⅳ) 의결내용 및 이에 반대하는 의견의 요지, ⅴ) 그 밖에 위원장 또는 위원이 기록을 요청한 사항을 기록하는 문서("의사록")를 작성하고 회의가 종료된 후 위원장에게 보고하여야 한다(외부감사규정4⑨ 전단). 이 경우 의사록을 작성한 사람과 위원장은 의사록에 기명날인하여야 한다(외부감사규정4⑨ 후단).

(10) 의사록 보고

의사록을 작성한 사람은 차기 회의에서 그 의사록을 보고하여야 한다(외부감사규정4⑩).

(11) 첨부자료

금융위원회 위원장 또는 증권선물위원회 위원장이 위원회에 회부한 안건을 회의에 상정하고자 하는 경우에 안건과는 별도로 의결내용 및 이에 반대하는 의견의 요지를 첨부하여야 한다(외부감사규정4⑪).

(12) 비공개 회의

회의는 공개하지 아니함을 원칙으로 한다(외부감사규정4⑫).

(13) 비밀 누설·이용 금지

위원 및 그 직에 있었던 사람은 그 직무에 관하여 알게 된 비밀을 누설 또는 이용하여서는 아니된다(외부감사규정4⑬).

제4절 위반시 제재

Ⅰ. 형사제재

상법 제401조의2 제1항[1] 및 제635조 제1항[2]에 규정된 자나 그 밖에 회사

---

1) 상법 제401조의2(업무집행지시자 등의 책임)에 규정된 자는 ⅰ) 업무집행지시자: 회사에 대한 자신의 영향력을 이용하여 이사에게 업무집행을 지시한 자, ⅱ) 무권대행자: 이사의 이름으로 직접 업무를 집행한 자, ⅲ) 표현이사: 이사가 아니면서 명예회장·회장·사장·부사장·전무·상무·이사 기타 회사의 업무를 집행할 권한이 있는 것으로 인정될 만한 명

의 회계업무를 담당하는 자가 회계처리기준을 위반하여 거짓으로 재무제표를 작성·공시하거나 감사인 또는 그에 소속된 공인회계사가 감사보고서에 기재하여야 할 사항을 기재하지 아니하거나 거짓으로 기재한 경우에는 10년 이하의 징역 또는 그 위반행위로 얻은 이익 또는 회피한 손실액의 2배 이상 5배 이하의 벌금에 처한다(법39①).

제1항에도 불구하고 회계처리기준을 위반하여 회사의 재무제표상 손익 또는 자기자본 금액이 자산총액의 일정 비중에 해당하는 금액만큼 변경되는 경우에는 다음 각 호에 따라 각각 가중할 수 있다(법39② 본문). 다만, 자산총액의 5%에 해당하는 금액이 500억원 이상인 경우에만 적용한다(법39② 단서).

1. 재무제표상 변경된 금액이 자산총액의 10% 이상인 경우에는 무기 또는 5년 이상의 징역에 처한다.
2. 재무제표상 변경된 금액이 자산총액의 5% 이상으로서 제1호에 해당하지 아니하는 경우에는 3년 이상의 유기징역에 처한다

Ⅱ. 과징금

금융위원회는 회사가 고의 또는 중대한 과실로 회계처리기준을 위반하여 재무제표를 작성한 경우에는 그 회사에 대하여 회계처리기준과 달리 작성된 금액의 20%를 초과하지 아니하는 범위에서 과징금을 부과할 수 있다(법35① 전단). 이 경우 회사의 위법행위를 알았거나 현저한 주의의무 위반으로 방지하지 못한 상법 제401조의2[3] 및 제635조 제1항[4]에 규정된 자나 그 밖에 회사의 회계업무

칭을 사용하여 회사의 업무를 집행한 자를 말한다(상법401의2①).
2) 상법 제635조(과태료에 처할 행위)에 규정된 자는 회사의 발기인, 설립위원, 업무집행사원, 업무집행자, 이사, 집행임원, 감사, 감사위원회 위원, 외국회사의 대표자, 검사인, 공증인, 감정인, 지배인, 청산인, 명의개서대리인, 사채모집을 위탁받은 회사와 그 사무승계자 또는 직무대행자를 말한다(상법635①).
3) 상법 제401조의2(업무집행지시자 등의 책임)에 규정된 자는 ⅰ) 업무집행지시자: 회사에 대한 자신의 영향력을 이용하여 이사에게 업무집행을 지시한 자, ⅱ) 무권대행자: 이사의 이름으로 직접 업무를 집행한 자, ⅲ) 표현이사: 이사가 아니면서 명예회장·회장·사장·부사장·전무·상무·이사 기타 회사의 업무를 집행할 권한이 있는 것으로 인정될 만한 명칭을 사용하여 회사의 업무를 집행한 자를 말한다(상법401의2①).
4) 상법 제635조(과태료에 처할 행위)에 규정된 자는 회사의 발기인, 설립위원, 업무집행사원, 업무집행자, 이사, 집행임원, 감사, 감사위원회 위원, 외국회사의 대표자, 검사인, 공증

를 담당하는 자에 대해서도 회사에 부과하는 과징금의 10%를 초과하지 아니하는 범위에서 과징금을 부과할 수 있다(법35① 후단).

과징금은 위반행위가 있었던 때부터 8년이 경과하면 이를 부과하여서는 아니 된다(법35③ 본문). 다만, 증권선물위원회의 감리(법26)가 개시된 경우 위 기간의 진행이 중단된다(법35③ 단서).

인, 감정인, 지배인, 청산인, 명의개서대리인, 사채모집을 위탁받은 회사와 그 사무승계자 또는 직무대행자를 말한다(상법635①).

재무제표의 작성 책임 및 제출 등

제1절 서설

Ⅰ. 재무제표와 연결재무제표의 의의

1. 재무제표의 의의

"재무제표"란 ⅰ) 재무상태표(상법 제447조 및 제579조의 대차대조표[1]), ⅱ) 손익계산서 또는 포괄손익계산서(상법 제447조 및 제579조의 손익계산서[2]), 그리고 ⅲ) 자본변동표, 현금흐름표, 주석(註釋)을 말한다(법2(2), 영2).

---

1) 대차대조표(balance sheet)란 일정 시점에서 기업의 자산과 부채 및 자본을 일정한 구분·배열·분류에 따라 기재하여 재무상태를 명시하는 재무제표이다.

2) 손익계산서(profit or loss statement)란 기업의 1사업연도에 있어서의 경영성과와 그 원인을 명확히 하기 위하여 당해 사업연도에 발생한 수익과 이에 대응하는 비용을 기재하고 그 기간의 순손익을 표시하는 재무제표이다. 대차대조표가 주로 기말 현재의 재무상태를 표시하는 데 대하여, 손익계산서는 사업연도라는 일정기간의 경영성과를 나타내기 위한 결산표라고 할 수 있다.

(1) 재무제표 본문

재무제표는 정보이용자가 경제적 의사결정을 하는 데 유용한 정보를 제공한 다는 회계의 기본목적을 달성하기 위해서 기업의 경제적 사건이나 거래를 기간별 로 측정·기록·분류·요약하여 전달하는 일정한 틀을 갖춘 재무보고서를 말한다.

상법에는 대차대조표, 손익계산서, 자본변동표 및 이익잉여금처분계산서 또 는 결손금처리계산서를 재무제표(외부감사 대상의 경우에는 현금흐름표 및 주석 포 함)로 하고 있으며, 한국채택국제회계기준(K-IFRS)에서는 재무상태표, 포괄손익 계산서, 자본변동표, 현금흐름표, 주석을 재무제표로 정하고 있다. 이 중 재무상 태표, 포괄손익계산서, 자본변동표, 현금흐름표를 재무제표 본문이라 한다.

(2) 주석

주석(footnotes)이란 재무제표 본문에 표시하는 정보에 추가하여 본문에 표 시된 항목을 구체적으로 설명하거나 세분화하고, 재무제표 인식요건을 충족하지 못하는 항목에 대한 정보를 제공하는 것을 말한다. 즉 재무제표에 인식되어 본문 에 표시되는 항목에 관한 설명이나 금액의 세부내역뿐만 아니라 우발상황 또는 약정사항과 같이 숫자로 표현할 수 없거나 인식요건을 충족시키지 못해 재무제 표에 인식되지 않는 항목에 대한 추가정보를 제공하는 기능을 수행한다. 회계정 보의 유용성과 투명성이 점점 강조되고 있는 회계환경에 비추어 볼 때 재무제표 의 일부를 구성하는 주석공시사항이 갖는 의미와 중요성은 매우 크다. 기업에 대 한 정보의 양과 질적인 정보에 대한 수요가 계속 증가하는 상황에서 발생주의라 는 제한된 틀 속에서 양적인 정보만을 제공하는 재무제표 본문만으로는 정보이 용자들의 다양한 정보욕구를 충족시킬 수 없다. 기업활동이 더욱 복잡해지고 질 적인 정보의 중요성이 강조되면서 정보이용자는 재무제표 본문 이외에 기업에 대한 추가적인 정보를 요구하고 있다. 주석공시는 재무제표 본문을 보완하여 추 가적인 정보제공의 역할을 수행한다.

2. 연결재무제표의 의의

(1) 연결재무제표의 개념

"연결재무제표"란 지배기업과 그 종속기업의 자산, 부채, 자본, 수익, 비용, 현금흐름을 하나의 경제적 실체로 표시하는 연결실체의 재무제표를 말한다 (K-IFRS 제1027호). 회사와 다른 회사(조합 등 법인격이 없는 기업을 포함)가 "대통령령으로 정하는 지배·종속의 관계"에 있는 경우 지배하는 회사("지배회사")가 작성하는 ⅰ) 연결재무상태표, ⅱ) 연결손익계산서 또는 연결포괄손익계산서, ⅲ) 연결자본변동표, 연결현금흐름표, 주석을 작성하여야 한다(법2(3), 영3②).

여기서 "대통령령으로 정하는 지배·종속의 관계"란 회사가 경제활동에서 효용과 이익을 얻기 위하여 다른 회사(조합 등 법인격이 없는 기업을 포함)의 재무정책과 영업정책을 결정할 수 있는 능력을 가지는 경우로서 회계처리기준에서 정하는 그 회사("지배회사")와 그 다른 회사("종속회사")의 관계를 말한다(영3①).

(2) 연결재무제표 작성의 목적

연결재무제표는 상호 독립적인 법인격을 갖고 있으나 경제적으로 종합적이고 유기적 관계에 있을 때 이런 회사들을 일괄하여 하나의 기업으로 보고 작성한 재무제표이다. 기업집단 내의 개별회사 재무제표를 결합하여 개별회사의 재무제표만으로는 표시할 수 없는 기업집단 전체의 경영성과와 재무상태를 적절하게 표시하고 이에 관한 정보를 확보하고자 하는 것이 연결재무제표 작성의 목적이다.

연결재무제표와는 구분하여 "별도(개별)재무제표"란 종속기업, 공동기업 및 관계기업에 대한 투자를 원가법, 기업회계기준서 제1109호 '금융상품'에 따른 방법, 제1028호 '관계기업과 공동기업에 대한 투자'에서 규정하고 있는 지분법 중 어느 하나를 적용하여 표시한 재무제표를 말한다(K-IFRS 제1027호). 지배·종속의 관계에 있는 경우로서, 지배회사가 연결재무제표에 한국채택국제회계기준을 적용하는 경우에는 연결재무제표가 아닌 재무제표(별도재무제표)에도 한국채택국제회계기준을 적용하여야 한다(영6②).

Ⅱ. 재무제표 공시의 중요성

자산규모가 작은 소규모기업들은 대체로 가족구성원이 기업의 경영자나 주요 이해관계자이므로 기업 외부의 이해관계자에게 감사받은 재무제표를 공시해야 할 필요성을 느끼지 못한다. 그러나 가족경영을 하는 소규모 기업이라고 하더라도, 기업의 주요 이해관계자로서 과세당국과 금융기관, 채권자 등은 신뢰성 있는 재무제표 자료를 필요로 한다. 또한 신고납세제도하에서 기업은 장부를 바탕으로 작성된 재무제표에 근거하여 산출한 당기순이익에 세무조정과정을 거쳐 과세소득을 신고하고 세금을 납부하게 된다. 이 과정에서 과세당국이 신고인의 재무제표자료를 신뢰할 수 없다면 공평과세, 근거과세를 위하여 일일이 세무조사를 해야 하는 번거로움과 막대한 비용부담을 하게 될 것이므로 감사받은 재무제표의 필요성이 요구되는 것이다. 한편 채권자나 금융기관 등이 대출여부 및 대출조건 등을 결정하기 위해서는 재무제표 정보에 의존할 수밖에 없다. 이 경우 재무제표 정보의 신뢰성에 불확실성이 있다면 결국 그 불확실성을 해소하기 위하여 직접 재무제표를 검토해보거나 아니면 제3자로 하여금 신뢰성을 검토하게 해야 하는 등 추가적인 비용이 소요되므로 이러한 거래비용을 줄이기 위해서도 감사받은 재무제표의 필요성이 요구된다. 기업의 규모에 비추어 신뢰성 있게 재무제표를 작성할 능력이나 인적자원이 부족한 경우라도 외부감사라는 자극이 없는 경우에 비하여 오히려 경영자로 하여금 재무, 경리에 대한 기업의 경험과 능력을 제고할 수 있는 기회를 제공한다는 측면에서 외부감사의 의의를 찾을 수 있다. 소규모 기업의 경우 주주 또는 투자자와 같은 외부의 이해관계자가 없다고 하더라도 신뢰성 있는 재무제표의 필요성은 사회적 비용을 줄이는데 있어 절대적이다.3)

제2절 재무제표의 작성 책임 및 제출

I. 입법 취지

회사의 경영자는 기업회계기준에 따라 재무제표를 작성하고 공정하게 표시할 책임이 있으며, 감사인의 책임은 이러한 재무제표가 기업회계기준에 따라 중요성의 관점에서 공정하게 표시되고 있는지에 대한 의견을 표명하는데 있다. 이는 경영자의 책임과 감사인의 책임을 명확히 구분하기 위해 감사보고서에 포함되는 문장이다. 그러나 일부 기업은 재무제표 작성업무의 일부를 외부감사인에게 의존하는 관행이 있다. 이는 명백한 공인회계사법 위반으로 형사제재를 받을 뿐만 아니라4) 감사인의 자기검토위협(self-review threat)5)으로 인하여 감사품질

---

3) 정영기·조현우·박연희(2008), 112쪽.
4) 공인회계사는 특정 회사(해당 회사가 다른 회사와 지배·종속 관계에 있어 연결재무제표를 작성하는 경우 그 다른 회사를 포함)의 재무제표를 감사하거나 증명하는 업무를 수행하는 계약을 체결하고 있는 기간 중에는 해당 회사에 대하여 회계기록과 재무제표의 작

의 저하를 가져올 수 있다. 또한 외부감사를 받기 위해서 회사는 재무제표를 작성하여 정기주주총회 6주 전에 외부감사인에게 제출해야 하나 일부 회사는 제출기간을 지키지 못함으로 인해 외부감사 시간의 적정한 투입이 어려워 부실감사 가능성이 높아지는 등의 문제점이 제기되어 왔다.[6]

이러한 관행을 근절하기 위해 신외부감사법은 다음을 반영하고 있다. 첫째, 회사가 법정기간 내(주주총회 6주 전) 감사인·증권선물위원회에 제출하지 못한 경우 그 사유를 공시하여야 한다(법6③ 및 법6⑤). 이 규정의 취지는 회사가 외부감사를 위해 감사인에게 재무제표를 제출해야 하는 기한을 준수하는지 여부를 확인하기 위한 것이다. 과거 외부감사인들이 기업의 재무제표를 대리작성하던 관행으로 인하여, 감사인이 적절한 감사기간을 확보하기가 힘들었으며, 또한 본인이 작성한 재무제표를 본인이 감사해야 하는 자기검토위협의 문제도 존재하였다. 하지만 법 개정으로 감사인이 적정한 감사시간을 확보할 수 있게 되고, 이로 인하여 전반적으로 감사품질이 제고될 것으로 기대된다.[7]

둘째, 구외부감사법은 회사의 감사인은 해당 회사의 재무제표를 대표이사와 회계담당 이사를 대신하여 작성하거나 재무제표 작성과 관련된 회계처리에 대한 자문에 응하는 등 대통령령으로 정하는 행위를 하여서는 아니 된다(구법7④)고 규정하고 있었다. 신외부감사법은 구외부감사법 규정에 더해 "해당 회사는 감사인 및 그 감사인에 소속된 공인회계사에게 이러한 행위를 요구하여서는 아니 된다"(개정법6⑥)는 내용을 추가하였다. 이는 감사인의 재무제표 대리작성 관행을 원천적으로 차단하기 위한 규정이다. 해당 개정으로 인하여 감사인의 자기검토위협이 감소되고, 전반적으로 회계감사의 독립성과 신뢰성이 제고될 것으로 기대된다.[8]

이러한 법 개정의 주된 취지는 일차적으로 기업 경영자의 재무제표 작성책임을 명확히 하고 감사인의 재무제표 작성 지원을 금지하도록 하여 재무제표 작

성, 내부감사업무의 대행 등의 업무를 할 수 없다(공인회계사법21②). 이에 위반하는 경우에는 징역 1년 또는 1천만원 이하의 벌금에 처한다(공인회계사법53③(1)).

5) 자기검토위협이란 공인회계사가 과거에 본인이 판단한 사항에 대하여 검토를 수행하는 경우에 발생하는 위협을 말한다(공인회계사윤리기준100.10).

6) 이은철·박석진(2016), "재무제표 대리작성 근절을 위한 외감법 개정의 실효성에 관한 연구", 회계학연구 제41권 제1호(2016. 1), 199쪽.

7) 이은철·박석진(2016), 203-204쪽.

8) 이은철·박석진(2016), 203-204쪽.

성 과정에 감사인의 개입을 원천 봉쇄하고 기업의 재무제표 작성능력을 향상시키는 데 있으며, 이를 통해 감사인이 자신이 작성한 재무제표를 감사하게 되는 경우 발생하는 자기검토위협에 대한 노출을 사전적으로 방지하여 감사품질을 향상시키는데 목적이 있다.9)

구외부감사법은 감사인이 회사의 재무제표 등을 대신 작성하는 경우 회사의 재무제표 작성에 대한 책임의식이 약화될 뿐만 아니라 감사인 자신이 작성한 재무제표를 스스로 검증함으로써 감사인의 독립성과 검증기능이 훼손될 염려가 있다는 취지에서 감사인에게 이를 금지하고 있으나, 현실적으로 감사인은 회사의 요구에 의해 대리작성을 하게 될 것인데 회사의 요구행위를 금지하는 규정이 없었다는 점에서 입법상 미비가 존재하는 상황이었으므로 이를 보완한 입법이다.10)

Ⅱ. 작성 책임자

회사의 대표이사와 회계담당 임원(회계담당 임원이 없는 경우에는 회계업무를 집행하는 직원)은 해당 회사의 재무제표를 작성할 책임이 있다(법6①).

여기서 "임원"이란 이사, 감사(감사위원회의 위원을 포함), 집행임원(상법408의2) 및 업무집행지시자(상법401의2①(1)), 무권대행자(상법401의2①(2)), 표현이사(상법401의2①(3))11)의 어느 하나에 해당하는 자를 말한다(법2(6)).

Ⅲ. 감사인에의 감사 전 재무제표 제출의무 및 기한

외부감사법에 의하여 외부감사인에 의한 감사를 받아야 하는 재무제표는 각

---

9) 조은정·정주렴·김범준(2016), "경영자 능력이 경영자−감사인간 의견불일치에 미치는 경향: 감사 전 재무제표의 증권선물위원회 제출의무화를 중심으로", 회계저널 제25권 제4호(2016. 8), 41쪽.

10) 1차 정무위원회(2017), 15−16쪽.

11) ⅰ) 업무집행지시자: 회사에 대한 자신의 영향력을 이용하여 이사에게 업무집행을 지시한 자(제1호), ⅱ) 무권대행자: 이사의 이름으로 직접 업무를 집행한 자(제2호), ⅲ) 표현이사: 이사가 아니면서 명예회장·회장·사장·부사장·전무·상무·이사 기타 회사의 업무를 집행할 권한이 있는 것으로 인정될 만한 명칭을 사용하여 회사의 업무를 집행한 자를 말한다(상법401의2①).

회계연도에 있어서 정기주주총회의 승인을 얻어야 하는 재무제표, 즉 결산재무
제표만이 외부감사법의 규율대상인 재무제표이다.[12] 외부감사법에 의한 외부감
사인의 감사대상이 아닌 분기재무제표는 이에 해당하지 않는다.[13]

1. 외부감사의 대상이 되는 주식회사 및 유한회사

회사(외부감사의 대상이 되는 주식회사 및 유한회사)는 해당 사업연도의 재무제
표를 작성하여 다음의 기간 내에 감사인에게 제출하여야 한다(법6②, 영8①).

(1) 별도(개별)재무제표

별도(개별)재무제표는 정기총회 개최 6주 전(회생절차가 진행 중인 회사는 사업
연도 종료 후 45일 이내)에 감사인에게 제출하여야 한다(영8①(1)).

(2) 연결재무제표

연결재무제표는 다음의 구분에 따른 기한 내에 감사인에게 제출하여야 한다
(영8①(2)).

(가) 한국채택국제회계기준 적용 회사

한국채택국제회계기준을 적용하는 회사는 정기총회 개최 4주 전(회생절차가
진행 중인 회사는 사업연도 종료 후 60일 이내)에 감사인에게 제출하여야 한다(영8①
(2) 가목).

(나) 한국채택국제회계기준 미적용 회사(일반기업회계기준 적용)

한국채택국제회계기준을 적용하지 아니하는 회사는 사업연도 종료 후 90일
이내(사업보고서 제출대상법인[14] 중 직전 사업연도 말의 자산총액이 2조원 이상

---

12) 대법원 2011. 12. 22. 선고 2011도12041 판결.
13) 대법원 2008. 7. 10. 선고 2008도4068 판결.
14) 사업보고서 제출대상법인은 주권상장법인 및 다음의 법인을 말한다(자본시장법159① 본
   문, 자본시장법 시행령167①).
   1. 다음의 어느 하나에 해당하는 증권을 증권시장에 상장한 발행인
      가. 주권 외의 지분증권[집합투자증권과 자산유동화계획에 따른 유동화전문회사등(자
         산유동화법 제3조에 따른 유동화전문회사등)이 발행하는 출자지분은 제외]
      나. 무보증사채권(담보부사채권과 보증사채권을 제외한 사채권)
      다. 전환사채권·신주인수권부사채권·이익참가부사채권 또는 교환사채권
      라. 신주인수권이 표시된 것
      마. 증권예탁증권(주권 또는 가목부터 라목까지의 증권과 관련된 증권예탁증권만 해당)
      바. 파생결합증권
   2. 제1호 외에 다음의 어느 하나에 해당하는 증권을 모집 또는 매출(자본시장법 제117조
      의10 제1항에 따른 모집과 자본시장법 제130조 제1항 본문에 따른 모집 또는 매출은

인 법인은 사업연도 종료 후 70일 이내)에 감사인에게 제출하여야 한다(영8①(2) 나목).

2. 사업보고서 제출대상법인

사업보고서 제출대상법인이 사업보고서 제출기한(사업연도 경과 후 90일 이내)[15] 이후 정기총회를 개최하는 경우에 재무제표를 감사인에게 제출하여야 하는 기한은 다음의 구분에 따른다(영8②).

(1) 별도(개별)재무제표

별도(개별)재무제표는 사업보고서 제출기한 6주 전(회생절차가 진행 중인 회사는 사업연도 종료 후 45일 이내)에 감사인에게 제출하여야 한다(영8②(1)).

(2) 연결재무제표

연결재무제표는 다음의 구분에 따른 기한 내에 감사인에게 제출하여야 한다(영8②(2)).

(가) 한국채택국제회계기준 적용 회사

한국채택국제회계기준을 적용하는 회사는 사업보고서 제출기한 4주 전(회생절차가 진행 중인 회사는 사업연도 종료 후 60일 이내)에 감사인에게 제출하여야 한다(영8②(2) 가목).

(나) 한국채택국제회계기준 미적용 회사(일반기업회계기준 적용)

한국채택국제회계기준을 적용하지 아니하는 회사는 사업연도 종료 후 90일 이내(사업보고서 제출대상법인 중 직전 사업연도 말의 자산총액이 2조원 이상인 법인은 사업연도 종료 후 70일 이내)에 감사인에게 제출하여야 한다(영8②(2) 나목).

제외)한 발행인(주권상장법인 또는 제1호에 따른 발행인으로서 해당 증권의 상장이 폐지된 발행인을 포함)
가. 주권
나. 제1호 각 목의 어느 하나에 해당하는 증권
3. 제1호 및 제2호 외에 외부감사대상 법인으로서 제2호 각 목의 어느 하나에 해당하는 증권별로 그 증권의 소유자 수(금융위원회가 정하여 고시하는 방법에 따라 계산한 수)가 500인 이상인 발행인(증권의 소유자 수가 500인 이상이었다가 500인 미만으로 된 경우로서 제2항 제5호에 해당하지 아니하는 발행인을 포함)
15) 사업보고서 제출대상법인은 그 사업보고서를 각 사업연도 경과 후 90일 이내에 금융위원회와 거래소에 제출하여야 한다(자본시장법159① 본문).

Ⅳ. 사업보고서 제출대상법인의 미제출 사유 공시

사업보고서 제출대상법인인 회사는 재무제표를 기간 내에 감사인에게 제출하지 못한 경우 사업보고서 공시 후 14일 이내에 그 사유를 공시하여야 한다(법6③). 감사 전 재무제표 미제출사유의 제출·공시방법은 별지 제2호 서식에 따른다(외부감사규정 시행세칙3②).

Ⅴ. 증권선물위원회 제출

1. 입법취지

회사가 외부감사를 받기 위해 재무제표를 작성하여 외부감사인에게 제출하면서 증권선물위원회에도 동시에 제출하는 의무가 있는데, 회사가 법정기간 내 제출하지 못하는 경우에는 그 사유를 공시해야 할 의무를 추가하였다. 이로 인해 재무제표 지연 제출이 해소되어 적정한 감사시간이 투입된 점도 감사과정에서 수정사항이 발견될 가능성에 영향을 미칠 것으로 기대할 수 있다. 따라서 신외부감사법의 시행으로 감사인의 독립성이 강화되고 적정한 감사시간이 투입됨으로 인해 기업이 자체 결산을 통해 계산한 잠정이익이 감사인에 의해 수정되는 빈도와 크기가 증가할 가능성이 있다.[16)]

2. 제출대상 회사

주권상장법인, 대형비상장주식회사(＝직전 사업연도말 자산총액이 1천억원 이상인 비상장법인), 금융회사[은행, 중소기업은행, 투자매매업자·투자중개업자, 집합투자업자, 투자자문업자 또는 투자일임업자, 보험회사, 상호저축은행, 신탁업자, 종합금융회사, 금융지주회사, 여신전문금융회사(금융산업구조개선법2(1)) 및 농협은행]는 감사인에게 제출한 재무제표를 증권선물위원회에 제출하여야 한다(법6④ 전단, 영8③④).[17)]

---

16) 이은철·박석진(2016), 208-209쪽.
17) 외부감사법 제6조 제2항 내지 제4항, 같은 법 시행령 제8조에 따르면 금융기관 및 직전 사업연도말 자산총액이 1천억원 이상인 비상장법인은 감사 전 재무제표를 법정 제출기한까지 감사인과 증선위에 제출하여야 함에도 A사 등 75사는 감사 전 재무제표 전부 또는 일부를 제출하지 않거나, 제출기한을 경과하여 제출한 사실이 있어 ⅰ) A사("전부미제출")에 대해 "감사인지정 2년"의 조치 부과, ⅱ) B사 등 3사에 대해 "감사인지정 1년"의 조치 부과, ⅲ) C사 등 24사에 대해 "경고"의 조치 부과, ⅳ) D사 등 47사에 대해 "주의"

회사의 재무제표 작성책임 명확화 및 외부감사의 신뢰성 제고를 위해 외부감사법(법6④)에 따라 주권상장법인은 감사인에게 제출한 재무제표(감사 전 재무제표)를 증권선물위원회에 동시에 제출해야 한다. 여기서 재무제표는 재무상태표, 손익계산서 또는 포괄손익계산서, 현금흐름표, 자본변동표 및 주석(연결재무제표를 작성하는 회사는 연결재무제표도 함께 제출)을 말한다.

이에 따라 회사가 금융감독원장에게 제출하는 감사 전 재무제표는 별지 제1호 및 제1호의2 서식에 따른다(외부감사규정 시행세칙3①).

3. 제출기관

주권상장법인, 대형비상장주식회사, 금융회사는 감사인에게 재무제표를 제출하는 즉시 그 재무제표를 정보통신망을 이용한 전자문서로 증권선물위원회에 제출하여야 한다(영8⑤). 이에 따라 회사는 감사인에게 제출한 재무제표를 금융감독원장에게 전자문서로 제출한다(외부감사규정 시행세칙9②).

주권상장법인이 제출하여야 하는 재무제표는 정보통신망법에 따른 정보통신망을 이용한 전자문서로 한국거래소 상장공시제출시스템(http//filing.krx.co.kr)에 제출하게 된다.

대형비상장주식회사와 금융회사는 감사 전 재무제표를 금융감독원 전자공시시스템(https://filer.fss.or.kr)에 제출해야 한다.

4. 제출기한

주권상장법인, 대형비상장주식회사, 금융회사는 외부감사법 시행령(영8①)에 따라 정기주주총회 개최 6주 전까지 제출하여야 한다.

5. 주권상장법인의 제출기한 도과 사유 제출과 공시

주권상장법인인 회사가 제출기한을 넘길 경우 그 사유를 제출기한 만료일의 다음 날까지 증권선물위원회에 제출하여야 한다(법6⑤ 전단). 이 경우 증권선물위원회는 해당 사유를 자본시장법 제163조[18]의 방식에 따라 공시하여야 한다(법6

의 조치 부과가 있었다. 금융회사는 규모에 관계없이 감사 전 재무제표를 제출해야 하는 등 보다 엄정한 보고의무가 부여되는 점을 감안하여 동 의무를 위반한 금융기관(6사)에 대하여 외부감사법 준수 및 재발방지를 위한 주의를 촉구하였다.

18) 자본시장법 제163조(사업보고서등의 공시) 금융위원회와 거래소는 사업보고서등을 3년

⑤ 후단).[19]

감사전 재무제표 미제출사유의 제출·공시방법은 별지 제2호 서식에 따른다(외부감사규정 시행세칙3②).

6. 감사 전 재무제표 미제출시 제재

증권선물위원회는 해당 회사의 주주총회에 대하여 임원, 감사, 감사위원회 위원, 업무집행지시자 등의 해임권고, 일정기간 증권의 발행제한 및 그 밖에 필요한 조치를 할 수 있다(법29①(2)).

Ⅵ. 회사의 재무제표 대리작성 요구 등 금지

1. 입법취지

신외부감사법의 시행으로 외부감사인에게 재무제표 작성을 의존하던 관행이 근절되어 회사가 감사인의 대리작성 또는 자문을 받지 않고 재무제표를 직접 작성한다면 외부감사인이 보다 독립적이고 객관적인 입장에서 감사를 수행할 수 있을 것이고, 이로 인해 감사과정에서 수정사항이 발견될 가능성이 더 클 것으로 예상할 수 있다.

우리나라는 감사인에 대한 재무제표 작성의 의존도가 매우 높은 실정이었으며, 이는 결과적으로 감사인의 독립성 훼손이라는 심각한 상황을 초래하게 되었다. 이와 같은 재무제표 대리작성의 문제는 기업들이 높은 수준의 회계인력을 채용하고 기존의 회계인력을 재교육하는데 추가적인 투자를 함으로써 해결될 수 있다.

간 일정한 장소에 비치하고, 인터넷 홈페이지 등을 이용하여 공시하여야 한다. 이 경우 기업경영 등 비밀유지와 투자자 보호와의 형평 등을 고려하여 대통령령으로 정하는 사항을 제외하고 비치 및 공시할 수 있다.

19) 외부감사법 제6조 제2항부터 제5항까지, 같은 법 시행령 제8조 및 제44조 제3항에 따르면 주권상장법인은 감사 전 재무제표를 법정 제출기한까지 감사인과 한국거래소에 동시에 제출하여야 하고, 제출기한을 넘길 경우에는 그 사유를 제출기한 만료일의 다음 날까지 증권선물위원회에 제출하여야 함에도, Y사 등 49사는 감사 전 재무제표의 전부 또는 일부를 제출하지 않거나 지연제출하고, 기한 내 미제출 사유를 제출하지 않거나 지연 제출한 사실이 있어 감사인 지정 2년, 감사인 지정 1년, 경고, 또는 주의 조치를 받았다.

2. 재무제표 대리작성 요구 등 금지

회사의 감사인 및 그 감사인에 소속된 공인회계사는 해당 회사의 재무제표를 대표이사와 회계담당 임원을 대신하여 작성하거나 재무제표 작성과 관련된 회계처리에 대한 자문에 응하는 등 ⅰ) 해당 회사의 재무제표를 대표이사와 회계담당 이사(회계담당 이사가 없는 경우에는 회계업무를 집행하는 직원)를 대신하여 작성하는 행위, ⅱ) 해당 회사의 재무제표 작성과 관련된 회계처리에 대한 자문에 응하는 행위, ⅲ) 해당 회사의 재무제표 작성에 필요한 계산 또는 회계 분개[분개, 부기(簿記)에서 거래 내용을 차변(借邊)과 대변(貸邊)으로 나누어 적는 일을 말한다]를 대신하여 해주는 행위, ⅳ) 해당 회사의 재무제표 작성과 관련된 회계처리 방법의 결정에 관여하는 행위를 해서는 아니 되며, 해당 회사는 감사인 및 그 감사인에 소속된 공인회계사에게 이러한 행위를 요구해서는 아니 된다(법6⑥, 영8⑥).

Ⅶ. 위반시 제재

상법 제401조의2 제1항[20] 및 제635조 제1항[21]에 규정된 자, 그 밖에 회사의 회계업무를 담당하는 자, 감사인 또는 그에 소속된 공인회계사나 감사 또는 감리 업무와 관련하여 감사인, 감사인에 소속된 공인회계사, 증권선물위원회 위원을 보조하거나 지원하는 자가 ⅰ) 제6조를 위반하여 재무제표를 제출하지 아니한 경우(제1호), ⅱ) 제6조 제6항을 위반하여 감사인 또는 그에 소속된 공인회계사가 재무제표를 작성하거나 회사가 감사인 또는 그에 소속된 공인회계사에게 재무제표 작성을 요구하는 경우(제2호), ⅲ) 재무제표를 작성하지 아니한 경우(제

---

20) 상법 제401조의2(업무집행지시자 등의 책임)에 규정된 자는 ⅰ) 업무집행지시자: 회사에 대한 자신의 영향력을 이용하여 이사에게 업무집행을 지시한 자, ⅱ) 무권대행자: 이사의 이름으로 직접 업무를 집행한 자, ⅲ) 표현이사: 이사가 아니면서 명예회장·회장·사장·부사장·전무·상무·이사 기타 회사의 업무를 집행할 권한이 있는 것으로 인정될 만한 명칭을 사용하여 회사의 업무를 집행한 자를 말한다(상법401의2①).
21) 상법 제635조(과태료에 처할 행위)에 규정된 자는 회사의 발기인, 설립위원, 업무집행사원, 업무집행자, 이사, 집행임원, 감사, 감사위원회 위원, 외국회사의 대표자, 검사인, 공증인, 감정인, 지배인, 청산인, 명의개서대리인, 사채모집을 위탁받은 회사와 그 사무승계자 또는 직무대행자를 말한다(상법635①).

7호) 3년 이하의 징역 또는 3천만원 이하의 벌금에 처한다(법42).

제3절 지배회사의 권한

Ⅰ. 회계장부 및 서류 열람·복사권

지배회사는 연결재무제표 작성을 위하여 필요한 범위에서 종속회사(지배·종속의 관계에 있는 회사 중 종속되는 회사)의 회계에 관한 장부와 서류를 열람 또는 복사하거나 회계에 관한 자료의 제출을 요구할 수 있다(법7①).

Ⅱ. 업무 및 재산상태 조사권

지배회사는 연결재무제표 작성에 필요한 자료를 입수할 수 없거나 그 자료의 내용을 확인할 필요가 있을 때에는 종속회사의 업무와 재산상태를 조사할 수 있다(법7②).

Ⅲ. 위반시 제재

상법 제401조의2 제1항[22] 및 제635조 제1항[23]에 규정된 자, 그 밖에 회사의 회계업무를 담당하는 자, 감사인 또는 그에 소속된 공인회계사나 감사 또는 감리 업무와 관련하여 감사인, 감사인에 소속된 공인회계사, 증권선물위원회 위원을 보조하거나 지원하는 자가 정당한 이유 없이 제7조에 따른 지배회사의 열

---

[22] 상법 제401조의2(업무집행지시자 등의 책임)에 규정된 자는 ⅰ) 업무집행지시자: 회사에 대한 자신의 영향력을 이용하여 이사에게 업무집행을 지시한 자, ⅱ) 무권대행자: 이사의 이름으로 직접 업무를 집행한 자, ⅲ) 표현이사: 이사가 아니면서 명예회장·회장·사장·부사장·전무·상무·이사 기타 회사의 업무를 집행할 권한이 있는 것으로 인정될 만한 명칭을 사용하여 회사의 업무를 집행한 자를 말한다(상법401의2①).

[23] 상법 제635조(과태료에 처할 행위)에 규정된 자는 회사의 발기인, 설립위원, 업무집행사원, 업무집행자, 이사, 집행임원, 감사, 감사위원회 위원, 외국회사의 대표자, 검사인, 공증인, 감정인, 지배인, 청산인, 명의개서대리인, 사채모집을 위탁받은 회사와 그 사무승계자 또는 직무대행자를 말한다(상법635①).

람, 복사, 자료제출 요구 또는 조사를 거부·방해·기피하거나 거짓 자료를 제출한 경우(제3호) 3년 이하의 징역 또는 3천만원 이하의 벌금에 처한다(법42).

제 5 장

내부회계관리제도

제1절 서설

Ⅰ. 의의

내부회계관리제도란 기업의 전체 업무에서 발생하는 회계처리의 절차와 과정이 적절하게 작동하는지를 확인하고 검증하는 것으로 회계처리의 오류를 줄이기 위해 도입된 제도이다. 이 제도는 회사의 재무제표가 일반적으로 인정되는 회계처리기준에 따라 작성·공시되었는지 여부에 대한 합리적 확신을 제공하기 위해 설계·운영되는 내부통제제도의 일부분으로 회사의 이사회, 경영진 등 모든 조직구성원들에 의해 지속적으로 실행되는 과정을 의미한다.

내부회계관리제도의 도입으로 회계 및 공시내용의 투명성 확보는 물론 이를 통한 외부 자본조달이 용이하게 되고, 경영진의 주의의무에 대한 입증적 효과 및 임직원의 역할과 책임의 명확화를 통한 윤리경영을 실현할 수 있다.[1]

---

[1] 조군제(2011), "국제회계기준의 도입에 따른 내부회계관리제도의 정착방안", 국제회계연구 제39집(2011. 10), 386-387쪽.

Ⅱ. 도입배경

우리나라는 1997년 IMF 구제금융 전후로 일부 기업의 회계부정이 사회적 이슈로 등장하였다. 기업의 회계부정은 해당 기업의 문제일 뿐만 아니라 그 파장이 국가와 국민의 부담으로 돌아왔으며, 해외투자자들이 우리나라 기업의 재무제표를 신뢰하지 않는 원인으로 작용하였다. 따라서 정부는 기업의 회계투명성 제고를 위하여 기업회계기준을 IFRS에 부합하도록 개정하였고, 상장법인의 분기 재무제표 공시, 감사위원회 구성 의무화, 내부회계관리제도의 구축·운영 의무화 등 여러 가지 제도적인 개선을 실시하고자 하였다.

2001년 9월부터 2005년 말까지 한시법인 기업구조조정촉진법에 의한 내부회계관리제도는 미국의 내부회계통제제도를 모델로 하여 기업들로 하여금 회계기록의 작성·보관 및 결산관련 통제를 구축하고 내부회계관리제도 규정 및 조직을 갖추도록 의무화하였다. 그러나 국내기업의 계속된 회계부정과 미국의 Sarbanes-Oxley Act의 입법으로 우리나라도 한시적이었던 내부회계관리제도를 상설화할 필요성이 대두되었으며, 2003년 12월에 내부회계관리제도는 외부감사법으로 이관되었다.[2)]

제2절 내부회계관리제도의 운영

Ⅰ. 입법취지

내부회계관리제도의 운영실태에 대해 별도의 상근이사(내부회계관리자)가 이사회와 감사에게만 보고하는 것이 아니라 대표이사가 직접 이사회, 감사, 주주총회에 보고하고자 한 것은 내부회계관리제도의 실효성을 제고하기 위한 것이다. 또한 과거 내부회계관리제도 감사에 대해서는 "검토" 방식의 인증이 이루어지고 있었으나, 이는 외부감사인의 질문과 분석적 절차 등으로 종료되는 절차[3)]인바,

---

2) 조군제(2011), 387-388쪽.
3) 공인회계사의 인증업무 방식은 일반적으로 "감사" 방식과 "검토" 방식으로 구분되는바, ⅰ) "감사"는 높은 수준의 확신을 제공하는 합리적 확신의 업무로서 이를 통해 공인회계사는 적극적 확신을 표명하게 되며, 그 예로 회사 작성의 연차 재무제표에 대한 감사 업

검사·관리·조회를 통한 사실확인 등 다양한 입증절차를 포함하는 "감사"에 비해 형식적으로 운영되고 있다는 비판이 있었다. 이에 신외부감사법은 내부회계관리제도에 대한 인증수준을 "검토"에서 "감사"로 강화하였다.[4]

신외부감사법에 따른 감사인의 내부회계관리제도 감사는 감사보고서 작성일 기준 전년 말 자산총액 2조원 이상의 주권상장법인에 대해서는 2019년 감사보고서부터, 자산총액 5천억원 이상의 주권상장법인에 대해서는 2020년 감사보고서부터, 자산총액 1천억원 이상의 주권상장법인에 대해서는 2022년 감사보고서부터 적용하고, 2023년 감사보고서부터는 전체 주권상장법인에 대하여 적용한다(부칙3).

내부회계관리제도의 구축범위와 관련하여 현행 개별회사의 재무정보에서 연결회사의 재무정보로 2022년부터 단계적(회사의 규모별)으로 확대되므로, 회사는 종속기업들에 대해서도 내부회계관리제도를 구축하고 운영하여야 한다.

❑ 내부회계관리제도 감사 의무화 일정

자산 규모	'19년	'20년	'21년	'22년	'23년	'24년	'25년	'26년
2조원 이상	개별회사 기준			연결회사 기준				
5천억원~2조원		개별회사 기준			연결회사 기준			
1천억원~5천억원				개별회사 기준		연결회사 기준		
1천억원 미만					개별회사 기준	연결회사 기준		

무가 이에 해당한다. 반면 ⅱ) "검토"는 보통 수준의 확신을 제공하는 제한적 확신의 업무로서 이를 통해 공인회계사는 소극적 확신을 표명하게 되며, 그 예로 회사 작성의 중간재무제표에 대한 검토를 들 수 있다.

4) 정무위원회(이하 "2차 정무위원회"라 함)(2017), "주식회사의 외부감사에 관한 법률 전부개정법률안 검토보고", 제350회 국회(임시회) 제2차 정무위원회(2017. 9), 17~18쪽.

II. 회사의 내부회계관리제도 구축의무

1. 내부회계관리제도 구축대상 회사

(1) 내부회계관리제도 포함사항

회사(상장법인 및 직전사업연도 자산총액 1,000억원 이상인 비상장법인)는 신뢰할 수 있는 회계정보의 작성과 공시를 위하여 다음의 사항이 포함된 내부회계관리 규정과 이를 관리·운영하는 조직("내부회계관리제도")을 갖추어야 한다(법8① 본문).[5]

1. 회계정보(회계정보의 기초가 되는 거래에 관한 정보를 포함)의 식별·측정·분류·기록 및 보고 방법에 관한 사항
2. 회계정보의 오류를 통제하고 이를 수정하는 방법에 관한 사항
3. 회계정보에 대한 정기적인 점검 및 조정 등 내부검증에 관한 사항
4. 회계정보를 기록·보관하는 장부(자기테이프·디스켓, 그 밖의 정보보존장치를 포함)의 관리 방법과 위조·변조·훼손 및 파기를 방지하기 위한 통제 절차에 관한 사항
5. 회계정보의 작성 및 공시와 관련된 임직원의 업무 분장과 책임에 관한 사항[6]
6. 그 밖에 신뢰할 수 있는 회계정보의 작성과 공시를 위하여 필요한 사항으로서 대통령령으로 정하는 사항

위 제6호에서 "대통령령으로 정하는 사항"이란 다음의 사항을 말한다(영9②).

---

5) 외부감사법 제8조에 따르면 상장법인 및 직전사업연도 자산총액 1,000억원 이상인 비상장법인(유한회사 등 외감법 시행령 제9조 제1항 각 호의 회사는 이에 해당하지 않음)은 내부회계관리제도 관련 법규를 준수하여야 함에도, A사 등 5사는 2018 회계연도 내부회계관리제도(규정, 조직)를 미구축하거나, 회사대표자 또는 내부회계관리자가 운영실태 등을 주주총회, 이사회 및 감사(위원회)에게 미보고하거나, 감사가 평가보고서를 미작성한 사실이 있어 회사, 회사의 대표이사, 또는 감사가 과태료 제재를 받았다.
6) 회사는 회계정보의 작성·공시와 관련된 임직원의 업무분장과 책임에 관한 사항을 법 제8조 제1항 제1호부터 제4호까지의 업무가 효과적으로 수행될 수 있도록 정하여야 한다(외부감사규정6①).

1. 내부회계관리규정의 제정 및 개정을 위한 절차
2. 내부회계관리자의 자격요건 및 임면절차
3. 내부회계관리제도의 운영실태[회사의 대표자, 감사(회사에 감사위원회가 설치되어 있는 경우에는 감사위원회)], 내부회계관리규정을 관리·운영하는 임직원 및 회계정보를 작성·공시하는 임직원("회사의 대표자등")이 내부회계관리제도에 의하지 아니하고 회계정보를 작성하거나 내부회계관리제도에 따라 작성된 회계정보를 위조·변조·훼손 및 파기해서는 아니 되는 의무(법8②)를 준수하였는지를 포함] 보고의 기준 및 절차
4. 회사의 감사는 내부회계관리제도의 운영실태를 평가하여 이사회에 사업연도마다 보고하고 그 평가보고서를 해당 회사의 본점에 5년간 비치하여야 하고, 이 경우 내부회계관리제도의 관리·운영에 대하여 시정 의견이 있으면 그 의견을 포함하여 보고하여야 하는데(법8⑤), 이에 따른 평가·보고의 기준 및 절차
5. 회사의 감사는 내부회계관리제도의 운영실태를 평가하여 이사회에 사업연도마다 보고하고 그 평가보고서를 해당 회사의 본점에 5년간 비치하여야 하고, 이 경우 내부회계관리제도의 관리·운영에 대하여 시정 의견이 있으면 그 의견을 포함하여 보고하여야 하는데(법8⑤), 이에 따른 평가결과를 회사의 대표자등의 인사·보수 및 차기 사업연도 내부회계관리제도 운영계획 등에 반영하기 위한 절차 및 방법
6. 연결재무제표에 관한 회계정보를 작성·공시하기 위하여 필요한 사항(지배회사가 주권상장법인인 경우만 해당)
7. 내부회계관리규정 위반의 예방 및 사후조치에 관한 다음의 사항
   가. 회사의 대표자등을 대상으로 하는 교육·훈련의 계획·성과평가·평가결과의 활용 등에 관한 사항
   나. 회사의 대표자등이 내부회계관리규정을 관리·운영하는 임직원 또는 회계정보를 작성·공시하는 임직원에게 내부회계관리규정에 위반되는 행위를 지시하는 경우에 해당 임직원이 지시를 거부하더라도 그와 관련하여 불이익을 받지 아니하도록 보호하는 제도에 관한 사항
   다. 내부회계관리규정 위반행위 신고제도의 운영에 관한 사항
   라. 감사인은 회사가 회계처리 등에 관하여 회계처리기준을 위반한 사실을 발견하면 감사 또는 감사위원회에 통보하여야 하고(법22②), 이에 따라 회사의 회계처리기준 위반사실을 통보받은 감사 또는 감사위원회는 회사의 비용으로 외부전문가를 선임하여 위반사실 등을 조사하도록 하고

그 결과에 따라 회사의 대표자에게 시정 등을 요구하여야 하는데(법22
③), 이에 따른 조사·시정 등의 요구 및 조사결과 제출 등과 관련하여
필요한 감사의 역할 및 책임에 관한 사항

마. 감사 또는 감사위원회는 법 제3항 및 제4항의 직무를 수행할 때 회사의
대표자에 대해 필요한 자료나 정보 및 비용의 제공을 요청할 수 있으며,
이 경우 회사의 대표자는 특별한 사유가 없으면 이에 따라야 하는데(법
22⑤), 이에 따른 자료나 정보 및 비용의 제공과 관련한 회사 대표자의
역할 및 책임에 관한 사항

바. 내부회계관리규정을 위반한 임직원의 징계 등에 관한 사항

8. 그 밖에 내부회계관리규정에 포함하여야 할 사항으로서 금융위원회가 정하
는 사항

(2) 임직원의 권한과 역량 구비

위의 내부회계관리제도 포함사항이 포함된 내부회계관리규정과 이를 관리·
운영하는 조직("내부회계관리제도")과 관련된 임직원 및 회계정보의 작성·공시와
관련된 임직원은 맡은 업무를 수행하는데 필요한 권한과 역량을 충분히 갖추어
야 한다(외부감사규정6②).

2. 내부회계관리제도 구축대상 제외 회사

주권상장법인이 아닌 회사로서 직전 사업연도 말의 자산총액이 1천억원 미
만인 회사, 유한회사, 법인세법 제51조의2 제1항 각 호7)의 어느 하나에 해당하
거나 조세특례제한법 제104조의31 제1항8)에 해당하는 회사는 내부회계관리제도

---

7) 1. 자산유동화법에 따른 유동화전문회사
　　2. 자본시장법에 따른 투자회사, 투자목적회사, 투자유한회사, 투자합자회사(경영참여형
　　　사모집합투자기구는 제외) 및 투자유한책임회사
　　3. 기업구조조정투자회사법에 따른 기업구조조정투자회사
　　4. 부동산투자회사법에 따른 기업구조조정 부동산투자회사 및 위탁관리 부동산투자회사
　　5. 선박투자회사법에 따른 선박투자회사
　　6. 민간임대주택에 관한 특별법 또는 공공주택 특별법에 따른 특수 목적 법인 등으로서
　　　대통령령으로 정하는 법인
　　7. 문화산업진흥 기본법에 따른 문화산업전문회사
　　8. 「해외자원개발 사업법」에 따른 해외자원개발투자회사
8) 조세특례제한법 제104조의31(프로젝트금융투자회사에 대한 소득공제) ① 법인세법 제51
　조의2 제1항 제1호부터 제8호까지의 규정에 따른 투자회사와 유사한 투자회사로서 다음
　의 요건을 모두 갖춘 법인이 2022년 12월 31일 이전에 끝나는 사업연도에 대하여 대통령

를 구축하지 않아도 된다(법8① 단서, 영9①).

Ⅲ. 회계정보의 위조 · 변조 · 훼손 및 파기 금지 등

회사는 내부회계관리제도에 의하지 아니하고 회계정보를 작성하거나 내부회계관리제도에 따라 작성된 회계정보를 위조 · 변조 · 훼손 및 파기해서는 아니된다(법8②).

Ⅳ. 회사 대표자의 의무

1. 내부회계관리자의 지정

회사의 대표자는 내부회계관리제도의 관리 · 운영을 책임지며, 이를 담당하는 상근이사(담당하는 이사가 없는 경우에는 해당 이사의 업무를 집행하는 자) 1명을 내부회계관리자로 지정하여야 한다(법8③).

2. 내부회계관리제도의 운영실태 보고

(1) 회사 대표자 또는 내부회계관리자의 보고

회사의 대표자는 사업연도마다 주주총회, 이사회 및 감사(감사위원회가 설치된 경우에는 감사위원회)에게 해당 회사의 내부회계관리제도의 운영실태를 보고하여야 한다(법8④ 본문). 다만, 회사의 대표자가 필요하다고 판단하는 경우 이사회

령으로 정하는 배당가능이익의 90% 이상을 배당한 경우 그 금액은 해당 배당을 결의한 잉여금 처분의 대상이 되는 사업연도의 소득금액에서 공제한다.
1. 회사의 자산을 설비투자, 사회간접자본 시설투자, 자원개발, 그 밖에 상당한 기간과 자금이 소요되는 특정사업에 운용하고 그 수익을 주주에게 배분하는 회사일 것
2. 본점 외의 영업소를 설치하지 아니하고 직원과 상근하는 임원을 두지 아니할 것
3. 한시적으로 설립된 회사로서 존립기간이 2년 이상일 것
4. 상법이나 그 밖의 법률의 규정에 따른 주식회사로서 발기설립의 방법으로 설립할 것
5. 발기인이 기업구조조정투자회사법 제4조 제2항 각 호의 어느 하나에 해당하지 아니하고 대통령령으로 정하는 요건을 충족할 것
6. 이사가 기업구조조정투자회사법 제12조 각 호의 어느 하나에 해당하지 아니할 것
7. 감사는 기업구조조정투자회사법 제17조에 적합할 것. 이 경우 "기업구조조정투자회사"는 "회사"로 본다.
8. 자본금 규모, 자산관리업무와 자금관리업무의 위탁 및 설립신고 등에 관하여 대통령령으로 정하는 요건을 갖출 것

및 감사에 대한 보고는 내부회계관리자가 하도록 할 수 있다(법8④ 단서).

(2) 내부회계관리제도 운영실태보고서 작성 및 보고

(가) 회사 대표자의 보고

회사의 대표자는 ⅰ) 내부회계관리제도의 운영실태를 점검한 결과 및 취약사항에 대한 시정조치 계획(제1호), ⅱ) 직전 사업연도에 보고한 시정조치 계획의 이행 결과(제2호), ⅲ) 다음의 사항, 즉 ㉠ 보고내용이 거짓으로 기재되거나 표시되지 아니하였고, 기재하거나 표시하여야 할 사항을 빠뜨리고 있지 아니하다는 사실, ㉡ 보고내용에 중대한 오해를 일으키는 내용이 기재되거나 표시되지 아니하였다는 사실, ㉢ 충분한 주의를 다하여 보고내용의 기재 사항을 직접 확인·검토하였다는 사실(제3호)을 확인하고 서명하여 보고 내용에 첨부하였다는 사실이 포함된 문서("내부회계관리제도 운영실태보고서")를 작성하여 이사회 및 감사에게 대면(對面) 보고를 하여야 한다(영9④ 본문).

(나) 내부회계관리자의 보고

다만, 내부회계관리자가 보고하는 경우에는 보고 전에 회사의 대표자가 그 사유를 이사회 및 감사에게 문서로 제출하여야 한다(영9④ 단서).

3. 내부회계관리규정의 제정과 개정

회사는 내부회계관리규정을 제정하거나 개정할 때 감사의 승인 및 이사회의 결의를 거쳐야 한다(영9③ 전단). 이 경우 감사와 이사회는 승인 또는 결의의 이유 등을 문서(전자문서를 포함)로 작성·관리하여야 한다(영9③ 후단).

Ⅴ. 회사 감사의 의무

1. 내부회계관리제도의 운영실태 평가와 이사회 보고 등

회사의 감사는 내부회계관리제도의 운영실태를 평가하여 이사회에 사업연도마다 보고하고 그 평가보고서를 해당 회사의 본점에 5년간 비치하여야 한다(법8⑤ 전단). 이 경우 내부회계관리제도의 관리·운영에 대하여 시정 의견이 있으면 그 의견을 포함하여 보고하여야 한다(법8⑤ 후단).

2. 내부회계관리제도 평가보고서의 작성·관리

감사는 내부회계관리제도의 운영실태를 평가(감사위원회가 설치되어 있는 경우에는 대면 회의를 개최하여 평가하여야 한다)한 후 ⅰ) 해당 회사의 내부회계관리제도가 신뢰성 있는 회계정보의 작성 및 공시에 실질적으로 기여하는지를 평가한 결과 및 시정 의견, ⅱ) 내부회계관리제도 운영실태보고서에 거짓으로 기재되거나 표시된 사항이 있거나, 기재하거나 표시하여야 할 사항을 빠뜨리고 있는지를 점검한 결과 및 조치 내용, ⅲ) 내부회계관리제도 운영실태보고서의 시정 계획이 회사의 내부회계관리제도 개선에 실질적으로 기여할 수 있는지를 검토한 결과 및 대안을 문서("내부회계관리제도 평가보고서")로 작성·관리하여야 한다(영9⑤).

3. 평가시 필요한 자료·정보 요청

감사는 내부회계관리제도의 운영실태를 평가(법8⑤) 등을 하는 데 필요한 자료나 정보를 회사의 대표자에게 요청할 수 있다(영9⑥ 전단). 이 경우 회사의 대표자는 특별한 사유가 없으면 지체 없이 이를 제공하여야 한다(영9⑥ 후단).

4. 내부회계관리제도 평가보고서의 이사회 보고

감사는 정기총회 개최 1주 전까지 내부회계관리제도 평가보고서를 이사회에 대면 보고하여야 한다(영9⑦).

Ⅵ. 감사인의 의무

1. 검토와 감사

감사인은 회계감사를 실시할 때 해당 회사가 법 제8조(내부회계관리제도의 운영 등)에서 정한 사항을 준수했는지 여부 및 내부회계관리제도의 운영실태에 관한 보고내용을 검토하여야 한다(법8⑥ 본문). 다만, 주권상장법인의 감사인은 법제8조에서 정한 사항을 준수했는지 여부 및 내부회계관리제도의 운영실태에 관한 보고내용을 감사하여야 한다(법8⑥ 단서). 이에 따라 주권상장법인의 감사인은 감사를 할 때에는 회계감사기준을 준수하여야 한다(영9⑧).

2. 종합의견의 표명

감사보고서란 감사인이 회사가 작성한 재무제표(연결재무제표를 작성하는 회사의 경우에는 연결재무제표 포함)를 회계감사기준에 따라 감사하고 그에 따른 감사의견을 표명(表明)한 보고서를 말한다(법2(8)).

검토 또는 감사를 한 감사인은 그 검토결과 또는 감사결과에 대한 종합의견을 감사보고서에 표명하여야 한다(법8⑦).[9]

3. 검토시 필요한 자료·정보 요청

감사인은 내부회계관리제도의 운영실태에 관한 보고내용 등에 대한 검토 등을 하는 데 필요한 자료나 정보를 회사의 대표자에게 요청할 수 있다(영9⑥ 전단). 이 경우 회사의 대표자는 특별한 사유가 없으면 지체 없이 이를 제공하여야 한다(영9⑥ 후단).

Ⅶ. 내부회계관리제도 운영실태보고서 및 평가보고서 작성 기준 및 절차

회사는 내부회계관리제도 운영실태보고서 및 내부회계관리제도 평가보고서를 작성하는데 필요한 기준 및 절차를 다음의 구분에 따른 사항을 고려하여 각각 정하여야 한다(외부감사규정6③).

1. 내부회계관리제도 운영실태보고서 작성에 관한 사항

내부회계관리제도 운영실태보고서 작성에 관한 사항은 ⅰ) 내부회계관리제도가 회사에 적합한 형태로 설계·운영되어야 하고, ⅱ) 신뢰할 수 있는 회계정보의 작성과 공시를 저해하는 위험을 예방하거나 적시에 발견하여 조치할 수 있는 상시적·정기적인 점검체계를 갖추어야 하며, ⅲ) 내부회계관리제도의 효과성을 점검하기 위한 객관적인 성과지표를 정하여야 하며, ⅳ) 회사의 대표자는 성

---

9) 외부감사법 제8조에 따라 감사인은 회사의 내부회계관리제도 준수 여부 및 운영실태에 관한 보고내용을 검토 또는 감사(주권상장법인의 경우)하고 그 결과에 대한 종합의견을 감사보고서에 표명하여야 함에도, A회계법인 등 7개 감사인은 회사의 내부회계관리제도에 대한 검토의견을 감사보고서에 표명하지 않아 과태료 제재를 받았다.

과지표 및 내부회계관리제도에 취약사항이 있는지에 대한 점검결과 등을 고려하여 회사의 내부회계관리제도가 효과적인지에 대한 의견을 제시하여야 하며, v) 내부회계관리제도에 대하여 감리를 받은 경우에는 그 감리에 따른 시정조치 계획을 내부회계관리제도의 운영실태를 점검한 결과 및 취약 사항에 대한 시정조치 계획(영9④(1))에 반영하여야 한다(외부감사규정6③(1)).

2. 내부회계관리제도 평가보고서 작성에 관한 사항

내부회계관리제도 평가보고서 작성에 관한 사항은 ⅰ) 회사의 경영진 및 회사의 경영에 사실상 영향력을 미칠 수 있는 자가 회계정보의 작성·공시 과정에 부당하게 개입할 수 없도록 내부회계관리제도가 설계 및 운영되는지를 평가하여야 하고, ⅱ) 내부회계관제도 구축시 포함사항(법8①(1)-(6))이 실질적으로 운영되는지를 평가하여야 하며, ⅲ) 회사의 대표자가 내부회계관리제도 운영실태보고서 작성에 관한 기준 및 절차를 준수하는지를 평가하여야 한다(외부감사규정6③(2)).

Ⅷ. 내부회계관리제도 운영실태 공시

1. 사업보고서 제출대상법인의 공시사항

사업보고서 제출대상법인은 금융위원회가 정하는 바에 따라 ⅰ) 내부회계관리제도 운영실태보고서, ⅱ) 내부회계관리제도 평가보고서를 공시하여야 한다(영9⑨).

이에 따라 사업보고서 제출대상법인은 ⅰ) 내부회계관리규정과 이를 관리·운영하는 조직 및 인력에 관한 사항, ⅱ) 감사인의 검토의견 또는 감사의견, ⅲ) 내부회계관리제도 운영실태보고서, ⅳ) 내부회계관리제도 평가보고서를 사업보고서에 첨부하여야 한다(외부감사규정7①).

2. 내부회계관리제도 운용보고서 작성방법

공시사항을 작성하는 방법 및 서식은 금융감독원장이 정한다(외부감사규정7②). 이에 의해 회사의 사업보고서에 첨부되는 서류("내부회계관리제도 운영보고

서)"를 작성하는 방법 및 서식은 별지 제3호 서식에 따른다(외부감사규정 시행세칙
3③).

Ⅸ. 위반시 제재

1. 형사제재

상법 제401조의2 제1항[10] 및 제635조 제1항[11]에 규정된 자나 그 밖에 회사
의 회계업무 등 내부회계관리제도의 운영에 관련된 자로서 내부회계관리제도에
의하지 아니하고 회계정보를 작성하거나 내부회계관리제도에 따라 작성된 회계
정보를 위조·변조·훼손 및 파기해서는 아니 되는데(법8②), 이를 위반하여 내부
회계관리제도에 따라 작성된 회계정보를 위조·변조·훼손 또는 파기한 경우 5년
이하의 징역 또는 5천만원 이하의 벌금에 처한다(법41(1)).

2. 과태료

다음의 어느 하나에 해당하는 자, 즉 ⅰ) 제8조(내부회계관리제도의 운영 등)
제1항 또는 제3항을 위반하여 내부회계관리제도를 갖추지 아니하거나 내부회계
관리자를 지정하지 아니한 자(제1호), ⅱ) 제8조 제4항을 위반하여 내부회계관리
제도의 운영실태를 보고하지 아니한 자 또는 제8조 제5항을 위반하여 운영실태
를 평가하여 보고하지 아니하거나 그 평가보고서를 본점에 비치하지 아니한 자
(제2호), ⅲ) 제8조 제6항 및 제7항을 위반하여 내부회계관리제도의 운영실태에
관한 보고내용 등에 대하여 검토 및 감사하지 아니하거나 감사보고서에 종합의
견을 표명하지 아니한 자(제3호)에게는 3천만원 이하의 과태료를 부과한다(법47
②(1)(2)(3)).

---

10) 상법 제401조의2(업무집행지시자 등의 책임)에 규정된 자는 ⅰ) 업무집행지시자: 회사에
    대한 자신의 영향력을 이용하여 이사에게 업무집행을 지시한 자, ⅱ) 무권대행자: 이사의
    이름으로 직접 업무를 집행한 자, ⅲ) 표현이사: 이사가 아니면서 명예회장·회장·사장·
    부사장·전무·상무·이사 기타 회사의 업무를 집행할 권한이 있는 것으로 인정될 만한 명
    칭을 사용하여 회사의 업무를 집행한 자를 말한다(상법401의2①).
11) 상법 제635조(과태료에 처할 행위)에 규정된 자는 회사의 발기인, 설립위원, 업무집행사
    원, 업무집행자, 이사, 집행임원, 감사, 감사위원회 위원, 외국회사의 대표자, 검사인, 공증
    인, 감정인, 지배인, 청산인, 명의개서대리인, 사채모집을 위탁받은 회사와 그 사무승계자
    또는 직무대행자를 말한다(상법635①).

감사인의 선임 및 해임

제1절 감사인의 선임

Ⅰ. 감사인 선임기한

감사인의 독립성 제고를 위해 사업연도 개시일부터 4개월 이내였던 선임기한을 회사 특성을 고려하여 45일 이내 등으로 대폭 단축하였다. 법정기한 내 미선임할 경우 감사인 지정사유에 해당(법11①(2)).

1. 계속감사 회사

(1) 계속감사 회사의 선임기한

감사위원회를 의무적으로 설치하여야 하는 자산 2조원 이상의 회사의 경우에는 매 사업연도 개시일 이전에 감사인을 선임하여야 하고, 그 밖의 회사는 매 사업연도 개시일부터 45일 이내에 해당 사업연도의 감사인을 선임하여야 한다

(법10①) 본문).

(2) 기준 불충족한 외부감사 대상회사: 감사계약 해지

회사가 감사인을 선임한 후 "직전 사업연도 말의 자산, 부채, 종업원수 또는 매출액 등 대통령령으로 정하는 기준"(법4①(3))을 충족하지 못하여 외부감사의 대상에서 제외되는 경우에는 해당 사업연도 개시일부터 4개월 이내에 감사계약을 해지할 수 있다(법10① 단서).

2. 최초 감사회사의 선임기한

직전 사업연도에 회계감사를 받지 아니한 회사(최초 감사회사)는 해당 사업연도 개시일부터 4개월 이내에 감사인을 선임하여야 한다(법10②).

Ⅱ. 주권상장법인, 대형비상장주식회사 또는 금융회사

1. 회계법인으로 제한

주권상장법인, 대형비상장주식회사 또는 금융회사의 외부감사인은 회계법인만이 가능하며, 감사반은 될 수 없다(법9①). 또한 주권상장법인은 상장법인 감사인으로 등록한 회계법인만을 외부감사인으로 선임할 수 있다(법9의2①).

2. 연속 3개 사업연도 동일 감사인 선임

주권상장법인, 대형비상장주식회사 또는 금융회사는 연속하는 3개 사업연도의 감사인을 동일한 감사인으로 선임하여야 한다(법10③ 본문).

3년 연속 동일감사인 선임의무 부과는 최소한 연속감사 기간 중에라도 감사인이 회사에 불리한 감사의견 제시에 따른 계약연장 거부 가능성을 크게 의식하지 않고 독립적으로 외부감사를 수행하도록 하고, 초도감사에 따른 감사품질 저하 문제를 완화하기 위한 것이다.[1]

---

1) 1차 정무위원회(2017), 19쪽.

3. 해당 사업연도의 다음 사업연도부터 연속 3개 사업연도 동일 감사인 선임

주권상장법인, 대형비상장주식회사 또는 금융회사가 ⅰ) 증권선물위원회가 지정하는 자를 감사인으로 선임하거나 변경선임하는 경우, ⅱ) 감사계약이 해지된 경우, ⅲ) 선임된 감사인이 사업연도 중에 해산 등 감사인 선임제한 사유로 감사를 수행하는 것이 불가능한 경우(법10⑦)로 감사인을 선임하는 경우에는 해당 사업연도의 다음 사업연도부터 연속하는 3개 사업연도의 감사인을 동일한 감사인으로 선임하여야 한다(법10③ 단서).

Ⅲ. 감사인 선임절차

1. 감사위원회 또는 감사의 선임 권한

회사는 다음의 구분에 따라 선정한 회계법인 또는 감사반을 해당 회사의 감사인으로 선임하여야 한다(법10④). 이는 경영진 대신 독립적인 내부감사기구가 감사인 선정권한을 행사하도록 함으로써 감사인의 독립성과 감사업무의 품질을 제고하려는 것이다.

(1) 주권상장법인, 대형비상장주식회사 또는 금융회사

주권상장법인, 대형비상장주식회사 또는 금융회사는 ⅰ) 감사위원회가 설치된 경우 감사위원회가 선정한 회계법인, ⅱ) 감사위원회가 설치되지 아니한 경우 감사인을 선임하기 위하여 감사인선임위원회의 승인을 받아 감사가 선정한 회계법인을 해당 회사의 감사인으로 선임하여야 한다(법10④(1)).

(2) 주권상장법인, 대형비상장주식회사 또는 금융회사 이외의 회사

주권상장법인, 대형비상장주식회사 또는 금융회사 이외의 회사는 감사 또는 감사위원회가 선정한 회계법인 또는 감사반을 해당 회사의 감사인으로 선임하여야 한다(법10④(2) 본문).

다만, ⅰ) 직전 사업연도의 감사인을 다시 감사인으로 선임하는 경우 그 감사인(가목), ⅱ) 감사가 없는 자본금 10억원(영13①) 이상의 유한회사[2]인 경우 사

---

2) 유한회사는 정관에 의하여 1인 또는 수인의 감사를 둘 수 있다(상법 제568조). 주식회사의 감사는 필요적 상설기구이나 유한회사의 감사는 임의적 기구이다.

원총회의 승인을 받은 회계법인 또는 감사반(나목), iii) 감사가 없는 자본금 10억 원 미만의 유한회사인 경우 회사가 선정한 회계법인 또는 감사반(다목)을 해당 회사의 감사인을 선정하여야 한다(법10④(2) 단서).

2. 감사인선임위원회

(1) 의의
감사인선임위원회는 감사위원회가 설치되지 아니한 경우 감사인을 선임하기 위하여 구성한 위원회를 말한다(법10④(1) 나목).

(2) 구성
감사인선임위원회는 위원장 1명을 포함하여 5명 이상의 위원으로 구성한다(영12①).

(3) 위원의 자격
감사인선임위원회의 위원은 다음의 사람이 된다(영12② 본문). 다만, 다음에 해당하는 사람이 없는 등 부득이한 경우에는 감사인을 선임하는 회사로부터 독립하여 공정하게 심의를 할 수 있는 사람으로서 경영·회계·법률 또는 외부감사에 대한 전문성을 갖춘 사람으로 감사인선임위원회를 구성할 수 있다(영12② 단서).

(가) 감사
감사인선임위원회의 위원은 감사 1명이 된다(영12②(1)).

(나) 사외이사
감사인선임위원회의 위원은 다른 법령에 따라 선임된 사외이사(이사로서 그 회사의 상시업무에 종사하지 아니하는 이사)가 있는 회사의 경우에는 그 사외이사 중 2명 이내가 된다(영12②(2)).

(다) 지배주주를 제외한 기관투자자의 임직원
감사인선임위원회의 위원은 지배주주3) 및 그와 특수관계에 있는4) 주주를

---

3) "지배주주등"이란 법인의 발행주식총수 또는 출자총액의 1% 이상의 주식 또는 출자지분을 소유한 주주등으로서 그와 특수관계에 있는 자와의 소유 주식 또는 출자지분의 합계가 해당 법인의 주주등 중 가장 많은 경우의 해당 주주등("지배주주등")을 말한다(법인세법 시행령43⑦).
4) "특수관계에 있는 자"란 해당 주주등과 다음의 어느 하나에 해당하는 관계에 있는 자를 말한다(법인세법 시행령43⑧).
   1. 해당 주주등이 개인인 경우에는 다음의 어느 하나에 해당하는 관계에 있는 자
     가. 친족(6촌 이내의 혈족, 4촌 이내의 인척, 배우자(사실상의 혼인관계에 있는 자를

제외한 기관투자자(법인세법 시행령 제161조 제1항 제4호에 따른 기관투자자5)) 중에서 의결권 있는 주식(증권금융회사가 대여 업무수행을 위하여 담보 목적으로 취득한 주식은 제외하며, 직전 사업연도 말에 소유한 주식을 기준으로 한다)을 가장 많이 소유하고 있는 기관투자자의 임직원 1명이 된다(영12②(3) 본문). 다만, 사업연도 개시 후 감사인선임위원회 개최 통보일 전날까지 소유한 의결권 있는 주식 수가 현저하게 감소한 기관투자자는 제외한다(영12②(3) 단서).

(라) 2대 주주

감사인선임위원회의 위원은 지배주주 및 그와 특수관계에 있는 주주, 해당 회사의 임원인 주주, 위원으로 참여하는 기관투자자에 해당하는 주주를 제외한 주주 중에서 의결권 있는 주식(증권금융회사가 대여 업무수행을 위하여 담보 목적으로 취득한 주식은 제외하며, 직전 사업연도 말에 소유한 주식을 기준으로 한다)을 가장 많이 소유한 주주(기관투자자인 경우 소속 임직원) 1명이 된다(영12②(4) 본문). 다만, 사업연도 개시 후 감사인선임위원회 개최 통보일의 전날까지 소유한 의결권 있는 주식(담보 목적으로 취득한 주식은 제외) 수가 현저하게 감소한 주주는 제외한다(영12②(4) 단서).

(마) 채권금융회사 임직원

감사인선임위원회의 위원은 지배주주 및 그와 특수관계에 있는 주주를 제외한 채권자 중 채권액(감사인선임위원회 개최 통보일의 전날에 보유한 채권을 기준으로 한다)이 가장 많은 금융회사(한국산업은행 및 한국수출입은행을 포함)의 임직원 1명이 된다(영12②(5)).

포함), 친생자로서 다른 사람에게 친양자 입양된 자 및 그 배우자·직계비속)
　나. 제2조 제5항 제1호의 관계에 있는 법인
　다. 해당 주주등과 가목 및 나목에 해당하는 자가 발행주식총수 또는 출자총액의 30% 이상을 출자하고 있는 법인
　라. 해당 주주등과 그 친족이 이사의 과반수를 차지하거나 출연금(설립을 위한 출연금에 한한다)의 30% 이상을 출연하고 그중 1명이 설립자로 되어 있는 비영리법인
　마. 다목 및 라목에 해당하는 법인이 발행주식총수 또는 출자총액의 30% 이상을 출자하고 있는 법인
　2. 해당 주주등이 법인인 경우에는 제2조 제5항 각 호(제3호는 제외)의 어느 하나에 해당하는 관계에 있는 자
5) 4. 해당 법인의 주주등이 기획재정부령으로 정하는 공공기관 또는 기관투자자와 주권상장법인의 소액주주로 구성된 법인

(바) 위원자격이 중복되는 경우

지배주주를 제외한 기관투자자, 의결권 있는 주식을 가장 많이 소유한 주주, 채권자(영12②(3)(4)(5)) 중 2개 이상에 해당하는 사람이 있는 경우에 감사인선임위원회 위원은 다음의 구분에 따른 사람으로 본다(외부감사규정9①).

즉 ⅰ) 지배주주를 및 기관투자자(영12②(3))에 해당하는 사람이 의결권 있는 주식을 가장 많이 소유한 주주(영12②(4)) 또는 채권자(영12②(5))에도 해당되는 경우 기관투자자(영12②(3))에 해당하는 사람, ⅱ) 의결권 있는 주식을 가장 많이 소유한 주주(영12②(4))에 해당하는 사람이 채권자(영12②(5))에도 해당되는 경우 의결권 있는 주식을 가장 많이 소유한 주주(영12②(4))에 해당하는 사람으로 본다(외부감사규정9①).

지배주주 및 기관투자자, 의결권 있는 주식을 가장 많이 소유한 주주, 채권자(영12②(3)(4)(5)) 각각에 해당하는 사람의 수가 해당 규정에서 정하는 인원 수(數)보다 많은 경우에 감사는 주식의 보유규모·보유기간 또는 채권의 잔존만기 등을 고려하여 내규 또는 정관에 따라 위원을 정한다(외부감사규정9②).

(4) 위원장의 자격

감사인선임위원회의 위원장은 사외이사 중에서 호선하되, 사외이사가 없는 경우에는 감사를 제외한 위원 중에서 호선한다(영12③, 외부감사규정9④).

(5) 회의

감사인선임위원회의 회의는 재적위원 3분의 2 이상의 출석으로 개의(開議)하고, 출석위원 과반수의 찬성으로 의결한다(영12④).

그러나 위원(질병, 외국거주, 소재불명 또는 그 밖에 이에 준하는 부득이한 사유로 직접 의결권을 행사할 수 없음이 명백한 위원은 제외)이 모두 동의할 때에는 ⅰ) 위원장, ⅱ) 감사인 위원, ⅲ) 사외이사인 위원 중 1명[다만, 해당 위원이 없거나 부득이한 사유로 의결권을 행사할 수 없는 경우에는 기관투자자, 의결권 있는 주식을 가장 많이 소유한 주주, 채권자(영12②(3)(4)(5))인 위원 중 1명]이 모두 출석하면 감사인선임위원회의 회의를 개의하여 출석위원 전원의 찬성으로 의결할 수 있다(영12⑤).

(6) 의결권의 대리행사

기관투자자, 의결권 있는 주식을 가장 많이 소유한 주주, 채권자(영12②(3)(4)(5))인 위원이 부득이한 사유로 의결권을 행사할 수 없는 경우에는 그 위원의 대리인이 의결권을 행사할 수 있다(영12⑥ 전단). 이 경우 그 대리인은 위원이 의결권을 행사하지 못한 사유 및 그 위원의 대리인임을 객관적으로 증명할 수 있는 문서를 감사인선임위원회에 제출하여야 한다(영12⑥ 후단).

(7) 회사의 회의 내용 작성·관리

회사는 감사인선임위원회에 출석한 위원의 인적사항 및 감사인선임위원회 회의의 주요 발언 내용 등을 문서로 작성·관리하여야 한다(영12⑦).

(8) 감사의 문서 작성·관리

감사는 다음의 사항을 문서로 작성·관리하여야 한다(외부감사규정9③). 즉 ⅰ) 앞에서 살펴본 위원의 자격에 해당하는 사람(감사, 사외이사, 기관투자자, 의결권 있는 주식을 가장 많이 소유한 주주, 채권자)이 없는 등 부득이한 경우에는 감사인을 선임하는 회사로부터 독립하여 공정하게 심의를 할 수 있는 사람으로서 경영·회계·법률 또는 외부감사에 대한 전문성을 갖춘 사람으로 감사인선임위원회를 구성(영12② 단서)한 사유(제1호), ⅱ) 위원(질병, 외국거주, 소재불명 또는 그 밖에 이에 준하는 부득이한 사유로 직접 의결권을 행사할 수 없음이 명백한 위원은 제외)이 모두 동의하여 위원을 구성한 경우(영12⑤), 이에 따라 위원을 구성하는데 동의한 위원의 명단 및 서명(제2호)을 문서로 작성·관리하여야 한다(외부감사규정9③).

(9) 감사위원회 미설치 법인 감사의 확인문서 제출

감사위원회가 설치되지 아니한 주권상장법인, 대형비상장주식회사 또는 금융회사의 감사는 감사인의 감사보수와 감사시간, 감사에 필요한 인력에 관한 사항(법10⑤)이 준수되었는지를 확인한 문서를 감사인선임위원회가 감사인을 선정하기 전까지 제출하여야 한다(외부감사규정9⑤).

Ⅳ. 감사 또는 감사위원회의 의무

1. 감사보수와 감사시간 등 문서작성의무

(1) 감사 또는 감사위원회의 문서작성의무

감사 또는 감사위원회는 감사인의 감사보수와 감사시간, 감사에 필요한 인력에 관한 사항을 문서로 정하여야 한다(법10⑤ 전단). 이 경우 감사위원회가 설치되지 아니한 주권상장법인, 대형비상장주식회사 또는 금융회사의 감사는 감사인선임위원회의 승인을 받아야 한다(법10⑤ 후단).

(2) 회사 대표이사의 문서작성의무

다만, ⅰ) 직전 사업연도의 감사인을 다시 감사인으로 선임하는 경우 그 감사인(가목), ⅱ) 감사가 없는 자본금 10억원(영13①) 이상의 유한회사인 경우 사원총회의 승인을 받은 회계법인 또는 감사반(나목), ⅲ) 감사가 없는 자본금 10억원 미만의 유한회사인 경우 회사가 선정한 회계법인 또는 감사반(다목)을 해당 회사의 감사인을 선임(법10④(2) 단서)한 회사는 회사를 대표하는 이사가 감사인의 감사보수와 감사시간, 감사에 필요한 인력에 관한 사항을 문서로 정하여야 한다(법10⑤ 전단).

2. 감사보고서 확인과 제출의무

감사 또는 감사위원회는 감사보고서를 제출받은 경우 감사인의 감사보수와 감사시간, 감사에 필요한 인력에 관한 사항(법10⑤)이 준수되었는지를 확인하여야 한다(법10⑥ 전단). 이 경우 감사위원회가 설치되지 아니한 주권상장법인, 대형비상장주식회사 또는 금융회사의 감사는 감사인의 감사보수와 감사시간, 감사에 필요한 인력에 관한 사항(법10⑤)이 준수되었는지를 확인한 문서를 감사인선임위원회에 제출하여야 한다(법10⑥ 후단).

Ⅴ. 감사인 선임제한

회사가 다음의 구분에 따라 감사인을 선임하는 경우에는 해당 호에서 정한 규정을 적용하지 아니한다(법10⑦).

1. 증권선물위원회가 지정하는 자를 감사인으로 선임하거나 변경선임하는 경우

증권선물위원회가 지정하는 자를 감사인으로 선임하거나 변경선임하는 경우 법 제10조 제1항 본문, 제2항, 제3항 본문 및 제4항의 규정을 적용하지 아니한다(법10⑦(1)).

따라서 적용되지 아니하는 규정은 다음과 같다. 즉 회사는 매 사업연도 개시일부터 45일 이내(다만, 감사위원회를 설치하여야 하는 자산 2조원 이상의 회사의 경우에는 매 사업연도 개시일 이전)에 해당 사업연도의 감사인을 선임하여야 한다(법

10①) 본문)는 규정, 직전 사업연도에 회계감사를 받지 아니한 회사는 해당 사업연도 개시일부터 4개월 이내에 감사인을 선임하여야 한다(법10②)는 규정, 주권상장법인, 대형비상장주식회사 또는 금융회사는 연속하는 3개 사업연도의 감사인을 동일한 감사인으로 선임하여야 한다(법10③ 본문)는 규정, 그리고 감사인 선임절차(법10④)에 관한 규정은 적용되지 않는다.

2. 감사계약이 해지된 경우

감사계약이 해지된 경우 법 제10조 제1항 본문, 제2항 및 제3항 본문의 규정을 적용하지 아니한다(법10⑦(2)).

따라서 적용되지 아니하는 규정은 다음과 같다. 즉 회사는 매 사업연도 개시일부터 45일 이내(다만, 감사위원회를 설치하여야 하는 자산 2조원 이상의 회사의 경우에는 매 사업연도 개시일 이전)에 해당 사업연도의 감사인을 선임하여야 한다(법10① 본문)는 규정, 직전 사업연도에 회계감사를 받지 아니한 회사는 해당 사업연도 개시일부터 4개월 이내에 감사인을 선임하여야 한다(법10②)는 규정, 주권상장법인, 대형비상장주식회사 또는 금융회사는 연속하는 3개 사업연도의 감사인을 동일한 감사인으로 선임하여야 한다(법10③ 본문)는 규정은 적용되지 않는다.

3. 선임된 감사인이 사업연도 중에 해산 등으로 감사를 수행하는 것이 불가능한 경우

선임된 감사인이 사업연도 중에 다음의 사유, 즉 ⅰ) 감사인이 파산 등의 사유로 해산하는 경우(합병으로 인한 해산의 경우는 제외), ⅱ) 감사인인 회계법인이 등록이 취소되거나 업무의 전부 또는 일부가 정지된 경우, ⅲ) 감사인인 감사반의 등록이 취소되거나 효력이 상실된 경우, ⅳ) 감사인인 감사반의 구성원이 등록취소, 2년 이하의 직무정지, 또는 1년 이하의 일부직무정지에 해당하는 징계를 받은 경우, ⅴ) 주권상장법인의 감사인이 등록이 취소된 경우, ⅵ) 감사인이 법 제29조(회사 및 감사인 등에 대한 조치 등) 제3항 또는 제4항에 따른 조치로 해당 회사에 대한 감사업무를 계속 수행할 수 없는 경우, ⅶ) 그 밖에 감사인이 해당 사업연도의 회계감사를 수행할 수 없다고 증권선물위원회가 인정하는 경우로 감사를 수행하는 것이 불가능한 경우 법 제10조 제1항 본문, 제2항 및 제3항 본문의 규정을 적용하지 아니한다(법10⑦(3), 영13②).

따라서 적용되지 아니하는 규정은 다음과 같다. 즉 회사는 매 사업연도 개시일부터 45일 이내(다만, 감사위원회를 설치하여야 하는 자산 2조원 이상의 회사의 경우에는 매 사업연도 개시일 이전)에 해당 사업연도의 감사인을 선임하여야 한다(법10① 본문)는 규정, 직전 사업연도에 회계감사를 받지 아니한 회사는 해당 사업연도 개시일부터 4개월 이내에 감사인을 선임하여야 한다(법10②)는 규정, 주권상장법인, 대형비상장주식회사 또는 금융회사는 연속하는 3개 사업연도의 감사인을 동일한 감사인으로 선임하여야 한다(법10③ 본문)는 규정은 적용되지 않는다.

Ⅵ. 감사인 선정 등

1. 감사인 선정 기준과 절차 마련

(1) 감사인 선정 기준과 절차 마련의무

감사인 선정(승인을 포함)을 하는 자는 미리 선정에 필요한 기준과 절차를 마련하여야 한다(영13③ 전단).

(2) 감사인선임위원회 또는 사원총회의 승인

이 경우 ⅰ) 감사위원회가 설치되지 아니한 경우 감사인을 선임하기 위하여 감사인선임위원회의 승인을 받아 감사가 선정한 회계법인 또는 감사반(법10④(1) 나목), ⅱ) 감사가 없는 자본금 10억원(영13①) 이상의 유한회사인 경우 사원총회의 승인을 받은 회계법인 또는 감사반(법10④(2) 나목), 또는 ⅲ) 감사가 없는 자본금 10억원 미만의 유한회사인 경우 회사가 선정한 회계법인 또는 감사반(법10④(2) 다목)에 해당할 때에는 그 기준과 절차에 대하여 감사인선임위원회 또는 사원총회의 승인을 받아야 한다(영13③ 후단).

2. 감사인 선정 기준 포함사항

감사인 선정기준에는 다음의 사항이 포함되어야 한다(영13④).

(1) 감사시간 등

감사인 선정기준에는 감사시간·감사인력·감사보수 및 감사계획의 적정성이 포함되어야 한다(영13④(1)).

(2) 감사인의 독립성 및 전문성

감사인 선정기준에는 감사인의 독립성과 전문성이 포함되어야 한다(영13④ (2)). 감사인의 독립성이란 감사 의견에 편견을 발생시키는 등 부당한 영향을 미칠 우려가 있는 이해관계를 회피하는 것을 말하고, 감사인의 전문성이란 감사업무를 수행하는 데 필요한 교육·훈련 및 경험, 감사대상 회사의 업무 등에 대한 전문지식 등을 충분히 갖춘 것을 말한다(영13④(2)).

(3) 전기감사인의 의견진술 내용 등

감사인 선정기준에는 직전 사업연도에 해당 회사에 대하여 감사업무를 한 감사인["전기감사인(前期監査人)"]의 의견진술 내용 및 다음의 사항이 포함되어야 한다(영13④(3) 본문). 다만, 직전 사업연도에 회계감사를 받지 아니한 경우에는 제외한다(영13④(3) 단서).

가. 전기감사인이 감사인 선임 시 합의한 감사시간·감사인력·감사보수·감사 계획 등을 충실하게 이행하였는지에 대한 평가 결과

나. 전기감사인이 감사업무와 관련하여 회사에 회계처리기준 해석, 자산 가치평 가 등에 대한 자문을 외부기관에 할 것을 요구한 경우 요구 내용에 대한 감 사·감사위원회와 전기감사인 간의 협의 내용, 자문 결과 및 그 활용 내용

다. 해당 사업연도의 감사·감사위원회와 전기감사인간의 대면 회의 개최횟수, 참석자 인적사항, 주요 발언 내용 등

라. 그 밖에 감사인 선정의 객관성 및 신뢰성을 확보하기 위하여 필요한 기준으로서 금융위원회가 정하는 사항

3. 감사인 선임 기간

회사가 앞에서 살펴본 ⅰ) 증권선물위원회가 지정하는 자를 감사인으로 선임하거나 변경선임하는 경우(법10⑦(1)), ⅱ) 감사계약이 해지된 경우(법10⑦(2)), ⅲ) 선임된 감사인이 사업연도 중에 해산 등으로 감사를 수행하는 것이 불가능한 경우(법10⑦(3))의 사유로 감사인을 선임하는 경우에는 그 사유 발생일부터 2개월 이내에 감사인을 선임하여야 한다(법10⑧).

4. 감사인 선정 회의와 회의 내용의 작성·관리

감사위원회, 감사인선임위원회 및 사원총회는 감사인을 선정하기 위하여 대면 회의를 개최하여야 한다(영13⑤ 전단). 이 경우 ⅰ) 감사인 선정 기준 포함사항에 대한 검토 결과, ⅱ) 대면 회의의 개최횟수, 참석자 인적사항, 주요 발언 내용 등을 문서로 작성·관리하여야 한다(영13⑤ 후단).

Ⅶ. 위반시 제재

상법 제401조의2 제1항[6) 및 제635조 제1항[7)에 규정된 자, 그 밖에 회사의 회계업무를 담당하는 자, 감사인 또는 그에 소속된 공인회계사나 감사 또는 감리 업무와 관련하여 감사인, 감사인에 소속된 공인회계사, 증권선물위원회 위원을 보조하거나 지원하는 자가 정당한 이유 없이 제10조(감사인의 선임) 제1항·제2항 또는 제8항에 따른 기간 내에 감사인을 선임하지 아니한 경우 3년 이하의 징역 또는 3천만원 이하의 벌금에 처한다(법42(4)).

---

6) 상법 제401조의2(업무집행지시자 등의 책임)에 규정된 자는 ⅰ) 업무집행지시자: 회사에 대한 자신의 영향력을 이용하여 이사에게 업무집행을 지시한 자, ⅱ) 무권대행자: 이사의 이름으로 직접 업무를 집행한 자, ⅲ) 표현이사: 이사가 아니면서 명예회장·회장·사장·부사장·전무·상무·이사 기타 회사의 업무를 집행할 권한이 있는 것으로 인정될 만한 명칭을 사용하여 회사의 업무를 집행한 자를 말한다(상법401의2①).

7) 상법 제635조(과태료에 처할 행위)에 규정된 자는 회사의 발기인, 설립위원, 업무집행사원, 업무집행자, 이사, 집행임원, 감사, 감사위원회 위원, 외국회사의 대표자, 검사인, 공증인, 감정인, 지배인, 청산인, 명의개서대리인, 사채모집을 위탁받은 회사와 그 사무승계자 또는 직무대행자를 말한다(상법635①).

제2절 감사인 선임 등의 보고

I. 정기총회 보고 또는 주주등 통지·공고의무

1. 감사인 선임 또는 변경선임 보고와 통지

회사는 감사인을 선임 또는 변경선임하는 경우 그 사실을 감사인을 선임한 이후에 소집되는 정기총회에 보고하거나 주주 또는 사원("주주등")에게 통지 또는 공고하여야 한다(법12①).

2. 통지 또는 공고의 방법

회사는 감사인을 선임 또는 변경선임하였다는 사실을 주주(최근 주주명부 폐쇄일의 주주) 또는 사원에게 문서로 통지하거나 인터넷 홈페이지에 선임 또는 변경선임한 감사인과의 감사계약이 종료될 때까지 공고하여야 한다(영18①).

II. 증권선물위원회 보고의무

1. 회사 및 감사인의 제출 서류

회사가 감사인을 선임 또는 변경선임하는 경우 해당 회사 및 감사인은 증권선물위원회에 보고하여야 한다(법12② 본문).

(1) 회사의 제출서류

회사는 감사계약을 체결한 날부터 2주 이내에 ⅰ) 해당 감사인과의 감사계약서 사본, ⅱ) 감사위원회 개최 사실을 증명하는 서류 또는 감사인선임위원회 또는 사원총회의 감사인 선임 승인사실을 증명하는 서류, ⅲ) 감사인을 변경선임하는 경우에는 그 사유 및 전기감사인의 의견진술 내용을 증권선물위원회에 전자문서로 제출하여야 한다(영18②).

이에 따라 회사는 제출서류를 감사계약 체결 후 2주일 이내에 금융감독원장이 정하는 서식에 따라 작성하여 금융감독원장에게 제출하여야 한다(외부감사규정16①). 회사의 감사인 선임보고는 별지 제14호 서식에 따른다(외부감사규정 시행세칙8①). 회사는 감사인 선임보고를 금융감독원장에게 전자문서로 제출한다(외부감사규정 시행세칙9②). 감사인은 회사의 위임을 받아 전자문서를 금융감독원장에게 대리제출할 수 있다(외부감사규정 시행세칙9③).

(2) 감사인의 제출서류

감사인은 감사계약을 체결한 날부터 2주 이내에 해당 회사와의 감사계약서 사본을 증권선물위원회에 전자문서로 제출하여야 한다(영18④).

이에 따라 감사인은 감사계약 체결 후 그 계약 내용을 2주일 이내에 금융감독원장이 정하는 서식에 따라 작성하여 금융감독원장에게 제출하여야 한다(외부감사규정16②). 이에 의한 감사인의 감사계약 체결보고는 별지 제15호 서식에 따른다(외부감사규정 시행세칙8②). 감사인은 감사계약체결보고서를 정보통신망을 이용한 전자문서로 제출한다(외부감사규정 시행세칙9①).

(3) 증권선물위원회의 확인

서류를 제출받은 증권선물위원회는 전자정부법 제36조 제1항에 따른 행정정보의 공동이용을 통하여 해당 회사의 법인등기사항증명서를 확인해야 한다(영18⑤).

2. 보고 생략

회사는 ⅰ) 회사의 요청에 따라 증권선물위원회가 지정한 자를 감사인으로 선임한 경우, ⅱ) 증권선물위원회의 요구에 따라 감사인을 선임 또는 변경선임하는 경우, ⅲ) 주권상장법인, 대형비상장주식회사 또는 금융회사가 아닌 회사가 직전 사업연도의 감사인을 다시 선임한 경우에는 보고를 생략할 수 있다(법12②단서).

Ⅲ. 위반시 제재

회사가 감사인을 선임 또는 변경선임하는 경우 해당 회사 및 감사인은 증권선물위원회에 보고하여야 하여야 하는데(법12②), 이에 따른 보고를 하지 아니한 자에 대하여는 500만원 이하의 과태료를 부과한다(법47④(2)).

제3절 감사계약 해지와 감사인의 해임

Ⅰ. 감사계약 해지

1. 감사계약 해지와 신규 감사인 선임

감사인이 공인회계사법 제21조(공인회계사의 직무제한) 또는 제33조(회계법인의 직무제한)를 위반한 경우 회사는 지체 없이 감사인과의 감사계약을 해지하여야 하며, 감사계약을 해지한 후 2개월 이내에 새로운 감사인을 선임하여야 한다(법13①).

아래서는 공인회계사법 제21조(공인회계사의 직무제한) 및 제33조(회계법인의 직무제한)를 살펴본다.

2. 공인회계사의 직무제한

(1) 재무제표 감사 또는 증명 직무 제한

공인회계사는 ⅰ) 자기 또는 배우자가 임원이나 그에 준하는 직위(재무에 관한 사무의 책임있는 담당자를 포함)에 있거나, 과거 1년 이내에 그러한 직위에 있었던 자(회사를 포함)(제1호), ⅱ) 자기 또는 배우자가 그 직원이거나 과거 1년 이내에 직원이었던 사람(배우자의 경우 재무에 관한 사무를 수행하는 직원으로 한정)(제2호), ⅲ) 제1호 및 제2호 외에 자기 또는 배우자와 뚜렷한 이해관계가 있어서 그 직무를 공정하게 행하는 데 지장이 있다고 인정되어 "대통령령으로 정하는 자"(제3호)에 대한 재무제표(연결재무제표 포함)를 감사하거나 증명하는 직무를 행할 수 없다(공인회계사법21①).

위 제3호에서 "대통령령으로 정하는 자"라 함은 공인회계사 또는 그 배우자와 다음의 어느 하나에 해당하는 관계에 있는 자를 말한다(공인회계사법 시행령14①).

1. 해당 공인회계사 또는 그 배우자가 주식 또는 출자지분을 소유하고 있는 자. 다만, 감사기간(재무제표를 감사하거나 증명하는 업무를 수행하는 계약을 체

결하고 있는 기간) 중 합병·상속 또는 소송 등에 따라 주식 또는 출자지분을 비자발적으로 취득한 후 해당 주식 또는 출자지분을 지체 없이 처분한 경우는 제외한다.

2. 공인회계사 또는 그 배우자와 3천만원 이상의 채권 또는 채무관계에 있는 자. 다만, 다음의 어느 하나에 해당하는 채권 또는 채무를 제외한다.

   가. 공인회계사의 직무와 직접 관련된 채권

   나. 예금자보호법에 따라 보호되는 금액 한도 이내의 예금·적금 등 채권

   다. 표준약관에 따라 구입하거나 정상적인 가액으로 구입한 회원권·시설물 이용권 등 채권

   라. 퇴직급여법에 따른 퇴직연금 등 채권

   마. 금융위원회법 제38조(금융감독원의 검사대상기관)의 규정에 따른 기관으로부터 받은 주택담보대출·예금담보대출 등 통상의 절차에 따라 담보를 제공하고 성립된 채무

   바. 신용카드의 사용에 의한 지급기일이 2월 이내인 채무 중 연체되지 아니한 채무

   사. 감사기간 중 합병·상속 또는 소송 등에 의하여 비자발적으로 발생된 채권 또는 채무

3. 해당 공인회계사에게 무상으로 또는 통상의 거래가격보다 현저히 낮은 대가로 공인회계사 사무소를 제공하고 있는 자

4. 해당 공인회계사에게 공인회계사 업무외의 업무로 인하여 계속적인 보수를 지급하거나 기타 경제상의 특별한 이익을 제공하고 있는 자

5. 해당 공인회계사에게 직무를 수행하는 대가로 자기 회사의 주식·신주인수권부사채·전환사채 또는 주식매수선택권을 제공하였거나 제공하기로 한 자

(2) 감사계약 기간 중 해당 회사에 대한 업무 제한

공인회계사는 특정 회사(해당 회사가 다른 회사와 지배·종속 관계에 있어 연결재무제표를 작성하는 경우 그 다른 회사를 포함)의 재무제표를 감사하거나 증명하는 업무를 수행하는 계약을 체결하고 있는 기간 중에는 해당 회사에 대하여 다음의 어느 하나에 해당하는 업무를 할 수 없다(공인회계사법21②).

1. 회계기록과 재무제표의 작성
2. 내부감사업무의 대행

3. 재무정보체제의 구축 또는 운영
4. 자산·자본, 그 밖의 권리 등("자산등")을 매도 또는 매수하기 위한 다음의 업무(부실채권의 회수를 목적으로 대통령령으로 정하는 사항[8]은 제외)
    가. 자산등에 대한 실사·재무보고·가치평가
    나. 자산등의 매도·매수거래 또는 계약의 타당성에 대한 의견제시
5. 인사 및 조직 등에 관한 지원업무
6. 재무제표에 계상되는 보험충당부채 금액 산출과 관련되는 보험계리업무
7. 민·형사 소송에 대한 자문업무
8. 자금조달·투자 관련 알선 및 중개업무
9. 중요한 자산의 처분 및 양도, 지배인의 선임 또는 해임 등 경영에 관한 의사 결정으로서 임원이나 이에 준하는 직위의 역할에 해당하는 업무
10. 그 밖에 재무제표의 감사 또는 증명업무와 이해상충의 소지가 있는 것으로서 대통령령으로 정하는 업무

(3) 내부통제절차에 따른 수행가능 업무

감사계약 기간 중 해당 회사에 대한 업무 제한을 받은 공인회계사(공인회계사법21②)는 감사계약 기간 중 해당 회사에 대한 제한 업무(공인회계사법21② 각 호) 외의 업무는 공인회계사가 감사계약 기간 중 해당 회사에 대한 제한 업무(공인회계사법21② 각 호) 외의 업무를 수행하기 전에 그 회사의 감사(감사위원회를 포함, 이하 "감사등")와 그 업무에 대하여 협의하고, 이해상충의 소지가 높은 업무에 대하여는 감사등의 동의를 얻는 절차에 따라 할 수 있다(공인회계사법21③, 공인회계사법 시행령14④).

공인회계사는 감사등의 동의를 얻는 위의 절차에 따라 그 업무를 수행한 경우에는 감사등과의 협의사항 및 감사등의 동의와 관련한 사항을 문서화하여 8년

---

8) 공인회계사는 법 제21조 제2항 제4호 각 목 외의 부분에 따라 부실채권의 회수를 목적으로 하는 채권자협의체가 구성된 경우에 그 채권자협의체의 구성원("구성원")이 출자전환 또는 대주주의 담보제공 등을 원인으로 하여 취득한 자산·자본·그 밖의 권리 등("자산등")을 공동으로 매도하기 위하여 하는 법 제21조 제2항 제4호 각 목의 업무("실사등의 업무")를 할 수 있다(공인회계사법 시행령14②). 그러나 ⅰ) 자산등을 공동으로 매도하는 업무를 주관하는 구성원을 감사하거나 증명하는 업무를 수행하는 공인회계사, ⅱ) 공동으로 매도하고자 하는 자산등의 50% 이상을 소유한 구성원을 감사하거나 증명하는 업무를 수행하는 공인회계사, ⅲ) 공인회계사가 감사하거나 증명하는 업무를 수행 중인 구성원들이 보유하고 있는 자산등의 합계가 공동으로 매도하고자 하는 자산등의 50% 이상에 해당하는 공인회계사는 실사등의 업무를 할 수 없다(공인회계사법 시행령14③).

간 보존한다(공인회계사법 시행령14⑤).

3. 회계법인의 직무제한

(1) 재무제표 감사 또는 증명 직무 제한

회계법인은 ⅰ) 회계법인이 주식을 소유하거나 출자하고 있는 자(회사를 포함)(제1호), ⅱ) 회계법인의 사원이 공인회계사법 제21조 제1항 각 호의 1에 해당하는 관계가 있는 자(제2호), ⅲ) 제1호 및 제2호 외에 회계법인이 뚜렷한 이해관계를 가지고 있거나 과거 1년 이내에 그러한 이해관계를 가지고 있었던 것으로 인정되는 자로서 "대통령령이 정하는 자"(제3호)에 대한 재무제표를 감사하거나 증명하는 직무를 행하지 못한다(공인회계사법33①).

여기서 "대통령령이 정하는 자"라 함은 다음의 어느 하나에 해당하는 자를 말한다(공인회계사법 시행령15의2①).

ⅰ) 과거 1년 이내에 자기의 재무제표 등에 대하여 감사 또는 증명업무를 행한 회계법인의 담당사원 또는 그 배우자가 임원이나 그에 준하는 직위(재무에 관한 사무의 책임있는 담당자를 포함)에 있는 자(공인회계사법 시행령15의2①(1)).

ⅱ) 회계법인과 1억원 이상의 채권 또는 채무관계에 있는 자(공인회계사법 시행령15의2①(2) 전단). 이 경우 공인회계사법 시행령 제14조 제1항 제2호 단서의 규정은 회계법인에 대하여 이를 준용한다. 따라서 ㉠ 공인회계사의 직무와 직접 관련된 채권, ㉡ 예금자보호법에 따라 보호되는 금액 한도 이내의 예금·적금 등 채권, ㉢ 표준약관에 따라 구입하거나 정상적인 가액으로 구입한 회원권·시설물이용권 등 채권, ㉣ 근로자퇴직급여 보장법에 따른 퇴직연금 등 채권, ㉤ 금융위원회법 제38조(금융감독원의 검사대상기관)의 규정에 따른 기관으로부터 받은 주택담보대출·예금담보대출 등 통상의 절차에 따라 담보를 제공하고 성립된 채무, ㉥ 신용카드의 사용에 의한 지급기일이 2월 이내인 채무 중 연체되지 아니한 채무, ㉦ 감사기간 중 합병·상속 또는 소송 등에 의하여 비자발적으로 발생된 채권 또는 채무를 제외한다(공인회계사법 시행령14①(2) 단서).

ⅲ) 회계법인과 공인회계사법 시행령 제14조 제1항 제3호 내지 제5호의 규정에 준하는 관계가 있는 자(공인회계사법 시행령15의2①(3)). 즉 ㉠ 해당 공인

회계사에게 무상으로 또는 통상의 거래가격보다 현저히 낮은 대가로 공인
회계사 사무소를 제공하고 있는 자, ⓛ 해당 공인회계사에게 공인회계사 업
무외의 업무로 인하여 계속적인 보수를 지급하거나 기타 경제상의 특별한
이익을 제공하고 있는 자, ⓒ 해당 공인회계사에게 직무를 수행하는 대가로
자기 회사의 주식·신주인수권부사채·전환사채 또는 주식매수선택권을 제
공하였거나 제공하기로 한 자

(2) 준용규정

공인회계사법 제21조 제2항 및 제3항의 규정은 회계법인에 관하여 이를 준
용한다(공인회계사법33②). 따라서 앞에서 살펴본 감사계약 기간 중 해당 회사에
대한 업무 제한(공인회계사법21②) 및 내부통제절차에 따른 수행가능 업무(공인회
계사법21③)는 회계법인에도 해당한다. 따라서 앞의 공인회계사의 직무제한에서
살펴본 공인회계사법 시행령 제14조 제2항 내지 제5항의 규정은 회계법인에 관
하여 이를 준용한다(공인회계사법 시행령15의2② 전단). 이 경우 "공인회계사"는
"회계법인"으로 본다(공인회계사법 시행령15의2② 후단).

Ⅱ. 감사인 해임

1. 감사인 해임사유

주권상장법인, 대형비상장주식회사 또는 금융회사는 연속하는 3개 사업연도
의 동일 감사인으로 선임된 감사인이 ⅰ) 감사인이 회사의 기밀을 누설하는 등
직무상 의무를 위반한 경우, ⅱ) 감사인이 그 임무를 게을리하여 회사에 손해를
발생하게 한 경우, ⅲ) 감사인이 회계감사와 관련하여 부당한 요구를 하거나 압
력을 행사한 경우, ⅳ) 외국투자가가 출자한 회사로서 그 출자조건에서 감사인을
한정하고 있는 경우, ⅴ) 지배회사 또는 종속회사가 그 지배·종속의 관계에 있
는 회사와 같은 지정감사인을 선임하여야 하는 경우에는 연속하는 3개 사업연도
중이라도 매 사업연도 종료 후 3개월 이내에 ⅰ) 감사위원회가 설치된 경우 감사
위원회가 해임을 요청한 감사인, ⅱ) 감사위원회가 설치되지 아니한 경우 감사가
감사인선임위원회의 승인을 받아 해임을 요청한 감사인을 해임하여야 한다(법13
② 전단).

2. 신규 감사인 선임

감사인이 해임된 경우에는 회사는 감사인을 해임한 후 2개월 이내에 새로운 감사인을 선임하여야 한다(법13② 후단).

Ⅲ. 감사계약 해지 및 감사인 해임 사실의 보고의무

주권상장법인, 대형비상장주식회사 또는 금융회사는 감사계약을 해지하거나 감사인을 해임한 경우에는 지체 없이 그 사실을 증권선물위원회에 보고하여야 한다(법13③).

제4절 전기감사인의 의견진술권

Ⅰ. 회사의 의견진술 기회 부여의무

1. 의견진술 기회 부여 사유

회사는 직전 사업연도에 해당 회사에 대하여 감사업무를 한 감사인("전기감사인") 외의 다른 감사인을 감사인으로 선임하거나 전기감사인을 해임하려면 해당 전기감사인에게 감사 또는 감사위원회(감사위원회가 설치되지 아니한 주권상장법인, 대형비상장주식회사 또는 금융회사의 경우에는 감사인선임위원회)에 의견을 진술할 수 있는 기회를 주어야 한다(법14①).

2. 의견진술 기회의 통지

회사는 전기감사인에게 새로운 감사인과의 감사계약 체결 2주 전까지 문서 또는 구술로 의견을 진술할 수 있다는 사실을 문서로 통지하여야 한다(영20①).

Ⅱ. 회사의 증권선물위원회 보고의무

1. 의견진술 내용의 보고

회사는 해임되는 감사인이 의견을 진술한 경우에는 그 내용을 증권선물위원회에 보고하여야 한다(법14②).

2. 보고사항

회사는 해임되는 전기감사인이 의견을 진술한 경우에는 지체 없이 ⅰ) 전기감사인을 해임한 사유(제1호), ⅱ) 전기감사인이 진술한 의견(제2호), ⅲ) 감사위원회 위원 전원 또는 감사인선임위원회 위원 중 과반수가 제1호 및 제2호의 내용을 확인하고 서명한 사실(제3호)을 증권선물위원회에 문서로 제출하여야 한다(영20②).

이에 따라 회사는 위의 사항을 금융감독원장이 정하는 서식에 따라 작성하여 금융감독원장에게 제출하여야 한다(외부감사규정16③). 이에 의한 회사의 전기감사인 해임 관련 의견진술 내용보고는 별지 제16호 서식에 따른다(외부감사규정시행세칙8③).

증권선물위원회의 감사인 지정

제1절 서설

Ⅰ. 의의

1. 감사인 지정제의 개념과 목적

감사인 지정제도는 자유선임제에 따른 부실감사를 방지하고, 감사인의 독립성을 보장하기 위하여 일정 기준에 해당하는 회사에 대하여 증권선물위원회가 감사인을 지정하는 제도이다.[1] 즉 감사인 지정제도는 증권선물위원회가 회계정보이용자(투자자) 보호를 위하여 독립적이고 공정한 감사가 필요하다고 인정되는 특정 회사에 대하여 또는 회사의 요청에 의하여 당해 회사의 감사인을 지정하는 제도이다.[2] 감사인 지정제도는 자율적인 감사시장에 규제기관이 직접 개입함으

---

1) 대법원 2004. 7. 8. 선고 2002두1946 판결.
2) 하순금·조용언·박성환(2015), "감사인 지정여부와 보수주의의 관련성", 회계저널 제24권 제2호(2015. 4), 120, 122쪽.

로써 회계정보의 투명성과 신뢰성을 높이기 위한 목적으로 실시된다.

2. 감사인 지정제의 연혁

감사품질은 감사과정에 개입되는 다양한 변수들의 영향을 받기 때문에 이를 일의적으로 정의하기 어렵다. 하지만 감사품질은 감사인의 적격성과 독립성에 의해 좌우된다고 할 수 있다. 따라서 회계감사는 감사인의 적격성과 독립성을 제고하기 위해 다양한 제도적 장치가 시행·보환되면서 변천해왔다.[3] 그 하나의 방안으로서 우리나라는 1982년 감사인 선임방식에 일대 혁신을 단행하였다. 1981년까지 시행되었던 배정제도에서 자유선임제도로 전환하였다. 자유선임제도는 시장원리에 입각하여 감사자원을 효율적으로 배분함으로써 감사인의 적격성과 경쟁력을 강화시킬 수 있다는 이점 때문에 사회적 설득력을 얻을 수 있었다. 그러나 자유선임제도를 시행하는 과정에서 감사인의 독립성 확보에 문제가 있음이 드러났다. 이러한 문제점을 보완하기 위해 1990년 1월부터 감사인 지정제도가 도입되기에 이르렀다.

신외부감사법 시행 이전에는 외부감사인 자유선임제를 원칙으로 하되, 회사가 회계투명성 또는 재무건전성 관련 일정 요건에 해당하는 경우에 증권선물위원회가 감사인을 지정하는 지정감사제를 채택하고 있었다.

3. 감사인 지정제의 현황

신외부감사법 시행 전 감사인 지정제도에 따른 지정 현황을 살펴보면, 2016년의 경우 상장예정법인 174개사, 감사인 미선임 96개사, 내부회계관리제도 미비 71개사, 부채비율 과다 등 재무기준 요건 해당 66개사 등의 지정사유에 따라 총 514사(전체 외감대상 27,114개사 중 1.9%)에 대해 지정이 이루어졌다.[4]

Ⅱ. 입법 취지

신외부감사법 시행 이전에는 자유수임제에서 감사대상회사와 감사인 간 "갑

---

3) 감사인의 강제교체제도(Mandatory Audit Firm Rotation)는 감사인의 독립성을 강화하기 위하여 2003년 외부감사법을 개정하여 2006년부터 2008년까지 시행되었다. 규제기관은 동일 회계법인이 감사할 수 있는 감사기간을 최장 6년으로 제한하고 있었다.

4) 2차 정무위원회(2017), 11쪽.

을관계"가 형성되어 감사인의 독립성이 상실된다는 비판이 계속적으로 제기되어
왔다. 따라서 갑을관계를 해소할 수 있는 대책 마련이 시급한 상황이었고, 외부
감사인과 피감사회사 사이에 견고하게 형성된 "갑을관계" 구조의 해결이 시급한
실정이었다.[5]

신외부감사법은 주권상장법인, 금융회사, 대규모 기업집단 등에 전면적으로
지정감사제를 도입하고 있다. 감사인 지정제는 감사인의 독립성 확보를 위한 직
접적 규제라는 점과 회계법인의 업무여건 개선을 기대할 수 있다는 점에서 긍정
적인 측면이 있다. 그러나 기업의 내부감사 기능 부인 등으로 기업의 자발적인
내부통제역량 강화 의지가 꺾일 우려가 있다는 점이 지적되고 있다.[6]

Ⅲ. 회계법인의 합병과 승계

감사인지정 및 감사인지정제외와 관련한 공법상의 관계는 감사인의 인적·
물적 설비와 위반행위의 태양과 내용 등과 같은 객관적 사정에 기초하여 이루어
지는 것으로서 합병으로 존속하는 회계법인에게 승계된다.[7]

제2절 직권지정제

Ⅰ. 감사인 지정 사유

증권선물위원회는 다음의 어느 하나에 해당하는 회사에 3개 사업연도의 범
위에서 증권선물위원회가 지정하는 회계법인을 감사인으로 선임하거나 변경선임
할 것을 요구할 수 있다(법11①). 따라서 증권선물위원회는 감사인 지정 여부를
합리적으로 선택할 수 있다.

이에 따라 감사인을 지정함에 있어 증권선물위원회가 지정대상 사업연도를

---

5) 금융감독원(2016), "회계투명성 향상을 위한 회계제도 개선 방안", 연구용역보고서(2016.
   12), 89쪽.
6) 정무위원회(이하 "법안심사소위"라 함)(2017), "법안심사소위원회 심사참고자료", 제354회
   국회(정기회) 제2차 법안심사소위원회(2017. 9), 8쪽.
7) 대법원 2004. 7. 8. 선고 2002두1946 판결.

정하여 감사인 지정조치를 내린 회사에 대하여는 증권선물위원회의 조치내용에 따른다(외부감사규정 시행세칙10①).

1. 감사(감사위원회) 승인을 받아 감사인 지정을 요청한 회사

증권선물위원회는 감사 또는 감사위원회(감사위원회가 설치되지 아니한 주권상장법인, 대형비상장주식회사 또는 금융회사의 경우는 감사인선임위원회)의 승인을 받아 감사인의 선임기간 내에 증권선물위원회에 감사인 지정을 요청한 회사에 3개 사업연도의 범위에서 증권선물위원회가 지정하는 회계법인을 감사인으로 선임하거나 변경선임할 것을 요구할 수 있다(법11①(1)).

2. 감사인 미선임 회사

증권선물위원회는 감사인의 선임기간 내에 감사인을 선임하지 아니한 회사에 3개 사업연도의 범위에서 증권선물위원회가 지정하는 회계법인을 감사인으로 선임하거나 변경선임할 것을 요구할 수 있다(법11①(2)).

3. 감사인 선임절차를 위반한 회사 등

증권선물위원회는 연속 3개 사업연도 동일 감사인을 선임해야 하는 규정(법10③) 또는 감사인 선임절차(법10④) 규정을 위반하여 감사인을 선임하거나 "증권선물위원회가 회사의 감사인 교체 사유가 부당하다고 인정한 회사"에 3개 사업연도의 범위에서 증권선물위원회가 지정하는 회계법인을 감사인으로 선임하거나 변경선임할 것을 요구할 수 있다(법11①(3)).

여기서 "증권선물위원회가 회사의 감사인 교체 사유가 부당하다고 인정한 회사"란 ⅰ) 회사가 감사인이 회계감사기준에 따른 중요한 절차를 수행하는 것을 제한하는 감사계약을 감사인에 요구하는 경우, ⅱ) 상법 제635조 제1항8)에 규정된 자, 회사의 회계업무를 담당하는 자, 주주 또는 채권자가 감사의견과 관련하여 부당한 요구를 하거나 압력을 행사한 경우, ⅲ) 회사가 정당한 이유없이 감사보수를 현저히 낮출 것을 요구하거나 직전 사업연도의 감사계약에 따른 의

---

8) 상법 제635조(과태료에 처할 행위)에 규정된 자는 회사의 발기인, 설립위원, 업무집행사원, 업무집행자, 이사, 집행임원, 감사, 감사위원회 위원, 외국회사의 대표자, 검사인, 공증인, 감정인, 지배인, 청산인, 명의개서대리인, 사채모집을 위탁받은 회사와 그 사무승계자 또는 직무대행자를 말한다(상법635①).

무를 이행하지 않은 경우에 해당하는 회사를 말한다(외부감사규정11).

4. 회계처리기준을 위반하여 재무제표를 작성한 회사

증권선물위원회는 증권선물위원회의 감리 결과 회계처리기준을 위반하여 재무제표를 작성한 사실이 확인된 회사에 3개 사업연도의 범위에서 증권선물위원회가 지정하는 회계법인을 감사인으로 선임하거나 변경선임할 것을 요구할 수 있다(법11①(4) 본문).

다만, 증권선물위원회, 금융감독원장 또는 한국공인회계사회가 조치를 하지 않거나 경고 이하의 조치를 한 회사는 제외한다(법11①(4) 단서, 외부감사규정12①).

5. 재무제표를 감사인이 대리작성한 회사

증권선물위원회는 회사의 재무제표를 감사인이 대신하여 작성하거나, 재무제표 작성과 관련된 회계처리에 대한 자문을 요구하거나 받은 회사에 3개 사업연도의 범위에서 증권선물위원회가 지정하는 회계법인을 감사인으로 선임하거나 변경선임할 것을 요구할 수 있다(법11①(5)).

6. 주권상장법인 중 3개 사업연도 연속 영업이익이 0보다 작은 회사 등

증권선물위원회는 주권상장법인 중 i) 3개 사업연도 연속 영업이익이 0보다 작은 회사, ii) 3개 사업연도 연속 영업현금흐름이 0보다 작은 회사, iii) 3개 사업연도 연속 이자보상배율이 1 미만인 회사에 3개 사업연도의 범위에서 증권선물위원회가 지정하는 회계법인을 감사인으로 선임하거나 변경선임할 것을 요구할 수 있다(법11①(6)).

여기서 "3개 사업연도"란 직전 사업연도를 포함한 이전 3개 사업연도를 말한다(외부감사규정12②). 또한 영업이익, 영업현금흐름 및 이자보상배율은 회사가 증권선물위원회에 제출한 재무제표(연결재무제표를 작성하는 회사인 경우에는 연결재무제표)를 기준으로 산정한다(외부감사규정12③). 이자보상배율은 영업이익을 이자비용으로 나눈 비율을 말한다. 이 경우 금융회사(은행, 중소기업은행, 투자매매업자·투자중개업자, 집합투자업자, 투자자문업자 또는 투자일임업자, 신탁업자, 종합금융회사, 보험회사, 상호저축은행, 금융지주회사, 여신전문금융회사9) 및 농협은행)의 영업이익은 이자비용을 차감하지 않고 산정한다(외부감사규정12③).

7. 공정한 감사가 필요하다고 인정하여 지정하는 회사

증권선물위원회는 주권상장법인 중 증권선물위원회가 공정한 감사가 필요하다고 인정하여 지정하는 회사에 3개 사업연도의 범위에서 증권선물위원회가 지정하는 회계법인을 감사인으로 선임하거나 변경선임할 것을 요구할 수 있다(법11①(7)).

이에 따라 증권선물위원회는 다음의 어느 하나에 해당하는 회사 중에서 공정한 감사가 필요하다고 인정되는 회사를 지정한다(영14③).

(1) 상장규정에 따라 관리종목으로 지정된 회사

증권선물위원회는 상장규정(유가증권시장 상장규정, 코스닥시장 상장규정, 코넥스시장 상장규정을 의미)에 따라 관리종목으로 지정된 회사를 공정한 감사가 필요하다고 지정한다(영14③(1) 본문). 다만, ⅰ) 주주 수 또는 상장주식 수 등 주식분산 기준을 충족하지 못한 경우, ⅱ) 주식거래량 기준을 충족하지 못한 경우, 또는 ⅲ) 시가총액 기준을 충족하지 못한 경우에 해당하여 관리종목으로 지정된 경우는 제외한다(영14③(1) 단서).

(2) 코스닥시장 상장규정에 따라 투자주의 환기종목으로 지정된 법인

증권선물위원회는 코스닥시장 상장규정에 따라 투자주의 환기종목으로 지정된 법인을 공정한 감사가 필요하다고 지정한다(영14③(2) 본문). 다만, 감사인이 회사가 내부회계관리제도의 운영 등(법8)에서 정한 사항을 준수했는지 여부 및 내부회계관리제도의 운영실태에 관한 보고내용을 검토하거나 감사한 결과 ⅰ) 중요한 취약점이 발견된 경우, ⅱ) 감사인의 검토 또는 감사 범위에 제한이 있는 경우, 또는 ⅲ) 감사인의 검토 의견 또는 감사 의견이 표명되지 아니한 경우에 해당하여 투자주의 환기종목으로 지정된 경우는 제외한다(영14③(2) 단서).

(3) 해당 여부 판단기준

위 (1)의 상장규정에 따라 관리종목으로 지정된 회사 및 (2) 코스닥시장 상장규정에 따라 투자주의 환기종목으로 지정된 법인에 해당하는지 여부는 지정대상 선정일 현재 관리종목 또는 투자주의 환기종목으로 지정되었는지 여부에 따라 판단한다(외부감사규정 시행세칙12①).

---

9) 금융산업구조개선법 제2조 제1호에 해당하는 금융기관이다.

8. 주채권은행 등이 감사인 지정을 요청하는 회사

(1) 의의

증권선물위원회는 주채권은행[10] 또는 "대통령령으로 정하는 주주"가 대통령령으로 정하는 방법에 따라 증권선물위원회에 감사인 지정을 요청하는 경우의 해당 회사에 3개 사업연도의 범위에서 증권선물위원회가 지정하는 회계법인을 감사인으로 선임하거나 변경선임할 것을 요구할 수 있다(법11①(8)).

(2) 대통령령으로 정하는 주주

(가) 수탁자 책임을 효과적으로 이행할 기관투자자인 주주

위에서 "대통령령으로 정하는 주주"란 투자대상회사의 장기적인 가치 향상과 지속적인 성장을 추구함으로써 고객과 수익자의 중장기적인 이익을 도모할 책임("수탁자 책임")을 효과적으로 이행할 기관투자자인 주주로서 증권선물위원회가 인정하는 자를 말한다(영14④ 전단).

(나) 고려사항

이 경우 증권선물위원회는 금융위원회가 정하는 바에 따라 ⅰ) 기관투자자가 수탁자 책임을 효과적으로 이행하는 데 필요한 핵심 원칙에 따라 주주활동을 수행하였는지 여부, ⅱ) 투자대상회사의 지분을 보유한 기간, ⅲ) 투자대상회사 지분율, ⅳ) 그 밖에 금융위원회가 정하는 사항을 고려하여야 한다(영14④ 후단).

(다) 기관투자자인 주주의 감사인 지정 요청 이유

기관투자자인 주주("기관투자자")는 ⅰ) 수탁자 책임에 관한 원칙(해당 주식을 발행한 회사의 중장기적인 가치 향상과 지속가능한 성장을 추구함으로써 고객과 수익자의 중장기적인 이익을 도모할 책임을 효과적으로 이행하는데 중요한 핵심 원칙과 이를 구체화한 내용으로서 국내 자본시장에서 통상적으로 인정되는 기준)에 따라 주주활동을 수행하였어야 하고, ⅱ) 감사인 지정 요청 대상이 되는 회사("피신청인")가 발행한 주식(의결권 없는 주식은 제외)의 5% 이상을 1년 이상 계속 보유하였어야 하며, ⅲ) 피신청인의 회계처리 또는 외부감사가 적정하게 이루어지고 있는지를 확인하기 위하여 ㉠ 회사에 회계의 장부와 서류의 열람 또는 등사를 청구(다만, 회사가 특별한 이유가 있어 해당 청구를 거부한 경우는 제외), 또는 ㉡ 피신청인에 소속된

---

10) "주채권은행"이란 해당 기업의 주된 채권은행(주된 채권은행이 없는 경우에는 신용공여액이 가장 많은 은행)을 말한다(기업구조조정 촉진법2(5)).

이사에게 회계처리 또는 외부감사와 관련된 사항을 논의하기 위하여 주주총회를 개최할 것을 제안하였어야 하며, ⅳ) 기관투자자가 피신청인에 금융감독원장이 피신청인의 감사인을 지정한 날부터 1년 이상의 기간 동안 피신청인이 발행한 주식의 5% 이상을 계속하여 보유하겠다고 문서로 확약한 경우에 모두 해당하는 경우에 감사인 지정 요청을 할 수 있다(외부감사규정13①).

(3) 감사인 지정 신청서 제출

주채권은행 및 기관투자자인 주주가 증권선물위원회에 감사인 지정을 요청하려면 감사인 지정을 신청하는 서류를 작성하여 제출하여야 한다(영14⑤ 전단). 이 경우 기관투자자인 주주는 위의 고려사항을 증명할 수 있는 자료를 첨부하여야 한다(영14⑤ 후단).

이에 따라 기관투자자 및 주채권은행은 감사인 지정 요청을 하는 경우에 ⅰ) 법인 개황, ⅱ) 위의 감사인 지정 요청 이유 관련 증빙자료(기관투자자가 감사인 지정 요청을 하는 경우에 한정), ⅲ) 감사인 지정 요청 이유가 기재된 문서(금융감독원장이 정하는 서식에 따라 작성하여야 하며, 이하 이 조에서 "신청서"라 한다)를 금융감독원장에게 제출하여야 한다(외부감사규정13②). 이에 따른 신청서의 제출은 별지 제18호 서식에 따른다(외부감사규정 시행세칙13①).

(4) 신청서 접수사실의 통지

금융감독원장은 신청서를 접수한 경우에 지체없이 피신청인에 그 사실을 문서로 알려야 한다(외부감사규정13③).

(5) 감사인 지정 요건

감사인 지정 요청 내용이 ⅰ) 신청서에 흠결이 없으며, ⅱ) 감사인 지정이 피신청인의 경영에 미치는 피해가 크지 않으며, ⅲ) 감사인 지정 요청 이유가 기관투자자의 수탁자 책임에 관한 원칙에 부합하는 경우에 금융감독원장은 피신청인의 감사인을 지정할 수 있다(외부감사규정13④). 다만 주채권은행인 경우에는 감사인 지정 요청 이유가 기관투자자의 수탁자 책임에 관한 원칙에 부합해야 한다는 요건을 제외한다(외부감사규정13④).

(6) 감사인 미지정 이유의 통지

기관투자자 또는 주채권은행("신청인")의 감사인 지정 요청에도 불구하고 금융감독원장이 감사인 지정을 하지 않는 경우에는 감사인 지정을 하지 않는다는 사실과 그 이유를 지체 없이 신청인과 피신청인에 각각 문서로 통지하여야 한다

(외부감사규정13⑤).

9. 감사계약의 해지 또는 감사인의 해임을 하지 아니한 회사 등

증권선물위원회는 감사계약의 해지(법13①) 규정 또는 감사인 해임사유(법13②) 규정을 위반하여 감사계약의 해지 또는 감사인의 해임을 하지 아니하거나 새로운 감사인을 선임하지 아니한 회사에 3개 사업연도의 범위에서 증권선물위원회가 지정하는 회계법인을 감사인으로 선임하거나 변경선임할 것을 요구할 수 있다(법11①(9)).

10. 감사시간이 표준 감사시간보다 낮다고 인정되는 회사

증권선물위원회는 감사인의 감사시간이 표준 감사시간보다 현저히 낮은 수준이라고 증권선물위원회가 인정한 회사에 3개 사업연도의 범위에서 증권선물위원회가 지정하는 회계법인을 감사인으로 선임하거나 변경선임할 것을 요구할 수 있다(법11①(10)).

11. 과거 3년간 최대주주의 변경이 2회 이상 발생한 주권상장법인 등

(1) 의의

증권선물위원회는 직전 사업연도를 포함하여 "과거 3년간" 최대주주의 변경이 2회 이상 발생하거나 대표이사의 교체가 3회 이상 발생한 주권상장법인에 3개 사업연도의 범위에서 증권선물위원회가 지정하는 회계법인을 감사인으로 선임하거나 변경선임할 것을 요구할 수 있다(법11①(1)).

(2) 과거 3년간의 의미

여기서 "과거 3년간"이란 금융감독원장이 증권선물위원회에 의한 감사인 지정(법11① 또는 법11②)에 따라 지정한 회계법인을 감사인으로 선임하거나 변경선임할 것을 요구("감사인 지정")할 회사를 판단하는 기준이 되는 날("지정대상 선정일")부터 3년 전에 해당하는 날까지의 기간을 말한다(외부감사규정12⑧).

(3) 지정대상 선정일 판단기준

지정대상 선정일을 판단하는 기준은 [별표 2]와 같다(외부감사규정12⑨).

[별표 2] 지정대상 선정일 및 지정기준일(제12조 제9항 및 제15조 제7항 관련)

1. 법 제11조 제1항에 따라 감사인을 지정하는 경우

감사인 지정 사유	지정대상 선정일	지정대상 사업연도	지정기준일
가. 법 제11조 제1항 제1호 및 제8호, 영 제14조제6항 제1호 및 제4호	회사 등이 증권선물위원회에 감사인 지정을 요청한 날	지정대상 선정일이 속하는 사업연도	지정대상 선정일이 속한 달의 다음 달 초일부터 6주가 지난 날
나. 법 제11조 제1항 제2호	사업연도가 시작된 후 6개월 째 되는 달의 초일		
다. 법 제11조 제1항 제3호 및 제9호, 영 제14조제6항 제2호 및 제6호	금융감독원장이 감사인 지정 사유가 발생하였음을 확인한 날		
라. 그 밖의 경우	사업연도가 시작된 후 9개월 째 되는 달의 초일	지정대상 선정일이 속하는 사업연도의 다음 사업연도	

〈비고〉

1. 법 제11조 제1항 제1호 또는 영 제14조 제6항 제1호에 해당하는 회사로서 지정대상 선정일이 해당 사업연도 종료 전 3개월 이내인 경우에는 지정대상 선정일이 속하는 사업연도의 다음 사업연도의 감사인을 지정할 수 있다.
2. 영 제14조 제6항 제6호에 해당하는 회사는 지정대상 선정일이 속하는 사업연도의 다음 사업연도의 감사인을 지정한다.
3. 가목부터 다목까지의 감사인 지정 사유 중 어느 하나에 해당하여 감사인 지정을 받은 회사의 감사인을 동일한 감사인 지정 사유에 따라 다시 지정하는 경우에는 라목에 따른 지정대상 선정일 및 지정대상 사업연도를 적용한다.
4. 영 제14조 제3항 제1호에 해당하는 회사 중 감사의견이 회계감사기준에 따른 적정의견이 아닌 경우로서 상장규정에 따라 상장이 폐지될 수 있는 요건에 해당하게 된 회사는 다목에 따른다.

2. 법 제11조 제2항에 따라 감사인을 지정하는 경우

가. 지정대상 선정일은 사업연도가 시작된 후 9개월째 되는 달의 초일로 한다.
나. 지정기준일은 지정대상 선정일이 속한 달의 다음 달 초일부터 6주가 지난 날로 한다.
다. 지정대상 사업연도는 지정대상 선정일이 속하는 사업연도의 다음 사업연도로 한다.

12. 그 밖에 공정한 감사가 특히 필요하다고 인정되는 회사

증권선물위원회는 그 밖에 공정한 감사가 특히 필요하다고 인정되어 다음의 어느 하나에 해당하는 회사에 3개 사업연도의 범위에서 증권선물위원회가 지정하는 회계법인을 감사인으로 선임하거나 변경선임할 것을 요구할 수 있다(법11① (12), 영14⑥).

(1) 상장예정법인

(가) 원칙

증권선물위원회는 해당 사업연도 또는 다음 사업연도 중에 주권상장법인이 되려는 회사에 3개 사업연도의 범위에서 증권선물위원회가 지정하는 회계법인을 감사인으로 선임하거나 변경선임할 것을 요구할 수 있다(영14⑥(1) 본문).

이에 따라 금융감독원장은 회사가 신청이유를 명시하여 감사인 지정을 신청한 경우에 감사인 지정을 할 수 있다(외부감사규정 시행세칙13②).

(나) 예외

다만, ⅰ) 코스닥시장상장법인이 되려는 유가증권시장상장법인, ⅱ) 유가증권시장상장법인이 되려는 코스닥시장상장법인, ⅲ) 코넥스시장에 주권을 상장하려는 법인, ⅳ) 주권상장법인이 되려는 기업인수목적회사는 제외한다(영14⑥(1) 단서).

(2) 감사인이 감사계약을 해지한 회사

증권선물위원회는 ⅰ) 회사가 직전 사업연도 또는 해당 사업연도 중 감사보수 지급에 관한 감사계약에 따른 의무를 이행하지 아니한 경우(법21①(3)), ⅱ) 감사계약을 체결한 후 회사의 합병, 분할 또는 사업의 양도·양수로 주요 사업부문의 성격이나 회사의 규모가 현저히 달라졌으나 감사보수에 대한 재계약이 이루어지지 아니한 경우(법21①(4)), ⅲ) 감사인(주권상장법인, 대형비상장주식회사 또는 금융회사의 감사인으로 한정)이 감사업무(반기보고서 또는 분기보고서에 첨부하는 회계감사인의 확인 및 의견 표시를 위하여 수행하는 업무를 포함)와 관련하여 회사에 자료를 요청하였으나 회사가 특별한 사유 없이 요청한 자료를 제출하지 아니하여 감사업무에 현저한 지장을 주었다고 인정되는 경우(법21①(5)), ⅳ) 상법 제 635조 제1항[11]에 규정한 자, 회사의 회계업무를 담당하는 자, 주주 또는 채권자

---

11) 상법 제635조(과태료에 처할 행위)에 규정된 자는 회사의 발기인, 설립위원, 업무집행사

로부터 감사 의견과 관련하여 부당한 요구나 압력을 받은 경우(법21③(1))에 해당하여 감사인이 감사업무에 대한 계약을 해지한 회사에 3개 사업연도의 범위에서 증권선물위원회가 지정하는 회계법인을 감사인으로 선임하거나 변경선임할 것을 요구할 수 있다(영14⑥(2)).

(3) 재무제표의 작성 책임 및 제출 위반회사 등

증권선물위원회는 다음의 어느 하나를 위반한 회사에 3개 사업연도의 범위에서 증권선물위원회가 지정하는 회계법인을 감사인으로 선임하거나 변경선임할 것을 요구할 수 있다(영14⑥(3) 본문). 다만, 증권선물위원회, 금융감독원장 또는 한국공인회계사회가 조치를 하지 않거나 경고 이하의 조치를 한 경우는 제외한다(영14⑥(3) 단서, 외부감사규정12①).

> 가. 법 제6조(재무제표의 작성 책임 및 제출) 제2항부터 제5항까지의 규정에 따른 재무제표 제출 및 공시
> 나. 법 제8조(내부회계관리제도의 운영 등) 제1항부터 제5항까지 및 이 영 제9조(내부회계관리제도의 운영 등)에 따른 내부회계관리제도의 운영
> 다. 법 제9조(감사인의 자격 제한 등) 제1항에 따른 감사인의 자격제한
> 라. 법 제10조(감사인의 선임) 제5항 및 제6항에 따른 감사인 선임 시 준수 사항
> 마. 법 제12조(감사인 선임 등의 보고)에 따른 감사인 선임 등의 보고·통지·공고
> 바. 법 제13조(감사인의 해임)에 따른 감사인 해임 및 재선임
> 사. 법 제14조(전기감사인의 의견진술권)에 따른 의견진술권
> 아. 법 제21조(감사인의 권한 등)에 따른 감사인의 권한
> 자. 법 제22조(부정행위 등의 보고) 제3항부터 제6항까지의 규정에 따른 부정행위 등의 조사 및 시정요구 등
> 차. 법 제28조(부정행위 신고자의 보호 등) 제2항 및 제3항에 따른 부정행위 신고자의 보호

(4) 증권선물위원회에 감사인 지정이 의뢰된 회사

증권선물위원회는 다른 법률에서 정하는 바에 따라 증권선물위원회에 감사인 지정이 의뢰된 회사에 3개 사업연도의 범위에서 증권선물위원회가 지정하는

원, 업무집행자, 이사, 집행임원, 감사, 감사위원회 위원, 외국회사의 대표자, 검사인, 공증인, 감정인, 지배인, 청산인, 명의개서대리인, 사채모집을 위탁받은 회사와 그 사무승계자 또는 직무대행자를 말한다(상법635①).

회계법인을 감사인으로 선임하거나 변경선임할 것을 요구할 수 있다(영14⑥(4)).

(5) 고소 또는 공소제기된 회사

증권선물위원회는 "금융위원회가 정하는 금액" 이상의 횡령 또는 배임을 하였다는 이유로 주권상장법인이 소속 임직원(퇴임하거나 퇴직한 임직원을 포함)을 고소하거나, 그 임직원에 대하여 공소가 제기된 회사에 3개 사업연도의 범위에서 증권선물위원회가 지정하는 회계법인을 감사인으로 선임하거나 변경선임할 것을 요구할 수 있다(영14⑥(5)).

여기서 "금융위원회가 정하는 금액"이란 다음의 구분에 따른 금액을 말한다(외부감사규정13⑥ 전단). 이 경우 연결재무제표를 작성하는 회사인 경우에는 다음의 자기자본과 자산총액을 연결재무제표를 기준으로 판단한다(외부감사규정13⑥ 후단).

1. 유가증권시장에 상장된 법인인 경우에 다음의 구분에 따른다.
   가. 임원: 자기자본의 1,000분의 5(직전 사업연도말 자산총액이 2조원 이상인 경우 자기자본의 10,000분의 25)
   나. 직원: 자기자본의 100분의 5(직전 사업연도말 자산총액이 2조원 이상인 경우 자기자본의 1,000분의 25)
2. 코스닥시장에 상장된 법인인 경우에 다음의 구분에 따른다.
   가. 임원: 자기자본의 1,000분의 5(직전 사업연도말 자산총액이 2천억원 이상인 경우 자기자본의 10,000분의 25)
   나. 직원: 자기자본의 100분의 5(직전 사업연도말 자산총액이 2천억원 이상인 경우 자기자본의 100분의 3)
3. 코넥스시장에 상장된 법인인 경우에 다음의 구분에 따른다.
   가. 임원: 자기자본의 1,000분의 5(직전 사업연도말 자산총액이 2천억원 이상인 경우 자기자본의 10,000분의 25)
   나. 직원: 자기자본의 100분의 10

(6) 증권선물위원회 제출서류를 거짓 기재한 회사 등

증권선물위원회는 회사가 제17조(감사인 지정의 절차) 제1항을 위반한 경우(제17조 제1항에 따라 증권선물위원회에 제출해야 하는 자료에 거짓으로 기재되거나 표시된 내용이 있는 경우 또는 기재하거나 표시하여야 할 사항을 빠뜨린 경우를 포함)에 3

개 사업연도의 범위에서 증권선물위원회가 지정하는 회계법인을 감사인으로 선임하거나 변경선임할 것을 요구할 수 있다(영14⑥(6)).

Ⅱ. 감사인 지정의 기준

금융감독원장은 법 제11조 제1항에 따라 감사인을 지정하는 경우에 영 제16조(감사인 지정의 기준) 제1항부터 제4항까지의 규정을 준수하여야 한다(외부감사규정14①). 이에 관하여는 주기적 감사인 지정제에서 살펴본다.

Ⅲ. 감사인 지정의 절차

금융감독원장은 법 제11조 제1항 각 호의 어느 하나에 해당하는 회사의 감사인을 지정하는 경우에 영 제17조(감사인 지정의 절차) 제2항부터 제5항까지의 규정을 준수하여야 한다(외부감사규정15①). 이에 관하여는 주기적 감사인 지정제에서 살펴본다.

법 제11조 제1항에 따라 감사인으로 지정받고자 하는 회계법인은 규정 별표 3 제2호에 따른 산정기준일부터 2주 이내에 감사인 지정을 위해 필요한 자료를 별지 제21호 서식에 따라 감독원장에게 제출하여야 한다(외부감사규정 시행세칙15②).

제3절 주기적 감사인 지정제

I. 주기적 지정제의 도입

1. 의의

(1) 관련 규정

증권선물위원회는 ⅰ) 주권상장법인(코넥스시장에 상장된 법인은 제외: 영15 ②)(제1호), ⅱ) 제1호에 해당하지 아니하는 회사 가운데 자산총액이 직전 사업연 도 말을 기준으로 1천억원(영15③) 이상이고 대주주 및 그 대주주와 법인세법 시 행령 제43조 제8항에 따른 특수관계에 있는 자(영15④)가 합하여 발행주식총수 (의결권이 없는 주식은 제외)의 50% 이상을 소유하고 있는 회사로서 대주주 또는 그 대주주와 특수관계에 있는 자가 해당 회사의 대표이사인 회사(제2호)가 연속 하는 6개 사업연도에 대하여 감사인을 선임한 경우에는 증권선물위원회가 대통 령령이 정하는 기준과 절차에 따라 지정하는 회계법인을 감사인으로 선임하거나 변경선임할 것을 요구할 수 있다(법11②).

회사가 법 제11조 제2항 제2호에 해당하는지 여부는 직전 사업연도말을 기 준으로 판단한다(외부감사규정 시행세칙12② 본문). 다만 회사가 지정대상 선정일 현재 법 제11조 제2항 제2호에 해당하지 아니함을 입증하는 서류를 지정대상 선 정일부터 2주 이내에 제출하는 경우 당해 회사는 법 제11조 제2항 제2호의 회사 가 아닌 것으로 볼 수 있다(외부감사규정 시행세칙12② 단서).

이에 따라 증권선물위원회는 연속하는 6개 사업연도에 대하여 감사인을 선 임한 회사에 대하여 그 다음 사업연도부터 연속하는 3개 사업연도에 대하여 증 권선물위원회가 지정하는 감사인을 선임하거나 변경선임할 것을 요구할 수 있다 (영15①).

여기서 "대주주"란 법인세법 시행령 제43조 제7항에 따른 지배주주를 말하 며, "특수관계에 있는 자"란 특수관계에 있는 주주를 의미한다(외부감사규정15②).

(2) 입법취지

이는 주기적 지정제를 도입한 것으로 모든 상장법인 및 소유와 경영이 분리되지 아니한 대형비상장주식회사(자산규모가 1천억원 주식회사로서 대표이사의 지분이 50% 이상인 경우)에 대해 6년 연속으로 감사인을 자유선임한 후 3년간 증권선물위원회가 지정감사인을 선임하도록 한 것이다.

2. 감사인 지정의 기준

(1) 감사인의 자격

증권선물위원회는 ⅰ) 등록된 회계법인, ⅱ) 최근 3년간 금융위원회, 증권선물위원회, 또는 한국공인회계사회로부터 법 제29조(회사 및 감사인 등에 대한 조치 등) 제3항 또는 공인회계사법 제39조(등록취소 등) 제1항에 따른 조치로서 업무정지 조치를 받지 아니한 회계법인 중에서 감사인을 지정한다(영16①, 외부감사규정 14⑥).

(2) 증권선물위원회의 감사인 지정의 결격사유

증권선물위원회는 회계법인이 ⅰ) 감사보고서에 기재하여야 할 사항을 기재하지 아니하거나 거짓으로 기재한 혐의로 해당 회계법인에 대하여 공소가 제기된 경우, ⅱ) 사업보고서 또는 수시보고서에 거짓으로 기재하거나 표시한 사항이 있는 경우 또는 보고하여야 할 사항을 빠뜨린 경우, ⅲ) 증권선물위원회로부터 지정 사실을 통보받은 날부터 2주 이내에 특별한 사유 없이 해당 회사와 감사계약을 체결하지 아니한 경우, ⅳ) 그 밖에 감사인이 그 지위를 이용하여 회사에 부당한 비용 부담을 요구하는 등 "금융위원회가 정하는 사유"가 있는 경우에는 감사인으로 지정하지 아니할 수 있다(영16②).

여기서 "금융위원회가 정하는 사유"란 ⅰ) 감사인이 회사에 과도한 감사보수를 요구하는 경우, ⅱ) 감사인이 감사대상 회사에 감사에 불필요한 자료를 요구하거나, 회사가 감사에 필요한 회계처리기준의 해석, 가치평가 등에 관한 자료를 감사증거로서 충분한 수준으로 작성할 수 있다는 사실을 객관적으로 확인할 수 있음에도 불구하고 해당 자료를 외부기관이 작성하도록 회사에 요구하는 경우로서 윤리위원회의 심의를 거쳐 한국공인회계사회로부터 징계를 받은 경우를 말한다(외부감사규정14⑦).

(3) 금융감독원장의 감사인 지정의 결격사유

금융감독원장은 회계법인이 위 (2)의 증권선물위원회의 감사인 지정의 결격사유(영16② 각 호) 중 어느 하나에 해당하는 경우에는 다음의 구분에 따른 기준에 따라 해당 회계법인을 감사인으로 지정하지 않을 수 있다(외부감사규정14⑧).

(가) 감사보고서 기재사항 불기재 등

금융감독원장은 회계법인이 감사보고서에 기재하여야 할 사항을 기재하지 아니하거나 거짓으로 기재한 혐의로 해당 회계법인에 대하여 공소가 제기된 경우(영16②(1))에는 공소의 대상이 되는 감사보고서에 대하여 회계감사기준의 준수 여부에 대한 감리(감사보고서 감리)를 시작한 날부터 감리결과에 따른 조치가 확정되기 전까지 ⅰ) 등록된 회계법인(영16①(1)), ⅱ) 최근 3년간 금융위원회, 증권선물위원회, 또는 한국공인회계사회로부터 법 제29조(회사 및 감사인 등에 대한 조치 등) 제3항 또는 공인회계사법 제39조(등록취소 등) 제1항에 따른 조치로서 업무정지 조치를 받지 아니한 회계법인(영16①(2))에서 제외할 수 있다(외부감사규정14⑧(1)).

(나) 사업보고서 또는 수시보고서에 거짓으로 기재 등

금융감독원장은 회계법인이 사업보고서 또는 수시보고서에 거짓으로 기재하거나 표시한 사항이 있는 경우 또는 보고하여야 할 사항을 빠뜨린 경우(영16②(2))에는 [별표 4] 제4호 나목의 표(表)에 따라 지정제외점수를 부과할 수 있다(외부감사규정14⑧(2)).

(다) 증권선물위원회로부터 지정 사실을 통보받은 날부터 2주 이내의 감사계약 미체결

금융감독원장은 회계법인이 증권선물위원회로부터 지정 사실을 통보받은 날부터 2주 이내에 특별한 사유 없이 해당 회사와 감사계약을 체결하지 아니한 경우(영16②(3))에는 금융감독원장으로부터 감사인 지정 사실을 통보받은 날부터 2주째 되는 날부터 1년간 감사인으로 지정하지 않을 수 있다(외부감사규정14⑧(3)).

(라) 감사인이 그 지위를 이용하여 회사에 부당한 비용 부담을 요구하는 경우 등

금융감독원장은 회계법인이 그 밖에 감사인이 그 지위를 이용하여 회사에 부당한 비용 부담을 요구하는 등 "금융위원회가 정하는 사유"가 있는 경우(영16

②(4))(금융감독원장이 감사인으로 지정한 경우에 한정)에는 ⅰ) 지정제외점수 90점을 부과, ⅱ) 해당 회사에 대한 감사인 지정을 취소(이 경우 [별표 3] 제3호에도 불구하고 감사인지정 점수를 산정하는 경우에 해당 회사를 "감사인으로 지정을 받은 회사 수"에 포함), ⅲ) 영 제16조 제2항 제4호에 해당하는 날부터 1년 이내에 감사인의 감사업무에 대하여 품질관리기준의 준수 여부에 대한 감리 및 품질관리수준에 대한 평가(법26①(3))에 따른 감리를 실시할 수 있다(외부감사규정14⑧(4)).

(4) 감사인 지정시 고려사항

증권선물위원회는 감사인을 지정하려는 경우에는 ⅰ) 해당 회사의 규모나 업종, ⅱ) 해당 회계법인에 소속된 등록 공인회계사 수 및 해당 회계법인의 감사 품질관리 수준, ⅲ) 감사인을 감리 또는 평가한 결과, ⅳ) 그 밖에 금융위원회가 정하는 사항을 고려하여야 한다(영16③).

(5) 감사인 지정 연기

(가) 지정 연기 사유

금융감독원장은 감사인 지정 대상인 회사가 다음의 어느 하나에 해당하는 경우에는 감사인 지정을 연기할 수 있다(외부감사규정14②).

1. 법 제11조 제2항이 최초로 적용되는 사업연도의 직전 사업연도를 포함한 3개 사업연도에 대하여 체결한 계약(법 제10조 제3항에 따라 연속하는 3개 사업연도의 감사인을 동일한 감사인으로 선임하는 계약에 한정)이 종료되지 않은 경우
2. 법 제26조 제1항 제2호에 따른 감리("재무제표 감리")가 종료되지 않은 경우
3. 연결재무제표에 포함되는 둘 이상의 회사("회사집단")가 법 제11조 제2항에 따른 감사인 지정을 받아야 하는 경우. 이 경우 금융감독원장은 회사집단이 다음의 어느 하나에 해당되는 경우에는 회사집단 내에서 법 제11조 제2항에 따른 감사인 지정을 받는 사업연도가 빠른 회사(연결재무제표를 작성하는 회사는 제외)에 대한 감사인 지정을 2개 사업연도의 범위 내에서 연기할 수 있다.
   가. 회사집단 내 회사들 간에 감사인 지정을 받는 사업연도가 달라서 회사집단의 경영효율성이 현저히 저해되는 등 과도한 비용이 발생할 수 있다고 판단한 경우
   나. 회사집단 내에서 감사인 지정을 받아야 하는 사업연도가 비교적 늦은 회

사가 감사인 지정을 받는 사업연도를 앞당기는 것이 곤란한 특별한 사유가 있는 경우

(나) 감사인 지정 연기 후 지정기준

외부감사규정 제14조 제2항에 따라 감사인 지정이 연기된 회사가 이후 법 제11조 제2항에 해당하지 않게 된 경우에는 감사인을 지정하지 아니할 수 있다(외부감사규정 시행세칙14).

(6) 익년도 감사인 지정

법 제11조 제2항에 따라 감사인 지정 대상이 되는 회사의 수(법 제11조 제2항 제1호와 같은 항 제2호에 해당하는 회사로 각각 구분하여 산정)가 법 제11조 제2항이 시행하는 날부터 8년째 되는 날이 속하는 사업연도까지의 연평균에 상당하는 수를 초과할 것으로 예상되는 경우에 금융감독원장은 다음의 기준을 순서대로 적용하여 초과분에 해당하는 회사의 감사인을 다음 해에 지정할 수 있다(외부감사규정14③).

즉 ⅰ) 직전 사업연도에 감사인 지정이 연기된 회사가 있는 경우에 그 회사의 감사인부터 지정하고(제1호), ⅱ) 직전 사업연도 말 자산총액이 큰 회사의 감사인부터 지정(제2호)할 수 있다(외부감사규정14③).

(7) 감사인지정 점수 산정방식과 감사인 지정 방법

감사인지정 점수 산정방식과 감사인지정 방법은 다음과 같다(외부감사규정14⑨).

(가) 감사인지정 점수 산정방식

감사인지정 점수 산정방식은 [별표 3]과 같다(외부감사규정14⑨(1)).

[별표 3] 감사인지정 점수 산정방식(제14조 제9항 제1호 관련)

1. 감사인지정 점수는 다음 산식에 따른다.

$$감사인지정\ 점수 = \frac{감사인\ 점수}{1 + 감사인으로\ 지정을\ 받은\ 회사\ 수}$$

2. "감사인 점수"는 매년 8월 31일(이하 이 별표에서 "산정기준일"이라 한다)에 금융위원회에 공인회계사법 제24조에 따라 등록된 회계법인(직전 사업연도 또는 해당

사업연도에 재무제표를 감사하거나 증명하는 업무의 계약을 체결하고 이를 수행하였거나 수행하는 회계법인에 한정한다. 이하 이 별표에서 같다)을 대상으로 다음 각 목의 순서에 따라 산정하여 매년 10월 1일부터 적용한다. 다만, 증권선물위원회는 법 제26조 제1항에 따른 감리 또는 평가 결과를 고려하여 감사인 점수를 조정할 수 있다.

가. 산정기준일에 소속된 공인회계사 중 법 제9조 제4항에 따른 공인회계사의 수를 경력기간(법 제9조 제4항에 따른 실무수습 등을 이수한 이후에 감사인에 소속되어 외부감사 업무를 수행한 기간)에 따라 구분하여 산출한다. 다만, 법 제9조 제4항에 따른 공인회계사가 아닌 공인회계사의 수(소속된 공인회계사 수의 30% 이내로 한정)는 경력기간이 2년 미만인 공인회계사(법 제9조 제4항에 따른 공인회계사를 말하며, 이하 이 별표에서 "공인회계사"라 한다)의 0.5인으로 간주하여 계산(소수점 이하는 절사한다)한다.

나. 경력기간별 공인회계사 수에 다음 표에 따른 가중치를 곱하여 경력기간별 감사인 점수를 산출한다. 이 경우 법 제9조의2에 따라 등록한 회계법인인 경우에는 경력기간별 감사인 점수 각각에 대하여 3%를 가산한다

경력기간 15년 이상	경력기간 10년 이상	경력기간 6년 이상	경력기간 2년 이상	경력기간 2년 미만
120	115	110	100	80

다. 나목에서 산출된 경력기간별 감사인 점수를 모두 합한다.

라. 직전 사업연도("직전 사업연도"가 12개월 미만인 경우 직전 사업연도 말일을 기준으로 과거 1년간의 기간을 사업보고서에 공시하면 해당기간을 직전 사업연도로 본다.) 회계 법인의 전체 매출액 중 회계감사업무(이 법에 따른 회계감사업무 외의 회계감사업무를 포함) 매출액이 차지하는 비중이 100분의 50 미만인 경우에는 다음 표에 따라 감사인 점수를 차감한다.

회계감사업무 매출액 비중	40% 이상 50% 미만	30% 이상 40% 미만	20% 이상 30% 미만	10% 이상 20% 미만	10% 미만
감사인 점수 차감비율	5%	10%	15%	20%	25%

3. "감사인으로 지정을 받은 회사 수"는 해당연도 10월 1일부터 다음 해 9월 30일까지 감사인으로 지정을 받은 회사 수(감사인으로 지정을 받았으나 감사계약이 체결되지 않거나 중도에 해지된 회사는 포함하지 않는다)에 다음 표에 따른 가중치

를 곱하여 산출한다.

감사인으로 지정받은 회사의 직전 사업연도말 자산총액	5조원 이상	4천억원 이상부터 5조원 미만까지	4천억원 미만
가중치	3배	2배	1배

(나) 감사인지정 방법

감사인지정 방법은 [별표 4]와 같다(외부감사규정14⑨(2)).

[별표 4] 감사인지정 방법(제14조 제9항 제2호 관련)

1. 법 제11조 제1항 또는 제2항에 해당하는 회사(이하 이 별표에서 "회사"라 한다)는 다음 표에 따라 5개의 군(群)으로 구분한다.

구분	구분 기준
가군	직전 사업연도 말(직전 사업연도의 결산이 없는 경우에는 회사의 설립일을 말한다. 이하 이 호에서 같다) 자산총액이 5조원 이상인 경우
나군	직전 사업연도 말 자산총액 1조원 이상이고 5조원 미만인 경우
다군	직전 사업연도 말 자산총액이 4천억원 이상이고 1조원 미만인 경우
라군	직전 사업연도 말 자산총액이 1천억원 이상이고 4천억원 미만인 경우
마군	직전 사업연도 말 자산총액이 1천억원 미만인 경우

2. 영 제16조 제1항 각 호의 회계법인(이하 이 별표에서 "회계법인"이라 한다)은 다음 표에 따라 5개의 군으로 구분한다. 다만, 증권선물위원회는 법 제26조 제1항에 따른 감리 또는 평가 결과를 고려하여 회계법인이 속하는 군을 조정할 수 있다.

구분	구분 기준					해당 회계법인
	법 제9조 제4항에 따른 공인회계 수	직전 사업연도 감사업무 매출액	품질관리 업무 담당이사 및 담당자의 비중	손해배상 능력	직전 사업연도 감사대상 상장사 수	
가군	600인 이상	500억원 이상	별표 1 제1호 마목에 따른 품질관리 업무 담당자(품질관리업무 담당이	200억원 이상	100사 이상	4개 충족
나군	120인 이상	120억원 이상		60억원 이상	30사 이상	4개 충족

다군	60인 이상	40억원 이상	사 포함) 수의 120% 이상	20억원 이상	10사 이상	4개 충족
라군	30인 이상	15억원 이상	2명 이상	10억원 이상	5사 이상	3개 충족
마군	감사인 지정이 가능한 그 밖의 회계법인					

〈비고〉

1. 위 표에서 "손해배상능력"이란, 산정기준일의 직전 사업연도 말 법 제32조에 따른 손해 배상공동기금 적립액 및 손해배상책임보험의 연간보험료, 「공인회계사법」 제28조에 따른 손해배상준비금 적립액을 합산한 금액을 말한다

2. 위 표에서 "직전 사업연도 감사대상 상장사 수"는 산정기준일이 속하는 사업연도 의 직전 사업연도 중에 결산일이 도래하는 주권상장법인(법에 따라 외부감사를 받는 주권상장법인이 아닌 경우는 제외)인 감사대상 회사의 수로 한다.

3. 위 표에서 "직전 사업연도"가 12개월 미만인 경우 직전 사업연도 말일을 기준으로 과거 1년간의 기간을 사업보고서에 공시하면 해당기간을 직전 사업연도로 본다.

3. 회사의 감사인은 다음 각 목의 기준에 따라 정한다. 다만, 회사가 법 제4조 제1항 제1호 또는 제2호에 해당하는 경우에는 지정대상 선정일이 속한 달의 말일 기준 으로 법 제9조의2 제1항에 따라 등록한 회계법인(산정기준일의 법 제9조 제4항에 따른 공인회계사수가 40인 미만인 경우는 제외)에 한정한다.

　가. 금융감독원장은 제1호의 표에 따른 회사 군별로 직전 사업연도 말 자산총액 이 높은 회사부터 순서대로 감사인을 지정한다.

　나. 회사 가군에 속하는 회사의 감사인은 회계법인 가군에 속하는 회계법인 중에 서 감사인 지정 점수가 높은 회계법인부터 순서대로 지정한다.

　다. 회사 나군에 속하는 회사의 감사인은 회계법인 가군 또는 회계법인 나군에 속 하는 회계법인 중에서 감사인지정 점수가 높은 회계법인부터 순서대로 지정 한다.

　라. 회사 다군에 속하는 회사의 감사인은 회계법인 가군부터 회계법인 다군까지 에 속하는 회계법인 중에서 감사인지정 점수가 높은 회계법인부터 순서대로 지정한다.

　마. 회사 라군에 속하는 회사의 감사인은 회계법인 가군부터 회계법인 라군까지 에 속하는 회계법인 중에서 감사인지정 점수가 높은 회계법인부터 순서대로 지정한다.

바. 회사 마군에 속하는 회사의 감사인은 회계법인 가군부터 회계법인 마군까지에 속하는 회계법인 중에서 감사인지정 점수가 높은 회계법인부터 순서대로 지정한다.

사. 금융감독원장은 회사의 의견이 제15조 제5항 제3호에 해당하는 경우 다음 표에 따라 감사인을 다시 지정한다.

회사가 속한 군(群)	기지정한 회계법인이 속한 군(群)	재지정할 회계법인이 속한 군(群)			
		가군을 재지정요청한 경우	나군 이상을 재지정요청한 경우	다군 이상을 재지정요청한 경우	라군 이상을 재지정요청한 경우
나군	나군	가군	−	−	−
다군	나군	가군	−	−	−
	다군	가군	가~나군	−	−
라군	나군	가군	−	−	−
	다군	가군	가~나군	−	−
	라군	가군	가~나군	가~다군	−
마군	나군	가군	−	−	−
	다군	가군	가~나군	−	−
	라군	가군	가~나군	가~다군	−
	마군	가군	가~나군	가~다군	가~라군

아. 금융감독원장은 회사의 의견이 제15조 제5항 제4호에 해당하는 경우 다음 표에 따라 감사인을 다시 지정한다.

회사가 속한 군(群)	기지정한 회계법인이 속한 군(群)	재지정할 회계법인이 속한 군(群)*			
		나군을 재지정요청한 경우	다군 이상을 재지정요청한 경우	라군 이상을 재지정요청한 경우	마군 이상을 재지정요청한 경우
나군	가군	나군	−	−	−
다군	가군	나군	나~다군	−	−
	나군	−	다군	−	−
라군	가군	나군	나~다군	나~라군	−
	나군	−	다군	다~라군	−
	다군	−	−	라군	−
마군	가군	나군	나~다군	나~라군	나~마군
	나군	−	다군	다~라군	다~마군
	다군	−	−	라군	라~마군
	라군	−	−	−	마군

*이 경우 법 제9조의2 제1항에 따라 등록한 회계법인 중에서 재지정

4. 제3호에도 불구하고 다음 각 목의 경우에는 별도의 기준에 따른다.

　가. 연속하는 2개 이상 사업연도의 감사인을 지정하는 경우에 그 감사인은 동일한 회계법인으로 정한다. 다만, 3개 사업연도로 한정한다.

　나. 금융감독원장은 회계법인이 증권선물위원회 또는 한국공인회계사회로부터 법 제29조에 따른 조치를 받은 경우에 다음 표에 따른 지정제외점수를 부과한다. 다만, 회계처리기준 위반 외 법령등의 위반에 대해서는 금융감독원장이 정하는 기준에 따라 지정제외점수를 부과한다.

	가중시 최대	I	II	III	IV	V	감경시 최소
고의	300	250	200	150	100	60	40
중과실	150	100	60	40	30	20	10
과실	40	30	20	10	–	–	–

　다. 매년 8월 31일을 기준으로 누적된 지정제외점수가 30점 이상에 해당하게 되는 때에는 10월 1일부터 다음의 기준에 해당하는 점수당 1개의 회사를 감사인 지정을 받을 수 있는 회사에서 제외한다.

　　1) 직전 사업연도 말(직전 사업연도의 결산이 없는 경우에는 회사의 설립일을 말한다. 이하 이 목에서 같다) 자산총액이 5조원 이상인 경우: 90점

　　2) 직전 사업연도 말 자산총액이 4천억원 이상이고 5조원 미만인 경우: 60점

　　3) 직전 사업연도 말 자산총액이 4천억원 미만인 경우: 30점

　라. 매년 9월 30일에 남은 지정제외점수는 다음 해로 이월한다. 이 경우 3년간 사용하지 아니한 지정제외점수는 소멸한다.

　마. 금융감독원장이 감사인으로 지정한 자가 다음 중 어느 하나에 해당하는 경우에 해당 회계법인은 제3호에 따른 감사인이 될 수 없다.

　　1) 해당 회사가 직전 사업연도에 법 제10조에 따라 감사인으로 선임했던 자인 경우. 다만, 영 제17조 제7항 제1호에 해당하는 경우에는 그러하지 아니할 수 있다.

　　2) 법 제10조 제3항 또는 제4항을 위반하여 감사인으로 선임했던 자인 경우

　　3) 회사 또는 감사인으로 지정받은 자가 법 제11조 제4항 단서에 따라 금융감독원장에게 감사인을 다시 지정하여 줄 것을 요청하여 금융감독원장이 다른 감사인을 지정한 경우

　　4) 법 제29조 제3항에 따라 해당 회사에 대한 감사업무가 제한된 자인 경우

　바. 회사 가군에 속하는 회사의 감사인을 회계법인 가군에 속하는 회계법인으로

지정할 수 없는 경우에는 회계법인 나군에 속하는 회계법인을 제3호의 기준에 따라 지정한다.

사. 금융회사의 감사인은 다음의 사항을 문서로 제출한 회계법인 중에서 지정한다.

   1) 최근 5년간 금융회사 감사 실적

   2) 금융회사 감사시 투입가능한 인원 및 감사업무를 수행하는 공인회계사의 경력기간

아. 회계법인들 간에 감사인지정 점수가 동일한 경우에는 다음의 기준을 순서대로 적용하여 감사인을 지정한다.

   1) 감사인 점수가 높은 회계법인

   2) 법 제9조의2에 따라 금융위원회에 등록한 회계법인

   3) 법 제9조 제4항에 따른 공인회계사 수가 많은 회계법인

   4) 영업기간(「공인회계사법」 제24조에 따른 등록일 이후 경과일수)이 긴 회계법인

(8) 관련 자료 제출

ⅰ) 주권상장법인(코넥스시장에 상장된 법인은 제외: 영15②)(법11②(1)), 또는 ⅱ) 앞의 주권상장법인에 해당하지 아니하는 회사 가운데 자산총액이 직전 사업연도 말을 기준으로 1천억원(영15③) 이상이고 대주주 및 그 대주주와 법인세법 시행령 제43조 제8항에 따른 특수관계에 있는 자(영15④)가 합하여 발행주식총수(의결권이 없는 주식은 제외)의 50% 이상을 소유하고 있는 회사로서 대주주 또는 그 대주주와 특수관계에 있는 자가 해당 회사의 대표이사인 회사(법11②(2))는 법 제11조 제1항 또는 제2항 각 호의 어느 하나에 해당하는지에 관한 자료를 금융감독원장이 정하는 서식에 따라 작성하여 매 사업연도가 시작된 후 9개월째 되는 달의 초일부터 2주 이내에 금융감독원장에게 제출하여야 한다(외부감사규정15③ 전단). 이 경우 회사는 독립성(감사의견에 편견을 발생시키는 등 부당한 영향을 미칠 우려가 있는 이해관계를 회피하는 것) 위반 가능성이 있는 회계법인에 관한 자료도 함께 제출할 수 있다(외부감사규정15③ 후단).

이에 따른 자료제출은 회사가 별지 제19호 및 제20호 서식에 의하여 매 사업연도가 시작된 후 9개월째 되는 달의 초일부터 2주 이내에 감독원장에게 전자문서로 제출하는 방법에 의한다(외부감사규정 시행세칙15①).

3. 감사인 지정의 절차

(1) 회사의 자료 제출

ⅰ) 주권상장법인(코넥스시장에 상장된 법인은 제외: 영15②)(법11②(1)), 또는 ⅱ) 앞의 주권상장법인에 해당하지 아니하는 회사 가운데 자산총액이 직전 사업연도 말을 기준으로 1천억원(영15③) 이상이고 대주주 및 그 대주주와 법인세법 시행령 제43조 제8항에 따른 특수관계에 있는 자(영15④)가 합하여 발행주식총수(의결권이 없는 주식은 제외)의 50% 이상을 소유하고 있는 회사로서 대주주 또는 그 대주주와 특수관계에 있는 자가 해당 회사의 대표이사인 회사(법11②(2))는 감사인 선임 또는 변경선임 여부 결정에 필요한 자료를 증권선물위원회에 전자문서로 제출하여야 한다(영17①).

따라서 회사는 자료를 금융감독원장에게 전자문서로 제출한다(외부감사규정 시행세칙9②). 감사인은 회사의 위임을 받아 전자문서를 감독원장에게 대리제출할 수 있다(외부감사규정 시행세칙9③).

(2) 조기 지정감사계약 체결 등

(가) 지정 예정 내용의 통지

증권선물위원회는 감사인의 선임 또는 변경선임을 요구하려는 경우(법11②)에는 해당 회사와 그 회사의 감사인으로 지정하려는 회계법인에 지정기준일부터 4주 전까지 지정 예정 내용을 문서로 통지하여야 한다(영17② 본문). 다만, 지정 예정 내용을 신속하게 통지하여야 하는 경우로서 금융위원회가 정하는 경우에는 그 기간을 단축하거나 구두로 통지할 수 있다(영17② 단서).

(나) 재지정 요청과 통지 생략 또는 기간 단축

금융감독원장은 해당 회사 또는 감사인으로 지정받은 자는 일정한 사유가 있으면 증권선물위원회에 감사인을 다시 지정하여 줄 것을 요청할 수 있는데(법11④ 단서), 이에 따른 요청 또는 증권선물위원회가 감사인의 선임 또는 변경선임을 요구하려는 경우에는 해당 회사와 그 회사의 감사인으로 지정하려는 회계법인에 지정기준일부터 4주 전까지 지정 예정 내용을 문서로 통지하여야 하는데(영17③), 이에 따른 요청을 고려하여 감사인을 다시 지정하는 경우에는 통지를 생략하거나 그 기간을 단축할 수 있다(외부감사규정15④).

회사와 감사인이 이에 따른 통지에 대하여 제출할 의견이 없는 경우에는 지정감사인 통지일 이전이라도 감사계약을 체결할 수 있다(외부감사규정 시행세칙11 ① 전단). 이 경우 회사 및 감사인에 대한 통지는 생략할 수 있다(외부감사규정 시행세칙11① 후단).

(다) 해당 회사 재무제표 감사인의 연결재무제표 감사인 선임 의제

회사가 감사인을 선임한 이후 지배·종속의 관계가 성립되어 지배회사가 된 경우에는 해당 회사의 재무제표 감사인을 연결재무제표 감사인으로 선임한 것으로 본다(외부감사규정 시행세칙11②).

(3) 회사와 회계법인의 의견제출

통지를 받은 회사와 회계법인은 통지를 받은 날부터 2주 이내에 증권선물위원회에 의견을 제출할 수 있다(영17③).

(4) 증권선물위원회의 의견반영

증권선물위원회는 제출받은 의견이 금융위원회가 정하는 기준에 맞다고 판단되면 그 의견을 반영할 수 있다(영17④).

(5) 감사인 재지정 사유

금융감독원장은 회사와 회계법인이 제출한 의견이 다음의 어느 하나에 해당하는 경우에는 그 의견을 고려하여 감사인을 다시 지정할 수 있다(외부감사규정15 ⑤).

(가) 회사가 외국투자가가 출자한 회사 등인 경우

회사와 회계법인이 제출한 의견이 ⅰ) 해당 회사가 외국투자가[12](개인은 제외하며, 이하 "외국투자가"라 한다)가 출자한 회사로서 그 출자조건에서 감사인을 한정하고 있는 경우(영17⑦(1)), ⅱ) 지정감사인이 ⑦ 사업보고서 또는 수시보고서에 거짓으로 기재하거나 표시한 사항이 있는 경우 또는 보고하여야 할 사항을 빠뜨린 경우, ⑥ 증권선물위원회로부터 지정 사실을 통보받은 날부터 2주 이내에 특별한 사유 없이 해당 회사와 감사계약을 체결하지 아니한 경우, ⑥ 그 밖에 감사인이 그 지위를 이용하여 회사에 부당한 비용 부담을 요구하는 등 "금융위원회가 정하는 사유"가 있는 경우(영17⑦(2), 영16②(2)(3)(4)), ⅲ) 해당 회사가 ⑦ 회계법인이 주식을 소유하거나 출자하고 있는 자(회사를 포함), ⑥ 회계법인의 사원이 공인회계사법 제21조(직무제한) 제1항 각 호의 1에 해당하는 관계가 있는

---

12) "외국투자가"란 외국인투자 촉진법에 따라 주식등을 소유하고 있거나 출연을 한 외국인을 말한다(외국인투자 촉진법2①(5)).

자, 또는 ⓒ 회계법인이 뚜렷한 이해관계를 가지고 있거나 과거 1년 이내에 그러
한 이해관계를 가지고 있었던 것으로 인정되는 자로서 대통령령이 정하는 자의
어느 하나에 해당하는 경우(영17⑦(3), 공인회계사법33① 각 호)에는 그 의견을 고
려하여 감사인을 다시 지정할 수 있다(외부감사규정15⑤(1)).

(나) 감사인의 독립성이 훼손되는 경우

회사와 회계법인이 제출한 의견이 공인회계사의 직업윤리에 관한 규정(공인
회계사법43①)에서 정한 감사인의 독립성이 훼손되는 경우에는 그 의견을 고려하
여 감사인을 다시 지정할 수 있다(외부감사규정15⑤(2)).

(다) 지정감사인이 [별표 4] 제2호의 표에서 가군이 아닌 경우 회사가 감사인 지정을 요청한 경우

금융감독원장이 지정한 감사인이 [별표 4] 제2호의 표[13)에서 가군이 아닌
경우에 회사가 다음 각 목의 구분에 따른 기준에 따른 회계법인을 감사인으로
지정해 줄 것을 요청하는 경우에는 그 의견을 고려하여 감사인을 다시 지정할
수 있다(외부감사규정15⑤(3)).

가. 금융감독원장이 지정한 감사인이 나군인 경우: 가군에 속하는 회계법인
나. 금융감독원장이 지정한 감사인이 다군인 경우: 가군 또는 나군에 속하는 회

---

13) 2. 영 제16조 제1항 각 호의 회계법인(이하 이 별표에서 "회계법인"이라 한다)은 다음 표
에 따라 5개의 군으로 구분한다. 다만, 증권선물위원회는 법 제26조 제1항에 따른 감리
또는 평가 결과를 고려하여 회계법인이 속하는 군을 조정할 수 있다.

구분	구분 기준					해당 회계 법인
	법 제9조 제4항에 따른 공인회계사 수	직전 사업연도 감사업무 매출액	품질관리 업무 담당이사 및 담당자의 비중	손해배상 능력	직전 사업연도 감사대상 상장사 수	
가군	600인 이상	500억원 이상	별표 1 제1호 마 목에 따른 품질 관리 업무 담당 자(품질관리업무 담당이사 포함) 수의 120% 이상	200억원 이상	100사 이상	4개 충족
나군	120인 이상	120억원 이상		60억원 이상	30사 이상	4개 충족
다군	60인 이상	40억원 이상		20억원 이상	10사 이상	4개 충족
라군	30인 이상	15억원 이상	2명 이상	10억원 이상	5사 이상	3개 충족
마군	감사인 지정이 가능한 그 밖의 회계법인					

계법인

다. 금융감독원장이 지정한 감사인이 라군인 경우: 가군, 나군 또는 다군에 속하
는 회계법인

라. 금융감독원장이 지정한 감사인이 마군인 경우: 가군, 나군, 다군 또는 라군
에 속하는 회계법인

(라) 회사가 [별표 4] 제1호의 표에서 가군이 아닌 경우 회사가 감사인 지정을 요청한 경우

회사가 속하는 군이 [별표 4] 제1호의 표[14]에서 가군이 아닌 경우 회사가
다음 각 목의 구분에 따른 회계법인(등록한 회계법인에 한정)을 감사인으로 지정해
줄 것을 요청하는 경우에는 그 의견을 고려하여 감사인을 다시 지정할 수 있다
(외부감사규정15⑤(4)).

가. 회사 나군에 속하는 회사가 회계법인 가군에 속하는 회계법인을 지정받은
경우: 나군에 속하는 회계법인

나. 회사 다군에 속하는 회사가 회계법인 가군에 속하는 회계법인을 지정받은
경우: 나군 또는 다군에 속하는 회계법인

다. 회사 다군에 속하는 회사가 회계법인 나군에 속하는 회계법인을 지정받은
경우: 다군에 속하는 회계법인

라. 회사 라군에 속하는 회사가 회계법인 가군에 속하는 회계법인을 지정받은
경우: 나군, 다군 또는 라군에 속하는 회계법인

마. 회사 라군에 속하는 회사가 회계법인 나군에 속하는 회계법인을 지정받은
경우: 다군 또는 라군에 속하는 회계법인

바. 회사 라군에 속하는 회사가 회계법인 다군에 속하는 회계법인을 지정받은
경우: 라군에 속하는 회계법인

---

14) 1. 법 제11조 제1항 또는 제2항에 해당하는 회사(이하 이 별표에서 "회사"라 한다)는 다음
표에 따라 5개의 군(群)으로 구분한다.

구분	구분 기준
가군	직전 사업연도 말(직전 사업연도의 결산이 없는 경우에는 회사의 설립일을 말한다. 이하 이 호에서 같다) 자산총액이 5조원 이상인 경우
나군	직전 사업연도 말 자산총액이 1조원 이상이고 5조원 미만인 경우
다군	직전 사업연도 말 자산총액이 4천억원 이상이고 1조원 미만인 경우
라군	직전 사업연도 말 자산총액이 1천억원 이상이고 4천억원 미만인 경우
마군	직전 사업연도 말 자산총액이 1천억원 미만인 경우

사. 회사 마군에 속하는 회사가 회계법인 가군에 속하는 회계법인을 지정받은
   경우: 나군, 다군, 라군 또는 마군에 속하는 회계법인

아. 회사 마군에 속하는 회사가 회계법인 나군에 속하는 회계법인을 지정받은
   경우: 다군, 라군 또는 마군에 속하는 회계법인

자. 회사 마군에 속하는 회사가 회계법인 다군에 속하는 회계법인을 지정받은
   경우: 라군 또는 마군에 속하는 회계법인

차. 회사 마군에 속하는 회사가 회계법인 라군에 속하는 회계법인을 지정받은
   경우: 마군에 속하는 회계법인

외부감사규정 제15조 제5항 제4호에 해당하는 경우란 회사가 지정받은 감
사인이 당해 회사의 지배회사 또는 종속회사의 지정감사인과 다른 경우를 의미
한다(외부감사규정 시행세칙16).

(마) 지배회사 또는 종속회사가 동일 감사인을 지정받고자 하는 경우

지배회사 또는 종속회사가 지배·종속의 관계에 있는 회사와 같은 감사인을
지정받으려 하는 경우에는 그 의견을 고려하여 감사인을 다시 지정할 수 있다(외
부감사규정15⑤(5)).

(바) 회생절차 개시 결정으로 감사인 지정을 요청한 경우

채무자회생법에 따라 회생절차 개시가 결정되는 경우에 법원의 허가 등으로
선임한 감사인을 지정할 것을 요청한 경우에는 그 의견을 고려하여 감사인을 다
시 지정할 수 있다(외부감사규정15⑤(6)).

(사) 법령등에 따라 감사인이 될 수 없는 경우

그 밖에 감사인으로 지정받은 회계법인이 법령등에 따라 해당 회사의 감사
인이 될 수 없는 경우에는 그 의견을 고려하여 감사인을 다시 지정할 수 있다(외
부감사규정15⑤(7)).

(6) 지정 내용의 통지 등

증권선물위원회는 감사인의 선임 또는 변경선임을 요구하려는 경우에는 지
정기준일까지 해당 회사와 그 회사의 감사인으로 지정하는 회계법인("지정감사
인")에 지정 내용을 통지한다(영17⑤ 전단). 이 경우 증권선물위원회는 회사와 지
정감사인 간의 감사업무에 대한 계약("감사계약")을 원활하게 체결하거나 감사품
질 확보 등을 위하여 적정 감사시간 또는 적정 감사보수 등을 정하여 권고할 수

있다(영17⑤ 후단).

금융감독원장은 특별한 사유가 없는 한 지정기준일에 감사인 지정 사실을 해당 회사, 그 회사의 감사인으로 지정된 회계법인("지정감사인") 및 한국공인회계사회에 통지하여야 한다(외부감사규정15⑧).

(7) 회사의 감사계약 체결 기간

회사는 특별한 사유가 없으면 지정기준일부터 2주 이내에 감사계약을 체결하여야 한다(영17⑥).

4. 재무제표 감리신청 등

(1) 재무제표 감리신청 회사

ⅰ) 주권상장법인(코넥스시장에 상장된 법인은 제외: 영15②)(법11②(1)), 또는 ⅱ) 앞의 주권상장법인에 해당하지 아니하는 회사 가운데 자산총액이 직전 사업연도 말을 기준으로 1천억원(영15③) 이상이고 대주주 및 그 대주주와 법인세법 시행령 제43조 제8항에 따른 특수관계에 있는 자(영15④)가 합하여 발행주식총수(의결권이 없는 주식은 제외)의 50% 이상을 소유하고 있는 회사로서 대주주 또는 그 대주주와 특수관계에 있는 자가 해당 회사의 대표이사인 회사(법11②(2))는 지정기준일 1년 전까지 금융감독원장 또는 한국공인회계사회("감리집행기관")에 재무제표 감리를 신청할 수 있다(외부감사규정15⑦). 이에 의한 감리의 신청은 별지 제22호 서식에 따른다(외부감사규정 시행세칙19①).

(2) 지정기준일

지정기준일은 금융감독원장이 감사인 지정 사실을 해당 회사에 통지하는 날을 말하며 [별표 2]¹⁵⁾와 같다(외부감사규정15⑦).

---

15) [별표 2] 지정대상 선정일 및 지정기준일(제12조 제9항 및 제15조 제7항 관련)
  1. 법 제11조 제1항에 따라 감사인을 지정하는 경우

감사인 지정 사유	지정대상 선정일	지정대상 사업연도	지정기준일
가. 법 제11조 제1항 제1호 및 제8호, 영 제14조제6항 제1호 및 제4호	회사 등이 증권선물위원회에 감사인 지정을 요청한 날	지정대상 선정일이 속하는 사업연도	지정대상 선정일이 속한 달의 다음 달 초일부터 6주가 지난 날
나. 법 제11조 제1항 제2호	사업연도가 시작된 후 6개월째 되는 달의 초일		
다. 법 제11조 제1항 제3호 및	금융감독원장이 감사인		

Ⅱ. 주기적 지정제의 예외

1. 대상 회사

주기적 감사인 지정제에도 불구하고 ⅰ) 증권선물위원회가 정하는 기준일로부터 과거 6년 이내에 증권선물위원회의 감리를 받은 회사로서 그 감리 결과 회계처리기준 위반이 발견되지 아니한 회사,[16] ⅱ) 그 밖에 회계처리의 신뢰성이 양호한 경우로서 "대통령령으로 정하는 회사"는 법 제10조 제1항에 따라 감사인을 선임할 수 있다(법11③).

여기서 "대통령령으로 정하는 회사"란 ⅰ) 증권선물위원회가 감사인의 선임 또는 변경선임을 요구하는 날("지정기준일")부터 과거 6년 이내에 재무제표 감리

제9호, 영 제14조 제6항 제2호 및 제6호	지정 사유가 발생하였음을 확인한 날	
라. 그 밖의 경우	사업연도가 시작된 후 9개월 째 되는 달의 초일	지정대상 선정일이 속하는 사업연도의 다음 사업연도

비고
1. 법 제11조 제1항 제1호 또는 영 제14조 제6항 제1호에 해당하는 회사로서 지정대상 선정일이 해당 사업연도 종료 전 3개월 이내인 경우에는 지정대상 선정일이 속하는 사업연도의 다음 사업연도의 감사인을 지정할 수 있다.
2. 영 제14조 제6항 제6호에 해당하는 회사는 지정대상 선정일이 속하는 사업연도의 다음 사업연도의 감사인을 지정한다.
3. 가목부터 다목까지의 감사인 지정 사유 중 어느 하나에 해당하여 감사인 지정을 받은 회사의 감사인을 동일한 감사인 지정 사유에 따라 다시 지정하는 경우에는 라목에 따른 지정대상 선정일 및 지정대상 사업연도를 적용한다.
4. 영 제14조 제3항 제1호에 해당하는 회사 중 감사의견이 회계감사기준에 따른 적정의견이 아닌 경우로서 상장규정에 따라 상장이 폐지될 수 있는 요건에 해당하게 된 회사는 다목에 따른다.
2. 법 제11조 제2항에 따라 감사인을 지정하는 경우
  가. 지정대상 선정일은 사업연도가 시작된 후 9개월째 되는 달의 초일로 한다.
  나. 지정기준일은 지정대상 선정일이 속한 달의 다음 달 초일부터 6주가 지난 날로 한다.
  다. 지정대상 사업연도는 지정대상 선정일이 속하는 사업연도의 다음 사업연도로 한다.

---

[16] "감리 결과 회계처리기준 위반이 발견되지 아니한 회사"란 증권선물위원회가 조치를 하지 아니하는 경우를 말한다(외부감사규정14④).

(법26①(2))에 따른 감리(이 항 제2호에 따라 신청한 감리는 제외)를 받지 아니하였을 것(제1호), ⅱ) 회사가 증권선물위원회에 감리를 신청한 날[17]이 속하는 사업연도 및 그 직전 2개 사업연도의 감사 의견(내부회계관리제도에 대한 검토 의견을 포함)에 회사의 내부회계관리제도에 중요한 취약점이 발견되었다는 내용이 표명되지 아니하였을 것(제2호), ⅲ) 회사가 제2호의 감사 의견을 작성한 감사인을 지정기준일 이후 도래하는 다음 3개 사업연도의 감사인으로 선임하지 아니하기로 하는 확약서를 증권선물위원회에 제출할 것(제3호)의 요건을 모두 갖춘 경우로서 증권선물위원회에 감리를 신청하여 감리 결과 회계처리기준 위반이 발견되지 아니한 회사[18]를 말한다(영15⑤).

2. 감리 신청 접수 등 보고

금융감독원장은 감리 신청을 접수하는 경우에 그 신청에 대한 판단 내용 및 근거, 처리계획 등을 매년 3월에 증권선물위원회에 보고하여야 한다(외부감사규정 14⑤).

제4절 회사의 수용 여부

Ⅰ. 원칙: 수용의무

증권선물위원회가 감사인의 선임이나 변경선임을 요구한 경우 회사는 특별한 사유가 없으면 이에 따라야 한다(법11④ 본문).

---

17) 감리를 신청한 날("신청일")은 감리신청서가 금융감독원에 제출된 날로 본다(외부감사규정 시행세칙19⑤).
18) "감리 결과 회계처리기준 위반이 발견되지 아니한 회사"란 증권선물위원회가 조치를 하지 아니하는 경우를 말한다(외부감사규정14④).

Ⅱ. 예외: 재지정 요청

1. 재지정 요청 사유

해당 회사 또는 감사인으로 지정받은 자는 다음의 경우에는 증권선물위원회에 감사인을 다시 지정하여 줄 것을 요청할 수 있다(법11④ 단서, 영17⑦).

(1) 해당 회사가 외국투자가가 출자한 회사인 경우

해당 회사가 외국투자가19)(개인은 제외)가 출자한 회사로서 그 출자조건에서 감사인을 한정하고 있는 경우에는 증권선물위원회에 감사인을 다시 지정하여 줄 것을 요청할 수 있다(영17⑦(1)).

(2) 지정감사인이 사업보고서 등에 거짓 기재한 경우 등

지정감사인이 ⅰ) 사업보고서 또는 수시보고서에 거짓으로 기재하거나 표시한 사항이 있는 경우 또는 보고하여야 할 사항을 빠뜨린 경우(영16②(2)), ⅱ) 증권선물위원회로부터 지정 사실을 통보받은 날부터 2주 이내에 특별한 사유 없이 해당 회사와 감사계약을 체결하지 아니한 경우(영16②(3)), ⅲ) 그 밖에 감사인이 그 지위를 이용하여 회사에 부당한 비용 부담을 요구하는 등 금융위원회가 정하는 사유가 있는 경우(영16②(4))에는 증권선물위원회에 감사인을 다시 지정하여 줄 것을 요청할 수 있다(영17⑦(2)).

(3) 해당회사가 공인회계사법 제33조 제1항 각 호의 어느 하나에 해당되는 경우

해당회사가 공인회계사법 제33조 제1항 각 호의 어느 하나에 해당되는 경우에는 증권선물위원회에 감사인을 다시 지정하여 줄 것을 요청할 수 있다(영17⑦(3)).

즉 해당회사가 ⅰ) 회계법인이 주식을 소유하거나 출자하고 있는 자(회사를 포함)(제1호), ⅱ) 회계법인의 사원이 공인회계사법 제21조 제1항 각 호의 1에 해당하는 관계가 있는 자(제2호), ⅲ) 제1호 및 제2호 외에 회계법인이 뚜렷한 이해관계를 가지고 있거나 과거 1년 이내에 그러한 이해관계를 가지고 있었던 것으로 인정되는 자로서 대통령령이 정하는 자(제3호)(공인회계사법33① 각 호)인 경우에는 증권선물위원회에 감사인을 다시 지정하여 줄 것을 요청할 수 있다(영17⑦

---

19) "외국투자가"란 외국인투자촉진법에 따라 주식등을 소유하고 있거나 출연을 한 외국인을 말한다(외국인투자촉진법2①(5)).

(3)).

(4) 다른 법령 등에 따른 제한으로 지정감사인을 감사인으로 선임할 수 없는 경우 등

그 밖에 다른 법령 등에 따른 제한으로 지정감사인을 감사인으로 선임할 수 없는 경우 등 제1호부터 제3호까지의 규정에 준하여 "금융위원회가 정하는 경우"에는 증권선물위원회에 감사인을 다시 지정하여 줄 것을 요청할 수 있다(영17 ⑦(4)).

여기서 "금융위원회가 정하는 경우"란 외부감사규정 제15조 제5항 제2호부터 제7호까지의 어느 하나에 해당하는 경우를 말한다(외부감사규정15⑥). 이에 관하여는 앞에서 살펴보았다.

2. 재지정 요청 기간

감사인을 다시 지정하여 줄 것을 요청하려는 자는 그 요청사유를 증명하는 서류를 첨부하여 통지를 받은 날부터 1주 이내에 증권선물위원회에 요청하여야 한다(영17⑧).

3. 감사 또는 감사위원회의 승인

회사가 증권선물위원회에 감사인을 다시 지정하여 줄 것을 요청할 경우 사전에 감사 또는 감사위원회의 승인을 받아야 한다(법11⑤).

Ⅲ. 위반시 제재

상법 제401조의2 제1항20) 및 제635조 제1항21)에 규정된 자, 그 밖에 회사

---

20) 상법 제401조의2(업무집행지시자 등의 책임)에 규정된 자는 ⅰ) 업무집행지시자: 회사에 대한 자신의 영향력을 이용하여 이사에게 업무집행을 지시한 자, ⅱ) 무권대행자: 이사의 이름으로 직접 업무를 집행한 자, ⅲ) 표현이사: 이사가 아니면서 명예회장·회장·사장·부사장·전무·상무·이사 기타 회사의 업무를 집행할 권한이 있는 것으로 인정될 만한 명칭을 사용하여 회사의 업무를 집행한 자를 말한다(상법401의2①).
21) 상법 제635조(과태료에 처할 행위)에 규정된 자는 회사의 발기인, 설립위원, 업무집행사원, 업무집행자, 이사, 집행임원, 감사, 감사위원회 위원, 외국회사의 대표자, 검사인, 공증인, 감정인, 지배인, 청산인, 명의개서대리인, 사채모집을 위탁받은 회사와 그 사무승계자 또는 직무대행자를 말한다(상법635①).

의 회계업무를 담당하는 자, 감사인 또는 그에 소속된 공인회계사가 정당한 이유 없이 제11조(증권선물위원회에 의한 감사인 지정 등) 제4항을 위반하여 증권선물위 원회의 요구에 따르지 아니한 경우 1년 이하의 징역 또는 1천만원 이하의 벌금 에 처한다(법44(1)).

제5절 지정감사인 선임 시기

Ⅰ. 감사인 선임 제한

증권선물위원회로부터 지정받은 감사인을 지정 사업연도 이후 최초로 도래 하는 사업연도의 감사인으로 선임할 수 없다(법11⑥).

Ⅱ. 위반시 제재

상법 제401조의2 제1항22) 및 제635조 제1항23)에 규정된 자, 그 밖에 회사 의 회계업무를 담당하는 자, 감사인 또는 그에 소속된 공인회계사가 법 제11조 제6항을 위반하여 감사인을 선임한 경우 1년 이하의 징역 또는 1천만원 이하의 벌금에 처한다(법44(2)).

---

22) 상법 제401조의2(업무집행지시자 등의 책임)에 규정된 자는 ⅰ) 업무집행지시자: 회사에 대한 자신의 영향력을 이용하여 이사에게 업무집행을 지시한 자, ⅱ) 무권대행자: 이사의 이름으로 직접 업무를 집행한 자, ⅲ) 표현이사: 이사가 아니면서 명예회장·회장·사장· 부사장·전무·상무·이사 기타 회사의 업무를 집행할 권한이 있는 것으로 인정될 만한 명 칭을 사용하여 회사의 업무를 집행한 자를 말한다(상법401의2①).

23) 상법 제635조(과태료에 처할 행위)에 규정된 자는 회사의 발기인, 설립위원, 업무집행사 원, 업무집행자, 이사, 집행임원, 감사, 감사위원회 위원, 외국회사의 대표자, 검사인, 공증 인, 감정인, 지배인, 청산인, 명의개서대리인, 사채모집을 위탁받은 회사와 그 사무승계자 또는 직무대행자를 말한다(상법635①).

제6절 감사 또는 감사위원회의 의무 등

증권선물위원회가 감사인의 선임이나 변경선임을 요구하여 회사가 감사인
을 선임하는 경우에도 제10조 제5항 및 제6항을 적용한다(법11⑦). 이를 살펴보
면 다음과 같다.

Ⅰ. 감사보수와 감사시간 등 문서작성의무 등

1. 감사 또는 감사위원회의 문서작성의무

감사 또는 감사위원회는 감사인의 감사보수와 감사시간, 감사에 필요한 인
력에 관한 사항을 문서로 정하여야 한다(법10⑤ 전단). 이 경우 감사위원회가 설
치되지 아니한 주권상장법인, 대형비상장주식회사 또는 금융회사의 감사는 감사
인선임위원회의 승인을 받아야 한다(법10⑤ 후단).

2. 회사 대표이사의 문서작성의무

다만, ⅰ) 직전 사업연도의 감사인을 다시 감사인으로 선임하는 경우 그 감
사인(가목), ⅱ) 감사가 없는 자본금 10억원(영13①) 이상의 유한회사인 경우 사원
총회의 승인을 받은 회계법인 또는 감사반(나목), ⅲ) 감사가 없는 자본금 10억원
미만의 유한회사인 경우 회사가 선정한 회계법인 또는 감사반(다목)을 해당 회사
의 감사인을 선임(법10④(2) 단서)한 회사는 회사를 대표하는 이사가 감사인의 감
사보수와 감사시간, 감사에 필요한 인력에 관한 사항을 문서로 정하여야 한다(법
10⑤ 전단).

Ⅱ. 감사보고서 확인과 제출의무

감사 또는 감사위원회는 감사보고서를 제출받은 경우 감사인의 감사보수와
감사시간, 감사에 필요한 인력에 관한 사항(법10⑤)이 준수되었는지를 확인하여
야 한다(법10⑥ 전단). 이 경우 감사위원회가 설치되지 아니한 주권상장법인, 대

형비상장주식회사 또는 금융회사의 감사는 감사인의 감사보수와 감사시간, 감사에 필요한 인력에 관한 사항(법10⑤)이 준수되었는지를 확인한 문서를 감사인선임위원회에 제출하여야 한다(법10⑥ 후단).

제7절 감사인 지정 기간

금융감독원장이 회사에 금융감독원장이 지정하는 회계법인을 감사인으로 선임 또는 변경선임할 것을 요구할 수 있는 기간은 다음의 구분에 따른다(외부감사규정10). 즉 ⅰ) 법 제11조 제2항 각 호에 해당하는 회사: 연속하는 3개 사업연도, ⅱ) 그 밖의 회사: 3개 사업연도의 범위에서 금융감독원장이 정하는 기간이다.

따라서 ⅰ) 주권상장법인(코넥스시장에 상장된 법인은 제외: 영15②)과 주권상장법인에 해당하지 아니하는 회사 가운데 자산총액이 직전 사업연도 말을 기준으로 1천억원(영15③) 이상이고 대주주 및 그 대주주와 법인세법 시행령 제43조 제8항에 따른 특수관계에 있는 자(영15④)가 합하여 발행주식총수(의결권이 없는 주식은 제외)의 50% 이상을 소유하고 있는 회사로서 대주주 또는 그 대주주와 특수관계에 있는 자가 해당 회사의 대표이사인 회사(법11②)는 연속하는 3개 사업연도(제1호), ⅱ) 그 밖의 회사는 3개 사업연도의 범위에서 금융감독원장이 정하는 기간(제2호)이다(외부감사규정10).

위의 외부감사규정 제10조 제2호에서 "금융감독원장이 정하는 기간"이란 다음에 따른 기간을 말한다(외부감사규정 시행세칙10②).

1. 직전 사업연도에 "법 제11조 제1항 제2호, 제3호(법 제10조 제3항 또는 제4항을 위반하여 감사인을 선임한 경우에 한한다), 제5호, 제9호, 영 제14조 제6항 제3호 및 제6호"("법규위반 지정사유") 중 어느 하나에 해당하여 감사인을 지정받은 회사가 당해 사업연도에 직전 사업연도와 동일한 법규위반 지정사유에 해당하여 다시 감사인을 지정받는 회사: 2개 사업연도
2. 제1호 이외의 회사: 1개 사업연도

제8절 자료제출요구 등

Ⅰ. 자료제출요구

금융감독원장은 감사인 지정과 관련하여 한국공인회계사회 및 거래소에 자료제출을 요구할 수 있다(외부감사규정15⑨).

Ⅱ. 지정기초자료 제출방법

감사인으로 지정받고자 하는 회계법인은 규정 별표 3 제2호에 따른 산정기준일부터 2주 이내에 감사인 지정을 위해 필요한 자료를 별지 제21호 서식에 따라 감독원장에게 제출하여야 한다(외부감사규정 시행세칙15②).

감사인

서 설

제1절 감사인의 의의

"감사인"이란 회계법인과 감사반을 말한다(법2(7)). 외부감사법에서의 감사인은 법령에 의하여 필수적으로 외부의 회계감사를 받아야 하는 회사에 대하여 감사를 실시하는 회계법인과 감사반만을 의미한다.[1]

Ⅰ. 회계법인

회계법인은 공인회계사법 제23조에 따른 회계법인을 말한다(법2(7) 가목). 공인회계사는 ⅰ) 회계에 관한 감사·감정·증명·계산·정리·입안 또는 법인설립 등에 관한 회계, ⅱ) 세무대리, ⅲ) 앞의 2가지 업무에 부대되는 업무를 조직적이고 전문적으로 수행하기 위하여 회계법인을 설립할 수 있다(공인회계사법23①).

---

1) 대법원 2010. 5. 27. 선고 2010도369 판결.

회계법인의 정관에는 ⅰ) 목적, ⅱ) 명칭, ⅲ) 주사무소 및 분사무소의 소재지, ⅳ) 사원 및 이사의 성명·주민등록번호(외국공인회계사인 사원은 외국인 등록번호) 및 주소, ⅴ) 출자 1좌의 금액, ⅵ) 각 사원의 출자 좌수, ⅶ) 자본금 총액, ⅷ) 결손금 보전에 관한 사항, ⅸ) 사원총회에 관한 사항, ⅹ) 대표이사에 관한 사항, ⅺ) 업무에 관한 사항, ⅻ) 존립 시기나 해산사유를 정한 경우에는 그 시기와 사유가 포함되어야 한다(공인회계사법23②).

회사합병이 있는 경우에는 피합병회사의 권리·의무는 사법상의 관계나 공법상의 관계를 불문하고 그의 성질상 이전을 허용하지 않는 것을 제외하고는 모두 합병으로 인하여 존속한 회사에게 승계되는 것으로 보아야 할 것이고, 공인회계사법에 의하여 설립된 회계법인 간의 흡수합병이라고 하여 이와 달리 볼 것은 아니다.[2]

Ⅱ. 감사반

감사반은 한국공인회계사회에 총리령으로 정하는 바에 따라 등록을 한 감사반을 말한다(법2(7) 나목). 감사반은 등록 공인회계사 3인 이상으로 구성되며, 회계감사업무 수행시 3인 이상이 참여하여야 하고(시행규칙2), 주권상장법인과 대형 비상장주식회사 및 금융회사를 제외한 비상장회사에 대한 감사업무만을 수행할 수 있다(법9①).

여기서는 총리령인 「주식회사 등의 외부감사에 관한 법률 시행규칙」("시행규칙")의 내용을 살펴본다.

1. 등록요건

감사반이 되려는 자("신청인")는 ⅰ) 구성원은 등록된 공인회계사로서 실무수습 등을 이수한 자이어야 하고, ⅱ) 구성원은 3명 이상이어야 하며, ⅲ) 직무정지처분(일부 직무정지처분을 포함)을 받은 후 그 직무정지기간 중에 있는 자 또는 등록이 취소되거나 업무가 정지된 회계법인의 이사이었던 자(등록취소나 업무정지의 사유가 발생한 때의 이사이었던 자로 한정)로서 등록취소 후 3년이 지나지 아니하

---

2) 대법원 2004. 7. 8. 선고 2002두1946 판결.

거나 업무정지기간 중에 있는 자가 아니어야 하며, ⅳ) 구성원이 회계법인 또는 다른 감사반에 소속되지 아니하여야 한다는 요건을 모두 갖추어 한국공인회계사회에 등록하여야 한다(시행규칙2①).

2. 제출서류

신청인은 ⅰ) 등록신청서, ⅱ) 감사반의 운영 등과 관련하여 구성원들 간에 합의한 규약, ⅲ) 규약에 모든 구성원이 합의하였다는 사실을 증명할 수 있는 문서, ⅳ) 그 밖에 한국공인회계사회가 정하는 서류를 한국공인회계사회에 제출하여야 한다(시행규칙2②).

3. 등록증 교부

한국공인회계사회는 문서를 접수하면 신청인에게 등록증을 내주어야 한다(시행규칙2③).

4. 감사반의 등록번호 등 문서 작성 · 관리

한국공인회계사회는 신청인에게 등록증을 내준 후에 ⅰ) 감사반의 등록번호, ⅱ) 구성원의 성명 및 주소, ⅲ) 구성원의 사무소 소재지, ⅳ) 감사반의 주된 사무소, ⅴ) 그 밖에 한국공인회계사회가 정하는 사항을 문서에 작성·관리하여야 한다(시행규칙2④).

5. 등록취소

한국공인회계사회는 감사반이 ⅰ) 등록요건을 갖추지 못하게 된 날부터 3개월 이내에 요건을 보완하지 아니한 경우, ⅱ) 제출서류를 거짓으로 작성하는 등의 부정한 방법으로 등록한 경우, ⅲ) 감사반이 해산을 결의한 경우에는 등록을 취소하여야 한다(시행규칙2⑤ 단서).

또한 한국공인회계사회는 감사반이 외부감사의 대상회사(법4)에 대한 회계감사를 하는 경우에 지켜야 하는 ⅰ) 구성원 중 3명 이상이 참여하지 아니하고, ⅱ) 감사보고서를 작성하는 경우에 해당 회계감사에 참여한 모든 구성원이 서명하거나 기명날인하지 아니하며, ⅲ) 직전 사업연도의 영업실적을 기재한 보고서를 매년 6월 30일까지 한국공인회계사회에 제출하지 아니한 경우에는 등록을 취소할 수 있다(시행규칙2⑤ 본문).

6. 등록요건 변경 및 해산결의의 보고

감사반은 등록요건에 대한 변경사항이 있거나 해산을 결의한 경우에는 지체 없이 그 사실을 한국공인회계사회에 알려야 한다(시행규칙2⑥).

제2절 감사인의 역할과 주의의무

Ⅰ. 감사인의 역할과 기능

감사인은 재무제표를 감사하여 신뢰성을 부여하는 역할을 수행한다. 즉 외부감사의 직접적인 수혜자는 감사보수를 받는 감사인이나 감사보수를 지급하는 경영진이 아니라 주주 또는 채권자와 같은 기업의 이해관계자들이다. 따라서 감사인은 기업의 재무제표에 대하여 공정하고 철저하게 감사를 수행하고 그 결과를 이해관계자들에게 보고해야 한다. 이를 위해서는 감사인의 전문성과 독립성이 확보되어야 한다.[3] 독립된 직업적 전문가인 감사인은 감사 대상회사의 재무제표 등을 감사하고 이에 관한 의견을 표명함으로써 기업의 공신력을 높이는 한편 주주 또는 투자자 등 외부 이해관계인을 보호하고 그들의 의사결정에 영향을 주는 중요한 공익적 기능을 담당한다.[4]

Ⅱ. 감사인의 주의의무

감사인은 외부감사법에 따라 주식회사에 대한 감사업무를 수행함에 있어서 일반적으로 공정·타당하다고 인정되는 회계감사기준에 따라 감사를 실시함으로써 피감사회사의 재무제표에 대한 적정한 의견을 표명하지 못함으로 인한 이해관계인의 손해를 방지하여야 할 주의의무가 있다. 회계감사기준은 한국공인회계

---

3) 최종서·김정애·곽영민(2015), "감사인의 비상장주식 가치평가 관련 업무 수행실패와 게이트키퍼로서의 책임: B사 감리사례분석을 중심으로", 회계저널 제24권 제5호(2015. 10), 491쪽.
4) 서울고등법원 2014. 7. 4. 선고 2013누30676 판결.

사회가 정하며, 그에 따라 마련된 회계감사기준은 특별한 사정이 없는 한 일반적
으로 공정·타당하다고 인정되는 것으로서 감사인의 위와 같은 주의의무 위반 여
부에 대한 판단의 주요한 기준이 된다.[5]

---

5) 대법원 2020. 7. 9 선고 2016다268848 판결; 대법원 2017. 3. 30. 선고 2014두13195 판결.

감사인의 자격 제한 등

제1절 입법 취지

2017년 전부 개정법의 주요 내용은 다음과 같다. 주권상장법인, 대형비상장주식회사, 금융회사의 재무제표에 대한 감사는 회계법인인 감사인이 한다(법9①). 또한 주권상장법인, 대형비상장주식회사 또는 금융회사는 연속하는 3개 사업연도의 감사인을 동일한 감사인으로 선임하여야 한다. 다만, 주권상장법인, 대형비상장주식회사 또는 금융회사가 제7항 각 호의 사유로 감사인을 선임하는 경우에는 해당 사업연도의 다음 사업연도부터 연속하는 3개 사업연도의 감사인을 동일한 감사인으로 선임하여야 한다(법10③). 신외부감사법은 대형비상장주식회사와 금융회사에 대해 감사인을 회계법인으로 제한하고, 연속하는 3개 사업연도 동일 감사인을 선임하도록 하는 등 규제를 상장법인 수준으로 강화하였다.

신외부감사법의 취지는 비상장대형주식회사와 금융회사에 대해 상장회사에 준하는 수준으로 회계규율을 강화하고자 하는 것이다. 즉 일정 규모 이상의 대형비상장주식회사는 중소형 상장회사보다 이해관계자의 규모가 더 클 수 있으므로 이들 회사의 이해관계자 보호를 강화하고, 상장회사와 비상장회사 간 규제차익으로 인한 상장 기피 유인을 완화하려는 것으로, 자산 5천억원 이상의 비상장주식회사가 2015년 기준으로 440개에 이르는 점을 감안하면 회계투명성 개선 및 자본시장 활성화 차원에서 바람직한 입법이다. 또 금융회사의 회계정보와 관련된 이해관계자의 범위, 부실감사 시 경제에 발생하는 파급효과 등이 대형비상장주식회사에 비해 작다고 보기 어렵고, 3년 연속 동일감사인 선임의무를 포함하여 모든 규율내용에 있어 금융회사와 대형비상장주식회사의 적용수준을 동일하게 할 필요가 있다.[1] 그리고 3개 사업연도 연속 동일감사인 선임의무 부과는 최소한 연속감사 기간 중에라도 감사인이 회사에 불리한 감사의견 제시에 따른 계약연장 거부 가능성을 크게 의식하지 않고 독립적으로 외부감사를 수행하게 하려는 것이다.[2]

제2절 회계법인인 감사인

Ⅰ. 감사대상 회사

회계법인은 ⅰ) 주권상장법인, ⅱ) 대형비상장주식회사, ⅲ) 금융회사[은행, 중소기업은행, 투자매매업자·투자중개업자, 집합투자업자, 투자자문업자 또는 투자일임업자, 신탁업자, 종합금융회사, 보험회사, 상호저축은행, 금융지주회사, 여신전문금융회사(금융산업구조개선법2(1)), 농협은행 또는 수협은행]의 재무제표에 대한 감사를 한다(법9①).

Ⅱ. 감사자격 제한 대상회사

1. 의의

회계법인은 공인회계사법 제33조(회계법인의 직무제한) 제1항 각 호의 어느

---

1) 1차 정무위원회(2017), 18, 20쪽.
2) 1차 정무위원회(2017), 19쪽.

하나에 해당하는 관계에 있는 회사의 감사인이 될 수 없다(법9③ 전단).

따라서 회계법인인 감사인은 ⅰ) 회계법인이 주식을 소유하거나 출자하고 있는 자(회사를 포함)(제1호), ⅱ) 회계법인의 사원이 공인회계사법 제21조 제1항 각 호의 1에 해당하는 관계가 있는 자(제2호), ⅲ) 제1호 및 제2호 외에 회계법인이 뚜렷한 이해관계를 가지고 있거나 과거 1년 이내에 그러한 이해관계를 가지고 있었던 것으로 인정되는 자로서 대통령령이 정하는 자(제3호)(공인회계사법33① 각 호)의 어느 하나에 해당하는 관계에 있는 회사의 감사인이 될 수 없다(법9③ 전단).

아래서는 공인회계사법 제33조 제1항 각 호를 구체적으로 살펴본다.

2. 회계법인이 주식을 소유하거나 출자하고 있는 자(회사 포함)

회계법인은 회계법인이 주식을 소유하거나 출자하고 있는 자(회사를 포함)의 감사인이 될 수 없다(법9③ 전단, 공인회계사법33①(1)).

3. 사원이 직무제한 사유에 해당하는 경우

회계법인은 회계법인의 사원이 공인회계사법 제21조 제1항 각 호의 1에 해당하는 관계가 있는 자(회사 포함)의 감사인이 될 수 없다(법9③ 전단, 공인회계사법33①(2)).

따라서 회계법인은 회계법인의 사원이 ⅰ) 자기 또는 배우자가 임원이나 그에 준하는 직위(재무에 관한 사무의 책임있는 담당자를 포함)에 있거나, 과거 1년 이내에 그러한 직위에 있었던 자(회사를 포함)(제1호),[3] ⅱ) 자기 또는 배우자가 그 직원이거나 과거 1년 이내에 직원이었던 사람(배우자의 경우 재무에 관한 사무를 수행하는 직원으로 한정)(제2호), ⅲ) 제1호 및 제2호 외에 자기 또는 배우자와 뚜렷한 이해관계가 있어서 그 직무를 공정하게 행하는 데 지장이 있다고 인정되어 "대통령령으로 정하는 자"(제3호)의 감사인이 될 수 없다(공인회계사법21①).

---

3) 회계법인은 사원 또는 사원의 배우자가 임원이나 그에 준하는 직위(재무에 관한 사무의 책임있는 담당자 포함)에 있는 회사의 재무제표를 감사하거나 증명하는 직무를 행할 수 없음에도, 감사인은 소속 공인회계사 K가 본인의 배우자가 대표이사인 Y주식회사와 외부감사계약을 체결하고, 업무담당이사로서 동 회사의 외부감사업무를 수행한 것과 관련하여 감사업무의 독립성 준수 여부 확인 등 소속 공인회계사의 회계감사업무 등에 대한 관리·감독업무를 소홀히 한 사실이 있어 회계법인은 경고, 지정제외점수 40점, K는 당해회사 감사제한4년, 주권상장·지정회사 감사업무제한 1년, 직무연수 20시간의 조치를 받았다.

위 제3호에서 "대통령령으로 정하는 자"라 함은 공인회계사 또는 그 배우자와 다음의 어느 하나에 해당하는 관계에 있는 자를 말한다(공인회계사법 시행령14①).

1. 해당 공인회계사 또는 그 배우자가 주식 또는 출자지분을 소유하고 있는 자. 다만, 감사기간(재무제표를 감사하거나 증명하는 업무를 수행하는 계약을 체결하고 있는 기간) 중 합병·상속 또는 소송 등에 따라 주식 또는 출자지분을 비자발적으로 취득한 후 해당 주식 또는 출자지분을 지체 없이 처분한 경우는 제외한다.
2. 공인회계사 또는 그 배우자와 3천만원 이상의 채권 또는 채무관계에 있는 자. 다만, 다음의 어느 하나에 해당하는 채권 또는 채무를 제외한다.
   가. 공인회계사의 직무와 직접 관련된 채권
   나. 예금자보호법에 따라 보호되는 금액 한도 이내의 예금·적금 등 채권
   다. 표준약관에 따라 구입하거나 정상적인 가액으로 구입한 회원권·시설물 이용권 등 채권
   라. 퇴직급여법에 따른 퇴직연금 등 채권
   마. 금융위원회법 제38조(금융감독원의 검사대상기관)의 규정에 따른 기관으로부터 받은 주택담보대출·예금담보대출 등 통상의 절차에 따라 담보를 제공하고 성립된 채무
   바. 신용카드의 사용에 의한 지급기일이 2월 이내인 채무 중 연체되지 아니한 채무
   사. 감사기간 중 합병·상속 또는 소송 등에 의하여 비자발적으로 발생된 채권 또는 채무
3. 해당 공인회계사에게 무상으로 또는 통상의 거래가격보다 현저히 낮은 대가로 공인회계사 사무소를 제공하고 있는 자
4. 해당 공인회계사에게 공인회계사 업무외의 업무로 인하여 계속적인 보수를 지급하거나 기타 경제상의 특별한 이익을 제공하고 있는 자
5. 해당 공인회계사에게 직무를 수행하는 대가로 자기 회사의 주식·신주인수권부사채·전환사채 또는 주식매수선택권을 제공하였거나 제공하기로 한 자

4. 회계법인이 뚜렷한 이해관계를 가지고 있는 자 등

회계법인은 뚜렷한 이해관계를 가지고 있거나 과거 1년 이내에 그러한 이해관계를 가지고 있었던 것으로 인정되는 자로서 "대통령령이 정하는 자"(회사 포함)의 감사인이 될 수 없다(법9③ 전단, 공인회계사법33①(3)).

따라서 "대통령령이 정하는 자"인 다음의 자는 감사인이 될 수 없다(공인회계사법 시행령15의2①).

 ⅰ) 과거 1년 이내에 자기의 재무제표 등에 대하여 감사 또는 증명업무를 행한 회계법인의 담당사원 또는 그 배우자가 임원이나 그에 준하는 직위(재무에 관한 사무의 책임있는 담당자를 포함)에 있는 자는 감사인이 될 수 없다(공인회계사법 시행령15의2①(1)).

 ⅱ) 회계법인과 1억원 이상의 채권 또는 채무관계에 있는 자는 감사인이 될 수 없다(공인회계사법 시행령15의2①(2) 전단). 이 경우 공인회계사법 시행령 제14조 제1항 제2호 단서의 규정은 회계법인에 대하여 이를 준용한다(공인회계사법 시행령15의2①(2) 후단). 따라서 ㉠ 공인회계사의 직무와 직접 관련된 채권, ㉡ 예금자보호법에 따라 보호되는 금액 한도 이내의 예금·적금 등 채권, ㉢ 표준약관에 따라 구입하거나 정상적인 가액으로 구입한 회원권·시설물이용권 등 채권, ㉣ 근로자퇴직급여 보장법에 따른 퇴직연금 등 채권, ㉤ 금융위원회법 제38조(금융감독원의 검사대상기관)의 규정에 따른 기관으로부터 받은 주택담보대출·예금담보대출 등 통상의 절차에 따라 담보를 제공하고 성립된 채무, ㉥ 신용카드의 사용에 의한 지급기일이 2월 이내인 채무 중 연체되지 아니한 채무, ㉦ 감사기간 중 합병·상속 또는 소송 등에 의하여 비자발적으로 발생된 채권 또는 채무를 제외한다(공인회계사법 시행령14①(2) 단서).

 ⅲ) 회계법인과 공인회계사법 시행령 제14조 제1항 제3호 내지 제5호의 규정에 준하는 관계가 있는 자는 감사인이 될 수 없다(공인회계사법 시행령15의2①(3)). 따라서 ㉠ 해당 회계법인에게 무상으로 또는 통상의 거래가격보다 현저히 낮은 대가로 공인회계사 사무소를 제공하고 있는 자, ㉡ 해당 회계법인에게 회계법인의 업무외의 업무로 인하여 계속적인 보수를 지급하거나 기타 경제상의 특별한 이익을 제공하고 있는 자, ㉢ 해당 회계법인에게 직무를 수행하는 대가로 자기 회사의 주식·신주인수권부사채·전환사채 또는

주식매수선택권을 제공하였거나 제공하기로 한 자는 감사인이 될 수 없다 (공인회계사법 시행령14①(3)(4)(5)).

Ⅲ. 동일이사의 연속감사 제한 등

1. 동일이사 연속감사 제한

회계법인인 감사인은 동일한 이사(공인회계사법 제26조 제1항[4])에 따른 이사)에 게 회사의 연속하는 6개 사업연도(주권상장법인, 대형비상장주식회사 또는 금융회사 의 경우에는 4개 사업연도)에 대한 감사업무를 하게 할 수 없다(법9⑤ 본문).[5]

2. 주권상장법인 등의 동일이사 교체의무

회계법인인 감사인은 주권상장법인, 대형비상장주식회사 또는 금융회사의 경우 연속하는 3개 사업연도에 대한 감사업무를 한 이사에게는 그 다음 연속하

---

4) 공인회계사법 제26조(이사 등) ① 회계법인에는 3명 이상의 공인회계사인 이사를 두어야 한다. 다만, 다음의 어느 하나에 해당하는 자는 이사가 될 수 없다.
  1. 사원이 아닌 자
  2. 제48조에 따라 직무정지처분(일부 직무정지처분을 포함)을 받은 후 그 직무정지기간 중에 있는 자
  3. 제39조에 따라 등록이 취소되거나 업무가 정지된 회계법인의 이사이었던 자(등록취소 나 업무정지의 사유가 발생한 때의 이사이었던 자로 한정)로서 등록취소 후 3년이 지 나지 아니하거나 업무정지기간 중에 있는 자
  4. 제40조의2 제1호에 따른 외국공인회계사
5) 감사인은 비상장회사인 ㈜Y("회사")에 대한 감사를 수행함에 있어, 회사의 제11기 (2013.1.1.~2013.12.31.)부터 제16기(2018.1.1.~2018.12.31.)까지 6개 사업연도에 대해 동 일한 이사(공인회계사 A)에게 감사업무를 수행하도록 함으로써 외부감사법에 규정된 동일 이사 연속감사제한 규정을 위반한 사실이 있어(위반연도: 2018년(제16기)) 회계법인은 손 해배상공동기금 추가적립 20%, 당해회사 감사업무제한 2년(지정제외점수 30점), 공인회계 사 A(담당이사)는 당해 회사 감사업무제한 1년, 주권상장(코스닥 및 코넥스상장 제외)·지 정회사 감사업무제한 1년, 직무연수 6시간의 조치를 받았다. 이 사안은 담당 업무수행이사 의 관련 규정에 대한 이해 부족과 감사인의 품질관리에 관한 내부통제시스템이 적절히 구 축·운영되지 아니한 결과 독립성 위반사항이 발생한 것으로, ⅰ) 위반동기: 담당이사의 업 무 부주의와 감사인의 품질관리에 관한 내부통제시스템이 적절히 구축·운영되지 아니하 여 발생된 사항으로 "직무상 주의의무를 현저히 결하여 위법행위를 한 경우"에 해당하여 "중과실"로 판단하고, ⅱ) 위반중요도: 독립성 위반이 발생한 2018년(제16기) 재무제표상 회계처리기준 위반사항은 발견되지 아니하고 1개 사업연도의 법규위반만 적발된 경우로, 이는 독립성 침해가 중대한 경우에 해당하지 아니하여 "보통"으로 판단하였다.

는 3개 사업연도의 모든 기간 동안 해당 회사의 감사업무를 하게 할 수 없다(법9
⑤ 단서).[6]

Ⅳ. 소속공인회계사 교체의무

회계법인인 감사인은 그 소속공인회계사(공인회계사법 제26조 제3항[7])에 따른
소속공인회계사)를 주권상장법인인 회사에 대한 감사업무의 보조자로 함에 있어
서 동일한 보조자에게 해당 회사의 연속하는 3개 사업연도에 대한 감사업무를
하게 한 경우, 그 다음 사업연도에는 그 보조자의 3분의 2 이상을 교체하여야 한
다(법9⑥).

제3절 감사반인 감사인

Ⅰ. 감사자격 제한 대상회사

감사반인 감사인은 그에 소속된 공인회계사 중 1명 이상이 공인회계사법 제

---

6) 회계법인인 감사인은 주권상장법인인 회사의 연속하는 3개 사업연도에 대한 감사업무를
한 이사에게 그 다음 연속하는 3개 사업연도의 모든 기간 동안 해당 회사의 감사업무를
하게 할 수 없으나, 감사인은 이사 A로 하여금 주권상장법인인 Y사의 연속하는 3개 사업
연도(2009년(제39기)~2011년(제41기))에 대해 담당이사로서 감사업무를 수행하게 했음
에도 불구하고, 그 다음 연속하는 3개 사업연도 중 2개 사업연도(2013년(제43기)~2014년
(제44기))에도 해당 회사의 감사업무를 담당이사로서 수행하도록 한 사실이 있어 손해배
상공동기금 추가적립 30%, 당해회사 감사업무제한 2년, 지정제외점수 40점의 조치를 받
았다. 회계법인의 이사는 주권상장법인의 연속하는 3개 사업연도에 대한 감사업무를 한
후 그 다음 연속하는 3개 사업연도의 모든 기간 동안 해당 회사의 감사업무를 할 수 없는
데도, 감사인 소속 업무수행이사 A는 주권상장법인인 Y사의 연속하는 3개 사업연도(2009
년(제39기)~2011년(제41기))에 대해 담당이사로서 감사업무를 수행했음에도 불구하고,
그 다음 연속하는 3개 사업연도 중 2개 사업연도(2013년(제43기)~2014년(제44기))에도
담당이사로서 해당 회사의 감사업무를 수행한 사실이 있어 당해회사 감사업무제한 2년,
주권상장(코스닥·코넥스 상장 제외)·지정회사 감사업무제한 1년, 직무연수 8시간의 조치
를 받았다.
7) 공인회계사법 제26조(이사 등) ② 회계법인의 이사와 직원 중 10명 이상은 공인회계사이
어야 한다.
③ 제2항에 해당하는 공인회계사 중 이사가 아닌 공인회계사("소속공인회계사")는 제1항
제2호에 해당하지 아니한 자이어야 한다.

21조 제1항 각 호의 어느 하나에 해당하는 관계에 있는 회사의 감사인이 될 수 없다(법9③ 후단). 공인회계사법 제21조 제1항 각 호의 어느 하나에 해당하는 관계에 있는 회사는 앞에서 살펴보았다.

Ⅱ. 참여 공인회계사 교체의무

감사반인 감사인은 대통령령으로 정하는 주권상장법인인 회사의 연속하는 3개 사업연도에 대한 감사업무를 한 경우, 그 다음 사업연도에는 그 감사에 참여한 공인회계사의 3분의 2 이상을 교체하여야 한다(법9⑦).

제4절 감사인의 자격과 실무수습

감사인에 소속되어 회계감사업무를 수행할 수 있는 공인회계사는 "대통령령으로 정하는 실무수습 등을 이수한 자"이어야 한다(법9④).

Ⅰ. 실무수습과 실무수습기관

위에서 "대통령령으로 정하는 실무수습 등을 이수한 자"란 ⅰ) 회계법인, ⅱ) 감사반, ⅲ) 공인회계사회, ⅳ) 금융감독원(외부감사관련업무, 주권상장법인의 재무관리사무를 담당하는 부서에 한한다), ⅴ) 공인회계사회의 추천을 받아 금융위원회가 정하는 기관(공인회계사법 시행령12①)에서 2년 이상(공인회계사회의 추천을 받아 금융위원회가 정하는 기관인 경우에는 3년 이상) 실무수습을 받은 사람을 말한다(영10① 전단). 이 경우 실무수습기간을 산정할 때에는 공인회계사법 제7조 제1항에 따른 실무수습기간(1년)을 포함한다(영10① 후단).

Ⅱ. 실무수습기간 산정 등

실무수습에 관하여는 공인회계사법 시행령 제12조 제3항 및 제4항을 준용한다(영10②). 따라서 실무수습기간을 산정함에 있어 2 이상의 기관(위의 실무수습 기관에서 실무수습을 받지 못하는 자를 위하여 금융위원회가 별도로 설치한 실무수습과 정을 포함)에서 실무수습을 행한 자에 대하여는 각 기관의 실무수습기간을 합산 한다(공인회계사법 시행령12③).

실무수습에 관한 사항은 공인회계사회가 이를 관리하며, 실무수습의 내용· 방법·절차 및 실무수습기간의 합산 그 밖에 필요한 사항은 공인회계사회가 금 융위원회의 승인을 얻어 정한다(공인회계사법 시행령12④).

제5절 독립성의무 위반 및 감사조서 보존 등 의무 위반 조치양정기준

여기서는 외부감사규정 시행세칙 [별표 3]의 「독립성의무 위반 및 감사조서 보존 등 의무 위반 조치양정기준」을 살펴본다.

Ⅰ. 목적

이 기준은 외부감사법 제6조 제6항, 제9조 제3항, 제5항부터 제7항까지의 규정에 따른 외부감사인의 독립성 관련 의무 위반행위(이하 독립성 관련 의무 위반 행위를 합하여 "독립성의무 위반행위"라 한다), 외부감사법 제19조 제2항, 제3항에 따른 감사조서의 보존의무 및 위조 등 금지의무 위반행위(이하 감사조서 관련 의무 위반행위를 합하여 "감사조서 보존 등 의무 위반행위"라 한다)에 대한 조치등을 위하 여 외부감사규정에서 금융감독원장("금감원장")에게 위임된 사항 및 기타 필요한 사항을 정함을 목적으로 한다(별표 3. Ⅰ).

Ⅱ. 일반원칙

1. 위법행위에 대한 조치양정의 판단

독립성의무 위반행위 및 감사조서 보존 등 의무 위반행위(이하 이들 의무 위반행위를 합하여 "위법행위"라 한다)에 대한 조치양정은 고의성의 유무, 과실의 정도, 위법행위의 중요도 및 발생원인·결과·방법 등을 종합적으로 판단하여 결정한다(별표 3. Ⅱ.1.).

2. 위법행위에 대한 조치 구분 등

위법행위에 대한 조치는 증권선물위원회의 행정조치("기본조치")와 검찰고발·통보·수사의뢰(검찰고발·통보·수사의뢰를 합하여 "고발등"이라 한다), 금융위원회에의 조치건의로 구분하고, 기본조치와 고발등, 금융위원회에의 조치건의는 병과할 수 있다. 다만, 기본조치만으로 제재효과를 충분히 달성할 수 있다고 인정되는 경우에는 고발등, 금융위원회에의 조치건의는 아니할 수 있다(별표 3. Ⅱ.2.)

3. 조치대상자

독립성의무 위반행위의 조치대상자는 감사인, 회사의 외부감사에 참여한 담당 이사 및 담당 공인회계사로 하고, 감사조서 보존 등 의무 위반행위의 조치대상자는 감사인, 감사조서 보존의무위반행위 및 위조·변조, 훼손·파기 등 행위의 행위자로 한다. 다만, 독립성의무 위반행위의 원인을 제공한 자가 당해 외부감사에 참여한 공인회계사가 아닌 경우 또는 감사조서 보존 등 의무 위반행위의 원인을 제공한 자가 당해 감사조서 보존의무를 부담하는 자가 아닌 경우에는 그 자에 대한 관련 법령에 따른 적절한 조치가 부과될 수 있도록 한국공인회계사회 등에 관련 사실을 통보한다(별표 3. Ⅱ.3.)

4. 벌칙부과 대상행위의 구분과 조치

위법행위가 법의 벌칙부과 대상행위로 판단되는 경우 검찰총장에게 고발하여야 하고, 위법행위의 동기·원인 또는 결과 등에 비추어 정상참작의 사유가 있는 경우에는 고발을 검찰총장 통보로 갈음할 수 있으며, 위법행위에 대한 직접적인 증거는 없으나 제반 정황으로 보아 벌칙부과 대상행위가 있다는 상당한 의심이 가고 사건의 성격상 수사기관의 강제조사가 필요하다고 판단되는 경우에는 고발·통보에 갈음하여 검찰총장에게 수사를 의뢰할 수 있다(별표 3. Ⅱ.4.)

Ⅲ. 위법행위의 동기 판단

1. 위법동기의 유형

감사인, 담당 이사, 담당 공인회계사 및 감사조서 보존 의무 등 위반행위자의 위법행위 동기는 고의, 중과실, 과실로 구분하며, 그 내용은 다음과 같다(별표 3. Ⅲ.1).

　　가. 고의: 위법사실 또는 그 가능성을 인식하고 위법행위를 하는 동기
　　나. 중과실: 직무상 주의의무를 현저히 결(缺)하여 위법행위를 하는 동기
　　다. 과실: 직무상 주의의무를 결(缺)하여 위법행위를 하는 동기

2. 위반행위자의 위법동기 판단

감사인, 담당 이사, 담당 공인회계사 및 감사조서 보존 의무 등 위반행위자 각각의 위법동기는 개별적인 행위 등 사정을 근거로 판단한다(별표 3. Ⅲ.2).

3. 감사인의 과실 판단 기준

감사인이 자신의 독립성의무 위반행위를 적절한 기간 내에(감사인 내부규정에 따른 독립성 점검주기 내, 다만 감사보고서일로부터 3년 이내) 자체발견하여 시정조치하였고, 감사인의 내부통제시스템이 정상적으로 작동한 것으로 판단되는 경우 동 독립성의무 위반행위의 동기를 '과실'로 판단한다. 이 경우 내부통제시스템의 정상적인 작동 여부는 감사인의 내부통제시스템 구축·운용실태를 근거로 판단한다(별표 3. Ⅲ.3).

❑ 감사인의 내부통제시스템 정상작동 판단기준(재무적 이해관계 관련)

일반사항	위법행위 관련 사항
① 연간 1회 이상 감사인의 전체 임직원으로부터 독립성의무 준수 확인서 징구 ② 감사인의 전체 임직원(배우자 포함) 보유 주식(지분 포함) 및 배우자 취업상황에 대한 신고시스템 구축 ③ 감사기간 중 담당 이사에 의한 감사참여자 (배우자 포함)의 보유주식(지분 포함) 확인 ④ 표본 추출을 통해 감사인의 전체 임직원 (배우자 포함) 신고내용의 적정성에 대한 주기적 점검	① 감사인의 위반자에 대한 적정수준의 내부 징계 ② 독립성 침해 위험의 제거·감소를 위한 노력 ③ 위반사례 전파 및 관련 근거(기록) 유지 등 적극적인 독립성 유지 관련 교육

Ⅳ. 위법행위의 중요도 판단

1. 독립성의무 위반행위의 중요도 판단

재무적 이해관계 금액, 경제적 이익의 보수에 대한 비율, 독립성 침해의 정도 등을 판단기준으로 하여 다음 표와 같이 독립성의무 위반행위의 중요도를 '중대', '보통', '경미'로 구분한다(별표 3. Ⅳ.1.).

❑ 독립성의무 위반행위의 중요도 판단기준

독립성의무 위반행위	중대	보통	경미
Ⅰ. 회계법인의 이해관계(법9 ③, 공인회계사법33①)			
① 회계법인이 주식 또는 출자지분을 소유하고 있는 자 (주식 또는 출자지분의 취득 금액은 위반대상회사의 합계 액을 말한다)	주식 또는 출자지분 취득금액이 1억원 이상	주식 또는 출자지분 취득금액이 3천만원~1억원 미만	주식 또는 출자지분 취득금액이 3천만원 미만
② 과거 1년 내에 자기의 재무 제표 등에 대하여 감사 또는 증명업무를 행한 회계법인의 담당사원 또는 배우자가 임원 (준하는 직위)에 있는 자	담당사원이 재무 관련 임원인 경우	담당사원의 배우자가 재무 관련 임원인 경우	담당사원 및 배우자가 재무와 관련 없는 임원인 경우

③ 회계법인과 1억원 이상의 채권·채무관계에 있는 자	채권·채무가 3억원 이상	채권·채무가 1.5억원~3억원 미만	채권·채무가 1억원~1.5억원 미만
④ 회계법인에게 무상 또는 현저히 낮은 대가(실제 이득액을 말한다)로 회계법인 사무소를 제공하고 있는 자	이득액이 연 6억원 이상	이득액이 연 2억원~6억원 미만	이득액이 연 2억원 미만
⑤ 회계법인 업무 외의 업무로 계속 보수를 지급하거나 기타 경제상 특별이익을 제공하고 있는 자	경제상 이익이 당해회사의 회계법인 업무보수의 50% 이상	경제상 이익이 당해회사의 회계법인 업무보수의 10~50% 미만	경제상 이익이 당해회사의 회계법인 업무보수의 10% 미만
⑥ 회계법인에게 직무수행 대가로 주식, 신주인수권부사채, 전환사채, 주식매수선택권을 제공하였거나 제공하기로 한 자(주식 또는 채권 등의 취득금액은 위반대상회사의 합계액을 말한다)	주식 등 취득금액이 직무수행대가의 50% 이상	주식 등 취득금액이 직무수행대가의 10~50% 미만	주식 등 취득금액이 직무수행대가의 10% 미만
Ⅰ-1. 회계법인 사원의 이해관계(법9③, 공인회계사법21①, 33①)			
① 사원 또는 배우자가 피감회사의 임원(준하는 직위), 사용인이거나 과거 1년 내에 그러한 직위에 있었던 자	임원(준하는 직위), 사용인인 경우	과거 1년 내에 임원(준하는 직위), 사용인이었던 경우	—
② 사원 또는 배우자가 주식 또는 출자지분을 소유하고 있는 자(주식 또는 출자지분의 취득금액은 위반대상회사의 합계액을 말한다.)	주식 또는 출자지분 취득금액이 1억원 이상	주식 또는 출자지분 취득금액이 3천만원~1억원 미만	주식 또는 출자지분 취득금액이 3천만원 미만
③ 사원 또는 배우자와 3천만원 이상의 채권·채무관계에 있는 자	채권·채무가 1억원 이상	채권·채무가 5천만원~1억원 미만	채권·채무가 3천만원~5천만원 미만
④ 사원에게 무상 또는 현저히 낮은 대가(실제 이득액을 말한다)로 공인회계사 사무소를 제공하고 있는 자	이득액이 연 9천만원 이상	이득액이 연 3천만원~9천만원 미만	이득액이 연 3천만원 미만
⑤ 사원에게 공인회계사 업무	경제상 이익이	경제상 이익이	경제상 이익이

	당해회사의 공인회계사 업무보수의 50% 이상	당해회사의 공인회계사 업무보수의 10~50% 미만	당해회사의 공인회계사 업무보수의 10% 미만
외의 업무로 계속 보수를 지급하거나 기타 경제상 특별이익을 제공하고 있는 자			
⑥ 사원에게 직무수행 대가로 주식, 신주인수권부사채, 전환사채, 주식매수선택권을 제공하였거나 제공하기로 한 자 (주식 또는 채권 등의 취득금액은 위반대상회사의 합계액을 말한다.)	주식 등 취득금액이 직무수행대가의 50% 이상	주식 등 취득금액이 직무수행대가의 10~50% 미만	주식 등 취득금액이 직무수행대가의 10% 미만
Ⅱ. 연속기간 감사금지(법9 ⑤~⑦)			
① 회계법인의 동일이사 교체 의무(연속 6개연도 감사업무 제한, 상장·대형비상장·금융회사의 경우 연속 4개연도 감사업무 제한)	독립성 침해가 중대한 경우	일반적인 경우	—
② 회계법인이 소속 공인회계사를 상장법인에 대한 감사보조자로 함에 있어 동일 보조자에게 해당회사의 연속 3개연도 감사업무를 하게 한 경우 그 다음 연도에 보조자의 2/3 이상 교체			
③ 감사반이 상장법인의 연속 3개연도 감사업무를 한 경우 그 다음 연도에 참여 공인회계사의 2/3 이상 교체			
Ⅲ. 감사인 및 소속 공인회계사의 감사대상회사 재무제표 작성 대행 등 금지 (법6⑥)			
① 감사대상회사의 재무제표 작성 대행	독립성 침해가 중대주한 경우	일반적인 경우	독립성 침해가 경미한 경우
② 감사대상회사의 재무제표 작성 관련 회계처리 자문			
③ 감사대상회사의 재무제표 작성에 필요한 계산 또는 회계분개 대행			

④ 감사대상회사의 재무제표 작성 관련 회계처리방법의 선택·결정 관여			

주) 중대성 여부는 '감사보수 대비 비감사보수의 비율'[50% 이상(중대), 10%~50% 미만(보통), 10% 미만(경미)], '제공 비감사용역의 범위'(기술적 자문 한정 여부), '비감사용역 제공의 결과'(재무제표 왜곡 여부), '비감사용역 제공의 시기'(기말결산시기에 용역을 제공한 것인지 여부) 등 양적·질적 요소를 감안하여 결정

2. 감사조서 보존 등 의무 위반행위의 중요도 판단

감사대상회사가 상장법인·대형비상장 주식회사·금융회사인지 여부를 판단기준으로 하여 다음 표와 같이 감사조서 보존 등 의무 위반행위의 중요도를 '중대', '보통', '경미'로 구분한다(별표 3. Ⅳ.2.).

❑ 감사조서 보존 등 의무 위반행위의 중요도 판단기준

감사조서 보존 등 의무 위반행위	중대	보통	경미
감사인의 감사조서 보존의무 위반(법19②)	–	감사대상회사가 상장법인 등^{주1}인 경우	감사대상회사가 상장법인 등이 아닌 경우^{주2}
감사인(사용인 포함)의 감사조서 위조·변조(법19③)	감사대상회사가 상장법인 등^{주1}인 경우	감사대상회사가 상장법인 등이 아닌 경우^{주2}	–
감사인(사용인 포함)의 감사조서 훼손^{주3}·파기(법19③)	감사대상회사가 상장법인 등^{주1}인 경우	감사대상회사가 상장법인 등이 아닌 경우^{주2}	–

주1) 감사대상회사가 상장법인(유가증권시장, 코스닥시장, 코넥스시장 상장법인), 대형비상장 주식회사, 금융회사인 경우
주2) 감사대상회사가 상장법인 등이 아니더라도 법상 외부감사대상법인이어야 함
주3) 감사조서의 동일성에 차이점을 발생시키지 않는 경미한 훼손은 조치하지 않음

Ⅴ. 위법행위의 조치기준

1. 기본조치기준

기본조치기준은 다음과 같다(별표 3. Ⅴ.1.)

가. 위법행위의 위반동기 및 위반중요도를 고려하여 다음 표에 따라 외부감사규정 시행세칙 [별표 1] '심사·감리결과 조치양정기준' 'V. 2.부터 3.'에 의한 조치기준을 적용하며, 감사인 중 회계법인에게는 동 시행세칙 [별표 2] '지정제외점수의 부과 및 적용기준'에 의한 지정제외점수도 부과한다. 다만, 감사조서 보존 등 의무 위반행위의 경우 손해배상책임과의 직접적인 인과관계가 인정되기 어려우므로 '손해배상공동기금 추가적립' 조치는 하지 않는다.

※ 위법행위에 대한 과징금은 부과규정이 없으므로 부과하지 않는다.

❑ 위법행위의 조치기준

위반중요도＼위반동기	고의	중과실	과실
중대	고의Ⅲ	중과실Ⅱ	과실Ⅱ
보통	고의Ⅳ	중과실Ⅲ	과실Ⅲ
경미	중과실Ⅲ	중과실Ⅳ	과실Ⅳ
감경시 최소	중과실Ⅳ	과실Ⅲ	과실Ⅴ

나. 독립성 의무 위반행위가 금융시장에 미치는 영향이 미미한 것으로 판단되는 특수목적법인(Special Purpose Company)주에 대한 감사인의 독립성 의무 위반행위의 경우 지정제외점수를 50% 감경한다.

주) 독립성 의무 위반시점에 다음 각 사항의 어느 하나에도 해당하지 않는 특수목적법인

① 사업보고서 또는 분·반기보고서를 제출한 법인

② 한국거래소로부터 상장예정기업으로 통보받은 법인

③ 자산총액이 5천억원 이상인 법인

④ 금융회사

⑤ 기타 위반행위가 금융시장 등에 중대한 영향을 미치거나 사회적 물의를 야기한 법인

2. 2개 이상 위법행위의 경합시 조치기준

2개 이상 위법행위의 경합시 조치기준은 다음과 같다(별표 3. V.2.).

가. 2회계연도 이상에 걸쳐 발생한 동일한 독립성의무 위반행위, 동일한 감사조서 보존 등 의무 위반행위('IV.1항'의 <독립성의무 위반행위의 중요도 판단기준>, 'IV.2항'의 <감사조서 보존 등 의무 위반행위의 중요도 판단기준>의 동일 줄의 위반행위를 동일 위반행위로 본다)는 각 회계연도 단위로 끊고, 각 회계연도별 조치수준 중 가장 중한 조치수준으로 산정한다.

나. 2개 이상의 감사보고서에 관하여 발생한 동일한 감사조서 보존 등 의무 위반행위는 각 감사보고서 단위로 구분하고, 각 감사보고서별 조치수준 중 가장 중한 조치수준으로 산정한다.

다. 2개 이상의 독립성의무 위반행위 경합시 각 독립성의무 위반행위에 대한 조치수준 중 가장 중한 조치수준을 1단계 가중한다. 다만, 각 조치수준을 합산한 조치수준을 초과할 수 없다.

라. 2개 이상의 감사조서 보존 등 의무 위반행위 경합시 각 감사조서 보존 등 의무 위반행위에 대한 조치수준 중 가장 중한 조치수준을 1단계 가중한다. 다만, 각 조치수준을 합산한 조치수준을 초과할 수 없다.

마. 독립성의무 위반행위, 감사조서 보존 등 의무 위반행위, 회계감사기준 위반행위가 2개 이상 경합하는 경우 각 위반종류('독립성의무 위반행위', '감사조서 보존 등 의무 위반행위', '회계감사기준 위반행위'를 각각 별개의 위반종류로 본다)별로 산정된 조치수준을 합산하여 조치하되, 합산이 어려운 조치는 합산하지 아니한다(아래 <합산 및 합산하지 않는 조치 구분> 참조).

※위 '가~마항'은 감사인의 동일 회사에 대한 감사와 관련하여 발생한 독립성의무 위반행위, 감사조서 보존 등 의무 위반행위 및 회계감사기준 위반행위의 조치수준 산정을 위한 기준인바, 동 기준을 통해 각 회사별 조치수준을 산정하고, 회사가 2개 이상인 경우에는 아래 '바항'과 같이 각 회사별 조치수준을 합산하여 조치할 수 있다.

바. 독립성의무 위반행위, 감사조서 보존 등 의무 위반행위, 회계감사기준 위

반행위가 2개 이상의 회사에 대하여 발생한 경우 각 회사별로 조치수준(가중·감경까지 거친 조치수준)을 산정하고, 각 회사별 조치수준을 합산하여 조치하되, 합산이 어려운 조치는 합산하지 아니한다(아래 <합산 및 합산하지 않는 조치 구분> 참조).

❑ 합산 및 합산하지 않는 조치 구분

합산하는 조치[주1]	합산하지 않는 조치
■ 업무(직무)정지(감사인, 공인회계사) ■ 손해배상공동기금 추가적립[주2](감사인) ■ 당해회사 감사업무제한(감사인, 공인회계사) ■ 주권상장·지정회사·대형비상장주식회사 감사업무제한[주3](공인회계사) ■ 직무연수(공인회계사) ■ 지정제외점수 부과(감사인)	■ 등록취소(감사인, 공인회계사) ■ 경고, 주의[주4](감사인, 공인회계사)

주1) 합산시 최대 한도: 업무(전부·일부)정지 1년, 직무정지 2년, 직무일부정지 1년, 손해배상공동기금 추가적립 100%(당해 회사), 당해 회사 감사업무 제한 5년, 주권상장·지정회사·대형비상장주식회사 감사업무 제한 1년, 직무연수 20시간, 지정제외점수 300점
주2) 감사조서 보존 등 의무 위반행위의 경우 손해배상책임과의 직접적인 인과관계가 인정되기 어려우므로 '손해배상공동기금 추가적립' 조치는 하지 않는다.
주3) 다수의 감사업무제한 조치 중 제한의 범위가 가장 넓은 조치를 한다.
주4) 경고, 주의는 다수의 조치라도 하나의 경고, 주의 조치를 한다.

Ⅵ. 기본조치의 가중·감경 및 면제

1. 기본조치 가중·감경의 기본원칙

기본조치 가중·감경의 기본원칙은 다음과 같다(별표 3. Ⅵ. 1.).

가. 위법행위가 아래의 가중·감경사유에 해당하는 경우 각 사유별로 기본조치를 1단계 가중·감경할 수 있고, 가중·감경사유는 이와 직접 관련되는 위법행위에 대하여만 적용한다. 다만, '2. 나. 2)항'(감사인의 독립성의무 위반행위 자체발견 및 시정조치)의 감경사유는 각 하위사유별로 1단계씩 감경할 수 있다.

나. 다수의 감경사유가 적용되더라도 감사인 및 공인회계사의 경각심 제고를 위해 '감경시 최소조치'를 부과한다. 다만, 고의가 아닌 경우로서, 감사인의 자

체발견 및 시정으로 인한 독립성의무 위반행위에 대한 조치의 감경시에는 '감경시 최소조치' 적용을 배제하여 최종 조치수준 결정이 가능하다(조치의 필요성이 없는 경우 조치생략 가능).

다. 2개 이상의 위법행위 경합 가중으로 조치의 효과를 충분히 달성할 수 있어 추가적인 가중사유를 적용할 필요성이 없는 것으로 인정되는 경우 추가적인 가중사유를 적용하지 아니할 수 있다.

2. 독립성의무 위반행위에 대한 조치의 가중 · 감경

독립성의무 위반행위에 대한 조치의 가중 · 감경은 다음과 같다(별표 3. Ⅵ. 2.).

가. 독립성의무 위반행위에 대한 조치의 가중사유

1) 독립성의무 위반으로 인한 조치(경고 · 주의는 2회 이상 조치를 받은 경우에 한한다)를 받은 날로부터 2년 이내에 독립성의무 위반행위를 한 경우. 다만, 감사인이 자체발견하여 시정한 독립성의무 위반행위는 가중하지 아니한다.

2) 감리과정에서 허위자료 제출, 정당한 이유없는 자료제출 거부 또는 현저한 지연제출 등 감리업무를 방해하여 조치의 가중이 필요하다고 인정되는 경우

3) 동일 회사에 대한 독립성의무 위반행위가 3개 사업연도를 초과하여 발생한 경우(다만, 위법동기가 고의인 경우에 한정한다)

4) 공인회계사의 위법행위에 대해 감사인의 품질관리기준에 따른 업무설계 · 운영 소홀 등이 인정되어 나.5)에 따라 공인회계사에 대한 조치를 감경하는 경우 또는 4.나.에 따라 공인회계사에 대한 조치를 면제하는 경우로서 감사인의 품질관리기준에 따른 업무설계 · 운영 소홀 등을 근거로 감사인에 대한 조치를 가중할 필요가 있는 경우

5) 기타 위법행위의 원인, 결과, 방법 등을 감안하여 가중이 필요하다고 인정되는 경우

나. 독립성의무 위반행위에 대한 조치의 감경사유

1) 공인회계사가 조치일로부터 10년 이내에 기업 회계투명성 제고에 기여한 공적으로 정부 표창규정에 따른 장관급 이상, 금융위원회 위원장, 금융감독원장의 표창을 받은 경우. 다만, 동일한 공적에 의한 감경은 1회에 한하며, 검찰총장

에의 고발등 또는 금융위원회에의 등록취소·전부 직무정지 건의의 경우에는 적용하지 아니한다(동 감경사유는 공인회계사에 대한 조치에 한하여 적용한다).

2) 감사인이 적절한 기간 내에(감사인 내부규정에 따른 독립성 점검주기 내, 다만 감사보고서일로부터 3년 이내) 자체발견하여 시정조치한 독립성의무 위반행위가 다음의 사유 중 하나에 해당하는 경우 각 사유별로 1단계씩 감경할 수 있다(동 감경사유는 감사인에 대한 조치에 한하여 적용한다).

① 정상적인 내부통제 시스템으로 발견하기에는 현실적인 한계주가 있다고 인정되는 경우

주) 예시: 감사인 임직원의 배우자가 원인이 되어 발생한 독립성의무 위반 행위, 비상장주식 등 재무정보의 파악이 용이하지 않은 경우 등

② 계약해지 또는 독립성의무 위반이 감사보고서일 이전에 발견되어 적절한 사후조치(예시: 위반자를 업무에서 제외, 업무 재수행 등)를 통해 독립성 침해가 치유된 것으로 볼 수 있는 경우

③ 독립성의무 위반행위 발견 즉시 소관기관(금융감독원 또는 한국공인회계사회)에 자진신고한 경우

④ 기타 이에 준하거나 유사한 사유 등으로 감사인이 자체발견하여 시정조치한 독립성의무 위반행위에 대한 조치의 감경이 필요하다고 인정되는 경우

3) 독립성의무 위반행위 대상회사의 직전 사업연도 말 자산규모 또는 직전 3개 사업연도의 평균 매출액 규모가 1,000억원 미만인 경우(다만, 「외부감사법」 제4조 제1항 제1호 또는 제2호에 해당하는 회사, 대형비상장주식회사 및 금융회사는 제외한다)

4) 감사인이 독립성의무 위반행위와 관련된 감사로 인하여 발생한 손해배상책임을 충분히 이행한 경우

5) 공인회계사의 위법행위가 다음 각 호의 요건을 모두 충족하는 경우

가) 공인회계사의 위법행위가 회계감사기준에서 공인회계사에게 감사인의 품질관리시스템에 의존할 수 있는 권리를 인정한 업무와 관련되어 있을 것

나) 위법행위 당시 공인회계사가 의존한 품질관리시스템에 대해 감사인이 설계·운영을 소홀히 한 사실이 인정될 것

다) 공인회계사가 의존한 품질관리시스템에 대한 감사인의 설계·운영 소홀과 공인회계사의 위법행위 사이에 상당한 인과관계가 인정될 것

6) 기타 위반행위의 원인, 결과, 방법 등을 감안하여 감경이 필요하다고 인정되는 경우

3. 감사조서 보존 등 의무 위반행위에 대한 조치의 가중·감경

감사조서 보존 등 의무 위반행위에 대한 조치의 가중·감경은 다음과 같다 (별표 3. Ⅵ. 3.).

가. 감사조서 보존 등 의무 위반행위에 대한 조치의 가중사유

1) 감사조서 보존 등 의무 위반으로 인한 조치(경고·주의는 2회 이상 조치를 받은 경우에 한한다)를 받은 날로부터 2년 이내에 감사조서 보존 등 의무 위반행위를 한 경우

2) 감리과정에서 허위자료 제출, 정당한 이유없는 자료제출 거부 또는 현저한 지연제출 등 감리업무를 방해하여 조치의 가중이 필요하다고 인정되는 경우

3) 동일 회사에 대한 감사조서 보존 등 의무 위반행위가 3개 사업연도를 초과하여 발생한 경우(다만, 위법동기가 고의인 경우에 한정한다)

4) 감사조서 보존 등의 의무위반과 관련된 재무제표 계정의 성격·중요성 등을 감안하여 조치의 가중이 필요하다고 인정되는 경우

5) 공인회계사의 위법행위에 대해 감사인의 품질관리기준에 따른 업무설계·운영 소홀 등이 인정되어 나.4)에 따라 공인회계사에 대한 조치를 감경하는 경우 또는 4.나.에 따라 공인회계사에 대한 조치를 면제하는 경우로서 감사인의 품질관리기준에 따른 업무설계·운영 소홀 등을 근거로 감사인에 대한 조치를 가중할 필요가 있는 경우

6) 기타 위법행위의 원인, 결과, 방법 등을 감안하여 가중이 필요하다고 인정되는 경우

나. 감사조서 보존 등 의무 위반행위에 대한 조치의 감경사유

1) 감사조서 보존 등 의무 위반행위 대상회사의 직전 사업연도 말 자산규모 또는 직전 3개 사업연도의 평균 매출액 규모가 1,000억원 미만인 경우(다만, 외부

감사법 제4조 제1항 제1호 또는 제2호에 해당하는 회사, 대형비상장주식회사 및 금융회사
는 제외한다)

2) 감사인의 감사조서 보존 등과 관련된 내부통제시스템의 구축·운용 실태
가 양호하여 조치의 감경이 필요하다고 인정되는 경우

3) 감사조서 보존 등의 의무위반과 관련된 재무제표 계정의 성격·중요성
등을 감안하여 조치의 감경이 필요하다고 인정되는 경우

4) 공인회계사의 위법행위가 다음 각 호의 요건을 모두 충족하는 경우

가) 공인회계사의 위법행위가 회계감사기준에서 공인회계사에게 감사인
의 품질관리시스템에 의존할 수 있는 권리를 인정한 업무와 관련되
어 있을 것

나) 위법행위 당시 공인회계사가 의존한 품질관리시스템에 대해 감사인
이 설계·운영을 소홀히 한 사실이 인정될 것

다) 공인회계사가 의존한 품질관리시스템에 대한 감사인의 설계·운영
소홀과 공인회계사의 위법행위 사이에 상당한 인과관계가 인정될 것

5) 기타 위반행위의 원인, 결과, 방법 등을 감안하여 감경이 필요하다고 인
정되는 경우

4. 기본조치의 감면

기본조치의 감면(減免)은 다음과 같다(별표 3. Ⅵ. 4.).

가. 감사인, 공인회계사(담당 이사 포함)가 독립성의무, 감사조서 보존 등 의
무의 이행을 위하여 전문가로서 선량한 주의의무를 이행하였음에도 불구하고,
위법행위자의 의도적인 위법행위 은폐, 허위보고 등으로 인하여 위법행위를 방
지할 수 없었던 것으로 인정되는 경우 동 위법행위로 인한 감사인, 해당 공인회
계사에 대한 조치를 면제할 수 있다.

나. 공인회계사가 회계감사기준 등에서 요구되는 의무를 준수하기 위하여
전문가로서 선량한 주의의무를 다하였음에도 불구하고, 감사인이 품질관리기준
에 따른 업무설계·운영을 소홀히 함으로써 위법행위를 방지할 수 없었던 것으로
인정되는 경우에는 해당 공인회계사에 대한 조치를 면제할 수 있다.

다. 위법행위를 증권선물위원회에 신고한 신고자가 다음의 요건을 모두 갖

춘 경우 동 신고자에 대한 조치를 감면할 수 있다.

　　1) 신고자가 신고한 위법행위의 주도적 역할을 하지 아니하였고, 다른 관련자들에게 이를 강요한 사실이 없을 것

　　2) 증권선물위원회, 감리집행기관이 신고 위법행위에 관한 정보를 입수하지 아니하였거나 정보를 입수하고 있어도 충분한 증거를 확보하지 아니한 상황에서 신고하였을 것

　　3) 위법행위를 신고하였고, 그 위법행위의 증명에 필요한 증거를 제공하고 조사가 완료될 때까지 협조하였을 것

Ⅶ. 공인회계사의 책임구분

1. 일반원칙

일반원칙은 다음과 같다(별표 3. Ⅶ.1.).

　　가. 위법행위에 대한 조치를 함에 있어서는 해당 업무의 담당자를 주책임자, 해당 업무의 감독자를 감독책임자, 해당 업무의 보조자를 보조책임자로 각각 조치할 수 있다. 다만, 주책임자, 감독책임자, 보조책임자를 구분하여 조치하는 것이 심히 부당하다고 인정되는 경우에는 그러하지 아니하다.

　　나. 하나의 위법행위에 대하여 담당자가 2인 이상인 경우에는 업무분장의 내용과 업무의 특성에 따라 그 책임정도를 판단한다.

　　다. 감사인 소속 공인회계사로서 위법행위의 지시 또는 강요를 하여 해당 위법행위가 발생한 경우 그 지시 또는 강요자도 주책임자로 조치할 수 있다.

2. 감독책임자, 보조책임자에 대한 조치

감독책임자, 보조책임자에 대한 조치는 다음과 같다(별표 3. Ⅶ.2.). 감독책임자, 보조책임자에 대하여는 주책임자에게 부과되는 조치보다 낮은 조치를 부과할 수 있다. 다만, 주책임자에 대한 조치가 "감경시 최소조치"에 해당하는 경우에는 주책임자와 동일한 조치를 부과할 수 있다.

주권상장법인 감사인의 등록 및 취소

제1절 서설

Ⅰ. 감사인 등록제의 의의

감사인 등록제란 일정수준 이상의 품질관리수준을 갖춘 감사인만 상장법인 및 금융회사를 감사할 수 있도록 하여 회계법인의 사전적 품질관리수준을 향상함으로써 고품질의 감사인을 양성하고, 감사실패로 인한 정보이용자의 피해를 보다 적극적으로 방지하려는 제도이다. 즉 감사인 등록제를 신청한 감사인을 대상으로 등록심사를 통과한 감사인에게 상장법인(비상장 금융회사 포함)을 감사할 수 있는 권한을 부여하고, 등록심사를 미통과한 감사인에게는 상장법인 감사를 제한하는 강력한 규제를 통하여 감사인의 품질관리시스템을 개선하도록 하는 방법이다.[1]

Ⅱ. 입법취지

우리나라에서는 감사인의 실질적 감사품질과는 무관하게 금융위원회에 등록된 감사인은 상장법인 및 금융회사에 대한 감사를 제한 없이 할 수 있기 때문에 부실감사로 인해 다수 이해관계자의 피해 우려가 크고, 또한 부실감사 발생시 손해배상능력이 없는 감사인이 많으므로 선의의 이해관계자의 보호가 미약하다는 지적이 지속적으로 제기되고 있었다.

상장법인의 경우 불특정 다수의 이해관계자가 존재하여 보다 높은 품질의 회계정보를 제공하여야 하므로 상장법인을 감사하는 감사인에게는 보다 높은 수준의 감사품질을 요구할 필요가 있다. 상장법인의 재무제표가 공시되기 전에 사전적인 품질관리 감독을 통하여 감사인이 보다 높은 품질의 감사서비스를 제공할 수 있다면 재무제표 왜곡으로 인한 투자자의 피해를 최소화할 수 있기 때문이다.[2]

신외부감사법 시행 전에는 형식적 요건만 충족하여 금융위원회에 등록한 회계법인은 상장법인 및 비상장 지정회사에 대한 외부감사를 수임할 수 있었다. 그러나 대상회사의 분식회계 발생 위험도 또는 분식회계 발생시 국민경제에 대한 파급효과 등을 감안하면 감사품질 제고를 위한 회계법인의 내부관리노력이 강화될 필요가 있다는 지적이 있어 왔다. 신외부감사법은 감사인 등록제를 통해 회계법인이 감사품질 관리와 관련된 인프라의 구축 및 유지 노력을 유도한다는 차원에서 바람직하다.[3]

제2절 감사인의 등록

Ⅰ. 등록요건

주권상장법인의 감사인이 되려는 자는 등록요건을 모두 갖추어 금융위원회

---

1) 금융감독원(2016), 165-166쪽.
2) 김문철·전영순·최진영(2011), "외부감사인에 대한 품질관리감리제도의 문제점 및 개선방안", 회계저널 제20권 제3호(2011. 6), 70쪽.
3) 제2차 정무위원회(2017), 20쪽.

에 등록하여야 한다(법9의2①). 등록요건은 다음과 같다(법9의2①, 외부감사규정8①).

1. 등록된 회계법인

주권상장법인의 감사인이 되려는 자는 금융위원회에 등록(공인회계사법24)된 회계법인이어야 한다(법9의2①(1)).

2. 인력 요건

주권상장법인의 감사인이 되려는 자는 감사품질 확보를 위하여 충분한 인력을 갖추어야 한다(법9의2①(2), 외부감사규정8① 별표 1 제1호).

(1) 공인회계사 숫자 유지

상시적으로 근무하는 공인회계사(법9④＝실무수습 등을 이수한 자)를 40명 이상으로 유지하여야 한다(별표 1 제1호 가목 본문). 다만, 지방회계법인[주사무소의 소재지가 서울특별시, 인천광역시, 경기도(수도권정비계획법2(1))가 아닌 회계법인]은 공인회계사를 20명 이상으로 유지할 수 있다(별표 1 제1호 가목 단서).

(2) 대표이사 및 품질관리업무 담당이사의 경력기간

대표이사(감사보고서에 서명을 하는 대표이사에 한정) 및 품질관리업무 담당이사(감사인의 대표자가 감사업무 설계 및 운영에 대한 책임을 지도록 지정한 담당이사 1명)의 경력기간(실무수습 등을 이수한 이후에 실무수습기관에서 회계처리 또는 외부감사 업무를 수행한 기간)이 ⅰ) 대표이사는 10년 이상이어야 하고, ⅱ) 품질관리업무 담당이사는 7년 이상이어야 한다(별표 1 제1호 나목).

(3) 품질관리업무 담당자의 경력기간

품질관리업무를 담당하는 사람(품질관리업무 담당이사는 제외하며, 이하 "품질관리업무 담당자"라 한다)은 경력기간이 5년 이상인 사람으로 한다(별표 1 제1호 다목).

(4) 품질관리업무 담당이사와 품질관리업무 담당자의 업무

품질관리업무 담당이사와 품질관리업무 담당자는 ⅰ) 품질관리 제도의 설계 및 관리, ⅱ) 감사보고서 발행 전·후 심리(감사업무 수행과정에서의 중요한 판단사항 및 감사보고서 작성 내용을 감사조서, 증빙자료 등에 따라 객관적으로 평가하여 감사의견에 흠결이 없도록 하는 품질관리 활동), ⅲ) 법령등·회계처리기준·회계감사기준·품질관리기준 등 외부감사 시 준수해야 할 사항에 관한 자문, ⅳ) 외부감사 업무 수임 건의 감사위험(감사인이 중요하게 왜곡표시되어 있는 재무제표에 대하여 부적절한 감사의견을 표명할 위험) 유무 확인 등 타당성 검토, ⅴ) 품질관리 관련 교육훈련 기획 및 운영, ⅵ) 품질관리감리 결과에 대한 개선권고사항 이행상태 점검, ⅶ) 감사조서 관리, ⅷ) 그 밖에 주권상장법인 감사인 등록요건 유지 등 품질관리에 관한 업무를 수행한다(별표 1 제1호 라목).

(5) 품질관리업무 담당자의 수

품질관리업무 담당자의 수는 다음 표와 같다(별표 1 제1호 마목 전단). 이 경우 공인회계사가 20명 이상 40명 미만인 지방회계법인은 품질관리업무 담당자를 1명 이상 두어야 한다(별표 1 제1호 마목 후단).

공인회계사 수	40명~70명	71명~100명	101명~300명	301명~
품질관리업무 담당자의 수	1명 이상	2명 이상	2명에 100명을 초과한 인원의 2%를 합한 수 이상(소수점 이하는 버린다)	6명에 300명을 초과한 인원의 1%를 합한 수 이상(소수점 이하는 버린다)

3. 물적 설비 및 업무방법 요건

주권상장법인의 감사인이 되려는 자는 감사품질 확보를 위하여 물적 설비를 갖추어야 하고(법9의2①(2)), 감사품질 관리를 위한 업무방법을 갖추어야 한다(법9의2①(3), 외부감사규정8① 별표 1 제2호).

(1) 조직, 내부규정, 전산시스템 등 구비

품질관리의 효과성·일관성을 확보할 수 있도록 회계법인 내 인사(人事), 수입·지출의 자금관리, 회계처리, 내부통제, 감사업무 수임(受任) 및 품질관리 등 경영 전반의 통합관리를 위한 체계("조직, 내부규정, 전산시스템 등")를 갖추어야 한다(별표 1 제2호 가목).

(2) 대표이사 등 견제체계 구축

지배구조의 건전성 및 의사결정의 투명성을 확보하기 위하여 대표이사 및 경영에 사실상 영향력을 행사하는 자 등을 효과적으로 견제할 수 있는 체계를 갖추어야 한다(별표 1 제2호 나목).

(3) 독립성 유지 점검·관리 체계 구축

감사업무를 수임하거나 수행하는 과정에서 담당 공인회계사가 독립성(감사의견에 편견을 발생시키는 등 부당한 영향을 미칠 우려가 있는 이해관계를 회피하는 것)을 유지하였는지를 신뢰성있게 점검·관리할 수 있는 체계를 갖추어야 한다(별표 1 제2호 다목).

(4) 담당이사 선정 요건

개별 감사업무에 대해 독립성과 전문성(감사업무를 수행하는데 필요한 교육·훈련 및 경험, 감사대상 회사의 업무 등에 대한 전문지식 등을 충분히 갖춘 것)을 가진 자가 담당 이사로 선정될 수 있도록 그 절차 및 방법이 공정성, 투명성 및 합리성을 가져야 한다(별표 1 제2호 라목).

(5) 투입시간의 신뢰성 및 타당성 확보 체계 구축

소속 공인회계사(실무수습 등을 이수하지 않은 사람도 포함)가 외부감사 업무를 수행하는데 투입한 시간의 신뢰성 및 타당성을 확보할 수 있는 체계를 갖추어야 한다(별표 1 제2호 마목).

(6) 감사업무 관련 정보의 진본성 등 보장 체계 구축

감사조서 등 감사업무 관련 정보의 생산부터 보존까지의 모든 과정에 걸쳐 진본성(眞本性), 무결성(無缺性), 신뢰성 및 이용가능성이 보장될 수 있도록 관리하는 체계를 갖추어야 한다(별표 1 제2호 바목).

4. 심리체계

주권상장법인의 감사인이 되려는 자는 감사품질 관리를 위한 사후 심리체계를 갖추어야 한다(법9의2①(3), 외부감사규정8① 별표 1 제3호).

(1) 심리수행 자격

품질관리업무 담당이사, 품질관리업무 담당자 또는 경력기간이 5년 이상인 공인회계사로서 일정한 기준 및 절차에 따라 독립성과 전문성을 갖추었다고 인정된 사람이 심리를 수행하여야 한다(별표 1 제3호 가목).

(2) 심리담당자의 자격요건 등

심리의 대상·범위·방법·절차, 심리를 담당하는 사람의 자격요건, 권한 및 책임 등을 구체적으로 명확하게 정해야 한다(별표 1 제3호 나목).

(3) 대표이사의 서명 전 감사보고서 심리

ⅰ) 주권상장법인, ⅱ) 대형비상장주식회사, ⅲ) 금융회사, ⅳ) 감사인 지정을 받은 회사, ⅴ) 분사무소 소속 공인회계사가 감사업무를 수행한 회사, ⅵ) 그 밖에 이해관계자 보호 필요성이 크거나 감사위험이 높은 회사의 감사보고서는 대표이사가 서명을 하기 전에 심리를 거쳐야 한다(별표 1 제3호 다목).

(4) 직전 사업연도 감사보고서 심리 담당 이사

직전 사업연도에 감사업무를 수행한 이사 중 30% 이상에 대하여 그 이사가 담당하여 작성한 직전 사업연도 감사보고서를 심리하여야 한다(별표 1 제3호 라목).

(5) 중요 지적사항의 문서 작성·보관

감사의견에 영향을 미칠 수 있는 중요한 지적사항에 대한 검토내용은 문서로 작성하여 보관하여야 한다(별표 1 제3호 마목).

5. 보상체계

주권상장법인의 감사인이 되려는 자는 감사품질 관리를 위한 보상체계를 갖추어야 한다(법9의2①(3), 외부감사규정8① 별표 1 제4호).

(1) 감사업무를 수행하는 이사의 성과평가 비중

감사업무를 수행하는 이사의 성과평가에서 감사업무의 품질을 평가하는 지표(다음의 사항을 포함)가 차지하는 비중을 70% 이상으로 하여야 한다(외부감사규정8① 별표 1 제4호 가목). 다음의 사항은 감사업무의 품질을 평가하는 지표에 포함되는 사항은 ⅰ) 금융위원회, 증권선물위원회 및 한국공인회계사회의 조치유무 또는 수사기관의 공소제기 여부, ⅱ) 내부규정 준수여부 및 심리결과, ⅲ) 외부감사 업무를 수행하는데 투입한 시간 및 독립성 유지상태에 대한 점검결과, ⅳ) 교육시간, ⅴ) 해당 사업연도에 함께 감사업무를 수행한 자들을 대상으로 한 설문조사 결과이다.

(2) 품질관리업무 담당자의 평균 연봉 기준

품질관리업무 담당자의 평균 연봉(기본급여, 성과에 따른 급여, 그 밖에 부가급여 등 급여의 성격을 불문하고 매년 지급되는 일체의 금전적 보상)은 그 직무의 곤란성 및 책임의 정도를 충분히 반영하여 다음의 구분에 따른 연봉보다 높은 수준으로 차별화하여 지급하여야 한다(외부감사규정8① 별표 1 제4호 나목). 즉 ⅰ) 품질관리업무 담당자가 이사인 경우 소속 이사의 평균 연봉보다 높은 수준, ⅱ) 품질관리업무 담당자가 이사가 아닌 경우 소속 공인회계사(이사는 제외)의 평균 연봉보다 높은 수준으로 지급하여야 한다.

Ⅱ. 등록요건 사항의 정관 또는 내규 제정

주권상장법인의 감사인이 되려는 자("신청인")는 등록요건에 관한 사항을 정관 또는 내규로 정한다(외부감사규정8②).

Ⅲ. 등록신청서 제출

주권상장법인의 감사인이 되려는 자("신청인")는 등록신청서를 금융위원회에 제출하여야 한다(영11①). 신청인은 등록신청서를 금융위원회와 감독원장에게 함께 제출할 수 있다(외부감사규정 시행세칙4②).

신청인은 등록신청서에 ⅰ) 신청인 및 소속 임직원의 현황(제1호), ⅱ) 등록요건에 관한 사항(제2호), ⅲ) 제1호 및 제2호 관련 증빙자료(제3호)를 기재 또는 첨부하여 금융위원회에 제출하여야 한다(외부감사규정8③). 등록신청서 작성에 필요한 서식은 금융감독원장이 정한다(외부감사규정8④).

이에 따른 등록신청서의 기재사항과 첨부서류의 구체적 사항은 주권상장법인 감사인 등록신청서(별지 제8호 서식)에 따른다(외부감사규정 시행세칙4①).

Ⅳ. 등록심사

1. 등록심사기간 및 등록 여부 결과 통지

금융위원회는 등록신청서를 접수하면 신청인이 등록요건을 모두 갖추었는지를 심사하여 등록신청서를 접수한 날부터 4개월 이내에 등록 여부를 결정하고, 그 결과와 이유를 지체 없이 신청인에게 문서로 통지하여야 한다(법9의2②, 영11② 전단).

2. 흠결보완 요구와 현장조사

등록신청서에 흠결이 있으면 보완을 요구할 수 있으며, 필요한 경우에는 신청인이 등록요건을 갖추었는지를 확인하기 위하여 현장조사를 할 수 있다(영11②후단). 금융감독원장은 심사결과 등록신청서에 흠결이 있는 경우 보완요구서(별지제11호 서식)에 따라 보완을 요구할 수 있다(외부감사규정 시행세칙5②).

금융감독원장은 신청인이 동의한 경우에 신청인이 동의한 범위 내에서 현장조사를 실시할 수 있다(외부감사규정8⑧). 현장조사를 실시할 때에는 현장조사통보서(별지 제10호 서식)와 금융감독원 직원임을 표시하는 증표를 휴대하고 관계자에게 제시한다(외부감사규정 시행세칙5① 후단).

금융감독원장은 현장조사를 하기 전에 ⅰ) 조사의 목적, ⅱ) 조사기간과 장소, ⅲ) 조사원의 성명과 직위, ⅳ) 조사범위와 내용, ⅴ) 요구할 자료가 기재된 문서를 신청인에 발송하여야 한다(외부감사규정8⑦).

3. 등록심사와 자료요구

금융감독원장은 금융위원회로부터 등록신청서를 접수받은 후 신청인이 등록요건을 모두 갖추고 있는지를 심사한다(외부감사규정8⑤ 전단). 이 경우 금융감독원장은 심사에 필요한 범위 내에서 신청인에 자료를 요구할 수 있다(외부감사규정8⑤ 후단).

금융감독원장은 심사업무를 수행함에 있어 심사에 필요한 자료를 요구할 경우 금융감독원장이 발부한 자료제출요구서(별지 제9호 서식)에 따라 요구한다(외부감사규정 시행세칙5① 전단).

신청인이 등록요건을 모두 갖추고 있는지는 신청인의 직전 사업연도 개시일부터 등록을 신청한 날까지의 실적을 고려하여 판단한다(외부감사규정8⑥).

4. 등록심사기간 제외

심사기간을 산정할 때 등록신청서 흠결의 보완기간 등 다음의 어느 하나에 해당하는 기간은 심사기간에 산입하지 아니한다(영11③, 외부감사규정8⑨).

1. 금융감독원장이 신청인에 등록신청서에 있는 흠결(심사결과에 영향을 미칠

수 있는 오류 또는 누락)을 보완할 것을 신청인에 요구한 날부터 신청인이
금융감독원장의 요구에 따라 그 흠결을 보완한 결과를 금융감독원장에게 제
출하는 날까지의 기간

2. 금융감독원장이 신청인에 자료를 요구한 날부터 신청인이 그 자료를 금융감
독원장에게 제출하는 날까지의 기간

3. 금융감독원장이 신청인에 현장조사를 요구한 날부터 신청인이 그 요구에 동
의한다는 의사를 금융감독원장에게 문서로 제출하는 날까지의 기간

4. 신청인의 대표이사 또는 품질관리업무 담당이사(감사인의 대표자가 지정한
이사)가 형사소송의 당사자인 경우에 그 소송 절차가 끝날 때까지의 기간.
다만, 해당 소송이 등록에 중대한 영향을 미칠 수 있는 경우에 한정한다.

5. 신청인이 등록요건을 충족하는지 확인하기 위하여 금융감독원장이 한국공인
회계사회 또는 관계 기관 등에 심사에 필요한 자료를 요청한 날부터 해당 기
관이 자료를 금융감독원장에게 제출한 날까지의 기간

6. 금융위원회 위원장이 금융감독원장으로부터 심사결과를 접수한 날부터 금융
위원회가 등록을 의결하는 날까지의 기간

Ⅴ. 등록결정 내용의 공고

금융위원회는 주권상장법인 감사인 등록을 결정한 경우 등록결정한 내용을
관보 및 인터넷 홈페이지 등에 공고하여야 한다(법9의2③).

Ⅵ. 등록요건의 유지 등

1. 등록요건 유지의무

주권상장법인 감사인으로 등록한 자는 등록 이후 등록요건을 계속 유지하여
야 한다(법9의2④).

2. 등록요건 유지의무 위반혐의와 감리실시

품질관리기준의 준수 여부에 대한 감리를 담당하는 부서장은 업무수행과정
중 등록요건 유지의무 위반 혐의가 발견된 경우에는 감리를 실시한다(외부감사규
정 시행세칙7①).

3. 등록요건 미충족과 보고 및 통보

감리담당부서장은 이에 따라 감리를 실시한 결과 등록한 감사인이 등록요건을 갖추지 못한 것으로 판단되는 경우에는 등록심사결과보고서를 작성하여 금융감독원장에게 보고하고, 금융감독원장은 이를 금융위원회에 통보하여야 한다(외부감사규정 시행세칙7②).

제3절 감사인 등록취소

금융위원회는 등록한 감사인이 등록요건을 갖추지 못하게 되거나 증권선물위원회로부터 해당 감사인의 등록을 취소할 것을 금융위원회에 건의, 또는 증권선물위원회로부터 일정한 기간을 정하여 업무의 전부 또는 일부 정지를 명할 것을 금융위원회에 건의 이상의 조치를 받은 경우 해당 감사인의 주권상장법인 감사인 등록을 취소할 수 있다(법9의2⑤, 영11④).

감사인의 감사계약 해지

제1절 일반적 해지사유

감사인은 회계감사기준에서 정하는 독립성이 훼손된 경우 등 다음의 사유에 해당하는 경우에는 사업연도 중이라도 감사계약을 해지할 수 있다(법15①, 영21 ①).

Ⅰ. 해지사유 유형

1. 감사인의 자격 제한으로 감사인이 될 수 없는 경우

감사인의 자격 제한(법9)에 따라 감사인이 될 수 없는 경우에는 사업연도 중이라도 감사계약을 해지할 수 있다(영21①(1)).

2. 회계감사기준에서 정하는 독립성이 훼손된 경우 등

다음의 어느 하나에 해당하는 경우에는 사업연도 중이라도 감사계약을 해지할 수 있다(영21①(2)). 즉 ⅰ) 회계감사기준에서 정하는 독립성이 훼손된 경우로서 증권선물위원회가 인정하는 경우, ⅱ) 공인회계사가 직무를 행함에 있어 지켜야 할 직업윤리에 관한 규정(공인회계사법43①)에서 정한 감사인의 독립성이 훼손된 경우로서 증권선물위원회가 인정하는 경우에는 사업연도 중이라도 감사계약을 해지할 수 있다.

3. 감사보수 지급에 관한 감사계약에 따른 의무 불이행의 경우

회사가 직전 사업연도 또는 해당 사업연도 중 감사보수 지급에 관한 감사계약에 따른 의무를 이행하지 아니한 경우에는 사업연도 중이라도 감사계약을 해지할 수 있다(영21①(3)).

4. 주요 사업부문의 성격이나 회사의 규모가 현저히 달라진 경우

감사계약을 체결한 후 회사의 합병, 분할 또는 사업의 양도·양수로 주요 사업부문의 성격이나 회사의 규모가 현저히 달라졌으나 감사보수에 대한 재계약이 이루어지지 아니한 경우에는 사업연도 중이라도 감사계약을 해지할 수 있다(영21①(4)).

5. 감사업무 관련 자료요청 불이행의 경우

감사인(주권상장법인, 대형비상장주식회사 또는 금융회사의 감사인으로 한정)이 감사업무(반기보고서 또는 분기보고서에 첨부하는 회계감사인의 확인 및 의견 표시를 위하여 수행하는 업무를 포함)와 관련하여 회사에 자료를 요청하였으나 회사가 특별한 사유 없이 요청한 자료를 제출하지 아니하여 감사업무에 현저한 지장을 주었다고 인정되는 경우에는 사업연도 중이라도 감사계약을 해지할 수 있다(영21①(5)).

Ⅱ. 감사계약 해지 기한

감사인이 ⅰ) 감사보수 지급에 관한 감사계약에 따른 의무 불이행의 경우(영21①(3)), ⅱ) 주요 사업부문의 성격이나 회사의 규모가 현저히 달라진 경우(영21①(4)), ⅲ) 감사업무 관련 자료 요청 불이행의 경우(영21①(5))에 따른 사유로 감사계약을 해지할 수 있는 기한은 해당 회사의 사업연도가 시작된 후 9개월이 되는 날이 속하는 달의 초일로 한다(영21②).

제2절 3개 사업연도 의무계약 대상법인의 해지사유

주권상장법인, 대형비상장주식회사 또는 금융회사의 감사인은 다음의 사유에 해당하는 경우에는 연속하는 3개 사업연도 중이라도 매 사업연도 종료 후 3개월 이내에 남은 사업연도에 대한 감사계약을 해지할 수 있다(법15②, 영21③).

즉 주권상장법인, 대형비상장주식회사 또는 금융회사의 감사인은 ⅰ) 회사의 발기인, 설립위원, 업무집행사원, 업무집행자, 이사, 집행임원, 감사, 감사위원회 위원, 외국회사의 대표자, 검사인, 공증인, 감정인, 지배인, 청산인, 명의개서대리인, 사채모집을 위탁받은 회사와 그 사무승계자 또는 직무대행자(상법635① 본문), 회사의 회계업무를 담당하는 자, 주주 또는 채권자로부터 감사 의견과 관련하여 부당한 요구나 압력을 받은 경우, ⅱ) 주권상장법인의 감사인은 내부회계관리제도의 운영 등(법8)에서 정한 사항을 준수했는지 여부 및 내부회계관리제도의 운영실태에 관한 보고내용을 감사하여야 하는데, 이에 따른 내부회계관리제도 감사 의견에 2개 사업연도 연속하여 중요한 취약점이 발견되었다는 내용이 포함된 경우에는 연속하는 3개 사업연도 중이라도 매 사업연도 종료 후 3개월 이내에 남은 사업연도에 대한 감사계약을 해지할 수 있다(영21③).

제3절 감사인의 감사계약 해지 보고

Ⅰ. 감사인의 보고의무

감사인은 감사계약을 해지한 경우에는 지체 없이 그 사실을 증권선물위원회에 보고하여야 한다(법15③).

Ⅱ. 보고사항

감사인은 감사계약을 해지한 후에 지체 없이 ⅰ) 감사계약을 해지한 사유 및 그 사유를 증명할 수 있는 자료, ⅱ) 감사계약 해지에 대한 해당 회사의 의견을 증권선물위원회에 보고하여야 한다(영21④). 이에 의한 감사인의 감사계약 해지 보고는 별지 제17호 서식에 따른다(외부감사규정 시행세칙8④).

Ⅲ. 보고사항의 제출기간

감사인은 감사계약 해지 후 2주 이내에 보고사항을 금융감독원장이 정하는 서식에 따라 작성하여 금융감독원장에게 제출하여야 한다(외부감사규정17).

회계감사기준과 품질관리기준

제1절 회계감사기준

Ⅰ. 서설

1. 회계감사기준에 따른 감사 실시

감사인은 일반적으로 공정·타당하다고 인정되는 회계감사기준에 따라 감사를 실시하여야 한다(법16①).

2. 회계감사기준 포함사항

회계감사기준에는 ⅰ) 감사인의 독립성을 유지하기 위한 요건, ⅱ) 감사계획의 수립 방법과 감사 절차, ⅲ) 감사 의견의 구분 및 결정 방법, ⅳ) 감사조서의 작성 등 감사업무의 관리, ⅴ) 감사결과의 보고기준이 포함되어야 한다(영22①).

Ⅱ. 회계감사기준위원회

1. 설치

회계감사기준에 관한 사항을 심의·의결하기 위하여 한국공인회계사회에 11명 이내의 위원으로 구성되는 회계감사기준위원회를 둔다(영22②).

2. 구성

회계감사기준위원회는 위원장 1명을 포함한 11명의 위원으로 성별을 고려하여 구성한다(영22③, 시행규칙4①).

3. 위원장의 자격

회계감사기준위원회의 위원장은 위원 중 ⅰ) 한국공인회계사회 회장이 지명하는 소속 상근부회장 1명 및 ⅱ) 금융감독원장이 지명하는 소속 회계 관련 부서의 장 1명의 위원이 아닌 위원 중에서 호선(互選)한다(시행규칙4②).

4. 위원의 자격

회계감사기준위원회의 위원은 회계에 관한 전문지식과 공정한 직무수행을 위한 도덕성을 갖춘 사람으로서 ⅰ) 공인회계사 자격을 가진 사람으로서 그 자격을 취득한 후에 관련된 업무에 10년 이상의 실무 경력이 있는 사람, ⅱ) 재무 또는 회계 분야의 석사 이상 학위를 취득한 사람으로서 ㉠ 재무 또는 회계 분야의 공인된 연구기관의 연구원으로서 10년 이상 근무한 경력이 있는 사람, 또는 ㉡ 대학, 산업대학, 교육대학, 전문대학, 방송대학·통신대학·방송통신대학 및 사이버대학("원격대학"), 기술대학(이에 상응하는 외국 대학을 포함하며, 이하 "대학"이라 한다)에서 조교수 이상으로 재직하면서 재무 또는 회계 분야를 가르치는 사람으로서 10년 이상 근무한 경력이 있는 사람, ⅲ) 주권상장법인 또는 금융위원회법 제38조에 따른 검사대상기관(이에 상응하는 외국금융기관을 포함)에서 재무 또는 회계 분야 업무에 임원으로 10년 이상 또는 직원으로 15년 이상 근무한 경력이 있는 사람, ⅳ) 국가, 지방자치단체, 공공기관운영법에 따른 공공기관, 금융감독

원, 거래소, 한국금융투자협회, 한국예탁결제원, 금융투자상품거래청산회사, 증권
금융회사, 신용평가회사, 종합금융회사, 자금중개회사, 단기금융회사, 명의개서대
행회사에서 재무 또는 회계 분야 업무 또는 이에 대한 감독업무에 10년 이상 종
사한 경력이 있는 사람(시행규칙3⑤)의 어느 하나에 해당하는 자격을 갖추어야 한
다(시행규칙4③).

5. 위원의 임명 또는 위촉

회계감사기준위원회의 위원은 자격을 갖춘 사람 중에서 ⅰ) 한국공인회계사
회 회장이 지명하는 소속 상근부회장 1명, ⅱ) 금융감독원장이 지명하는 소속 회
계 관련 부서의 장 1명, ⅲ) 다음의 어느 하나에 해당하는 사람, 즉 ㉠ 재무 또는
회계 분야의 공인된 연구기관의 연구원, ㉡ 대학에서 조교수 이상으로 재직하면
서 재무 또는 회계 분야를 가르치는 사람 중에서 한국회계학회의 회장이 추천하
는 소속 회원 1명, ⅳ) 다음의 공인회계사, 즉 ㉠ 소속 공인회계사 수가 500명 이
상인 회계법인 소속 공인회계사, ㉡ 소속 공인회계사 수가 500명 미만인 회계법
인 또는 감사반 소속 공인회계사 중 한국공인회계사회 회장이 추천하는 사람 각
2명, ⅴ) 회계법인 또는 감사반에 소속되지 아니한 공인회계사 중 다음의 사람,
즉 ㉠ 한국상장회사협의회 회장, ㉡ 거래소 이사장, ㉢ 대한상공회의소 회장이
추천하는 사람 각 1명, ⅵ) 대한변호사협회의 회장이 추천하는 재무 또는 회계
분야에 전문지식이 있는 변호사 1명을 한국공인회계사회 회장이 임명하거나 위
촉한다(시행규칙4④ 본문). 다만, ⅰ) 한국공인회계사회 회장이 지명하는 소속 상
근부회장 1명, ⅱ) 금융감독원장이 지명하는 소속 회계 관련 부서의 장 1명에 해
당하는 위원은 제3항을 적용하지 아니한다(시행규칙4④ 단서).

6. 위원의 결격사유

위원의 결격사유에 관하여는 시행규칙 제3조 제6항을 준용한다(시행규칙4
⑤). 따라서 다음의 어느 하나에 해당하는 사람, 즉 ⅰ) 피성년후견인 또는 피한
정후견인, ⅱ) 파산선고를 받고 복권되지 아니한 사람, ⅲ) 금고 이상의 실형을
선고받고 그 집행이 끝나거나(집행이 끝난 것으로 보는 경우를 포함) 집행이 면제된
날부터 5년이 지나지 아니한 사람, ⅳ) 금고 이상의 형의 집행유예를 선고받고
그 유예기간 중에 있는 사람, ⅴ) 금융회사지배구조법 시행령 제5조에 따른 금융

관련법령에 따라 벌금 이상의 형을 선고받고 그 집행이 끝나거나(집행이 끝난 것으로 보는 경우를 포함) 집행이 면제된 날부터 5년이 지나지 아니한 사람, ⅵ) 공인회계사법 제48조(징계)에 따라 직무정지(일부 직무정지를 포함)를 받은 후 그 직무정지기간 중에 있거나 등록취소 또는 직무정지를 받은 날부터 5년이 지나지 아니한 사람은 위원이 될 수 없다(시행규칙3⑥).

7. 위원장 직무대행

위원장이 부득이한 사유로 직무를 수행할 수 없을 때에는 위원으로 임명되거나 위촉된 순서에 따라 그 직무를 대행한다(시행규칙4⑥).

8. 위원의 임기

ⅰ) 다음의 어느 하나에 해당하는 사람, 즉 ㉠ 재무 또는 회계 분야의 공인된 연구기관의 연구원, ㉡ 대학에서 조교수 이상으로 재직하면서 재무 또는 회계 분야를 가르치는 사람 중에서 한국회계학회의 회장이 추천하는 소속 회원 1명, ⅱ) 다음의 공인회계사, 즉 ㉠ 소속 공인회계사 수가 500명 이상인 회계법인 소속 공인회계사, ㉡ 소속 공인회계사 수가 500명 미만인 회계법인 또는 감사반 소속 공인회계사 중 한국공인회계사회 회장이 추천하는 사람 각 2명, ⅲ) 회계법인 또는 감사반에 소속되지 아니한 공인회계사 중 다음의 사람, 즉 ㉠ 한국상장회사협의회 회장, ㉡ 거래소 이사장, ㉢ 대한상공회의소 회장이 추천하는 사람 각 1명, ⅳ) 대한변호사협회의 회장이 추천하는 재무 또는 회계 분야에 전문지식이 있는 변호사 1명인 위원의 임기는 2년으로 하며, 한 차례만 연임할 수 있다(시행규칙4⑦ 본문). 다만, 임기가 만료된 경우에도 후임자가 위촉될 때까지 그 직무를 수행할 수 있다(시행규칙4⑦ 단서).

9. 회계감사기준위원회의 구성 및 운영 등

위의 사항 외에 회계감사기준위원회의 구성 및 운영 등에 필요한 사항은 한국공인회계사회가 정한다(시행규칙4⑧).

Ⅲ. 회계감사기준의 사전승인

1. 금융위원회의 승인

회계감사기준은 한국공인회계사회가 감사인의 독립성 유지와 재무제표의 신뢰성 유지에 필요한 사항 등을 포함하여 금융위원회의 사전승인을 받아 정한다(법16②).

회계감사기준은 한국공인회계사사회가 정하며, 그에 따라 마련된 회계감사기준은 특별한 사정이 없는 한 일반적으로 공정·타당하다고 인정되는 것으로서 감사인의 주의의무 위반 여부에 대한 판단의 주요한 기준이 된다.[1]

2. 회계감사기준 제정안 또는 개정안의 심의·의결과 제출

한국공인회계사회는 회계감사기준에 대한 금융위원회의 사전승인을 받기 위하여 회계감사기준 제정안 또는 개정안을 회계감사기준위원회의 심의·의결을 거쳐 금융위원회에 제출하여야 한다(영22④).

3. 금융위원회의 회계감사기준의 개정 요청

금융위원회는 이해관계인의 보호, 국제적 회계감사기준과의 합치 등을 위하여 필요한 경우 한국공인회계사회에 회계감사기준의 개정을 요청할 수 있다(영22⑤).

Ⅳ. 위반시 제재

금융위원회는 감사인이 고의 또는 중대한 과실로 회계감사기준을 위반하여 감사보고서를 작성한 경우에는 그 감사인에 대하여 해당 감사로 받은 보수의 5배를 초과하지 아니하는 범위에서 과징금을 부과할 수 있다(법35②).

과징금은 각 해당 규정의 위반행위가 있었던 때부터 8년이 경과하면 이를 부과하여서는 아니 된다(법35③ 본문). 다만, 증권선물위원회의 감리(법26)가 개시

---

1) 대법원 2017. 3. 30. 선고 2014두13195 판결.

된 경우 위 기간의 진행이 중단된다(법35③ 단서).

제2절 품질관리기준

Ⅰ. 품질관리기준의 의의

품질관리기준이란 "감사인의 업무설계 및 운영에 관한 기준"을 말한다(법17①).

Ⅱ. 품질관리기준 준수의무 및 포함사항

1. 품질관리기준의 준수의무

감사인은 감사업무의 품질이 보장될 수 있도록 품질관리기준을 준수하여야 한다(법17①).

2. 품질관리기준 포함사항

품질관리기준에는 ⅰ) 회계법인의 경영진 등 감사업무의 품질관리를 위한 제도를 만들고 운영하는 자의 책임, ⅱ) 감사인의 독립성 등 윤리적 요구사항을 준수하는 데 필요한 내부통제 방안, ⅲ) 감사대상 회사의 위험에 대한 평가 등 감사업무를 맡고 유지하는 데 필요한 내부통제 방안, ⅳ) 감사업무수행 인력 및 감사업무의 품질관리 인력의 운영, ⅴ) 감사업무의 품질관리에 필요한 업무방식, ⅵ) 앞의 5가지 사항을 지속적으로 점검하고 평가하는 업무와 관련된 사항이 포함되어야 한다(영24① 전단). 이 경우 회계법인의 형태나 규모 등을 고려하여 그 내용 및 적용 방식을 달리 정할 수 있다(영24① 후단).

Ⅲ. 품질관리기준의 사전승인

1. 감사업무의 품질보장을 위한 사항

품질관리기준은 한국공인회계사회가 감사업무의 품질관리 절차, 감사인의 독립성 유지를 위한 내부통제 등 감사업무의 품질보장을 위하여 필요한 사항을 포함하여 금융위원회의 사전승인을 받아 정한다(법17②).

2. 품질관리기준 제정안 또는 개정안의 심의·의결과 제출

한국공인회계사회는 품질관리기준에 대한 금융위원회의 사전승인을 받기 위하여 품질관리기준 제정안 또는 개정안을 회계감사기준위원회의 심의·의결을 거쳐 금융위원회에 제출하여야 한다(영24②).

3. 금융위원회의 품질관리기준 개정 요구

금융위원회는 이해관계인의 보호, 국제적 품질관리기준과의 합치 등을 위하여 필요한 경우 한국공인회계사회에 대하여 품질관리기준의 개정을 요구할 수 있다(영24③ 전단). 이 경우 한국공인회계사회는 특별한 사유가 없으면 이에 따라야 한다(영24③ 후단).

Ⅳ. 감사인 대표자의 책임과 담당이사 지정

감사인의 대표자는 품질관리기준에 따른 업무설계 및 운영에 대한 책임을 지며, 이를 담당하는 이사 1명을 지정하여야 한다(법17③).

제
6
장

표준 감사시간

제1절 서설

Ⅰ. 표준 감사시간제의 의의

표준 감사시간은 감사에 평균적으로 투입되는 시간을 말한다. 한국공인회계 사회는 2011년부터 표준감사투입시간을 추정하여 감사인에게 제공하고 있으며, 2012년부터 표준감사투입시간 대신에 평균감사투입시간으로 표현하고 있다.

감사인 간 경쟁이 심화되며 저가수임 현상이 발생되고, 그에 따라 감사시 간 등을 적게 투입함에 따라 감사품질이 저하되는 문제점이 발생하고 있다. 심 지어 감사보수 인하를 요구하거나 감사인이 제시하는 수준으로 감사보수로 결 정하되, 용역을 추가로 제공해줄 것을 요청하는 경우도 있다. 그런데 대부분의 국가들에서는 적정감사투입시간을 결정하고 시간당 적정 감사보수를 적용하여 감사보수를 결정하고 있다. 우리나라도 회계감사인 내부에서는 적정감사투입시 간과 시간당 감사보수, 감사보수 결정 매뉴얼이 있으나 실제 적용되는 경우는

거의 없다.[1]

Ⅱ. 입법취지

신외부감사법은 감사업무의 품질제고를 위해 표준 감사시간제를 도입하고, 감사인이 투입해야 할 표준 감사시간을 한국공인회계사회가 정할 수 있게 함으로써, 감사시간 확보를 통해 충실한 외부감사가 이루어질 수 있게 하였다. 이는 적정수준의 감사품질 확보를 유도하기 위한 것이다.

감사시간과 감사품질 간의 상관관계는 실증연구를 통해 입증되고 있고, 이를 반영하여 구외부감사법에서는 감사품질의 신뢰성에 대한 판단기준 제공을 위해 감사보고서에 외부감사 참여인원 수 및 소요시간에 대한 기재서류 첨부를 의무화하고 있었다(구법7의2③). 그런데 우리나라의 외부감사 투입시간을 외국과 비교하면 일본의 37-83%, 미국의 20-41% 수준으로 나타나고 있고, 2001-2011년 사이 동일 기업에 대한 감사시간은 연평균 2.32% 감소한 것을 나타나고 있다.[2]

이에 신외부감사법은 일정 수준 이상의 감사시간 확보를 통해 충실한 외부감사가 이루어질 수 있도록 표준 감사시간 관련 가이드라인을 제시하고, 금융위원회는 이를 원칙적으로 자율규제로 운영하되 표준시간에 현저히 미달하는 경우 선택지정제 대상에 포함하고 금융감독원의 감리대상 선정에서도 고려할 예정이다. 충분한 감사시간 확보를 어렵게 하는 우리나라의 회계환경(소유와 경영 미분리와 감사위원회의 독립성 취약)이 단기간 내에 개선되기 어려운 점을 감안할 때 신외부감사법은 감사품질 제고 차원에서 타당한 입법이다.[3]

---

1) 금융감독원(2016), 94-95쪽.
2) 임형주(2015), "한국기업의 감사보수, 감사시간과 감사품질의 관련성에 관한 연구: Big4와 Non-Big4 비교중심 패널데이터 분석", 기업경영연구 제22권 제6호(2015. 12), 24쪽.
3) 2차 정무위원회(2017), 22-23쪽.

제2절 표준 감사시간의 제정

Ⅰ. 한국공인회계사회의 제정

1. 표준 감사시간 제정 목적

한국공인회계사회는 감사업무의 품질을 제고하고 투자자 등 이해관계인의 보호를 위하여 감사인이 투입하여야 할 표준 감사시간을 정할 수 있다(법16의2① 전단).

2. 이해관계자 의견청취와 반영

표준 감사시간을 제정하는 경우 이해관계자인 ⅰ) 회사, ⅱ) 회계법인, ⅲ) 투자자 또는 회사의 재무제표를 분석하는 업무를 수행하는 사람 등 회계정보이용자, ⅳ) 금융감독원의 의견을 청취하고 이를 반영하여야 한다(법16의2① 후단, 영23①).

Ⅱ. 표준감사시간심의위원회

1. 설치

한국공인회계사회는 표준 감사시간을 공정하게 정하기 위하여 표준감사시간심의위원회("위원회")를 둔다(영23②).

2. 구성

위원회는 위원장 1명을 포함한 15명 이내의 위원으로 구성한다(영23③ 전단). 이 경우 위원회의 위원은 회사·회계법인을 대표하는 위원 각각 5명, 투자자 또는 회사의 재무제표를 분석하는 업무를 수행하는 사람 등 회계정보이용자를 대표하는 위원 4명, 금융감독원장이 추천하는 위원 1명으로 구성한다(영23③ 후단).

(1) 회사 대표 위원의 추천과 위촉

회사를 대표하는 위원은 ⅰ) 한국상장회사협의회 회장, ⅱ) 한국코스닥협회 회장, ⅲ) 대한상공회의소 회장, ⅳ) 중소기업중앙회 회장, ⅴ) 감사업무의 품질을 제고하고 투자자 등 이해관계인을 보호해야 할 필요성이 높은 업종, 회사 등을 대표할 수 있는 단체의 장이 1명씩 추천하며, 한국공인회계사회 회장이 위촉한다(영23④, 외부감사규정18).

(2) 회계법인 및 회계정보이용자 대표 위원 위촉

회계법인 및 회계정보이용자를 대표하는 위원은 한국공인회계사회 회장이 위촉한다(영23⑤).

(3) 위원장의 위촉

위원회의 위원장은 회계정보이용자를 대표하는 위원 중에서 한국공인회계사회 회장이 위촉한다(영23⑥).

3. 의결

위원회의 회의는 재적위원 3분의 2 이상의 출석으로 개의하고, 출석위원 과반수의 찬성으로 의결한다(영23⑦).

4. 표준 감사시간 제정안 또는 개정안 공고와 공청회

한국공인회계사회는 위원회 심의를 거친 표준 감사시간 제정안 또는 개정안을 20일 이상 인터넷 홈페이지에 공고하고, 공청회를 개최하여야 한다(영23⑧).

5. 위원회 심의와 표준 감사시간 제정

한국공인회계사회는 위원회의 심의를 거쳐 표준 감사시간을 정한다(영23⑨).

6. 한국공인회계사회의 세부사항 제정

위의 사항 외에 위원회 운영 등에 필요한 세부적인 사항은 한국공인회계사회가 정한다(영24⑩).

Ⅲ. 표준 감사시간의 타당성 여부 검토, 반영, 공개

한국공인회계사회는 3년마다 감사환경 변화 등을 고려하여 표준 감사시간의 타당성 여부를 검토하여 이를 반영하고 그 결과를 공개하여야 한다(법16의2②).

제
7
장

감사보고서 및 감사조서의 작성

제1절 감사보고서의 작성

I. 외부감사법상 감사보고서와 상법상 감사보고서

외부감사법은 적용대상인 주식회사를 외부의 감사인으로 하여금 "회계감사"를 실시하여 회계처리의 적정을 기하도록 하는데 목적을 두고 있어 외부감사인의 감사보고서는 회계감사에 한정된 판단만 기재되었다고 볼 수 있음에 대하여, 상법상의 감사보고서는 감사의 회계감사권 외에도 이사의 업무집행 전반에 대한 "업무감사권"에 기한 판단도 기재된다고 할 것이어서, 양자의 감사보고서는 그 기능면에서 일치한다고 할 수 없으므로 외부감사법이 상법의 특별법으로서 상법상의 감사보고서에 관한 규정을 배제한다고 보기는 어려워 주주총회 1주간 전부터 외부감사인과 감사의 감사보고서를 모두 제출받아야만 재무제표 승인과 관련된 모든 절차를 준수했다고 할 것이다.[1]

---

1) 울산지방법원 2003. 11. 19. 선고 2003가합1485 판결.

Ⅱ. 감사인의 감사보고서 작성의무

감사인은 감사결과를 기술한 감사보고서를 작성하여야 한다(법18①).

Ⅲ. 감사보고서의 필요적 포함사항

감사보고서에는 감사범위, 감사의견과 이해관계인의 합리적 의사결정에 유용한 정보가 포함되어야 한다(법18②).

Ⅳ. 감사보고서 첨부서류

1. 첨부서류의 내용

감사인은 감사보고서에 회사가 작성한 재무제표와 대통령령으로 정하는 바에 따라 외부감사 참여 인원수, 감사내용 및 소요시간 등 외부감사 실시내용을 적은 서류를 첨부하여야 한다(법18③).

이에 따라 감사인은 ⅰ) 직무 또는 직급에 따라 구분된 외부감사 참여인원과 총 외부감사 참여 인원(제1호), ⅱ) 제1호에 따라 구분된 외부감사 참여인원별 감사 시간과 총 감사 시간(제2호), ⅲ) 회계감사기준에 따른 감사절차에 따라 수행한 주요 감사 내용(감사인이 감사업무와 관련하여 외부 전문가로부터 자문·조언 등의 용역을 제공받은 경우 그 내용을 포함)(제3호), ⅳ) 감사 또는 감사위원회와의 대면 회의 횟수, 각 회의의 참석자 및 주요 논의 내용(제4호)을 감사보고서에 첨부하여야 한다(영25①).

2. 감사보고서 기재사항

감사인은 감사 또는 감사위원회와의 대면 회의 횟수, 각 회의의 참석자 및 주요 논의 내용(영25①(4))에 따라 주권상장법인에 대한 외부감사를 수행하는 과정에서 핵심적으로 감사해야 할 항목을 선정하기 위해 감사(감사위원회가 설치된 경우에는 감사위원회)와 함께 논의한 대면 회의 횟수, 각 회의의 참석자 및 주요 논의내용을 감사보고서에 기재하여야 한다(외부감사규정19②).

3. 감리집행기관에 첨부서류 제출

감사인은 첨부서류의 내용의 사항을 금융감독원장이 정하는 서식에 따라 작성하여 감리집행기관에 제출하여야 한다(외부감사규정19③). 따라서 감사인의 감사보고서 첨부서류는 별지 제4호 서식에 따른다(외부감사규정 시행세칙3④ 본문).

제2절 감사보고서의 제출 등

Ⅰ. 감사인의 제출의무

1. 회사·증권선물위원회 및 한국공인회계사회에 제출

(1) 감사보고서 제출

감사인은 감사보고서를 일정 기간 내에 회사(감사 또는 감사위원회를 포함)·증권선물위원회 및 한국공인회계사회에 제출하여야 한다(법23① 본문). 감사인은 감사보고서를 정보통신망을 이용한 전자문서로 제출한다(외부감사규정 시행세칙9①).

(2) 감사인의 중요성 금액 보고의무

감사인은 감리집행기관에 감사보고서를 제출하는 경우에 중요성 금액(재무제표상 회계정보의 누락 또는 왜곡으로 인해 회계정보이용자의 판단에 영향을 미칠 수 있는 금액) 및 그 판단 근거를 기재한 문서를 첨부하여야 한다(외부감사규정19① 본문). 다만, 감사보고서에 중요성 금액 및 그 판단근거를 기재하거나 첨부한 경우에는 그러하지 아니하다(외부감사규정19① 단서).

(3) 중요성 금액의 첨부서류

중요성 금액의 첨부서류는 별지 제4호의2부터 제4호의4까지의 서식에 따른다(외부감사규정 시행세칙3④ 본문). 다만, 감사인이 중요성 금액을 일반인이 열람하는 감사보고서에 첨부하고자 하는 경우에는 별지 제4호 서식에 중요성 금액을 포함하여 기재할 수 있다(외부감사규정 시행세칙3④ 단서).

(4) 중요성 기준금액

조치시 감사인 중요성 금액 고려한다. 외부감사규정에서 감리결과 조치시 고려하는 중요성 기준금액은 감사인이 감사기준에 따라 합리적으로 판단한 금액으로 규정한다. 다만, 동 금액을 정하는 과정에서 판단 내용이 합리성을 현저히 결한 경우 또는 감사인이 중요성 금액을 정하지 않은 경우에는 금융감독원장이 정하는 금액을 적용하도록 규정하고 있다. 감사인이 중요성 금액을 정하는 과정에서의 판단 내용이 합리성을 현저히 결한 경우는 ⅰ) 회계법인이 회사별 규모, 상장여부, 감사위험 등을 고려한 구체적이고 체계적인 중요성 금액 결정기준을 마련하지 않은 경우, ⅱ) 회사별 중요성 금액을 정함에 있어 담당이사의 재량에 크게 의존하는 경우, ⅲ) 합리적 근거 없이 표준 중요성 기준 방식의 중요성 금액과 현저하게 차이가 나는 경우 등을 말한다(외부감사규정 시행세칙 별표 1. Ⅳ.2.).

2. 사업보고서 제출대상법인의 감사보고서 제출 의제

사업보고서 제출대상법인인 회사가 사업보고서에 감사보고서를 첨부하여 금융위원회와 한국거래소에 제출하는 경우에는 감사인이 증권선물위원회 및 한국공인회계사회에 감사보고서를 제출한 것으로 본다(법23① 단서).

Ⅱ. 감사보고서 제출기한

1. 회사에의 제출기한

감사인이 감사보고서를 회사에 제출하여야 하는 기한은 다음의 구분에 따른다(영27①).

(1) 외부감사대상인 주식회사 또는 유한회사

(가) 한국채택국제회계기준 적용 회사

한국채택국제회계기준을 적용하는 회사는 정기총회 개최 1주 전(회생절차가 진행 중인 회사의 경우에는 사업연도 종료 후 3개월 이내)에 제출하여야 한다(영27① (1)).

(나) 한국채택국제회계기준 미적용 회사

한국채택국제회계기준을 적용하지 아니하는 회사는 다음의 구분에 따른 기한에 제출하여야 한다(영27①(2)).

1) 개별재무제표

개별재무제표는 정기총회 개최 1주 전(회생절차가 진행 중인 회사의 경우에는 사업연도 종료 후 3개월 이내)에 제출하여야 한다(영27①(2) 가목).

2) 연결재무제표

연결재무제표는 사업연도 종료 후 120일 이내(사업보고서 제출대상법인 중 직전 사업연도 말 현재 자산총액이 2조원 이상인 법인의 경우에는 사업연도 종료 후 90일 이내))에 제출하여야 한다(영27①(2) 나목).

(2) 사업보고서 제출대상법인

감사인은 회사가 사업보고서 제출기한 이후 정기총회를 개최하는 경우로서 해당 회사의 재무제표(한국채택국제회계기준을 적용하지 아니하는 회사의 연결재무제표는 제외)를 감사하는 경우에는 감사보고서를 사업보고서 제출기한 1주 전(회생절차가 진행 중인 회사는 사업연도 종료 후 3개월 이내)까지 회사에 제출하여야 한다(영27②).

2. 증권선물위원회 및 한국공인회계사회에의 제출기한

감사인이 감사보고서를 증권선물위원회 및 한국공인회계사회에 제출해야 하는 기한은 다음의 구분에 따른다(영27③).

(1) 개별재무제표

개별재무제표는 정기총회 종료 후 2주 이내(회생절차가 진행 중인 회사인 경우에는 해당 회사의 관리인에게 보고한 후 2주 이내)에 제출하여야 한다(영27③(1)).

(2) 연결재무제표

연결재무제표는 다음의 구분에 따른 기한에 제출하여야 한다(영27③(2)).

(가) 한국채택국제회계기준 적용 회사

한국채택국제회계기준을 적용하는 회사는 정기총회 종료 후 2주 이내(회생절차가 진행 중인 회사인 경우에는 해당 회사의 관리인에게 보고한 후 2주 이내)에 제출하여야 한다(영27③(2) 가목 전단). 이 경우 재무제표에 대한 감사보고서와 동시에 제출한다(영27③(2) 가목 후단).

(나) 한국채택국제회계기준 미적용 회사

한국채택국제회계기준을 적용하지 아니하는 회사는 사업연도 종료 후 120
일 이내(사업보고서 제출대상법인 중 직전 사업연도 말 현재 자산총액이 2조원 이상인
법인의 경우에는 사업연도 종료 후 90일 이내)에 제출하여야 한다(영27③(2) 나목).

Ⅲ. 증권선물위원회 및 한국공인회계사의 열람과 게시의무

1. 원칙

증권선물위원회와 한국공인회계사회는 감사인으로부터 제출받은 감사보고
서를 3년 동안 일반인이 열람할 수 있도록 하고, 인터넷 홈페이지에 게시하여야
한다(법23② 본문, 영27④).

2. 예외

유한회사의 경우에는 매출액, 이해관계인의 범위 또는 사원 수 등을 고려하
여 열람되는 회사의 범위 및 감사보고서의 범위를 대통령령으로 달리 정할 수
있다(법23② 단서).

Ⅳ. 회사의 재무제표 제출의무

1. 원칙

회사는 재무제표를 정기총회 또는 이사회 승인을 받은 날부터 2주 이내에
증권선물위원회에 제출하여야 한다(법23③ 본문, 영27⑤ 본문). 다만, 회생절차가
진행 중인 회사의 경우에는 그 회사의 관리인에게 보고하여 승인받은 날부터 2
주 이내에 증권선물위원회에 제출하여야 한다(영27⑤ 단서).

2. 예외

정기총회 또는 이사회의 승인을 받은 재무제표가 감사인이 증권선물위원회
등에 제출하는 감사보고서에 첨부된 재무제표 또는 회사가 금융위원회와 거래소
에 제출하는 사업보고서에 적힌 재무제표와 동일하면 제출하지 아니할 수 있다

(법23③ 단서).

Ⅴ. 대형비상장주식회사의 소유주식현황 등 제출의무

직전 사업연도 말의 자산총액이 1천억원(법11②(2), 영15③) 이상인 대형비상장주식회사(주권상장법인은 제외)는 대주주(법11②(2)) 및 그 대주주와 특수관계에 있는 자의 소유주식현황과 그 변동내용 등을 기재한 문서를 정기총회 종료 후 14일 이내에 증권선물위원회에 제출하여야 한다(법23④, 영27⑥).

Ⅵ. 회사의 재무제표 및 감사보고서의 비치·공시

1. 재무제표와 감사보고서의 중요성

기업체의 재무제표 및 이에 대한 외부감사인의 회계감사 결과를 기재한 감사보고서는 대상 기업체의 정확한 재무상태를 드러내는 가장 객관적인 자료로서 일반에 공시되고 기업체의 신용도와 상환능력 등의 기초자료로 그 기업체가 발행하는 회사채 및 기업어음의 신용등급평가와 금융기관의 여신제공 여부의 결정에 중요한 판단근거가 된다.[2]

2. 비치·공시 기간

회사는 재무제표와 감사인의 감사보고서를 비치·공시하여야 하는데(법23⑤), 회사가 재무제표와 감사인의 감사보고서를 비치·공시할 때에는 다음의 방법에 따른다(영27⑦).

(1) 재무제표 및 감사보고서

재무제표 및 감사보고서는 다음의 구분에 따른 방법으로 비치·공시한다(영27⑦(1)).

---

2) 대법원 2008. 6. 26. 선고 2007다90647 판결(그 결과 해당 기업체의 자기자본 규모와 비교하여 회계처리기준에 위반되는 분식회계의 규모가 심각한 수준임을 알면서도 외견상의 분식회계 내용 및 그에 기초한 회사채 또는 기업어음의 신용등급평가에 맞추어 그대로 대규모의 여신을 제공하는 것과 같은 사례는 극히 이례적이라고 할 수 있다).

(가) 주식회사

주식회사는 주식회사는 정기총회회일의 1주간 전부터 본점에 5년간, 그 등본을 지점에 3년간(상법448①) 비치·공시한다(영27⑦(1) 가목, 상법448①).

(나) 유한회사

유한회사는 정기총회회일의 1주간전부터 5년간 본점에 비치·공시한다(영27⑦(1) 나목, 상법579의3①).

(2) 연결재무제표 및 감사보고서

연결재무제표 및 감사보고서는 제출기한(영27①)이 지난 날부터 본점에 5년간, 지점에 3년간 비치·공시하여야 한다(영27⑦(2)).

Ⅶ. 대차대조표의 공고

주식회사가 대차대조표를 공고하는 경우(상법449③)[3]에는 감사인의 명칭과 감사의견을 함께 적어야 한다(법23⑥).

Ⅷ. 주주등 또는 채권자의 열람·발급 청구

회사의 주주등 또는 채권자는 영업시간 내에 언제든지 비치된 서류를 열람할 수 있으며, 회사가 정한 비용을 지급하고 그 서류의 등본이나 초본의 발급을 청구할 수 있다(법23⑦).

Ⅸ. 전자문서 제출

감사보고서 등은 금융위원회가 정하는 바에 따라 전자문서로 제출하여야 한다(영27⑧).

---

3) 상법 제449조(재무제표등의 승인·공고) ① 이사는 제447조의 각 서류를 정기총회에 제출하여 그 승인을 요구하여야 한다.
③ 이사는 제1항의 서류에 대한 총회의 승인을 얻은 때에는 지체없이 대차대조표를 공고하여야 한다.

Ⅹ. 위반시 제재

1. 형사제재

상법 제401조의2 제1항[4] 및 제635조 제1항[5])에 규정된 자, 그 밖에 회사의 회계업무를 담당하는 자, 감사인 또는 그에 소속된 공인회계사나 감사 또는 감리업무와 관련하여 감사인, 감사인에 소속된 공인회계사, 증권선물위원회 위원을 보조하거나 지원하는 자가, 정기총회 또는 이사회의 승인을 받은 재무제표를 증권선물위원회에 제출하여야 하는데(법23③), 이를 위반하여 재무제표를 제출하지 아니한 경우 3년 이하의 징역 또는 3천만원 이하의 벌금에 처한다(법42(1)).

위의 상법 제401조의2 제1항 및 제635조 제1항에 규정된 자, 그 밖에 회사의 회계업무를 담당하는 자, 감사인 또는 그에 소속된 공인회계사가 ⅰ) 제23조(감사보고서의 제출 등) 제1항에 따른 감사보고서를 제출하지 아니한 경우(제3호), ⅱ) 제23조 제6항을 위반하여 감사인의 명칭과 감사의견을 함께 적지 아니한 경우(제4호) 1년 이하의 징역 또는 1천만원 이하의 벌금에 처한다(법44).

2. 과태료

법 제23조 제5항을 위반하여 재무제표 또는 감사보고서를 비치·공시하지 아니한 자에게는 500만원 이하의 과태료를 부과한다(법47④(2).

---

4) 상법 제401조의2(업무집행지시자 등의 책임)에 규정된 자는 ⅰ) 업무집행지시자: 회사에 대한 자신의 영향력을 이용하여 이사에게 업무집행을 지시한 자, ⅱ) 무권대행자: 이사의 이름으로 직접 업무를 집행한 자, ⅲ) 표현이사: 이사가 아니면서 명예회장·회장·사장·부사장·전무·상무·이사 기타 회사의 업무를 집행할 권한이 있는 것으로 인정될 만한 명칭을 사용하여 회사의 업무를 집행한 자를 말한다(상법401의2①).

5) 상법 제635조(과태료에 처할 행위)에 규정된 자는 회사의 발기인, 설립위원, 업무집행사원, 업무집행자, 이사, 집행임원, 감사, 감사위원회 위원, 외국회사의 대표자, 검사인, 공증인, 감정인, 지배인, 청산인, 명의개서대리인, 사채모집을 위탁받은 회사와 그 사무승계자 또는 직무대행자를 말한다(상법635①).

제3절 감사조서의 작성

Ⅰ. 감사조서의 의의와 기능

감사조서는 감사인이 감사를 실시하여 감사의견을 표명한 경우 회사의 회계기록으로부터 감사보고서를 작성하기 위하여 적용하였던 감사절차의 내용과 그 과정에서 입수한 정보 및 정보의 분석결과 등을 문서화한 서류(자기테이프·디스켓, 그 밖의 정보보존장치를 포함)를 말하는바, 감사 당시 감사절차가 적정하게 이루어졌는지 여부를 심사하는 중요한 문서로서 그 내용에 따라 기업과 관련 있는 주주, 임원, 투자자 등 이해관계인들에게 상당한 영향을 미치고, 사후에 금융감독원 등이 그 내용에 있어서 분식회계가 이루어졌는지, 감사인이 분식회계 사실을 파악하기 위하여 얼마나 노력하였는지 파악할 수 있는 자료로 사용되는 것으로 중요한 사실을 증명하는 사문서에 해당하고, 감사인은 감사조서를 감사종료 시점부터 8년간 보존하여야 한다는 규정의 취지에 비추어 감사종료 시점에 완성된 문서라고 봄이 상당하다.6)

Ⅱ. 감사인의 감사조서 작성의무

감사인은 감사를 실시하여 감사의견을 표명한 경우에는 회사의 회계기록으로부터 감사보고서를 작성하기 위하여 적용하였던 감사절차의 내용과 그 과정에서 입수한 정보 및 정보의 분석결과 등을 문서화한 서류(자기테이프·디스켓, 그 밖의 정보보존장치를 포함한다. 이하 "감사조서"라 한다)를 작성하여야 한다(법19①).

Ⅲ. 감사조서 보존기간

감사인은 감사조서를 감사종료 시점부터 8년간 보존하여야 한다(법19②).

---

6) 서울고등법원 2009. 12. 11. 선고 2009노1531 판결.

Ⅳ. 감사조서 위조 · 변조 등 금지

감사인(그에 소속된 자 및 그 사용인을 포함)은 감사조서를 위조 · 변조 · 훼손 및 파기해서는 아니 된다(법19③).

Ⅴ. 위반시 제재

감사인 또는 그에 소속된 공인회계사나 감사업무와 관련된 자로서 제19조 (감사조서) 제3항을 위반하여 감사조서를 위조 · 변조 · 훼손 또는 파기한 경우 5년 이하의 징역 또는 5천만원 이하의 벌금에 처한다(법41(2)).

제
8
장

감사인의 권한과 의무

제1절 감사인의 권한

Ⅰ. 관계회사의 회계자료 제출요구 등

1. 감사인의 업무와 재산상태 조사 등

감사인은 언제든지 회사 및 해당 회사의 주식 또는 지분을 일정 비율 이상 소유하고 있는 등 대통령령으로 정하는 관계에 있는 회사("관계회사")의 회계에 관한 장부와 서류를 열람 또는 복사하거나 회계에 관한 자료의 제출을 요구할 수 있으며, 그 직무를 수행하기 위하여 특히 필요하면 회사 및 관계회사의 업무와 재산상태를 조사할 수 있다(법21① 전단).

2. 회사 및 관계회사의 자료제출의무

회사 및 관계회사는 지체 없이 감사인의 자료 제출 요구에 따라야 한다(법21

① 후단).

Ⅱ. 관계회사의 범위

위에서 "해당 회사의 주식 또는 지분을 일정 비율 이상 소유하고 있는 등 대통령령으로 정하는 관계에 있는 회사", 즉 관계회사란 ⅰ) 지배·종속의 관계에 있는 종속회사, ⅱ) 회계처리기준에 따른 관계기업(종속회사는 아니지만 투자자가 일정한 영향력을 보유하는 기업), ⅲ) 회계처리기준에 따른 공동기업(둘 이상의 투자자가 공동으로 지배하는 기업), ⅳ) 해당 회사의 발행주식총수 또는 출자지분의 20% 이상을 소유하고 있는 회사 또는 해당 회사가 발행주식총수 또는 출자지분의 20% 이상을 소유하고 있는 회사, ⅴ) 동일인이 해당 회사를 포함한 둘 이상의 회사의 각 발행주식총수 또는 출자지분의 30% 이상을 소유하고 있는 경우 해당 회사 외의 회사, ⅵ) 그 밖에 해당 회사와 이해관계가 있다고 인정되는 회사를 말한다(영26①, 외부감사규정21).

Ⅲ. 연결재무제표 감사인의 관련 자료의 제출 요청

연결재무제표를 감사하는 감사인은 그 직무의 수행을 위하여 필요하면 회사 또는 관계회사의 감사인에게 감사 관련 자료의 제출 등 필요한 협조를 요청할 수 있다(법21② 전단). 이 경우 회사 또는 관계회사의 감사인은 지체 없이 이에 따라야 한다(법21② 후단).

Ⅳ. 자료의 범위

감사인이 제출 요구 또는 협조 요청을 할 수 있는 자료는 장부, 서류 및 전자문서(회사 경영 과정에서 발생하는 정보를 전산처리하는 시스템에 축적된 전자파일 등을 포함) 등 그 형태에 관계없이 감사인이 감사업무를 수행하는 데 필요한 정보를 효과적으로 제공할 수 있는 매체로 한다(영26②).

Ⅴ. 위반시 제재

상법 제401조의2 제1항[1] 및 제635조 제1항[2]에 규정된 자, 그 밖에 회사의 회계업무를 담당하는 자, 감사인 또는 그에 소속된 공인회계사나 감사 또는 감리 업무와 관련하여 감사인, 감사인에 소속된 공인회계사, 증권선물위원회 위원을 보조하거나 지원하는 자가 정당한 이유 없이 제21조(감사인의 권한 등)에 따른 감사인의 열람, 복사, 자료제출 요구 또는 조사를 거부·방해·기피하거나 거짓 자료를 제출한 경우 3년 이하의 징역 또는 3천만원 이하의 벌금에 처한다(법42(3)).

제2절 감사인 등의 의무

Ⅰ. 비밀엄수

1. 직무상 비밀누설 금지의무 등

다음의 어느 하나에 해당하는 자, 즉 ⅰ) 감사인, ⅱ) 감사인에 소속된 공인회계사, ⅲ) 증권선물위원회 위원, ⅳ) 감사 또는 감리 업무와 관련하여 감사인, 감사인에 소속된 공인회계사, 증권선물위원회 위원을 보조하거나 지원하는 자, ⅴ) 증권선물위원회의 업무를 위탁받아 수행하는 한국공인회계사회의 관련자는 그 직무상 알게 된 비밀을 누설하거나 부당한 목적을 위하여 이용해서는 아니 된다(법20 본문).

---

1) 상법 제401조의2(업무집행지시자 등의 책임)에 규정된 자는 ⅰ) 업무집행지시자: 회사에 대한 자신의 영향력을 이용하여 이사에게 업무집행을 지시한 자, ⅱ) 무권대행자: 이사의 이름으로 직접 업무를 집행한 자, ⅲ) 표현이사: 이사가 아니면서 명예회장·회장·사장·부사장·전무·상무·이사 기타 회사의 업무를 집행할 권한이 있는 것으로 인정될 만한 명칭을 사용하여 회사의 업무를 집행한 자를 말한다(상법401의2①).
2) 상법 제635조(과태료에 처할 행위)에 규정된 자는 회사의 발기인, 설립위원, 업무집행사원, 업무집행자, 이사, 집행임원, 감사, 감사위원회 위원, 외국회사의 대표자, 검사인, 공증인, 감정인, 지배인, 청산인, 명의개서대리인, 사채모집을 위탁받은 회사와 그 사무승계자 또는 직무대행자를 말한다(상법635①).

2. 직무상 비밀누설 금지의무 등의 예외

다른 법률에 특별한 규정이 있는 경우 또는 금융위원회 또는 금융감독원장이 외국의 회계감독기관과 증권선물위원회의 감리업무에 관하여 체결한 협약에 따른 정보의 제공 또는 교환이 필요한 경우 또는 그에 준하는 경우에는 그러하지 아니하다(법20 단서, 외부감사규정20①).

위의 협약에는 ⅰ) 제공된 정보가 협약상의 목적 외 용도로 사용되지 아니하여야 하고, ⅱ) 제공된 정보 및 해당 정보가 제공되었다는 사실이 비밀로 유지될 것의 사항이 포함되어야 한다(외부감사규정20②).

3. 위반시 제재

상법 제401조의2 제1항3) 및 제635조 제1항4)에 규정된 자, 그 밖에 회사의 회계업무를 담당하는 자, 감사인 또는 그에 소속된 공인회계사나 감사 또는 감리업무와 관련하여 감사인, 감사인에 소속된 공인회계사, 증권선물위원회 위원을 보조하거나 지원하는 자가 비밀업무의무(법20)를 위반하여 비밀을 누설하거나 부당한 목적을 위하여 이용한 경우 3년 이하의 징역 또는 3천만원 이하의 벌금에 처한다(법42(5)).

Ⅱ. 부정행위 등의 보고

1. 감사인의 의무

(1) 이사의 부정행위 등 통보 및 보고 의무

감사인은 직무를 수행할 때 이사의 직무수행에 관하여 부정행위 또는 법령

---

3) 상법 제401조의2(업무집행지시자 등의 책임)에 규정된 자는 ⅰ) 업무집행지시자: 회사에 대한 자신의 영향력을 이용하여 이사에게 업무집행을 지시한 자, ⅱ) 무권대행자: 이사의 이름으로 직접 업무를 집행한 자, ⅲ) 표현이사: 이사가 아니면서 명예회장·회장·사장·부사장·전무·상무·이사 기타 회사의 업무를 집행할 권한이 있는 것으로 인정될 만한 명칭을 사용하여 회사의 업무를 집행한 자를 말한다(상법401의2①).
4) 상법 제635조(과태료에 처할 행위)에 규정된 자는 회사의 발기인, 설립위원, 업무집행사원, 업무집행자, 이사, 집행임원, 감사, 감사위원회 위원, 외국회사의 대표자, 검사인, 공증인, 감정인, 지배인, 청산인, 명의개서대리인, 사채모집을 위탁받은 회사와 그 사무승계자 또는 직무대행자를 말한다(상법635①).

이나 정관에 위반되는 중대한 사실을 발견하면 감사 또는 감사위원회에 통보하고 주주총회 또는 사원총회("주주총회등")에 보고하여야 한다(법22①).

(2) 회사의 회계처리기준 위반사실 통보의무

감사인은 회사가 회계처리 등에 관하여 회계처리기준을 위반한 사실을 발견하면 감사 또는 감사위원회에 통보하여야 한다(법22②).

감사인은 일반적으로 공정·타당하다고 인정되는 감사기준에 따라 감사를 실시하여야 하고, 회사가 회계처리 등에 관하여 회계처리기준을 위반한 사실을 발견한 때에는 이를 감사 또는 감사위원회에 통보하여야 하는 주의의무가 있다.[5]

2. 감사 또는 감사위원회의 의무

(1) 외부전문가 선임 조사 및 시정 등 요구

회사의 회계처리기준 위반사실을 통보받은 감사 또는 감사위원회는 회사의 비용으로 외부전문가를 선임하여 위반사실 등을 조사하도록 하고 그 결과에 따라 회사의 대표자에게 시정 등을 요구하여야 한다(법22③).

(2) 조사결과 및 시정조치 결과 등 제출

감사 또는 감사위원회는 조사결과 및 회사의 시정조치 결과 등을 즉시 증권선물위원회와 감사인에게 제출하여야 한다(법22④).

(3) 회사 대표자에 자료 등 제공 요청

감사 또는 감사위원회는 외부전문가 선임 조사 및 시정 등 요구(법22③) 및 조사결과 및 시정조치 결과 등 제출(법22④)의 직무를 수행할 때 회사의 대표자에 대해 필요한 자료나 정보 및 비용의 제공을 요청할 수 있다(법22⑤ 전단). 이 경우 회사의 대표자는 특별한 사유가 없으면 이에 따라야 한다(법22⑤ 후단).

(4) 이사의 부정행위 등 사실의 감사인 통보

감사 또는 감사위원회는 이사의 직무수행에 관하여 부정행위 또는 법령이나 정관에 위반되는 중대한 사실을 발견하면 감사인에게 통보하여야 한다(법22⑥).

---

[5] 대법원 2004. 7. 8. 선고 2002두1946 판결.

3. 감사인의 증권선물위원회에의 보고의무

(1) 입법취지

신외부감사법은 경영진의 부정행위에 대하여 보다 실효성 있는 통제를 하기 위해 감사인이 증권선물위원회에도 보고하도록 하였다. 경영진의 단기 실적 부풀리기 등 회계부정에 대해 내부감사기구가 제대로 작동하지 않아 회계부정의 주요 원인이라는 지적을 감안할 때, 신외부감사법은 회계부정 발생시 내부감사가 의무적으로 수행해야 할 역할과 책임을 구체화하여 내부감사의 실질적 감사 기능을 강화한 것이다.[6] 또한 우리나라의 기업지배구조상 내부감사기구의 독립성이 부족하고 그 운영이 형식적인 경우가 많은 현실을 감안한 것이다.[7]

(2) 관련 규정

감사인은 이사의 부정행위 등 감사 또는 감사위원회 통보 및 주주총회 또는 사원총회("주주총회등")에 보고의무(법22①) 또는 이사의 부정행위 등 사실 감사인 통보(법22⑥)에 따른 이사의 직무수행에 관하여 부정행위 또는 법령에 위반되는 중대한 사실을 발견하거나 감사 또는 감사위원회로부터 이러한 사실을 통보받은 경우에는 증권선물위원회에 보고하여야 한다(법22⑦).

4. 위반시 제재

(1) 형사제재

상법 제401조의2 제1항[8] 및 제635조 제1항[9]에 규정된 자, 그 밖에 회사의 회계업무를 담당하는 자, 감사인 또는 그에 소속된 공인회계사나 감사 또는 감리업무와 관련하여 감사인, 감사인에 소속된 공인회계사, 증권선물위원회 위원을

---

6) 2차 정무위원회(2017), 27-28쪽.
7) 1차 정무위원회(2017), 39쪽.
8) 상법 제401조의2(업무집행지시자 등의 책임)에 규정된 자는 ⅰ) 업무집행지시자: 회사에 대한 자신의 영향력을 이용하여 이사에게 업무집행을 지시한 자, ⅱ) 무권대행자: 이사의 이름으로 직접 업무를 집행한 자, ⅲ) 표현이사: 이사가 아니면서 명예회장·회장·사장·부사장·전무·상무·이사 기타 회사의 업무를 집행할 권한이 있는 것으로 인정될 만한 명칭을 사용하여 회사의 업무를 집행한 자를 말한다(상법401의2①).
9) 상법 제635조(과태료에 처할 행위)에 규정된 자는 회사의 발기인, 설립위원, 업무집행사원, 업무집행자, 이사, 집행임원, 감사, 감사위원회 위원, 외국회사의 대표자, 검사인, 공증인, 감정인, 지배인, 청산인, 명의개서대리인, 사채모집을 위탁받은 회사와 그 사무승계자 또는 직무대행자를 말한다(상법635①).

보조하거나 지원하는 자가 제22조(부정행위 등의 보고)에 따른 이사의 부정행위 등을 보고하지 아니한 경우 5년 이하의 징역 또는 5천만원 이하의 벌금에 처한다(법41(3)).

(2) 과태료

법 제22조 제5항을 위반하여 감사 또는 감사위원회의 직무수행에 필요한 자료나 정보 및 비용의 제공 요청을 정당한 이유 없이 따르지 아니한 회사의 대표자에게는 3천만원 이하의 과태료를 부과한다(법47②(4)).

Ⅲ. 주주총회등에의 출석

1. 의견진술 등

감사인 또는 그에 소속된 공인회계사는 주주총회등이 요구하면 주주총회등에 출석하여 의견을 진술하거나 주주등의 질문에 답변하여야 한다(법24).

2. 위반시 제재

(1) 형사제재

상법 제401조의2 제1항[10] 및 제635조 제1항[11]에 규정된 자, 그 밖에 회사의 회계업무를 담당하는 자, 감사인 또는 그에 소속된 공인회계사나 감사 또는 감리 업무와 관련하여 감사인, 감사인에 소속된 공인회계사, 증권선물위원회 위원을 보조하거나 지원하는 자가 제24조(주주총회등에의 출석)에 따른 주주총회등에 출석하여 거짓으로 진술을 하거나 사실을 감춘 경우 5년 이하의 징역 또는 5천만원 이하의 벌금에 처한다(법41(4)).

---

10) 상법 제401조의2(업무집행지시자 등의 책임)에 규정된 자는 ⅰ) 업무집행지시자: 회사에 대한 자신의 영향력을 이용하여 이사에게 업무집행을 지시한 자, ⅱ) 무권대행자: 이사의 이름으로 직접 업무를 집행한 자, ⅲ) 표현이사: 이사가 아니면서 명예회장·회장·사장·부사장·전무·상무·이사 기타 회사의 업무를 집행할 권한이 있는 것으로 인정될 만한 명칭을 사용하여 회사의 업무를 집행한 자를 말한다(상법401의2①).
11) 상법 제635조(과태료에 처할 행위)에 규정된 자는 회사의 발기인, 설립위원, 업무집행사원, 업무집행자, 이사, 집행임원, 감사, 감사위원회 위원, 외국회사의 대표자, 검사인, 공증인, 감정인, 지배인, 청산인, 명의개서대리인, 사채모집을 위탁받은 회사와 그 사무승계자 또는 직무대행자를 말한다(상법635①).

(2) 과태료

감사인 또는 그에 소속된 공인회계사가 제24조에 따른 주주총회등의 출석 요구에 따르지 아니한 경우 1천만원 이하의 과태료를 부과한다(법47③).

Ⅳ. 회계법인의 사업보고서 제출과 비치 및 공시

1. 감사인의 사업보고서 제출의무

회계법인인 감사인은 매 사업연도 종료 후 3개월 이내에 사업보고서를 증권 선물위원회와 한국공인회계사회에 제출하여야 한다(법25①).[12]

이에 따라 회계법인은 사업보고서를 금융감독원장과 한국공인회계사회에 전자문서로 제출할 수 있다(시행규칙5③).

2. 사업보고서 기재사항

(1) 입법취지

연차별 감사투입 인력 및 시간을 기재하도록 한 것은 2015년부터 개별 감사 보고서마다 감사투입 인력 및 시간을 기재한 서류를 첨부하고 있는데, 회계법인 의 1년치 감사투입내역 전체를 사업보고서에 기재하도록 하여 개별 감사보고서 상의 감사투입시간 정보에 대한 교차검증 및 신뢰성 확보를 가능하게 하는 긍정 적인 측면이 있다. 이사 보수의 기재는 회계법인 내부의 이익분배의 적정성에 대 한 검토를 통해 그 경영의 투명성을 제고하려는 긍정적인 면이 있다. 이사의 징 계 내역 기재는 회계법인을 선임하려는 자의 알권리를 보장하고 회계감사의 품 질과 투명성을 제공하는 차원에서 타당한 입법이다.[13]

(2) 관련 규정

사업보고서에는 그 회계법인의 상호, 사업내용, 재무에 관한 사항,[14] 감사보

---

12) 외부감사법 제25조 제1항에 따라 회계법인인 감사인은 매 사업연도 종료 후 3개월 이내에 사업보고서를 증권선물위원회에 제출(금융감독원 전자공시시스템(http://dart.fss.or.kr))하 여야 함에도, A, B, C, D, E회계법인은 2018 사업연도 사업보고서를 법정 제출기한인 2019. 7. 1.까지 증권선물위원회에 제출하지 않고 1일 경과한 2019. 7. 2.에 제출한 사실이 있어 A, B는 지정제외점수 20점, C, D, E는 지정제외점수 10점의 조치를 받았다.

13) 정무위원회(이하 "법안심사소위")(2017), 45–46쪽.

14) 회계법인의 사업보고서에는 재무에 관한 사항 등을 기재하여야 하고, 일반기업회계기준 제21장(종업원급여)에 따라 확정급여제도 대상 임직원에 대해서 보고기간말 현재 일시에

고서 품질관리 관련 정보, 연차별 감사투입 인력 및 시간, 이사 보수(개별 보수가 5억원 이상인 경우에 한정), 이사의 징계 내역, 그 밖에 총리령으로 정하는 사항을 기재한다(법25②).

(3) 기재사항

사업보고서에 기재하여야 할 사항은 다음과 같다(시행규칙5①). 또한 회계법인이 시행규칙 제5조 제1항 각 호의 규정에 따라 사업보고서에 기재하여야 할 사항은 [별표 5][15]와 같다(외부감사규정22①).

(가) 회계법인의 개략적 현황

사업보고서에는 회계법인의 개략적 현황인 ⅰ) 재무제표와 그 부속명세서,[16] ⅱ) 최근 3개 사업연도 회계감사, 세무대리 및 경영자문 등 사업부문별 매출액, ⅲ) 그 밖에 조직, 외국 회계법인과의 제휴 등 해당 회계법인의 경영 현황으로서 금융위원회가 정하는 사항을 기재하여야 한다(시행규칙5①(1)).

퇴직할 경우 지급하여야 할 퇴직금에 상당하는 금액을 퇴직급여충당부채로 인식해야 함에도 회계법인 H는 2018 사업연도 재무제표에 일부 임직원(전체 임직원의 63.4%는 확정기여형 퇴직연금에 가입하였으나, 나머지는 미가입)에 대한 퇴직급여충당부채 689백만원을 계상하지 않아 당기순이익 및 자기자본을 과대계상하여 경고 조치를 받았다.

15) [별표 5] 회계법인의 사업보고서 기재사항(제22조 제1항 관련)
  1. 조직·인력·예산
    가. 지배구조 및 계열회사
    나. 외국 회계법인과의 제휴 현황
    다. 사업부문별 소속 등록 공인 회계사의 경력기간 및 변동 현황
    라. 사업부문별 소속 등록 공인회계사의 최근 3년간 교육훈련 실적
    마. 품질관리업무 담당 인력
    바. 임직원의 성과를 평가하기 위한 지표에서 감사업무의 품질 관련 지표의 비중
    사. 회계법인의 예산 중 품질관리업무 관련 예산의 비중
  2. 운영체계
    가. 감사위험이 높은 회사에 대한 관리 체계
    나. 수습 공인회계사가 참여한 감사업무에 대한 관리 체계
    다. 심리(외국제휴법인이 수행한 심리를 포함) 및 관련 문서보관체계 현황
  3. 최근 3년간 감리집행기관으로부터 법 제26조 제1항에 따른 감리 및 평가를 받은 결과 중 다음의 사항
    가. 조치내용
    나. 감리집행기관이 감리 또는 평가를 한 결과 개선을 권고한 사항의 이행 상황
16) 회계법인의 사업보고서에는 재무에 관한 사항 등을 기재하여야 함에도 F, G회계법인은 2018 사업연도 사업보고서를 제출하면서 재무에 관한 사항 중 재무제표 주석(주석에 이익잉여금 처분계산서만 기재하고 다른 주석 사항은 전부 누락)을 누락하여 제출한 사실이 있어 F, G는 지정제외점수 10점의 조치를 받았다.

(나) 감사인의 업무설계 및 운영에 관한 기준

사업보고서에는 품질관리기준(법17①)인 감사인의 업무설계 및 운영에 관한 기준에 관하여 금융위원회가 정하는 사항을 기재하여야 한다(시행규칙5①(2)).

(다) 회계법인의 인력에 관한 사항

사업보고서에는 회계법인의 인력에 관한 사항인 ⅰ) 이사·사원 및 소속 공인회계사 현황, ⅱ) 최근 3개 사업연도의 회계감사, 세무대리 및 경영자문 등 사업부문별 인원 및 보수, ⅲ) 그 밖에 인력의 교육훈련 및 변동 등에 관하여 금융위원회가 정하는 사항을 기재하여야 한다(시행규칙5①(3)).

(라) 손해배상준비금의 적립 등

사업보고서에는 손해배상준비금의 적립(공인회계사법28①), 손해배상공동기금의 적립(법32①) 및 손해배상책임보험의 가입에 관한 사항(영38①)을 기재하여야 한다(시행규칙5①(4)).

(마) 감리등의 결과 중 금융위원회가 정하는 사항

사업보고서에는 최근 3년간 증권선물위원회로부터 감리 및 평가("감리등")를 받은 결과 중 금융위원회가 정하는 사항을 기재하여야 한다(시행규칙5①(5)).

(바) 회계법인 관련 민사·형사 소송에 관한 사항

사업보고서에는 회계법인(이사와 소속 공인회계사를 포함)의 업무와 관련된 최근 3년간 민사·형사 소송에 관한 사항을 기재하여야 한다(시행규칙5①(6)).

3. 감사인의 사업보고서 비치·공시의무

(1) 주사무소와 분사무소 비치 및 공시

회계법인인 감사인은 제출한 사업보고서를 해당 사업연도 종료일부터 3년간 주사무소와 분사무소에 각각 비치하고, 인터넷 홈페이지에 공시하여야 한다(법25③, 영28① 전단).

(2) 투명성 보고서의 공시

이 경우 사업보고서 내용 중 회계법인의 지배구조 등 감사업무의 품질관리와 관련하여 중요한 사항은 별도로 인터넷 홈페이지에 공시하여야 한다(영28① 후단).

따라서 회계법인은 사업보고서의 내용 중 ⅰ) 지배구조, ⅱ) 이사의 보수, ⅲ) 감사인의 업무설계 및 운영 관련 업무("품질관리업무") 담당 인력, ⅳ) 소속

공인회계사 연차별 인원 수, ⅴ) 심리(審理)체계를 기재한 문서("투명성 보고서")를 사업보고서와 별도로 인터넷 홈페이지에 게시하여야 한다(외부감사규정22②). 이에 의한 사업보고서는 별지 제5호 서식, 인터넷홈페이지 게시는 별지 제6호 서식에 따른다(외부감사규정 시행세칙3⑤).

투명성 보고서의 서식은 금융감독원장이 정한다(외부감사규정22③).

4. 증권선물위원회와 한국공인회계사회의 열람제공 및 공시의무

증권선물위원회와 한국공인회계사회는 회계법인으로부터 제출받은 사업보고서를 3년 동안 일반인이 열람할 수 있도록 하고, 인터넷 홈페이지에 공시하여야 한다(법25④, 영28②).

5. 수시보고서 제출의무

(1) 입법취지

감사업무의 품질관리에 중대한 사항 발생시 증권선물위원회에 수시로 보고하도록 한 것은 금융당국이 회계법인을 상시로 감독하겠다는 표현으로 부실감사를 사전예방하기 위한 것이다.

(2) 수시보고서 기재사항

주권상장법인의 회계법인인 감사인은 그 회계법인의 경영, 재산, 감사보고서 품질관리 등에 중대한 영향을 미치는 사항으로서 ⅰ) 감사업무 수행 과정에서 중요사항이 나타난 사실(제1호), ⅱ) 회계법인의 내부에 중요한 변화가 발생한 사실(제2호), ⅲ) 행정청의 처분 등 외부환경의 변화로 회계법인의 경영에 중요한 변화가 발생한 사실(제3호), ⅳ) 그 밖에 감사업무의 이해관계자 보호 등을 위하여 긴급하게 공시하여야 할 필요가 있다고 금융위원회가 정하는 사항(제4호)이 발생한 경우에는 해당 사실을 적은 보고서("수시보고서")를 지체 없이 증권선물위원회에 제출하여야 한다(법25⑤, 영28③).

주권상장법인의 감사인은 영 제28조 제3항 제4호에 따라 [별표 6][17)]에서 정

---

17) [별표 6] 수시 보고 사항(제22조 제4항 관련)
    1. 감사품질관리에 관한 사항
        가. 감사보고서의 철회 및 재발행(사유 및 발생원인을 포함한다)
        나. 독립성 위반에 관한 사항
        다. 외국 회계감독기구에 감사인으로 등록하는 것에 관한 사항

하는 사실이 발생한 경우에 그 사실을 적은 보고서를 증권선물위원회에 제출하여야 한다(외부감사규정22④). 이에 따라 감사인은 금융감독원장에게 수시보고서를 제출할 때 금융감독원장이 그 내용을 객관적으로 확인하는데 필요한 자료를 함께 제출하여야 한다(시행규칙6②). 감사인은 수시보고서를 금융감독원장에게 전자문서로 제출할 수 있다(시행규칙6③).

(3) 수시보고서의 작성 절차 및 방법

주권상장법인의 회계법인인 감사인("감사인")은 수시보고서 기재사항을 기재한 수시보고서를 금융감독원장이 정하는 서식에 따라 작성하여야 한다(시행규칙6①). 이에 의한 수시보고서는 별지 제7호 서식에 따른다(외부감사규정 시행세칙3⑥).

---

2. 회계법인의 경영일반에 해당하는 사항
   가. 상호의 변경
   나. 정관의 변경(단, 사원 및 이사의 변경은 제외)
   다. 대표이사 및 품질관리업무 담당이사의 선임과 해임
   라. 고문 계약의 체결 및 해지
   마. 주사무소 또는 분사무소의 이전, 분사무소의 설치 및 폐쇄
   바. 합병 등에 관한 사항
   사. 외국법인과의 제휴에 관한 사항
   아. 특수관계자에 관한 사항(특수관계자 추가 및 해제 등)
3. 경영환경에 중대한 변동을 초래하는 사항
   가. 금융위원회 또는 외국감독기구 등으로부터 업무정지 이상의 조치를 받는 경우
   나. 소속 공인회계사가 금융위원회 또는 한국공인회계사회로부터 직무정지 이상의 처분을 받은 경우
   다. 자기자본 10%(단, 자기자본의 10%에 해당하는 금액이 1억원 미만인 경우에는 1억원) 이상의 벌금, 과태료 또는 추징금 등이 부과된 경우
   라. 회계감사에 대한 손해배상청구금액이 자기자본의 10%(단, 자기자본의 10%에 해당하는 금액이 1억원 미만인 경우에는 1억원) 이상인 경우
   마. 임원의 직무집행정지 가처분신청 등 경영분쟁이 발생한 경우
   바. 소속 이사가 기소되어 형사 재판이 진행중인 사실을 알게 된 경우
   사. 주요 출자사원(지분이 5% 이상인 경우에 한정한다)의 변경에 관한 사항
   아. 이사 등 임직원이 횡령, 위조, 뇌물, 공무집행방해, 위증 등으로 기소되었거나 감사, 증권, 세무, 은행, 소비자보호, 보험 등과 관련이 있는 범죄혐의로 기소되었다는 사실을 알게 된 경우

제3절 감사인의 사업보고서 및 수시보고서 제출 등 의무 위반 조치양정기준

여기서는 외부감사규정 시행세칙상의 [별표 4]의 「감사인의 사업보고서 및 수시보고서 제출 등 의무 위반 조치양정기준」을 살펴본다.

Ⅰ. 목적

이 기준은 외부감사법 제25조 제1항부터 제5항까지의 규정에 따른 외부감사인의 사업보고서 및 수시보고서 관련 의무 위반행위(이하 사업보고서 및 수시보고서 관련 의무 위반행위를 합하여 "사업보고서 및 수시보고서 제출 등 의무 위반행위"라 한다)에 대하여 외부감사법 제29조에 의한 조치 등을 위하여 외부감사규정에서 금융감독원장에게 위임한 사항과 기타 필요한 사항을 정함을 목적으로 한다(별표 4. Ⅰ.).

Ⅱ. 일반원칙

일반원칙은 다음과 같다(별표 4. Ⅱ.).

가. 사업보고서 또는 수시보고서를 제출기한 이후 유예기간을 경과하여 제출하는 경우에는 미제출로 본다.

나. 사업보고서의 제출기한은 사업연도 종료후 3개월이 되는 날이고 수시보고서의 제출기한은 수시보고사유 발생일로 본다.

다. 사업보고서와 수시보고서의 유예기간은 제출기한 경과후 각각 7일과 3일로 한다. 단, 유예기간의 최종일이 영업일이 아닌 경우에는 그 다음 영업일을 최종일로 한다.

라. 수시보고의 경우 보고해야 할 사항을 수시보고사유 발생일에 문자메시지 또는 이메일로 우선 보고하고 익영업일까지 서면보고하는 경우 제출기한 내

에 제출한 것으로 본다.

　마. 사업보고서 등을 제출하였으나 사실과 다르게 기재하였거나 기재하여야 할 사항을 기재하지 않은 경우에는 위법가능성 인식여부와 직무상 주의의무 소홀정도 등을 고려하여 거짓기재 또는 미기재(고의)와 기재사항의 오류 또는 누락으로 구분한다.

Ⅲ. 조치기준

조치기준은 다음과 같다(별표 4. Ⅲ.).

1. 사업보고서

위반 유형	기본조치 (지정제외점수)
가중시 최대	150점
Ⅰ. 미제출, 거짓 기재 및 미기재(고의)	100점
Ⅱ. 지연제출(기한경과 후 유예기간 이내)	60점
Ⅲ. 기재사항의 누락	30점
Ⅳ. 기재사항의 오류	20점
Ⅴ. 비치·공시의무 위반	10점
감경시 최소	경고

2. 수시보고서

위반 유형	기본조치 (지정제외점수)
가중시 최대	60점
Ⅰ. 미제출, 거짓 기재 및 미기재(고의)	40점
Ⅱ. 기재사항의 누락	20점
Ⅲ. 지연제출(기한경과 후 유예기간 이내), 기재사항의 오류	10점
감경시 최소	경고

Ⅳ. 기본조치의 가중 · 감경 등

기본조치의 가중 · 감경 등은 다음과 같다(별표 4. Ⅳ.).

1. 기본조치 가중 · 감경의 일반원칙

가. 가중 또는 감경은 기본조치에 대하여 사유별로 1단계를 조정하며, 가중 · 감경사유는 이와 직접 관련되는 위법행위에 대하여만 적용한다.

2. 기본조치의 가중사유

가. 사업보고서 및 수시보고서 관련 의무 위반으로 조치를 받은 날로부터 2년 이내에 재위반한 경우

나. 기타 위반행위의 원인, 결과, 방법 등을 감안하여 조치의 가중이 필요하다고 인정되는 경우*

  * 예시: 하나의 보고사항에 2개 이상의 허위기재 · 표시 또는 기재 · 표시의 누락이 있는 경우

3. 기본조치의 감경사유

가. 법 시행 후 최초 2년간(2019. 11. 1.~2021. 10. 31.) 제출해야 하는 수시보고서 위반의 경우

나. 위반일 현재 상장회사 감사인으로 등록되지 않은 회계법인

다. 사업보고서 제출 후 기재오류 등을 감독당국이 발견(단, 품질관리감리 실시통보서 수령일 또는 사업보고서 제출 후 1월이 경과한 날이 감독당국의 발견일보다 이전일 경우 가장 빠른 날로 한다)하기 전에 자진 정정한 경우

라. 수시보고서 서면제출 후 기재오류 등을 감독당국이 발견(단, 품질관리감리 실시통보서 수령일 또는 수시보고서 제출 후 1주일이 경과한 날이 감독당국의 발견일보다 이전일 경우 가장 빠른 날로 한다)하기 전에 자진 정정한 경우

마. 기타 위반행위의 원인, 결과, 방법 등을 감안하여 정상참작이 필요하다고 인정되는 경우*

  * 예시: 위반행위의 내용이 중요하지 아니하다고 인정되는 경우

Ⅴ. 기본조치 이외의 조치

위반행위의 원인, 결과, 방법 등을 감안하여 추가적인 조치가 필요하다고 인정되는 경우 적절한 조치를 취할 수 있다(별표 4. Ⅴ.).

제
4
편

감독 및 행정제재

제
1
장

감 독

제1절 증권선물위원회의 감리업무 등

Ⅰ. 감리업무

증권선물위원회는 재무제표 및 감사보고서의 신뢰도를 높이기 위하여 다음의 업무를 한다(법26①, 영29). 외부감사법상 감리업무의 주체는 증권선물위원회이고, 증권선물위원회는 감리의 대상을 기준으로 감리업무를 나누어 감리집행기관(금융감독원장, 한국공인회계사회)에 위탁하고 있다(법38①, 영44②(16), 영44④(1)).

❑ 재무제표 심사·감리 및 조치업무의 주체

업 무		상장법인	비상장법인	
			사업보고서 제출대상	사업보고서 비제출대상
심사·감리실시		금감원장		한공회
제재 조치	심사결과 경고·주의	금감원장		한공회 또는 증선위^{주2}
	그 밖의 조치	증선위 또는 금융위^{주1}		

주1) 감사인의 등록취소·업무정지, 공인회계사의 등록취소·직무정지, 과징금(자본시장법상 과
   징금 중 5억원 초과, 외감법상 과징금)은 금융위원회가 조치권자임
주2) 감사인·공인회계사(한국공인회계사회 조치), 회사(증권선물위원회 조치)

1. 감사보고서 감리

감사보고서 감리란 감사인이 제출한 감사보고서에 대하여 회계감사기준의
준수 여부에 대한 감리를 말한다(법26①(1)).

2. 재무제표 감리

재무제표 감리란 회사가 제출한 재무제표에 대하여 회계처리기준의 준수 여
부에 대한 감리를 말한다(법26①(2)).

3. 품질관리감리 등

품질관리감리란 감사인의 감사업무에 대하여 품질관리기준의 준수 여부에
대한 감리를 말하고, 품질관리수준에 대한 평가도 실시될 수 있다(법26①(3)).

4. 내부회계관리제도 감리

내부회계관리제도 감리란 회사가 내부회계관리제도를 내부회계관리제도의
운영 등(법8)에 따라 운영했는지에 대한 감리를 말하는데, 회사가 제출한 재무제
표에 대하여 회계처리기준의 준수 여부에 대한 감리(법26①(2)) 업무를 수행하면
서 필요한 경우로 한정한다(법26①(4), 영29).

Ⅱ. 재무제표 심사와 감리

1. 재무제표 심사

(1) 재무제표 심사의 의의와 분류
(가) 재무제표 심사의 의의

재무제표 심사란 감리집행기관이 회사의 공시된 재무제표 등에 회계처리기준 위반사항이 있는지를 검토하여 발견된 특이사항에 대한 회사의 소명을 들은 후에 회계처리기준 위반사항이 있다고 판단되는 경우에 재무제표의 수정을 권고하는 업무를 말한다(외부감사규정23①(1) 나목). 즉 재무제표 심사는 공시된 재무제표 등을 검토하고 발견된 특이사항에 대하여 회사의 소명을 들은 후 회계처리기준 위반(과실)이 있다고 판단되는 경우 수정권고 후 수용시 경조치로 종결된다. 재무제표 심사 우선 실시대상은 표본으로 선정되거나 회계오류를 자진 수정한 회사이다.

(나) 감리업무와의 차이점

재무제표 심사제도는 신외부감사법에 따라 회계오류의 신속한 정정을 통해 재무정보의 신뢰성을 제고하고자 2019년 4월부터 시행되었다. "재무제표 심사"는 경미한 위반행위에 대해서는 금융감독원장 경조치(주의 경고)로 신속하게 종결한다는 점에서 중대한(고의·중과실) 회계부정에 대하여 엄중제재를 목적으로 하는 감리업무와 차이가 있다.

(다) 재무제표 심사의 분류

재무제표 심사는 표본심사와 혐의심사를 분류된다. ⅰ) 표본심사는 공시자료 분석 등을 통해 회계처리기준 위반가능성이 높다고 판단되는 회사나 무작위 추출 등을 통해 선정된 회사에 대하여 실시하는 것을 말하고, ⅱ) 혐의심사는 회계오류를 자진수정한 회사 등에 대하여 실시하는 것을 말한다.[1]

(2) 재무제표 심사 대상과 업무 종결

감리집행기관(금융감독원과 한국공인회계사회로 이원화도 되어 있다)은 회사가 전산시스템에 의한 분석 등을 통해 회계처리기준 위반 가능성이 있는 경우 등(외

---

1) 금융감독원(2021), "2020년 중 상장회사에 대한 심사·감리 결과 분석 및 시사점"(2021. 2. 22), 보도자료, 2쪽.

부감사규정23①(1)) 또는 공시된 재무제표를 회사가 자진하여 수정하는 경우(외부감사규정23①(3))에 해당하는 경우에는 재무제표 감리를 실시하기 전에 재무제표 심사를 실시하여야 하며, 그 결과가 ⅰ) 회계처리기준 위반 혐의가 고의 또는 중과실에 해당한다고 판단한 경우(외부감사규정23①(2) 가목), ⅱ) 재무제표 심사를 시작한 날부터 과거 5년 이내의 기간 동안 경고를 2회 이상 받은 상태에서 회계처리기준 위반 혐의가 발견된 경우(외부감사규정23①(2) 나목), ⅲ) 감리집행기관이 회사의 공시된 재무제표에 회계처리기준 위반이 있다고 판단하여 그 재무제표를 수정하여 공시할 것을 권고하였으나 해당 회사가 특별한 이유없이 권고사항을 이행하지 않는 경우(외부감사규정23①(2) 다목)에는 해당 업무를 종결한다(외부감사규정23②).

(3) 재무제표 심사 수행

감리집행기관은 회사가 회사의 회계처리기준 위반에 관한 제보 접수 등(외부감사규정23①(7)) 또는 금융회사 검사 결과 회계처리기준 위반 혐의가 발견된 경우(외부감사규정23①(8))에 제2항에 따라 업무를 수행할 수 있다(외부감사규정23③).

(4) 재무제표 심사 수행과 쟁점사항의 보고

감리집행기관은 재무제표 심사를 수행하는 과정에서 회계처리기준의 해석이 쟁점이 되는 경우에는 그 쟁점 관련 사항을 증권선물위원회 위원장에게 지체없이 보고하여야 한다(외부감사규정23④).

(5) 재무제표 심사 결과와 재무제표 감리실시의 보고

감리집행기관은 재무제표 심사를 실시한 결과가 ⅰ) 회계처리기준 위반 혐의가 고의 또는 중과실에 해당한다고 판단한 경우(외부감사규정23①(2) 가목), ⅱ) 재무제표 심사를 시작한 날부터 과거 5년 이내의 기간 동안 경고를 2회 이상 받은 상태에서 회계처리기준 위반 혐의가 발견된 경우(외부감사규정23①(2) 나목), ⅲ) 감리집행기관이 회사의 공시된 재무제표에 회계처리기준 위반이 있다고 판단하여 그 재무제표를 수정하여 공시할 것을 권고하였으나 해당 회사가 특별한 이유없이 권고사항을 이행하지 않는 경우(외부감사규정23①(2) 다목)에 해당하여 재무제표 감리를 실시하는 경우에 그 사실을 지체없이 증권선물위원회 위원장에게 보고하여야 한다(외부감사규정23⑤).

2. 재무제표 감리

(1) 재무제표 감리의 의의와 분류

(가) 재무제표 감리의 의의

재무제표 감리란 회사가 회사가 제출한 재무제표에 대하여 회계처리기준의 준수 여부에 대한 감리를 말한다(법26①(2)).

(나) 구외부감사법상 정밀감리와의 차이점

구외부감사법에서는 혐의가 있는 모든 건에 대해 정밀감리를 실시한 반면, 신외부감사법은 재무제표 심사를 거친 후 일정요건을 충족(중과실 이상 등)하는 건에 한해 감리를 실시한다.[2]

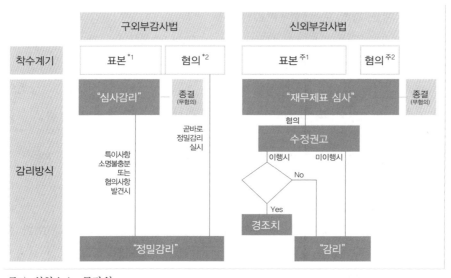

주1) 위험요소, 무작위
주2) 오류수정, 제보 및 검사결과 위반 등(위반행위가 구체적이거나 중대한 경우 재무제표 심사없이 혐의감리 실시 가능)

(다) 재무제표 감리의 분류

재무제표 감리는 표본감리와 혐의감리로 분류된다. ⅰ) 표본감리는 공시자료 분석 등을 통해 회계기준 위반가능성이 높다고 판단되는 회사나 무작위 추출

---

2) 금융감독원(2019), "2019년도 회계심사·감리업무 운영계획 마련"(2019. 5. 14).

등을 통해 선정된 회사를 대상으로 실시하는 감리를 말하고, ii) 혐의감리는 공시된 재무제표 자진 수정, 제보 접수, 기타 금감원의 업무수행과정 등을 통해 발견된 회사 등에 대하여 실시하는 감리를 말한다.[3)]

(2) 재무제표 감리 대상

감리집행기관은 회사가 다음의 어느 하나에 해당하는 경우에는 재무제표 감리를 실시할 수 있다(외부감사규정23①).

(가) 회계처리기준 위반 가능성이 높은 경우

전산시스템에 의한 분석 등을 통해 회계처리기준 위반 가능성 또는 예방 필요성이 높다고 판단되는 경우에는 재무제표 감리를 실시할 수 있다(외부감사규정 23①(1)가목).

(나) 무작위 표본 추출

재무제표 감리 또는 재무제표 심사를 받은 후 경과한 기간 등을 고려하여 무작위로 표본을 추출한 결과 선정된 경우(나목)에는 재무제표 감리를 실시할 수 있다(외부감사규정23①(1)나목).

(가)와 (나)의 경우 해당 사업연도 또는 다음 사업연도 중에 주권상장법인이 되려는 회사가 아닌 회사로서 지정감사인으로부터 감사를 받고 있는 회사는 제외한다(외부감사규정23①).

(다) 재무제표 심사 결과 회계처리기준 위반 혐의를 고의·중과실로 판단

재무제표 심사를 수행한 결과가 ⅰ) 회계처리기준 위반 혐의가 고의 또는 중과실에 해당한다고 판단한 경우(가목), ⅱ) 재무제표 심사를 시작한 날부터 과거 5년 이내의 기간 동안 경고를 2회 이상 받은 상태에서 회계처리기준 위반 혐의가 발견된 경우(나목), ⅲ) 감리집행기관이 회사의 공시된 재무제표에 회계처리기준 위반이 있다고 판단하여 그 재무제표를 수정하여 공시할 것을 권고하였으나 해당 회사가 특별한 이유없이 권고사항을 이행하지 않는 경우(다목)에는 재무제표 감리를 실시할 수 있다(외부감사규정23①(2)).

(라) 재무제표를 자진 수정

공시된 재무제표를 회사가 자진하여 수정하는 경우로서 수정된 금액이 중요성 금액의 4배 이상이거나 최근 5년 이내에 3회 이상 수정한 경우에는 재무제표

---

3) 금융감독원(2020), "2019년도 상장회사에 대한 심사·감리 결과 및 시사점"(2020. 4. 7), 보도자료, 2쪽.

감리를 실시할 수 있다(외부감사규정23①(3)).

(마) 감리등 수행 결과 재무제표 감리가 필요하다고 판단

감리집행기관이 감리등(외부감사법 제26조 제1항의 업무인 감사보고서 감리, 재무제표 감리, 품질관리감리, 내부회계관리제도 감리)을 수행한 결과 재무제표 감리가 필요하다고 판단한 경우에는 재무제표 감리를 실시할 수 있다(외부감사규정23①(4)).

(바) 금융위원회 등의 요청

금융위원회 또는 증권선물위원회가 재무제표 감리 대상 회사를 정하여 감리집행기관에 알리는 경우에는 재무제표 감리를 실시할 수 있다(외부감사규정23①(5)).

(사) 회사가 재무제표 감리를 신청

회사가 감리집행기관에 재무제표 감리를 신청한 경우에는 재무제표 감리를 실시할 수 있다(외부감사규정23①(6)).

(아) 회사의 회계처리기준 위반에 관한 제보 접수 등

회사의 회계처리기준 위반에 관한 제보(혐의를 구체적으로 적시하여 관련 증빙자료를 함께 제보하는 건에 한정)가 접수되거나 중앙행정기관이 재무제표 감리를 의뢰한 경우에는 재무제표 감리를 실시할 수 있다(외부감사규정23①(7)).

(자) 금융회사 검사 결과 회계처리기준 위반 혐의가 발견된 경우

금융위원회법 제37조 각 호[4]의 어느 하나에 해당하는 업무(외부감사법에 따른 업무를 제외하며, 이하 제28조에서 "금융회사 검사")를 수행한 결과 회계처리기준 위반 혐의가 발견된 경우에는 재무제표 감리를 실시할 수 있다(외부감사규정23①(8)).

(3) 재무제표 감리의 예외

감리집행기관은 ⅰ) 해당 혐의와 관련하여 수사, 형사소송 또는 증권 관련 집단소송이 진행 중인 경우(수사기관이 재무제표 감리를 의뢰한 경우는 제외)(제1호),

---

4) 금융위원회법 제37조(업무) 금융감독원은 금융위원회법 또는 다른 법령에 따라 다음의 업무를 수행한다.
   1. 제38조 각 호의 기관(검사대상기관)의 업무 및 재산상황에 대한 검사
   2. 제1호의 검사 결과와 관련하여 금융위원회법과 또는 다른 법령에 따른 제재
   3. 금융위원회와 금융위원회법 또는 다른 법령에 따라 금융위원회 소속으로 두는 기관에 대한 업무지원
   4. 그 밖에 금융위원회법 또는 다른 법령에서 금융감독원이 수행하도록 하는 업무

ii) 해당 혐의에 대한 상당한 증거가 있으나 사안의 성격상 수사기관의 강제조사가 필요하다고 판단되는 경우(제2호), iii) 해당 혐의가 "금융감독원장이 정하는 기준"에 미달하여 증권선물위원회의 조치 가능성이 없다고 판단되는 경우(제3호), iv) 감사조서 보존기간(감사종료 시점부터 8년)이 경과된 경우(제4호), v) 감리집행기관이 보고한 내용 중에서 증권선물위원회 위원장이 증권선물위원회의 심의가 필요하다고 판단한 사안을 증권선물위원회에서 심의한 결과 해당 회계처리기준에 대한 회사의 해석이 적절한 것으로 인정되는 경우(제5호)에 해당하는 회사에 대하여 재무제표 감리를 실시하지 아니할 수 있다(외부감사규정23⑥).

위 제3호에서 "금융감독원장이 정하는 기준"은 별표 1에서 정하는 "위법행위 유형별 중요성 기준금액"을 말한다(외부감사규정 시행세칙21). 위법행위 유형별 중요성 기준금액은 ① A유형: 감사인의 중요성 기준금액의 1배, ② B유형: 감사인의 중요성 기준금액의 4배, ③ C유형: 감사인의 중요성 기준금액의 5배, ④ D유형: 감사인의 중요성 기준금액의 15배이다(별표 1. Ⅳ. 2. 가. 2)).

3. 주요 감리 지적 사례

(1) 대여금·선급금 등 허위(과대)계상

(가) 지적 내용

코스닥시장에 상장된 A사의 경영진은 페이퍼컴퍼니[5]를 거쳐 자금을 인출하는 등의 방법으로 회사자금을 유용하고, 이를 은폐하기 위해 대여금 등(150억원)으로 허위계상하거나 회수가능성이 없는 자산(50억원)에 대한 손상을 인식하지 않음으로써 자기자본을 200억원 과대계상하였다.[6]

(나) 조치 내용

증권선물위원회는 A사의 고의적인 회계분식에 대해 증권발행제한 조치, 회사·대표이사·업무집행지시자 등을 검찰에 고발하였다.

---

5) 자기자본 없이 A사 및 저축은행 등으로부터 차입한 자금으로 A사 주식 및 경영권을 인수(무자본 M&A).
6) 금융감독원(2021), 9쪽.

▌A사 등의 자금흐름도

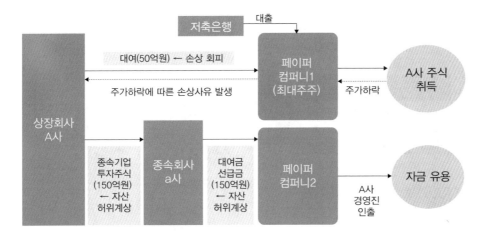

(2) 종속기업투자주식 과대계상

(가) 지적 내용

유가증권시장에 상장된 B사는 M사를 인수하기 위해 O holdings를 설립(지분 100% 출자, 이하 "종속회사")하고, 종속회사가 M사 인수자금 조달을 위해 발행한 전환사채(1,000억원)에 투자(X1년)하고, 또한 B사는 전환권을 주계약(사채)과 분리하여 파생상품금융자산으로 인식하고, 동 전환권의 평가손익을 매년 당기손익으로 계상(X1~X5년 200억원)하였다. 전환사채 투자 후 6년이 되던 해에 전환권 행사를 포기하기로 계약을 체결함에 따라 그간의 평가이익누적액(200억원)을 제거해야 함에도, 종속기업투자주식으로 잘못 계정대체함으로써 회계처리기준을 위반하였다.

(나) 조치 내용

증권선물위원회는 B사의 회계처리기준 위반사항에 대해 증권발행제한 및 감사인지정 조치의 제재를 의결하였다.[7]

---

7) 금융감독원(2021), 10-11쪽.

▌사실관계 및 B사의 회계처리 현황

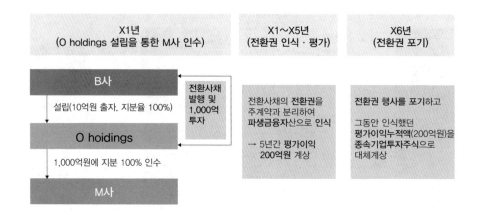

(3) 파생상품자산 과소계상 등

(가) 지적 내용

코스닥시장에 상장된 C사는 투자목적으로 인수한 신주인수권부사채의 내재 파생상품인 신주인수권을 공정가치로 측정 가능한 상황이었음에도, 최초 입수한 신주인수권 외부평가금액을 신뢰하기 어렵다는 이유로 공정가치 평가를 위한 추가 노력(즉 새로운 평가보고서를 입수하거나 공정가치를 신뢰성 있게 평가할 수 없다는 주장을 입증하고 해당 사실을 주석에 공시해야 함)을 하지 않은 채 취득원가로 평가하여 파생상품평가이익 등의 계상을 누락하였다.

(나) 조치 내용

증권선물위원회는 C사의 회계처리기준 위반사항에 대해 과징금 및 감사인 지정 등 조치를 의결하였다.

(4) 허위 매출계상

(가) 지적 내용

코스닥에 상장된 A사는 최대주주인 B사가 수행한 건설공사에 대하여, A사가 B사로부터 하도급을 받아 직접 수행한 것처럼 가장하여 허위의 매출 및 매출원가를 계상하였다. A사는 영업적자를 영업흑자로 계상하여 관리종목 지정을 회피하였다.

▌허위 건설공사수익 흐름도

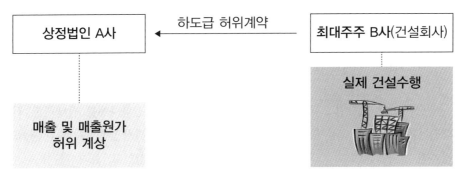

(나) 조치 내용

증권선물위원회는 A사의 고의적인 회계부정에 대해 과징금을 부과하고 회사 등을 검찰에 고발하였다.[8]

(5) 매출원가 누락을 통한 영업이익 과대계상

(가) 지적 내용

코스닥에 상장된 C사는 대기업 K사에 제공하는 용역과 관련하여 관계회사 D사 및 종속회사 E사에서 인적용역을 제공받았음에도 용역계약서 작성 및 용역원가 계상을 누락하고, 용역비용 대신 관계회사 등에 운영자금을 지원하고 대여금을 계상하였다. C사는 영업적자를 영업흑자로 계상하여 관리종목 지정을 회피하였다.

▌용역원가 누락 흐름도

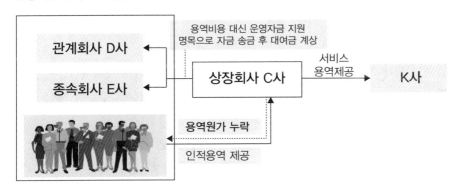

---

8) 금융감독원(2020), 9-11쪽.

(나) 조치 내용

증권선물위원회는 C사의 고의적인 회계부정에 대해 과징금을 부과하고 회사 등을 검찰에 통보하였다.

(6) 전환사채 관련 회계처리오류

(가) 지적 내용

코넥스에 상장된 F사는 조기상환청구권이 부여된 전환사채를 발행하고 전환권대가를 파생상품부채로 분류하였으나, 금융상품인 파생상품부채에 대한 공정가치 평가를 누락하여 파생상품평가손실을 계상하지 않았고, 조기상환청구 가능일 1년 이내의 전환사채를 유동부채가 아닌 비유동부채로 분류하였다.

(나) 조치 내용

증권선물위원회는 F사의 회계처리 오류에 대해 과징금을 부과하고 2년간 감사인을 지정하였다.

Ⅲ. 감사인 감리

1. 감사인 감리의 의의

"감사인 감리"란 "감사보고서 감리"(법26①(1)) 또는 "품질관리감리"(법26①(3))를 말한다(외부감사규정23⑦ 전단). 감사보고서 감리는 감사인이 제출한 감사보고서에 대하여 회계감사기준의 준수 여부에 대한 감리를 말하고, 품질관리감리는 감사인의 감사업무에 대하여 품질관리기준의 준수 여부에 대한 감리 및 품질관리수준에 대한 평가를 말한다.

2. 감사인 감리 대상

감리집행기관은 다음의 어느 하나에 해당하는 감사인에 대하여 "감사인 감리"를 실시할 수 있다(외부감사규정23⑦ 전단). 이 경우 품질관리수준에 대한 평가(법26①(3))를 함께 실시할 수 있다(외부감사규정23⑦ 후단).

(1) 감리집행기관이 감사인 감리대상으로 선정한 경우

감사인이 ⅰ) 회계감사를 하는 회사 중에서 주권상장법인 또는 감사인 지정을 받은 회사가 차지하는 비중이 높은지, 감리집행기관의 개선권고사항을 충실하게 이행하였는지 등을 고려하여 감리집행기관이 감사인 감리대상으로 선정한 경우, ⅱ) 사업보고서 또는 수시보고서를 부실하게 작성하는 등 경영투명성이 낮다고 판단되는 경우, ⅲ) 감사인 감리를 받은 후 경과한 기간 등을 고려하여 무작위로 표본을 추출한 결과 감사인 감리대상으로 선정된 경우에는 감사인 감리를 실시할 수 있다(외부감사규정23⑦(1)).

(2) 외국 회계감독기관과 함께 감사인 감리를 해야 하는 경우

외국 회계감독기관의 요청을 고려하여 외국 회계감독기관과 함께 감사인 감리를 해야 할 필요가 있는 경우에는 감사인 감리를 실시할 수 있다(외부감사규정 23⑦(2)).

(3) 감사인이 등록요건 유지의무 등을 위반한 제보가 접수된 경우

감사인이 등록요건 유지의무, 회계감사기준 또는 품질관리기준 등을 위반했다는 제보(혐의를 구체적으로 적시하여 관련 증빙자료를 함께 제보하는 건에 한정)가 접수되거나 중앙행정기관이 감사인 감리를 의뢰한 경우에 그 내용 및 관련 증빙자료를 각각 검토한 결과 법령등의 위반 혐의가 상당한 개연성이 있다고 인정되는 경우에는 감사인 감리를 실시할 수 있다(외부감사규정23⑦(3)).

(4) 감리등의 수행결과 감사인 감리가 필요한 경우

감리집행기관이 감리등을 수행한 결과 감사인 감리가 필요하다고 판단한 경우에는 감사인 감리를 실시할 수 있다(외부감사규정23⑦(4)).

(5) 금융위원회 등의 요청

금융위원회 또는 증권선물위원회가 감사인 감리 대상 감사인을 선정하여 감리집행기관에 알리는 경우에는 감사인 감리를 실시할 수 있다(외부감사규정23⑦(5)).

Ⅳ. 품질관리감리

1. 서설

(1) 품질관리기준과 품질관리감리

품질관리기준은 회계법인이 품질관리시스템을 구축함에 있어서 어떤 내용을 어떤 수준으로 구축할 것인가에 대한 지침을 제공하는 기준이다. 따라서 품질관리기준이 없다면 품질관리감리제도가 성립할 수 없다고 해도 과언이 아니며, 품질관리기준의 준수를 의무화해야 제도의 실효성을 확보할 수 있다.9)

국제회계기준(IFRS)과 신국제감사기준(International Standard on Auditing: New ISA)이 도입되면서, 새로운 회계환경에 부합하는 회계감독제도로서 감사인 품질관리감리가 보다 강화되어야 한다는 주장이 제기되었다. 즉 원칙중심(principle-based)의 IFRS와 위험기준(risk-based) 접근방식의 새로운 ISA하에서는 동일한 회계사건에 대해 복수의 회계처리방법이 존재할 수 있고, 경영자와 감사인의 전문가적 판단이 존중되므로 기존의 감사보고서 감리와 같이 구체적인 규정을 가지고 사후적으로 위반 여부를 판단하는 감리방식보다는 감사인의 품질관리정책과 그 운용 여부를 사전적으로 점검하는 품질관리감리가 보다 효과적인 회계감독제도가 될 수 있다는 것이다.10)

신외부감사법은 품질관리감리업무의 내실을 강화하고, 일정 수준의 품질관리시스템을 갖춘 감사인에게만 상장법인을 감사하게 하는 감사인 등록제를 도입하였다. 회계감독의 중심이 감사인 품질관리감리로 이동하고 품질관리감리 결과에 따른 감사인 등록제가 실시되는 것에 대한 정책변화의 정당성을 얻기 위해서는 무엇보다 품질관리감리업무의 효과성이 전제될 필요가 있을 것이다. 즉 감사인이 품질관리제도를 적정하게 갖추고 있다면 일정수준 이상의 감사품질이 달성될 수 있어야 하며, 감독기관의 품질관리감리업무는 회계법인의 품질관리제도에 대한 적정한 평가와 더불어 감리결과에 따른 사후조치를 통해 감사품질 향상을 유도할 수 있어야만 품질관리감리제도가 새로운 회계감독 방향으로서 설득력을 가질 수 있을 것이다.11)

---

9) 김문철·전영순·최진영(2011), 88쪽.

10) 외부감사법에 의한 우리나라의 회계감리제도는 크게 "감사보고서 감리"와 "감사인 품질관리감리"로 구분된다. 감사보고서 감리는 표본추출 등에 의해 선정된 감사보고서를 대상으로 당해 회계정보에 기업회계기준과 회계감사기준 등의 위반사실이 있는지를 확인하는 감리이며, 감사인 품질관리감리는 감사인이 구축하고 있는 품질관리제도 및 그 운영의 적정성을 점검하는 감리이다. 따라서 감사보고서 감리가 이미 수행된 감사업무에 대한 사후적인 감리라고 한다면, 감사인 품질관리감리는 감사인 조직의 운영시스템에 대한 사전적인 감리라고 할 수 있다.

11) 황문호·권수영·이영한(2011), "감사인 품질관리감리의 효과성에 관한 연구: 한국공인회계사회의 품질 관리감리를 중심으로", 회계·세무와 감사 연구 제53권 제2호(2011. 12), 462-463쪽.

(2) 입법취지

회계법인의 품질관리는 국제품질관리기준을 토대로 한국공인회계사회가 2005년에 제정한 "감사 등 업무의 품질관리기준"에 따라 자율규제로 이루어지고 있으며, 금융감독원은 2007년부터 품질관리감리를 실시하여 미비점에 대한 개선권고를 해오고 있다. 그러나 신외부감사법 시행전 품질관리기준은 법적 근거가 없고, 품질관리감리의 근거만 시행령[12]에 규정되어 있는 등 품질관리제도의 법적 근거가 미흡하며, 개선권고의 실효성 확보를 위한 이행점검 또는 권고 미이행사실 공개 등 사후조치에 대한 법적 근거가 없는 상황이었다.[13]

이에 신외부감사법은 감사업무의 품질관리기준에 대한 법적 근거를 마련하고, 품질관리기준에 대한 대표이사의 관리책임을 명시하였으며, 증권선물위원회가 품질관리감리 결과에 따른 개선권고, 이행 여부를 공개할 수 있도록 규정하여 품질관리의 실효성을 확보하였다.

감사인의 품질관리시스템이 부실한 경우 부실감사가 구조적으로 발생할 수 있는 만큼, 개별 감사업무에 대한 사후적 감독으로서의 감사보고서 감리뿐만 아니라 회계법인의 인사, 교육, 영업활동 등 감사업무 품질에 영향을 미치는 전반적 사항에 대한 사전적 감독으로서의 품질관리감리도 보다 체계적이고 실효성 있게 운영될 필요성이 있다. 이에 개정법은 품질관리 감리의 법적 근거를 분명히 하고 그 실효성 확보방안을 마련한 것이다.[14]

(3) **외부감사법상의 품질관리감리**

금융감독원 직접 감리대상은 외부감사법 시행령 제44조 제2항 제15호에 의거 "주권상장법인 감사인"과 "금융감독원의 감사인 감리등이 필요하다고 금융위원장 또는 증권선물위원회 위원장이 정하여 금융감독원장에게 통지한 감사인"이며, 감사인에 대한 품질관리감리업무 중 금융감독원 감리대상이 아닌 감사인은 한국공인회계사회에 위탁되어 있다(영44).

(4) **품질관리감리의 목적**

감사업무의 품질향상을 위하여 감사인이 구축한 품질관리제도의 구축·운영

12) 개정전 외부감사법 시행령 제8조 ③ 법 제15조 제1항에서 "대통령령으로 정하는 업무"란 감사업무의 품질향상을 위한 감사인의 업무 설계 및 운영에 관한 감리업무(이하 "품질관리감리업무"라 한다. 이하 같다)를 말한다.
13) 1차 정무위원회(2017), 35–36쪽.
14) 1차 정무위원회(2017), 37쪽.

상태와 개별감사업무의 감사절차를 점검하기 위함이다.

2. 품질관리감리 후 개선권고 및 이행 점검 등

(1) 개선권고 및 이행여부 점검

증권선물위원회는 감사인에 대한 품질관리기준(법26①(3)) 준수 여부에 대한 감리 결과 감사업무의 품질 향상을 위하여 필요한 경우에는 1년 이내의 기한을 정하여 감사인의 업무설계 및 운영에 대하여 개선을 권고하고 그 이행 여부를 점검할 수 있다(법29⑤).

(2) 현장조사

증권선물위원회는 감사인으로부터 개선권고사항 이행계획 및 실적 등을 문서로 제출받고 필요한 경우 현장조사를 할 수 있다(영34①).

현장조사는 외부감사규정 제8조 제7항 및 제8항을 준용한다(외부감사규정36③). 따라서 현장조사를 하기 전에 ⅰ) 조사의 목적, ⅱ) 조사기간과 장소, ⅲ) 조사원의 성명과 직위, ⅳ) 조사범위와 내용, ⅴ) 요구할 자료가 기재된 문서를 신청인에 발송하여야 한다(외부감사규정8⑦). 신청인이 동의한 경우에 신청인이 동의한 범위 내에서 현장조사를 실시할 수 있다(외부감사규정8⑧).

(3) 처리방안 등의 보고

감사인이 증권선물위원회의 개선권고사항을 금융위원회가 정하는 기한까지 이행하지 아니할 때에는 그 경위 및 향후 처리방안을 증권선물위원회에 지체 없이 보고하여야 한다(영34②).

(4) 이행 여부 및 진행상황에 관한 문서의 제출

감사인은 개선권고 후 3개월 이내 및 개선권고사항의 이행기한 이후 1개월 이내에 그 이행여부 및 진행상황에 관한 문서를 감리집행기관에 제출하여야 한다(외부감사규정36②).

(5) 개선권고 중요사항 재위반과 시정요구 등 조치

증권선물위원회는 개선권고의 중요사항(법29⑤)을 감사인이 다시 위반하는 경우 시정요구하고, 감사인이 시정요구를 정당한 이유 없이 이행하지 아니하는 경우에는 ⅰ) 금융위원회에의 등록취소 또는 1년 이내의 업무의 전부 또는 일부의 정지 건의, ⅱ) 감사인이 조치결과를 통지받은 날부터 1년 이내에 결산일이 도래하는 회사 중 금융감독원장으로부터 감사인을 지정받은 회사에 대한 감사업무 제한, iii) 증권선물위원회의 조치가 있는 날부터 5년 이내의 기간 동안 위법행위와 관련된 회사에 대한 감사업무 제한, iv) 손해배상공동기금의 추가적립(위법행위와 관련된 회사로부터 받았거나 받기로 한 감사보수를 한도로 한다), ⅴ) 경고, ⅵ) 주의, ⅶ) 시정요구, 각서 제출요구 등 그 밖에 필요한 조치를 할 수 있다(외부감사규정37② 및 26③).

3. 품질관리감리 후 개선권고사항 등의 공개

(1) 개선권고사항의 공개

증권선물위원회는 개선권고사항을 해당 감사인에 개선권고를 한 날부터 3년 이내의 기간 동안 외부에 공개할 수 있다(법29⑥, 영35①). 외부공개 대상은 품질관리기준 준수 여부에 대한 감리 결과 "감사인의 업무설계 및 운영"에 대하여 개선을 권고한 경우만 해당한다.

감사인 감리시 표본 선정하여 검토하는 개별감사업무는 외부감사법 제26조 제1항 제1호(감사보고서 감리)에 따른 회계감사기준의 준수 여부를 감리하는 것이므로, 개별감사업무 점검결과 회계기준 위반사항과 중요한 감사절차 위반사항 발견시, 이는 원칙적으로 제재대상이고 개선권고 및 공개 대상에 해당하지 않는다. 다만, 개별감사업무 위반 발견시 품질관리기준 위반 여부도 검토하여, 품질관리기준 위반인 경우 개선권고하고 이를 공개한다. 예를 들어 감사기준 위반이 지속적·반복적으로 발견되어 회계법인의 품질관리시스템과 관련이 있는 경우이다.

개선권고사항 중 "품질관리제도" 관련 사항은 3년간 외부에 공개한다. 개선권고사항의 외부 공개는 개선권고사항의 홈페이지 게시 방안 등에 대한 증권선물위원회 결정 이후에 시행된다.

(2) 미이행 사실의 외부 공개

증권선물위원회는 감사인이 개선권고를 받은 날부터 1년 이내에 정당한 이유 없이 해당 개선권고사항을 이행하지 아니하는 경우에는 증권선물위원회가 그 사실을 확인한 날부터 3년 이내의 기간 동안 그 사실을 외부에 공개할 수 있다(법29⑦, 영35②).

(3) 감사인의 의견청취

증권선물위원회는 공개를 하기 전에 해당 감사인의 의견을 청취하여야 한다

(영35③).

(4) 공개 제외 사항

증권선물위원회는 개선권고사항 및 미이행 사실의 공개를 인터넷 홈페이지를 통해 공개하는 경우에 ⅰ) 감사인 감리 중 발견된 회계처리기준 위반 혐의 등 시장에 혼란을 발생시킬 수 있는 사항, ⅱ) 그 밖에 감사인의 정당한 이익을 해할 우려가 있다고 인정되는 경영상 비밀에 관한 사항을 제외하여야 한다(외부감사규정37①).

Ⅴ. 내부회계관리제도 감리

1. 내부회계관리제도 감리의 의의

내부회계관리제도 감리란 회사가 내부회계관리제도를 내부회계관리제도의 운영 등(법8)에 따라 운영했는지에 대한 감리를 말한다. 이 감리에는 회사가 제출한 재무제표에 대하여 회계처리기준의 준수 여부에 대한 감리(법26①(2)) 업무를 수행하면서 필요한 경우로 한정한다(법26①(4), 영29).

2. 내부회계관리제도 감리의 실시

감리집행기관은 재무제표 감리 또는 재무제표 심사를 받는 회사가 ⅰ) 회계처리기준 위반이 회사의 내부회계관리규정 위반에 기인한다고 판단되는 경우, ⅱ) 직전 사업연도의 감사보고서에서 회사의 내부회계관리제도에 취약사항이 있다는 감사의견 또는 검토의견을 제시한 경우에 내부회계관리제도 감리를 실시할 수 있다(외부감사규정23⑧).

Ⅵ. 감리등의 절차와 방법

감리등이란 법 제26조 제1항의 업무인 감사보고서 감리, 재무제표 감리, 품질관리감리, 내부회계관리제도 감리를 말한다(외부감사규정23①(4)).

1. 재무제표 감리 또는 재무제표 심사의 중점점검 업종 등 공표

감리집행기관은 매년 6월에 다음 사업연도 재무제표 감리 또는 재무제표 심사에서 중점적으로 점검할 업종, 계정 또는 회계처리기준 등을 홈페이지 등을 통해 공표하여야 한다(외부감사규정24① 전단). 이 경우 불가피한 이유로 6월 이후에 추가적으로 중점적으로 점검할 사항을 공표하는 경우에는 회사가 회계처리에 대한 판단을 하기 위하여 검토할 수 있는 시간 등을 고려하여야 한다(외부감사규정 24① 후단).

2. 피조사자 등에 대한 요구사항

감리집행기관은 감리등을 수행하는데 필요한 범위 내에서 ⅰ) 회사, 관계회사 및 감사인에 요구할 수 있는 사항에 관한 자료의 제출 및 의견의 진술 또는 보고를 감리등의 대상("피조사자"), 관계회사 또는 감사인에 요구할 수 있고, ⅱ) 회사 및 관계회사에 요구할 수 있는 사항에 관하여 회계에 관한 장부와 서류의 열람 및 업무와 재산상태의 조사를 감리등의 대상("피조사자"), 관계회사 또는 감사인에 요구할 수 있다(외부감사규정24②).

(1) 출석요구

관계자의 의견진술을 위한 출석을 요구할 때에는 금융감독원장이 발부한 출석요구서(별지 제24호 서식)에 의하여야 한다(외부감사규정 시행세칙26①). 출석요구서에는 출석요구의 취지를 명백히 기재하여야 한다(외부감사규정 시행세칙26②).

관계자가 출석한 경우에는 책임소재와 그 한계를 명확히 하고 행위의 동기·원인 또는 해명을 듣기 위해 관계자와의 문답서(별지 제25호 서식)를 작성할 수 있다(외부감사규정 시행세칙26③).

(2) 진술서 제출요구

관계자에 대하여 진술서의 제출을 요구할 때에는 금융감독원장이 발부한 진술서제출요구서(별지 제26호 서식)에 의하여야 한다(외부감사규정 시행세칙27①). 이에 의하여 진술서 제출을 요구하는 때에는 질문서 형식으로 작성하여 감리·조사 사항에 관한 위법행위의 동기, 배경, 결과 등 그 전말이 구체적으로 나타나도록 하여야 한다(외부감사규정 시행세칙27②).

(3) 자료제출요구

관계자에게 장부와 서류의 열람, 기타자료의 제출을 요구할 때에는 금융감
독원장이 발부한 자료제출요구서(별지 제27호 서식)에 의하여야 한다(외부감사규정
시행세칙28①). 자료제출요구서에는 제출할 자료, 제출기한 등을 명백히 기재하여
야 한다(외부감사규정 시행세칙28②).

(4) 업무·재산상태의 조사

업무와 재산상태를 조사하는 경우에는 감리·조사에 필요한 최소한의 자료
를 징구 또는 요구하여야 한다(외부감사규정 시행세칙29①).

(5) 증거자료 또는 확인서 징구

감리·조사결과 위법한 사항에 대하여는 이를 입증할 증거자료 또는 확인서
를 징구할 수 있다(외부감사규정 시행세칙29②).

3. 피조사자에 대한 통지

(1) 문서 통지

감리집행기관은 요구를 하는 경우에 피조사자가 그 요구를 이행하는데 필요
한 충분한 기간을 정하여 i) 목적, ii) 구체적인 요구내용, iii) 요구하는 사람의
성명과 직위, iv) 그 밖에 피조사자가 위의 목적 및 구체적인 요구내용을 이해하
는데 필요한 사항으로서 감리집행기관이 정하는 사항을 피조사자에 문서로 알려
야 한다(외부감사규정24③ 본문).

(2) 구두 통지

다만, 요구사항을 미리 문서로 알리면 감리등의 목적을 달성하기가 곤란하
다고 판단되는 경우에는 구두로 알릴 수 있다(외부감사규정24③ 단서).

4. 대리인의 조사 과정 참여와 제한

(1) 대리인의 참여

피조사자가 대리인[15]을 조사 과정에 참여시켜줄 것을 감리집행기관에 요구

---

15) 행정절차법 제12조(대리인) ① 당사자등은 다음의 어느 하나에 해당하는 자를 대리인으로
    선임할 수 있다.
    1. 당사자등의 배우자, 직계 존속·비속 또는 형제자매
    2. 당사자등이 법인등인 경우 그 임원 또는 직원
    3. 변호사

하는 경우에 감리집행기관은 그 대리인을 조사 과정에 참여시켜야 한다(외부감사규정24④ 본문).

(2) 대리인 참여 제한 사유

ⅰ) 증거의 인멸·은닉·조작 또는 조작된 증거의 사용, ⅱ) 공범의 도주 등 감리등에 현저한 지장을 초래, ⅲ) 피해자, 해당 사건에 대한 감리등에 필요한 사실을 알고 있다고 인정되는 자 또는 그 친족의 생명, 신체나 재산에 대한 침해, ⅳ) 피조사자가 진술 등 조사과정에 협조함으로 인해 소속 회사 또는 회계법인 등으로부터 받는 불이익 중 어느 하나에 해당하는 상황이 발생할 가능성이 있다고 판단되는 경우에는 대리인을 참여시키지 아니할 수 있다(외부감사규정24④ 단서).

(3) 대리인 퇴거요구 후 조사 개시 등

감리집행기관은 대리인이 조사과정에 참여한 후에 위의 대리인 참여 제한 사유에 해당하는 상황 또는 ⅰ) 피조사자의 대리인 참여요청이 조사의 개시 및 진행을 지연시키거나 방해하는 것으로 판단되는 경우, ⅱ) 감리집행기관의 승인 없이 심문에 개입하거나 모욕적인 언동을 하는 경우, ⅲ) 피조사자에게 특정한 답변 또는 부당한 진술 번복을 유도하는 경우, ⅳ) 조사과정을 촬영, 녹음, 기록하는 경우, ⅴ) 앞의 4가지의 상황에 준하여 조사목적 달성을 현저하게 어렵게 하는 경우(퇴거 사유) 중 어느 하나에 해당하는 상황이 발생하거나 발생할 가능성이 있다고 판단되는 경우에는 대리인에게 퇴거를 요구하고 대리인 없이 조사를 개시 또는 진행할 수 있다(외부감사규정24⑤).

(4) 대리인이 참여 제한 및 퇴거 요구 사유의 문답서 등 기재

감리집행기관은 위의 대리인 참여 제한 사유 또는 퇴거 사유에 해당한다는 이유로 대리인의 참여를 제한하는 경우에 그 구체적 사유를 피조사자의 진술내용을 기록한 문답서, 감리위원회 및 증권선물위원회에 상정하는 안건에 각각 기재하여야 한다(외부감사규정24⑥).

5. 감리등 수행방법 등의 제정

감리등을 수행하는 방법, 절차 및 서식 등은 감리집행기관이 정한다(외부감사규정24⑦).

---

4. 행정청 또는 청문 주재자(청문의 경우만 해당한다)의 허가를 받은 자
5. 법령등에 따라 해당 사안에 대하여 대리인이 될 수 있는 자

6. 피조사자의 자료열람 요구 등

(1) 문답서, 확인서 및 제출자료의 열람 신청

피조사자는 문답서, 감리집행기관의 요청에 따라 사건과 관련된 특정 사실관계 등에 관한 진술에 거짓이 없다는 내용을 본인이 작성하고 기명날인한 문서("확인서") 및 사건과 관련하여 본인이 감리집행기관에 제출한 자료("제출자료")에 대한 열람을 신청할 수 있다(외부감사규정25① 본문). 다만, 감리등의 과정에서 작성된 문답서는 감리집행기관이 조치예정일 10일 전까지 피조사자 또는 그 대리인("당사자등")에게 하는 사전통지(외부감사규정31①)를 한 이후에 신청할 수 있다(외부감사규정25① 단서).

피조사자의 자료열람신청은 별지 제32호 서식에 따른다(외부감사규정 시행세칙33).

(2) 열람 허용 및 제한

감리집행기관은 위의 확인서 및 제출자료의 열람 신청이 있는 경우에 열람을 허용하여야 한다(외부감사규정25② 본문). 다만, i) 대리인의 조사 과정 참여제한 사유(외부감사규정24④) 중 어느 하나에 해당하는 경우, ii) 조사결과 발견된 위법행위에 대하여 검찰총장에게 고발, 통보 또는 수사의뢰("고발등")를 해야 한다고 판단한 경우(문답서에 대한 열람을 신청한 경우에 한정) 중 어느 하나에 해당하는 경우에는 열람을 제한할 수 있다(외부감사규정25② 단서).

Ⅶ. 심사 · 감리 결과의 처리 등

1. 심사 · 감리 결과의 보고

심사 · 감리 담당 부서장은 심사 · 감리를 종료한 때에는 지체없이 그 결과를 금융감독원장에게 보고하여야 한다(외부감사규정 시행세칙35).

2. 제재심의 관련 심사 · 조정의뢰

금융위원회, 증권선물위원회의 조치 또는 심의, 금융감독원장의 조치가 필요한 사항은 심사 · 감리 담당 부서장이 i) 심사 · 감리 결과보고 및 처리안(이의

신청, 재심사항 포함), ii) 관련 입증자료, iii) 기타 제재심의 관련 심사·조정에 필요한 참고자료를 첨부하여 제재심의담당부서장에게 심사·조정("제재심의 관련 심사·조정")을 의뢰하여야 한다(외부감사규정 시행세칙36).

3. 제재심의 관련 심사·조정 및 결과 통보

(1) 기록유지와 통보 등

제재심의담당부서장은 제재심의 관련 심사·조정신청이 있는 경우에는 i) 위법행위에 대한 적용법규의 적정성 등 실질적 사항, ii) 입증자료의 확보 및 보고서의 기술방식 등 형식적 사항, iii) 처리의견의 형평·타당성 여부를 심사한 후 그 결과를 기록유지하고, 심사·감리 담당 부서장에게 통보하여야 한다(외부감사규정 시행세칙37① 전단). 이 경우 제재심의 관련 심사·조정에 필요하다고 인정하는 때에는 해당 심사·감리 담당 부서장에게 추가자료의 제출 또는 의견진술을 요청할 수 있다(외부감사규정 시행세칙37① 후단).

(2) 의견 통보와 보정 요구

제재심의담당부서장은 제재심의 관련 심사·조정결과 의견이 있는 경우에는 이를 해당 심사·감리 담당 부서장에게 통보하여 내용의 보정을 요구할 수 있다(외부감사규정 시행세칙37②).

(3) 재정절차와 수용 여부

심사·감리 담당 부서장은 보정요구에 대하여 이견이 있는 경우에는 심사, 감리·조사담당부원장의 재정절차를 거쳐 제재심의 관련 심사·조정결과의 수용 여부를 결정하고 그 결과를 제재심의담당부서장에게 통보한다(외부감사규정 시행세칙37③).

4. 회계위반 수정권고

(1) 수정공시 권고시 기재사항

심사담당부서장은 피조사자에게 수정공시를 권고하는 경우 수정권고 품의서에 i) 회계처리기준 위반("회계위반")으로 판단한 항목의 내용, ii) 회계위반으로 판단한 근거, iii) 피조사자에 대하여 회계위반사항을 수정공시할 것을 권고하는 내용을 기재하여 금융감독원장의 승인을 받아야 한다(외부감사규정 시행세칙37의2①).

(2) 피조사자 통지 및 제출 요청

금융감독원장은 피조사자에게 수정공시를 권고하는 경우 위의 기재사항을 피조사자에게 통지하여야 한다(외부감사규정 시행세칙37의2② 전단). 이 경우 금융 감독원장은 피조사자가 통지를 받은 날부터 10영업일 이내에 ⅰ) 권고내용에 대한 피조사자의 자체 검토 및 감사인과의 협의 결과, ⅱ) 권고사항의 이행 여부, ⅲ) 권고사항의 이행 결과 또는 미이행 사유를 기재한 문서를 금융감독원장에게 제출할 것을 피조사자에게 요청할 수 있다(외부감사규정 시행세칙37의2② 후단).

(3) 권고 불이행의 효과

금융감독원장은 피조사자가 통지를 받은 날부터 10영업일 또는 이행계획기 간 이내에 금융감독원장의 권고를 이행하지 않은 경우 "감리집행기관이 회사의 공시된 재무제표에 회계처리기준 위반이 있다고 판단하여 그 재무제표를 수정하여 공시할 것을 권고하였으나 해당 회사가 특별한 이유없이 권고사항을 이행하지 않는 경우"(외부감사규정23①(2) 다목)에 해당하는 것으로 본다(외부감사규정 시행세칙37의2③ 본문). 다만, ⅰ) 해당 회사가 수정권고를 이행하지 않아도 되는 정당한 이유를 금융감독원장에게 제출한 경우, ⅱ) 해당 회사가 통지를 받은 날부터 10영업일 이내에 금융감독원장의 권고에 대한 이행의사 및 이행계획을 금융감독원장에게 제출하여 합리적인 것으로 인정받은 경우에는 그러하지 아니하다(외부감사규정 시행세칙37의2③ 단서).

(4) 수정권고 생략

금융감독원장은 수정공시를 권고하기 전에 해당 수정권고의 대상인 회계위반이 이미 충실히 수정공시된 것으로 판단하는 경우 수정권고를 생략하고 피조사자가 "감리집행기관이 회사의 공시된 재무제표에 회계처리기준 위반이 있다고 판단하여 그 재무제표를 수정하여 공시할 것을 권고하였으나 해당 회사가 특별한 이유없이 권고사항을 이행하지 않는 경우"(외부감사규정23①(2) 다목)에 해당하지 않는 것으로 볼 수 있다(외부감사규정 시행세칙37의2④).

5. 심사·감리 결과의 처리

(1) 위법행위 발견 또는 개선권고 필요시 증권선물위원회 상정 요청

금융감독원장은 감리결과 위법행위가 발견된 경우 또는 품질관리감리결과 개선권고가 필요하다고 판단한 경우에는 감리결과보고 및 처리안(별지 제33호 서식)을 작성하여 증권선물위원회에 상정을 요청한다(외부감사규정 시행세칙38①).

(2) 위법상태 시정 또는 위법행위 방지 위한 권고시 금융감독원장 승인

심사담당부서장은 심사결과 경고, 주의, 또는 내부회계관리제도상 취약사항의 해소 등 위법상태를 시정하거나 다른 위법행위를 방지하기 위한 권고(외부감사규정27③)를 하는 경우 심사결과보고 및 처리안(별지 제33호의2 서식)을 작성하여 금융감독원장의 승인을 받아야 한다(외부감사규정 시행세칙38②).

(3) 감리결과 처리와 자본시장법 위반혐의에 대한 조사 병행

감리결과의 처리를 함에 있어서 자본시장법 위반혐의에 대한 조사를 병행한 경우에는 그 조사결과를 반영하여야 한다(외부감사규정 시행세칙38③).

(4) 자본시장법상 규제대상과 자본시장조사 업무규정상 조치

감리·조사결과 조치의 대상회사가 자본시장법의 규제대상인 경우에는 당해 회사에 대하여는「자본시장조사 업무규정」에 의한 조치를 할 수 있다(외부감사규정 시행세칙38④).

6. 조치안 작성

감리결과보고 및 처리안은 부의안 형식으로 작성한다(외부감사규정 시행세칙 39 전단). 이 경우 증권선물위원회의 원활한 심의를 위하여 부의안에는 특별한 사유가 없는 한 별표 1부터 4까지의 기준에 의하여 작성한 조치안을 기재한다(외부감사규정 시행세칙39 후단).

7. 처리상황의 관리

(1) 심사·감리 결과처리상황의 관리

금융감독원장은 ⅰ) 조치사항, ⅱ) 이행시기 또는 기한, ⅲ) 이행보고 일자 및 내용, ⅳ) 이행요구 등 특별관리에 관한 사항, ⅴ) 기타 필요한 사항을 기재하여 심사·감리 결과처리상황을 관리하여야 한다(외부감사규정 시행세칙41①).

(2) 조치사항이행보고서 제출과 이행내용의 적정성 검토

금융감독원장은 증권선물위원회, 금융감독원장이 조치한 사항에 관하여는 회사, 감사인 또는 공인회계사로부터 조치사항이행보고서("이행보고서"라 한다. 별지 제35호, 제35호의2 서식)를 제출받아 그 이행내용의 적정성을 검토하여야 한다(외부감사규정 시행세칙41② 본문). 다만, 연간 20시간 이내의 범위 내에서 한국공

인회계사회가 실시하는 직무연수 실시의무 부과(외부감사규정26④(4))에 이행보고
서는 공인회계사회가 일괄하여 제출할 수 있다(외부감사규정 시행세칙41② 단서).

(3) 조치 불이행시의 이행요구 등 필요한 조치

금융감독원장은 이행보고서 및 차기 감사보고서를 검토한 결과 그 이행내용
이 적정하지 아니하다고 인정되거나 증권선물위원회, 금융감독원장의 조치를
이행하지 아니하였다고 인정되는 경우에는 이행요구 등 필요한 조치를 취할 수
있다(외부감사규정 시행세칙41③ 본문). 다만, 증권선물위원회 조치의 미이행 등의
내용이 중대하고 고의성이 있는 경우에는 처리의견을 첨부하여 증권선물위원회
에 보고하고 증권선물위원회의 재조치를 받아야 한다(외부감사규정 시행세칙41③
단서).

(4) 조치 불이행과 별도 관리

금융감독원장은 회사, 감사인 또는 공인회계사가 증권선물위원회의 조치를
6월 이상 이행하지 아니하는 때에는 그 경위 및 앞으로의 처리대책 등을 증권선
물위원회에 보고하고, 증권선물위원회의 조치, 금융감독원장의 조치 미이행사항
은 사후 종결될 때까지 별도로 관리한다(외부감사규정 시행세칙41④).

(5) 품질관리감리결과 개선권고에 준용

위의 (1) 심사·감리 결과처리상황의 관리, (2) 조치사항이행보고서 제출과
이행내용의 적정성 검토, (3) 조치 불이행시의 이행요구 등 필요한 조치, (4) 조
치 불이행과 별도 관리에 관한 규정은 품질관리감리결과 개선권고사항에 대하여
도 이를 준용한다(외부감사규정 시행세칙41⑤ 전단). 이 경우 "조치"는 "개선권고"
로, "이행요구"는 "재권고"로, "조치사항이행보고서"는 "개선권고사항이행보고서
(별지 제36호 서식)"로 한다(외부감사규정 시행세칙41⑤ 후단).

8. 사후관리의 종결

(1) 사후관리 종결 사유 등

(가) 이행내용의 적정과 사후관리 종결

금융감독원장은 이행보고서를 검토한 결과 증권선물위원회, 금융감독원장
의 조치에 대한 회사, 감사인 또는 공인회계사의 이행내용이 적정하다고 인정되
는 때에는 사후관리를 종결한다(외부감사규정 시행세칙42① 본문).

(나) 조치이행 간주와 사후관리 종결 등

ⅰ) 이행내용이 조치와 일치하지는 않으나 그 취지에 부합하거나 동일한 효과를 거두었다고 인정되는 때, ⅱ) 이행의 대상이 되는 사항이 소송에 계류 중인 때, ⅲ) 관련자의 사망, 이민, 소재불명과 회사의 부도 발생 등의 사유로 조치의 이행이 불가능하다고 판단되는 때, ⅳ) 연간 20시간 이내의 범위 내에서 한국공인회계사회가 실시하는 직무연수 실시의무 부과 조치의 경우 조치대상자가 조치일 이후 2년 이상 공인회계사 업무를 수행하지 아니한 때에는 조치가 이행된 것으로 보아 사후관리를 종결할 수 있으며, 이행의 대상이 되는 사항이 소송에 계류 중인 사유로 사후관리를 종결한 경우에는 소송 또는 기타 처리절차의 진행상황을 파악하는 등의 방법으로 그 결과를 점검하여야 한다(외부감사규정 시행세칙42① 단서).

(2) 품질관리감리결과 개선권고에 준용

위의 (가) 이행내용의 적정과 사후관리 종결 규정, (나) 조치이행 간주와 사후관리 종결 등에 관한 규정은 품질관리감리결과 개선권고사항에 대하여도 이를 준용한다(외부감사규정 시행세칙42② 전단). 이 경우 "조치"는 "개선권고"로 한다(외부감사규정 시행세칙42② 후단).

Ⅷ. 증권선물위원회의 심의 사항

외부감사법에 따른 증권선물위원회의 업무수행에 필요한 사항은 금융위원회가 증권선물위원회의 심의를 거쳐 정한다(법26②).

제2절 자료제출요구

Ⅰ. 업무 및 재산상태 조사 등

증권선물위원회는 감리업무 등(법26①)을 수행하기 위하여 필요하면 회사 또는 관계회사와 감사인에게 자료의 제출, 의견의 진술 또는 보고를 요구하거나, 금융감독원장에게 회사 또는 관계회사의 회계에 관한 장부와 서류를 열람하게

하거나 업무와 재산상태를 조사하게 할 수 있다(법27① 전단). 이 경우 회사 또는
관계회사에 대한 업무와 재산상태의 조사는 업무수행을 위한 최소한의 범위에서
이루어져야 하며, 다른 목적으로 남용해서는 아니 된다(법27① 후단).

Ⅱ. 증표 제시

회사 또는 관계회사의 장부와 서류를 열람하거나 업무와 재산상태를 조사하
는 자는 그 권한을 표시하는 증표를 지니고 관계인에게 보여주어야 한다(법27②).

Ⅲ. 세무관서에 대한 자료제출 요청

증권선물위원회는 감사인 지정업무(법11)를 수행하기 위하여 필요하면 세무
관서의 장에게 증권선물위원회가 감사인의 선임 또는 변경선임을 요구하는 데
필요한 회사의 상호, 대표자의 성명, 본점 주소, 사업자등록번호, 법인등록번호,
전화번호, 사업연도의 기간과 그 개시일 및 종료일, 자산총액, 부채총액, 매출액,
종업원 수 및 법인유형 등 국세청의 과세 관련 자료의 제출을 요청할 수 있다(법
27③ 전단, 영30). 이 경우 요청을 받은 기관은 특별한 사유가 없으면 이에 따라야
한다(법27③ 후단).

Ⅳ. 한국공인회계사회 등에 대한 자료제출 요청

증권선물위원회는 외부감사법에 따른 업무를 수행하기 위하여 필요하면 한
국공인회계사회 또는 관계 기관에 자료의 제출을 요청할 수 있다(법27④ 전단). 이
경우 요청을 받은 기관은 특별한 사유가 없으면 이에 따라야 한다(법27④ 후단).

Ⅴ. 위반시 제재

상법 제401조의2 제1항16) 및 제635조 제1항17)에 규정된 자, 그 밖에 회사

---

16) 상법 제401조의2(업무집행지시자 등의 책임)에 규정된 자는 ⅰ) 업무집행지시자: 회사에
　　대한 자신의 영향력을 이용하여 이사에게 업무집행을 지시한 자, ⅱ) 무권대행자: 이사의

의 회계업무를 담당하는 자, 감사인 또는 그에 소속된 공인회계사나 감사 또는 감리 업무와 관련하여 감사인, 감사인에 소속된 공인회계사, 증권선물위원회 위원을 보조하거나 지원하는 자가 정당한 이유 없이 제27조(자료의 제출요구 등) 제1항에 따른 자료제출 등의 요구·열람 또는 조사를 거부·방해·기피하거나 거짓 자료를 제출한 경우 3년 이하의 징역 또는 3천만원 이하의 벌금에 처한다(법 42(6)).

제3절 부정행위 신고와 신고자의 보호

Ⅰ. 입법취지

신외부감사법은 부정행위 신고대상의 범위를 확대하여 감사인의 재무제표 대리작성도 신고 사유에 포함시켰고, 신고 포상금 지급대상을 확대하여 주권상장법인인 회사의 부정행위 신고자뿐만 아니라 모든 회사의 부정행위 신고자로 넓혔다. 기업이 의도적으로 회계부정을 숨길 경우 회계정보를 1차적으로 접하는 내부자의 고발 없이는 적발이 쉽지 않은 점을 감안하면 내부 신고를 활성화하기 위한 입법이다.[18]

Ⅱ. 부정행위 신고

1. 신고사유와 감면

증권선물위원회는 회사의 회계정보와 관련하여 ⅰ) 내부회계관리제도에 의하지 아니하고 회계정보를 작성하거나 내부회계관리제도에 따라 작성된 회계정

이름으로 직접 업무를 집행한 자, ⅲ) 표현이사: 이사가 아니면서 명예회장·회장·사장·부사장·전무·상무·이사 기타 회사의 업무를 집행할 권한이 있는 것으로 인정될 만한 명칭을 사용하여 회사의 업무를 집행한 자를 말한다(상법401의2①).

17) 상법 제635조(과태료에 처할 행위)에 규정된 자는 회사의 발기인, 설립위원, 업무집행사원, 업무집행자, 이사, 집행임원, 감사, 감사위원회 위원, 외국회사의 대표자, 검사인, 공증인, 감정인, 지배인, 청산인, 명의개서대리인, 사채모집을 위탁받은 회사와 그 사무승계자 또는 직무대행자를 말한다(상법635①).

18) 1차 정무위원회(2017), 49쪽.

보를 위조·변조·훼손 또는 파기한 사실, ii) 회사가 회계처리기준을 위반하여 재무제표를 작성한 사실, iii) 회사, 감사인 또는 그 감사인에 소속된 공인회계사가 재무제표 대리작성 규정(법6⑥)을 위반한 사실, iv) 감사인이 회계감사기준에 따라 감사를 실시하지 아니하거나 거짓으로 감사보고서를 작성한 사실, v) 앞의 4가지 규정에 준하는 경우로서 회계정보를 거짓으로 작성하거나 사실을 감추는 경우을 알게 된 자가 그 사실을 증권선물위원회에 신고하거나 해당 회사의 감사인 또는 감사에게 고지한 경우에는 그 신고자 또는 고지자("신고자등")에 대해서는 조치(법29)를 감면할 수 있다(법28①).

2. 신고 또는 고지 방법

신고 또는 고지는 다음의 구분에 따라 하여야 한다(영31①). 즉 i) 감사인(소속 공인회계사를 포함)이 신고사유에 해당하는 행위("위반행위")를 한 경우(회사의 임직원과 감사인이 공동으로 위반행위를 한 경우를 포함)에는 증권선물위원회에 신고하고, ii) 회사의 임직원이 위반행위를 한 경우에는 그 회사의 감사인 또는 감사에게 고지하거나 증권선물위원회에 신고하여야 한다(영31①).

3. 신고서와 증거제출

신고 또는 고지를 하는 자("신고자등")는 i) 신고자등의 인적사항, ii) 위반행위를 한 자, iii) 위반행위의 내용, iv) 신고 또는 고지의 취지 및 이유를 적은 문서인 신고서에 위반행위의 증거 등을 첨부하여 제출하여야 한다(영31②).

4. 구술 신고 및 고지와 증거제출

신고자등은 신고서를 제출할 수 없는 특별한 사정이 있는 경우에는 구술로 위반행위를 신고하거나 고지할 수 있다(영31③ 전단). 이 경우 위반행위의 증거 등을 제출하여야 한다(영31③ 후단).

구술신고 또는 구술고지를 받는 자는 신고서에 신고자등이 말한 사항을 적은 후 신고자등에게 보여주거나 읽어 들려주고 신고자등이 그 신고서에 서명하거나 도장을 찍도록 하여야 한다(영31④).

5. 신고서 및 증거 이첩

고지를 받은 감사인 또는 감사는 신고서 및 신고자등으로부터 받은 증거 등을 신속하게 증권선물위원회에 넘겨야 한다(영31⑤).

6. 신고·고지사항 확인과 자료제출요구

증권선물위원회는 신고 또는 고지 사항에 대하여 신고자등을 대상으로 인적사항, 신고 또는 고지의 경위와 취지 및 그 밖에 신고 또는 고지의 내용을 특정하는 데 필요한 사항 등을 확인할 수 있다(영31⑥ 전단). 이 경우 증권선물위원회는 해당 사항의 진위 여부를 확인하는 데 필요한 범위에서 신고자등에게 필요한 자료의 제출을 요구할 수 있다(영31⑥ 후단).

Ⅲ. 신고자의 보호

1. 비밀유지의무

신고 또는 고지를 받은 자는 신고자등의 신분 등에 관한 비밀을 유지하여야 한다(법28②).

2. 불이익한 대우 금지

신고자등이 신고 또는 고지를 하는 경우 해당 회사(해당 회사의 임직원을 포함)는 그 신고 또는 고지와 관련하여 직접 또는 간접적인 방법으로 신고자등에게 불이익한 대우를 해서는 아니 된다(법28③).

3. 손해배상책임

불이익한 대우 금지규정을 위반하여 불이익한 대우로 신고자등에게 손해를 발생하게 한 회사와 해당 회사의 임직원은 연대하여 신고자등에게 손해를 배상할 책임이 있다(법28④).

Ⅳ. 신고자등에 대한 포상

1. 포상금 지급사유

증권선물위원회는 신고가 회사의 회계정보와 관련하여 신고사유 중 어느 하나에 해당하는 사항을 적발하거나 그에 따른 회사 및 감사인 등에 대한 조치(법29) 또는 위반행위의 공시(법30)를 하는 데에 도움이 되었다고 인정하면 신고자에게 포상금을 지급할 수 있다(법28⑤).

2. 포상금 지급

증권선물위원회는 신고 행위를 위반행위로 의결한 날부터 4개월 이내(특별한 사정이 있는 경우를 제외)에 10억원의 범위에서 신고된 위반행위의 중요도와 위반행위의 적발 또는 그에 따른 조치 등에 대한 기여도 등을 고려하여 포상금의 지급 여부 및 지급액 등을 심의·의결하여야 한다(영33① 전단). 이 경우 금융위원회는 그 심의·의결일부터 1개월 이내에 포상금을 지급한다(영33① 후단).

3. 포상금 지급기준 등 사항

포상금 지급기준 등 포상금 지급에 필요한 사항은 금융위원회가 정한다(영33②). 이에 따라 금융위원회 고시로 「회계관련 부정행위 신고 및 포상 등에 관한 규정」("신고포상규정")이 시행되고 있다. 여기서는 이 규정의 주요내용을 살펴본다.

4. 포상금 지급대상

(1) 회계부정행위 신고자

포상금은 회사의 회계정보(분·반기 재무제표 관련 회계정보를 포함)와 관련하여 부정행위를 증권선물위원회("증선위"), 금융감독원장("감독원장") 또는 한국공인회계사회에 신고한 자("신고자")로서 증선위가 이를 적발하여 조치(자본시장법 제160조에 따른 분·반기 보고서의 재무에 관한 사항 조치를 포함)하는데 도움이 되었다고 인정되는 자에게 지급한다(신고포상규정3①).

(2) 합산 지급 등

1인이 2 이상의 신고를 한 경우에는 각각의 포상금을 합산하여 지급한다(신고포상규정3② 본문). 다만, 신고된 부정행위가 동일한 회사의 부정행위인 경우에는 각각의 신고를 합쳐 하나의 신고로 간주하여 포상금을 산정·지급한다(신고포상규정3② 단서).

(3) 최초 신고자에 대한 지급과 분할지급

2인 이상이 동일 또는 유사한 부정행위에 대하여 각각 신고한 경우에는 최초의 신고자에게 포상금을 지급한다(신고포상규정3③ 본문). 다만, 각 1인의 신고만으로는 "부정행위가 특정될 수 있도록 행위자, 부정행위의 내용, 방법 등 구체적인 사실을 적시하고 관련 증거자료를 첨부할 것"의 요건을 충족하지 못하였으나 각 신고를 종합하여 동 요건을 충족한 경우에는 포상금을 각 신고자에게 균등하게 분할하여 지급한다(신고포상규정3③ 단서).

(4) 공동신고

2인 이상이 공동으로 신고한 경우에는 신고자가 지정하는 대표자에게 포상금을 지급한다(신고포상규정3④).

5. 포상금 지급대상 제외

다음에 해당하는 경우, 즉 ⅰ) 신고자가 당해 부정행위의 주도적 역할을 하였거나 다른 관련자에 대하여 이를 강요한 사실이 있는 경우, ⅱ) 감리 또는 조사결과 신고내용이 부정행위와 무관하거나 부정행위의 정도가 증선위의 조치를 필요로 하지 아니할 정도로 경미한 경우, ⅲ) 동일한 내용에 대하여 포상금이 이미 지급된 경우, ⅳ) 행정기관 또는 공공단체에 근무(파견근무를 포함)하는 자가 그 직무와 관련하여 알게 된 내용을 신고한 경우, ⅴ) 신고자가 포상금 수령을 원하지 아니하는 경우, ⅵ) 기타 포상금 지급이 명백히 불합리하다고 인정되는 경우에는 포상금을 지급하지 아니한다(신고포상규정4).

6. 신고의 방법

부정행위를 신고하고자 하는 자는 ⅰ) 부정행위가 특정될 수 있도록 행위자, 부정행위의 내용, 방법 등 구체적인 사실을 적시하고 관련 증거자료를 첨부하여, ⅱ) 당해 신고를 하는 자의 신원(성명·주민등록번호·주소 및 전화번호)을 밝혀서 갖추어 문서, 우편, 모사전송(FAX) 또는 인터넷 등 신고내용을 증명할 수 있는 방법에 의하여 증선위, 감독원장 또는 한국공인회계사회에 신고하여야 한다(신고포상규정5).

7. 신고 접수 및 처리

(1) 부정행위 신고접수대장에 기록·관리

금융감독원장 또는 한국공인회계사회는 신고가 있는 경우 그 내용을 신고순서에 따라 부정행위 신고접수대장(별지 1호 서식)에 기록·관리하여야 한다(신고포상규정6①).

(2) 진술청취 또는 자료제출요구

금융감독원장 또는 한국공인회계사회는 신고내용을 확인하기 위하여 신고자로부터 진술을 듣거나 필요한 자료의 제출을 요구할 수 있다(신고포상규정6②).

(3) 신고 접수 예외 등

금융감독원장 또는 한국공인회계사회는 신고사항이 ⅰ) 신고내용이 명백히 허위인 경우, ⅱ) 신고방법에 부합되지 아니한 경우, ⅲ) 신고자의 신원을 확인할 수 없거나 소재불명 등으로 연락이 두절된 경우, ⅳ) 동일한 사항에 대하여 이미 감리 또는 조사가 진행 중이거나 종료된 경우, ⅴ) 공시자료, 언론보도 등에 의하여 널리 알려진 사실이나 풍문을 바탕으로 신고한 경우로서 새로운 사실이 없는 경우, ⅵ) 기타 신고내용 및 신고자에 대한 확인결과 감리 또는 조사의 실익이 없다고 판단되는 경우에는 이를 접수하지 아니하거나 감리 또는 조사를 하지 아니할 수 있다(신고포상규정6③).

(4) 접수 및 처리 내역의 보고

금융감독원장 또는 한국공인회계사회는 매 분기별로 부정행위 신고의 접수 및 처리 내역을 증선위 위원장에게 보고하여야 한다(신고포상규정6④).

8. 지급기준

포상금은 기준금액에 기여도를 곱하여 산정한다(신고포상규정7①). 신고자가 당해 부정행위에 직접적으로 관련되어 조치를 받은 경우에는 법 위반의 정도 등을 감안하여 포상금을 감액 지급할 수 있다(신고포상규정7②). 구체적인 포상금 산정기준은 별표와 같다(신고포상규정7③).

9. 포상결정

증선위는 금융위원회의 예산부족 등 특별한 사정이 있는 경우를 제외하고는 신고된 부정행위에 대하여 증선위의 조치가 확정된 날(이의신청이 있는 경우에는 재결한 날)로부터 4월 이내에 신고자에 대한 포상금 지급여부 및 지급액 등에 관하여 심의·의결한다(신고포상규정8①).

금융감독원장 또는 한국공인회계사회는 제1항의 기간 내에 포상대상자를 선정하여 별지2호 서식에 의한 포상실시안을 증선위에 부의하여야 한다(신고포상규정8②).

10. 지급 방법 및 절차

(1) 포상결정의 통지

금융감독원장 또는 한국공인회계사회는 포상결정이 있는 때에는 즉시 이를 해당 신고자에게 통지하여야 한다(신고포상규정9①).

(2) 포상금 지급과 기록

금융위원회는 증선위의 포상결정이 있은 날로부터 1월 이내에 포상금을 지급하고 별지3호 서식에 의한 포상금지급 관리대장에 기록하여야 한다(신고포상규정9②).

(3) 지급방법

포상금은 그 지급대상자가 지정하는 은행계좌로 이체하여 지급한다(신고포상규정9③ 본문). 다만, 부득이한 사유로 계좌입금이 어려운 경우에는 지급대상자 또는 그 대리인에게 직접 전달할 수 있다(신고포상규정9③ 단서).

(4) 환수 금지

이미 지급한 포상금은 검찰, 법원 등의 무혐의 또는 무죄판결 등을 이유로 환수하지 아니한다(신고포상규정9④).

11. 신고자의 비밀보호

(1) 신고자 신분 등 비밀누설 금지

누구든지 직무와 관련하여 알게 된 신고자의 신분 등에 관한 비밀을 누설하여서는 아니된다(신고포상규정10①).

(2) 신고자 인적사항의 생략

신고자의 신분비밀 보호를 위하여 필요하다고 인정되는 경우에는 감리 또는 조사결과 처리안 등 관련 서류 작성시 신고자의 인적사항의 전부 또는 일부를 기재하지 아니할 수 있다(신고포상규정10②).

12. 중복적용 배제

동일인의 동일 또는 유사한 신고내용에 대하여 자본시장법 제435조 제7항의 규정에 의한 포상금이 지급된 경우에는 이 규정에 의한 포상금을 지급하지 아니한다(신고포상규정11 본문). 다만, 이 규정에 의한 포상금 지급금액이 동 법에 의한 포상금보다 많은 경우에는 그 금액을 차감하여 지급할 수 있다(신고포상규정 11 단서).

V. 신고자등에 대한 조치의 감면 사유

증권선물위원회는 신고자등이 ⅰ) 신고자등이 신고하거나 고지한 위반행위의 주도적 역할을 하지 아니하였고, 다른 관련자들에게 이를 강요한 사실이 없고, ⅱ) 증권선물위원회, 감사인이나 감사가 신고자등이 신고하거나 고지한 위반행위에 관한 정보를 입수하지 아니하였거나 정보를 입수하고 있어도 충분한 증거를 확보하지 아니한 상황에서 신고하거나 고지하였으며, ⅲ) 위반행위를 신고하거나 고지하였으며, 그 위반행위를 증명하는 데 필요한 증거를 제공하고 조사가 완료될 때까지 협조한 경우 신고자등에 대한 회사 및 감사인 등에 대한 조치(법29)를 감면(減免)할 수 있다(영32).

VI. 위반시 제재

1. 형사제재

상법 제401조의2 제1항19) 및 제635조 제1항20)에 규정된 자, 그 밖에 회사

---

19) 상법 제401조의2(업무집행지시자 등의 책임)에 규정된 자는 ⅰ) 업무집행지시자: 회사에 대한 자신의 영향력을 이용하여 이사에게 업무집행을 지시한 자, ⅱ) 무권대행자: 이사의 이름으로 직접 업무를 집행한 자, ⅲ) 표현이사: 이사가 아니면서 명예회장·회장·사장·

의 회계업무를 담당하는 자, 감사인 또는 그에 소속된 공인회계사나 감사 또는 감리 업무와 관련하여 감사인, 감사인에 소속된 공인회계사, 증권선물위원회 위원을 보조하거나 지원하는 자가, 신고 또는 고지를 받은 자는 신고자등의 신분 등에 관한 비밀을 유지하여야 하는데(법28②), 이를 위반하여 신고자등의 신분 등에 관한 비밀을 누설한 경우 5년 이하의 징역 또는 5천만원 이하의 벌금에 처한다(법41(5)).

신고자등이 신고 또는 고지를 하는 경우 해당 회사(해당 회사의 임직원을 포함)는 그 신고 또는 고지와 관련하여 직접 또는 간접적인 방법으로 신고자등에게 불이익한 대우를 해서는 아니 되는데(법28③), 이를 위반하여 신고자등에게「공익신고자 보호법」제2조 제6호[21)]에 해당하는 불이익조치를 한 자는 2년 이하의 징역 또는 2천만원 이하의 벌금에 처한다(법43).

2. 과태료

ⅰ) 법 제28조 제2항을 위반하여 신고자등의 인적사항 등을 공개하거나 신고자등임을 미루어 알 수 있는 사실을 다른 사람에게 알려주거나 공개한 자(제1호), ⅱ) 법 제28조 제3항을 위반하여 신고자등에게 불이익한 대우를 한 자(제2호)에게는 5천만원 이하의 과태료를 부과한다(법47①(1)(2)).

부사장·전무·상무·이사 기타 회사의 업무를 집행할 권한이 있는 것으로 인정될 만한 명칭을 사용하여 회사의 업무를 집행한 자를 말한다(상법401의2①).
20) 상법 제635조(과태료에 처할 행위)에 규정된 자는 회사의 발기인, 설립위원, 업무집행사원, 업무집행자, 이사, 집행임원, 감사, 감사위원회 위원, 외국회사의 대표자, 검사인, 공증인, 감정인, 지배인, 청산인, 명의개서대리인, 사채모집을 위탁받은 회사와 그 사무승계자 또는 직무대행자를 말한다(상법635①).
21) 6. "불이익조치"란 다음의 어느 하나에 해당하는 조치를 말한다.
　가. 파면, 해임, 해고, 그 밖에 신분상실에 해당하는 신분상의 불이익조치
　나. 징계, 정직, 감봉, 강등, 승진 제한, 그 밖에 부당한 인사조치
　다. 전보, 전근, 직무 미부여, 직무 재배치, 그 밖에 본인의 의사에 반하는 인사조치
　라. 성과평가 또는 동료평가 등에서의 차별과 그에 따른 임금 또는 상여금 등의 차별 지급
　마. 교육 또는 훈련 등 자기계발 기회의 취소, 예산 또는 인력 등 가용자원의 제한 또는 제거, 보안정보 또는 비밀정보 사용의 정지 또는 취급 자격의 취소, 그 밖에 근무조건 등에 부정적 영향을 미치는 차별 또는 조치
　바. 주의 대상자 명단 작성 또는 그 명단의 공개, 집단 따돌림, 폭행 또는 폭언, 그 밖에 정신적·신체적 손상을 가져오는 행위
　사. 직무에 대한 부당한 감사(監査) 또는 조사나 그 결과의 공개
　아. 인허가 등의 취소, 그 밖에 행정적 불이익을 주는 행위
　자. 물품계약 또는 용역계약의 해지, 그 밖에 경제적 불이익을 주는 조치

증권선물위원회의 조치권

제1절 회사에 대한 조치

행정법규 위반에 대하여 가하는 제재조치는 행정목적의 달성을 위하여 행정법규 위반이라는 객관적 사실에 착안하여 가하는 제재이므로 반드시 현실적인 행위자가 아니라도 법령상 책임자로 규정된 자에게 부과하고, 특별한 사정이 없는 한 위반자에게 고의나 과실이 없더라도 부과할 수 있다.[1]

---

1) 대법원 2015. 1. 29. 선고 2014두328 판결(원심은, 원고(주식회사 Y)의 직원인 김○○이 업무집행행위로서 금융감독원에 허위자료를 제출하였으므로 원고의 지시 여부를 불문하고 원고가 허위자료 제출에 따른 행정법규 위반의 책임을 부담한다고 판단하였다. 원심은, 원고의 위반행위가 기업의 재무상태와 관련하여 투자자, 채권자 등 이해관계인에게 중대한 영향을 미치는 것이어서 이에 대하여 엄격한 제재를 통해 기업경영의 투명성 제고와 이해관계인의 보호라는 제재목적을 달성할 필요가 있는 점, 이 사건 처분의 기준이 된 외부감사 및 회계 등에 관한 규정 시행세칙 [별표 2] 감리결과조치양정기준이 헌법 또는 법률에 합치되지 아니하거나 그에 따른 제재적 행정처분이 그 처분사유가 된 위반행위의 내용과 관계 법령의 규정 내용과 취지에 비추어 현저히 부당하다고 인정할 만한 합리적인 이유가 있다고 보기 어려운 점, 이 사건 처분사유 중 허위서류 제출의 위법행위만으로도 피고가 감리결과조치양정기준에 따라 최소한 증권발행제한 10월, 감사인 지정 3년, 대표

Ⅰ. 조치 사유

증권선물위원회는 회사가 다음의 조치 사유에 해당하면 일정한 조치를 할 수 있다(법29①).

1. 재무제표를 작성하지 아니하거나 회계처리기준을 위반하여 재무제표를 작성한 경우
2. 법 제6조(재무제표의 작성 책임 및 제출), 제10조(감사인의 선임) 제4항부터 제6항까지, 제12조(감사인 선임 등의 보고) 제2항, 제22조(부정행위 등의 보고) 제6항 또는 제23조(감사보고서의 제출 등) 제3항부터 제6항까지의 규정을 위반한 경우
3. 정당한 이유 없이 제11조(증권선물위원회에 의한 감사인 지정 등) 제1항 및 제2항에 따른 증권선물위원회의 요구에 따르지 아니한 경우
4. 정당한 이유 없이 제27조(자료의 제출요구 등) 제1항에 따른 자료제출 등의 요구·열람 또는 조사를 거부·방해·기피하거나 거짓 자료를 제출한 경우
5. 그 밖에 외부감사법 또는 외부감사법에 따른 명령을 위반한 경우

Ⅱ. 조치 유형

증권선물위원회는 회사가 위의 조치 사유에 해당하면 해당 회사에 임원의 해임 또는 면직 권고, 6개월 이내의 직무정지, 일정 기간 증권의 발행제한, 회계처리기준 위반사항에 대한 시정요구 및 그 밖에 필요한 조치를 할 수 있다(법29①).

이에 따라 증권선물위원회는 회사가 법령등("법령 또는 고시 등")을 위반한 경우에는 다음의 조치를 할 수 있다(외부감사규정26①).

1. 임원의 해임[2] 또는 면직 권고

이사 또는 담당 임원 해임권고, 검찰고발 조치를 할 수 있는 점 등을 고려하여, 이 사건 처분이 재량권을 일탈·남용하였다고 보기 어렵다고 판단하였다. 관련 법리와 기록에 비추어 살펴보면, 원심의 위와 같은 판단은 수긍할 수 있다).

[2] Y회사는 글로벌 금융위기 이후 경기하락과 중국 철강재 판매가격 하락 등으로 인해 영업이익 급감 및 적자가 발생하기 시작하자, 금융기관 여신상환 요구와 이자율 상승 요인으

2. 임원의 6개월 이내 직무정지3)

3. 1년 이내의 증권 발행제한4)

로 작용할 것을 우려하여, 연도말 존재하지 않는 재고자산과 임대자산을 과대계상하고 매출원가를 감소시키는 방식으로, 각 연도별 당기순이익과 자기자본을 과대계상한 사실이 있어 동기판단(위반행위 발생당시 양정기준에 의한 동기판단)은 고의를 인정하였고, 기본조치의 가중 및 감경(위반행위 발생당시 양정기준에 의한 가중 및 감경 적용)에서는 기본조치의 가중은 해당사항 없었고, 기본조치의 감경은 2단계 감경을 적용하였다. 즉 회사는 심사감리의 착수일 이전 '17년 재무제표를 공시하면서 비교표시된 재무제표의 위법행위로 인한 오류를 수정·공시('18. 3. 30.)하여 2단계 감경하였다. 따라서 최종적으로 고의 Ⅲ단계를 적용하여 증권발행제한 8월, 감사인지정 2년, 담당임원 해임권고(대표이사 A), 검찰통보(회사, 대표이사 A) 조치를 취하였다. 재무담당 임원(B)이 미등기이고, 대표이사가 관여하여 이루어진 고의 위반인 점을 고려하여 대표이사(A)를 해임권고 조치하였다.

3) Y회사는 ⅰ) 매출 허위계상 등[(별도: '17년 1,547백만원, '18년 △1,547백만원): Y회사는 상장폐지 실질심사대상 사유가 추가되는 것을 회피할 목적으로, 특수관계자인 종속회사 ㈜X와 체결한 기둥광고시스템 구축 용역의 경제적효익의 유입가능성이 없음에도 계약금액을 임의로 100% 증액하고 이를 매출로 인식함으로써, '17회계연도에 매출을 1,233백만원 과대계상하고 관련 매출채권을 회수하는 방법으로 인수한 전환사채(매도가능증권)를 1,547백만원 과대계상한 결과 당기순이익(자기자본)을 1,547백만원 과대계상하였고, '17회계연도에 손상처리했어야 할 관련 비용을 '18회계연도에 손상차손으로 인식함으로써, '18회계연도의 당기순손실을 1,547백만원 과대계상한 사실이 있고[동기: 고의], ⅱ] 종속기업투자주식 손상차손 과소계상 등[별도: '17년 500백만원, '18년 △500백만원, 연결: '17년 593백만원, '18년 △593백만원]: Y회사는 종속회사인 ㈜X에 자본잠식이 확대되는 등 종속기업투자주식 및 영업권에 손상징후가 발생하였음에도 종속기업투자주식 등에 대한 손상검사를 하지 않고, 비합리적인 가정을 사용하여 동 종속회사의 지분가치를 과대평가함으로써, '17회계연도 별도재무제표의 종속기업투자주식 및 연결재무제표의 영업권을 각각 500백만원 및 593백만원 과대계상하였고, 이를 '18회계연도에 비용으로 인식한 결과 동 연도 별도 및 연결재무제표의 당기순손실을 각각 500백만원 및 593백만원 과대계상한 사실이 있어[동기: '17년 중과실, '18년 과실], 증권발행제한 10월, 과징금(前 대표이사 A 23.2백만원, 담당임원 B 23.2백만원), 감사인지정 3년, 담당임원 면직권고(재무담당임원 B: 외부감사법 제29조 제1항 및 외부감사규정 제26조 제1항에 의하여 회사에 대하여 재무담당임원 조진오를 임원에서 면직할 것을 권고), 감사 해임권고(감사 C), 직무정지 6월(재무담당임원 B, 감사 C: 직무정지 6월을 병과: 외부감사법29①), 검찰고발(회사, 前 대표이사 A, 재무담당임원 B: 외부감사법 및 자본시장법 위반 혐의로 검찰고발 조치), 개선권고(회사에 향후 유사사례가 재발하지 않도록 감사의 책임성을 강화하고 감사에 대한 지원조직을 보완하는 등의 절차를 마련하고, 재무담당임원 등 회계부서 인력의 전문성을 강화하도록 개선권고) 조치를 내렸다.

4) Y회사는 ⅰ) 매출원가 과소계상['16년(제11기) 5,735백만원]: Y회사는 특수관계가 있는 법인 등을 통해 조달한 자금을 부채가 아닌 생산보조금으로 계상하고 이를 매출원가에서 차감함으로써 별도와 연결재무제표의 당기순이익과 자기자본 5,735백만원을 과대계상한 사실이 있고[동기: 고의], ⅱ) 개발비 과대계상['16년(제11기) 2,742백만원, '17년(제12기) 6,742백만원]: Y회사는 개발부서 이외 부서에서 발생한 급여와 감가상각비 중 개발과 직접 관련되지 않은 비용을 개발비로 자산화하여 '16년(제11기)과 '17년(제12기) 별도와 연결재무제표의 자기자본을 각각 2,742백만원과 6,742백만원 과대계상한 사실이 있으며[동기: 신양정기준 과실], ⅲ) 유형자산 과대계상['16년(제11기) 10,305백만원]: Y회사는 '15

4. 3개 사업연도 이내의 감사인 지정[5]

5. 경고[6]

6. 주의

7. 시정요구,[7] 각서(회계처리기준을 성실하게 준수하겠다는 확약) 제출요구 등
   그 밖에 필요한 조치[8]

Ⅲ. 퇴임 또는 퇴직한 임원에 대한 조치

증권선물위원회는 퇴임하거나 퇴직한 임원이 해당 회사에 재임 또는 재직

년(제10기) 중 Nedec(Thailand) Co., Ltd.(구, S전기 태국법인)의 지배권을 획득하여 '16년
(제11기) 연결재무제표상 사업결합이전 태국법인에서 발생한 손상차손은 환입할 수 없음
에도 손상차손환입을 인식함에 따라 10,305백만원의 유형자산과 자기자본을 과대계상한
사실이 있어[동기: 신양정기준 과실] 증권발행제한 4월, 감사인지정 2년, 검찰통보(회사,
대표이사 A, 前 미등기임원 B) 조치를 받았다. 前 미등기임원 B('18. 2. 2. 사임)는 '16년
(제11기) 재무제표 작성당시 최고재무책임자(CFO)로 확정되지 않은 생산보조금을 장부에
계상하여 당기순이익 과대계상에 직접 관여한 것으로 판단하여 검찰통보 조치하였다.

5) Y회사는 ⅰ) 대여금 허위계상 등(별도: '17년 16,613백만원, '18년 1분기 20,709백만원, 반
기 26,357백만원, 3분기 28,874백만원): Y회사는 경영진(A 등)이 페이퍼컴퍼니 등을 통해
회사 자금을 유용하였음에도, 이를 은폐하기 위해 대여금 등을 허위 계상하거나 회수가능
성이 없는 자산에 대한 손상을 인식하지 아니하였으며, 실제로는 자금을 차입하였음에도
기존에 계상하였던 허위자산을 회수한 것처럼 가장하여 부채를 누락함으로써, 자기자본을
과대계상한 사실이 있고[동: 고의], ⅱ) 소액공모 공시서류 거짓기재: Y회사는 '18. 8. 22.
제출한 소액공모공시서류에 상기 회계처리기준 위반사항이 포함된 '18년 반기 재무제표를
사용한 사실이 있으며, ⅲ) 외부감사 방해: Y회사는 자산을 허위(과대) 계상한 사실을 은
폐하기 위해 허위계약서 및 허위담보 등을 감사인에게 제시함으로써 정상적인 외부감사
를 방해한 사실이 있어(고의 Ⅰ → 가중시최대) 과징금 258.6백만원, 과태료 60백만원, 감
사인지정 3년, 검찰고발((회사, 前 업무집행지사자 A, B, 前 대표이사 C, 前 사내이사 D)
조치를 받았다. 검찰 고발 관련해서 회계처리기준을 위반하고 정상적인 외부감사를 방해
한 회사 및 前 경영진 4인을 검찰 고발 조치하였다.

6) Y회사는 첫째, 매출 및 관련 자산·부채 등의 과대·과소계상인 ⅰ) 계약금액 착오입력으
로 인한 매출 및 관련 자산의 과대·과소계상(과실), ⅱ) 예정원가 과소산정으로 인한 매
출 및 관련 자산·부채 등의 과대·과소계상(과실), ⅲ) 진행률 미적용으로 인한 매출 및
관련 자산·부채의 과대·과소계상(과실), 둘째, 진행중인 소송사건 등 주석 미기재(과실)
로 경고, 시정요구 조치를 받았다. 기본조치의 가중·감경은 해당사항이 없었다.

7) 감사인 지정 3년 등의 조치를 부과하면서 회사가 일부 회계처리기준 위반사항(금감원과
다른 기준으로 수정한 사항 포함)을 수정·공시하지 않아 시정요구를 한 사안이 있다.

8) 감사인 3년 지정 등의 조치를 부과하면서 회사에 향후 유사사례가 재발하지 않도록 ⅰ)
WBS 생성, 분류 및 집계에 관한 통제 강화[업무분장, 승인, 모니터링(사업관리부서, 경리
팀, 내부감사부서 등)], ⅱ) 자재의 구매발주, 입고, 출고 및 자금집행 등 구매 프로세스에
대한 통제 강화, ③ 재무담당임원 등 회계부서 인력 확충 및 전문성 강화 등의 내부통제
개선 권고를 한 사안이 있다.

중이었더라면 위 조치 유형에 따른 조치를 받았을 것으로 인정되는 경우에는 그 받았을 것으로 인정되는 조치의 내용을 해당 회사에 통보할 수 있다(법29② 전단).[9] 이 경우 통보를 받은 회사는 그 사실을 해당 임원에게 통보하여야 한다(법 29② 후단).

Ⅳ. 검사대상기관에 대한 조치

증권선물위원회는 금융감독원의 검사대상기관(금융위원회법38)이 금융감독원 장의 검사결과에 따라 조치를 받거나 받을 예정인 경우에는 조치의 수준, 성질 등을 감안하여 필요한 경우 조치를 아니할 수 있다(외부감사규정26②).

제2절 감사인에 대한 조치

행정처분의 무효 확인 또는 취소를 구하는 소가 제소 당시에는 소의 이익이 있어 적법하였는데, 소송계속 중 해당 행정처분이 기간의 경과 등으로 그 효과가 소멸한 때에 그 처분이 취소되어도 원상회복이 불가능하다고 보이는 경우라 하 더라도, 무효 확인 또는 취소로써 회복할 수 있는 다른 권리나 이익이 남아 있거 나 또는 그 행정처분과 동일한 사유로 위법한 처분이 반복될 위험성이 있어 행 정처분의 위법성 확인 내지 불분명한 법률문제에 대한 해명이 필요한 경우에는 행정의 적법성 확보와 그에 대한 사법통제, 국민의 권리구제의 확대 등의 측면에 서 예외적으로 그 처분의 취소를 구할 소의 이익을 인정할 수 있다. 여기에서 "그 행정처분과 동일한 사유로 위법한 처분이 반복될 위험성이 있는 경우"란 불 분명한 법률문제에 대한 해명이 필요한 상황에 대한 대표적인 예시일 뿐이며, 반 드시 '해당 사건의 동일한 소송 당사자 사이에서' 반복될 위험이 있는 경우만을 의미하는 것은 아니다.[10]

---

9) 감사인 지정 3년 등의 조치를 부과하면서 전 대표이사 A는 '13. 5. 21.에, 전 대표이사 B는 '17. 7. 20.에, 전 재무담당임원(CFO) C, D는 '18. 2. 22.에, 전 감사위원 구영보, 김호업, 조유행은 '17. 3. 24.에 퇴임하였으므로 "해임권고"를 "퇴직자위법사실 통보"로 갈음한 사 안이 있다.

Ⅰ. 조치 사유

증권선물위원회는 감사인이 [별표 1]의 조치 사유에 해당하는 경우에는 필요한 조치를 할 수 있다(법29③). [별표 1]에 따른 증권선물위원회의 조치 사유는 다음과 같다.

[별표 1] 감사인에 대한 조치 사유

1. 재무제표 대리작성 금지규정(법6⑥)을 위반하여 해당 회사의 재무제표를 대신하여 작성하거나 재무제표 작성과 관련된 회계처리에 대한 자문에 응하는 등의 행위를 한 경우
2. 감사인은 회계감사를 실시할 때 해당 회사가 법 제8조(내부회계관리제도의 운영 등)에서 정한 사항을 준수했는지 여부 및 내부회계관리제도의 운영실태에 관한 보고내용을 검토하여야 하며, 주권상장법인의 감사인은 법 제8조에서 정한 사항을 준수했는지 여부 및 내부 회계관리제도의 운영실태에 관한 보고내용을 감사하여야 하는데(법8⑥), 이를 위반하여 제8조에서 정한 사항의 준수 여부 및 내부회계관리제도의 운영실태에 관한 보고내용을 검토 또는 감사하지 않은 경우
3. 금융위원회는 감사인의 형태와 그에 소속된 공인회계사의 수 등을 고려하여 감사인이 회계감사할 수 있는 회사의 규모 등을 제한할 수 있는데(법9②), 이를 위반하여 감사인이 회계감사할 수 없는 회사를 회계감사한 경우

---

10) 대법원 2020. 12. 24. 선고 2020두30450 판결(이 사건 감사팀의 회계감사기준 위반행위가 인정되고 원고 또한 이를 다투는 것은 아니라고 하더라도, ① 그것을 이유로 이 사건 감사팀이 속한 회계법인 전체에 대하여 업무정지 처분을 하는 것이 근거 법률인 공인회계사법 제39조 제1항 제5호 및 관련 하위 규정들의 해석상 허용되는지 여부에 관하여는 법원의 분명한 판례가 없고, ② 처분사유가 인정되는 경우에도 이 사건 감사팀이 행한 위반행위의 내용과 정도, 이에 대한 원고의 관여 정도, 이 사건 감사팀이 회계법인 내에서 차지하는 비중 등 여러 사정들을 고려하였을 때 과연 이 사건 업무정지 처분이 비례의 원칙을 위반한 과중한 처분인지 여부 또한 다툼의 여지가 있어 보인다. 따라서 만약 이 사건에서 법원이 본안 판단을 하지 않는다면 피고가 이 사건 업무정지 처분을 하면서 채택·적용한 법령해석에 관한 의견이나 처분의 기준을 앞으로도 그대로 반복·적용할 것이 예상된다. 그렇다면 이 사건 업무정지 처분에 따른 업무정지기간이 만료되었다고 하더라도, 이 사건 업무정지 처분의 위법성 확인 내지 불분명한 법률문제의 해명은 여전히 필요하다고 할 것이므로 이 사건 업무정지 처분의 취소를 구할 소의 이익을 인정하는 것이 앞서 본 법리에 부합하여 타당하다. 결국 이와 달리 "원고와 피고 사이에서 동일한 사유로 위법한 처분이 반복될 가능성이 없음"을 주된 이유로 삼아 이 사건 업무정지 처분의 취소를 구할 소의 이익을 부정한 원심의 판단에는 항고소송에서 소의 이익에 관한 앞서의 법리를 오해하여 필요한 심리를 다하지 않음으로써 판결에 영향을 미친 잘못이 있다. 이 점을 지적하는 상고이유 주장은 이유 있다).

4. 회계법인인 감사인은 공인회계사법 제33조(회계법인의 직무제한) 제1항 각 호의 어느 하나에 해당하는 관계에 있는 회사의 감사인이 될 수 없으며,[11] 감사반인 감사인은 그에 소속된 공인회계사 중 1명 이상이 공인회계사법 제21조(공인회계사의 직무제한) 제1항 각 호의 어느 하나에 해당하는 관계에 있는 회사의 감사인이 될 수 없는데(법9③), 이를 위반하여 감사인이 될 수 없는 회사의 감사인이 된 경우

5. 회계법인인 감사인은 동일한 이사에게 회사의 연속하는 6개 사업연도(주권상장법인, 대형 비상장주식회사 또는 금융회사의 경우에는 4개 사업연도)에 대한 감사업무를 하게 할 수 없으며, 주권상장법인, 대형비상장주식회사 또는 금융회사의 경우 연속하는 3개 사업연도에 대한 감사업무를 한 이사에게는 그 다음 연속하는 3개 사업연도의 모든 기간 동안 해당 회사의 감사업무를 하게 할 수 없는데(법9⑤), 이를 위반하여 감사업무를 한 경우

6. 감사인은 감사계약을 해지한 경우에는 지체 없이 그 사실을 증권선물위원회에 보고하여야 하는데(법15③), 이를 위반하여 감사계약을 해지한 사실을 증권선물위원회에 보고하지 않은 경우

7. 감사인은 일반적으로 공정·타당하다고 인정되는 회계감사기준에 따라 감사를 실시하여야 하는데(법16①), 이를 위반하여 일반적으로 공정·타당하다고 인정되는 회계감사기준에 따르지 않고 감사를 실시한 경우

8. 감사인은 감사조서를 감사종료 시점부터 8년간 보존하여야 하는데(법19②), 이를 위반하여 감사조서를 감사종료 시점부터 8년간 보존하지 않은 경우

9. 감사인(그에 소속된 자 및 그 사용인을 포함)은 감사조서를 위조·변조·훼손 및 파기해서는 아니 되는데(법19③), 이를 위반하여 감사조서를 위조·변조·훼손 또

---

11) 외부감사법 제9조 제3항, 제16조 제1항 및 공인회계사법 제33조 제1항, 제21조 제1항, 동법 시행령 제14조 제1항, 회계감사기준 200 문단 14 등에 따르면, 회계법인인 감사인은 소속 사원이 3천만원 이상의 채권 또는 채무관계에 있는 회사에 대한 감사인이 될 수 없으며, 감사와 관련된 독립성 요구사항을 포함한 관련 윤리적 요구사항을 준수하여 감사업무를 수행하여야 함에도 Y회계법인은 소속 사원인 공인회계사 A가 회사로부터 133,900,000원의 신용대출을 보유하고 있는 상태에서 당해 회사의 2019 회계연도 재무제표에 대한 감사계약을 체결('18. 12. 31.)하여 감사업무를 수행한 사실이 있어 경고, 지정제외점수 10점의 조치를 받았고, 공인회계사(업무담당이사)는 업무개시 전 독립성 담당부서의 독립성 검토 결과 문서를 확인하고, 업무 시작시점과 종료시점에 감사업무에 참여한 모든 인원들로부터「독립성 확인서」에 서명을 받고 독립성 위반 사실이 없음을 확인하였으므로, 적절한 감사절차를 수행하였으나 위반행위자가 보고하지 않으면 당해 위반사실을 알 수 없었던 경우라 판단되어 업무담당이사에 대하여는 면책 조치를 내렸으며, 감사대상 회사에 대해 채무를 보유한 A의 경우에는 감사에 참여하지 않은 독립성 위반행위 제공자이므로 외부감사법상 조치근거가 없어 조치를 하지 않았다.

는 파기한 경우

10. ⅰ) 감사인, ⅱ) 감사인에 소속된 공인회계사, ⅲ) 증권선물위원회 위원, ⅳ) 감사 또는 감리 업무와 관련하여 감사인, 감사인에 소속된 공인회계사, 증권선물위원회 위원을 보조하거나 지원하는 자, ⅴ) 증권선물위원회의 업무를 위탁받아 수행하는 한국공인회계사회의 관련자는 그 직무상 알게 된 비밀을 누설하거나 부당한 목적을 위하여 이용해서는 아니 되는데(법20), 이를 위반하여 직무상 알게 된 비밀을 누설하거나 부당한 목적을 위하여 이용한 경우

11. 감사인은 직무를 수행할 때 이사의 직무수행에 관하여 부정행위 또는 법령이나 정관에 위반되는 중대한 사실을 발견하면 감사 또는 감사위원회에 통보하고 주주총회 또는 사원총회("주주총회등")에 보고하여야 하거나(법22①) 또는 이사의 부정행위 등 감사 또는 감사위원회 통보 및 주주총회 또는 사원총회("주주총회등")에 보고의무(법22①) 또는 이사의 부정행위 등 사실 감사인 통보(법22⑥)에 따른 이사의 직무수행에 관하여 부정행위 또는 법령에 위반되는 중대한 사실을 발견하거나 감사 또는 감사위원회로부터 이러한 사실을 통보받은 경우에는 증권선물위원회에 보고하여야 하는데(법22⑦), 이를 위반하여 이사의 부정행위 또는 법령 위반사항 등에 대한 통보 또는 보고의무를 이행하지 않은 경우

12. 감사인은 회사가 회계처리 등에 관하여 회계처리기준을 위반한 사실을 발견하면 감사 또는 감사위원회에 통보하여야 하는데(법22②), 이를 위반하여 회사의 회계처리기준 위반 사실을 감사 또는 감사위원회에 통보하지 않은 경우

13. 감사인은 감사보고서를 일정 기간 내에 회사(감사 또는 감사위원회를 포함) · 증권선물위원회 및 한국공인회계사회에 제출하여야 하는데(법23①), 이를 위반하여 감사보고서를 기간 내에 제출하지 않은 경우

14. 감사인 또는 그에 소속된 공인회계사는 주주총회등이 요구하면 주주총회등에 출석하여 의견을 진술하거나 주주등의 질문에 답변하여야 하는데(법24), 이를 위반하여 주주총회 등의 출석요구 등에 응하지 않은 경우

15. 회계법인인 감사인은 매 사업연도 종료 후 3개월 이내에 사업보고서를 증권선물위원회와 한국공인회계사회에 제출하여야 하거나(법25①) 또는 주권상장법인의 회계법인인 감사인은 그 회계법인의 경영, 재산, 감사보고서 품질 관리 등에 중대한 영향을 미치는 사항으로서 대통령령으로 정하는 사실이 발생한 경우에는 해당 사실을 적은 보고서("수시보고서")를 지체 없이 증권선물위원회에 제출하여야 하는데(법25⑤), 이를 위반하여 사업보고서 또는 수시보고서를 미제출 또는 지연 제출하거나, 사업보고서 또는 수시보고서의 기재사항 중 중요사항에 관하여 거짓의 기재 또는 표시가 있거나 중요사항의 기재 또는 표시가 누락되어 있는 경우

16. 회계법인인 감사인은 제출한 사업보고서를 해당 사업연도 종료일부터 3년간 주사무소와 분사무소에 각각 비치하고, 인터넷 홈페이지에 공시하여야 하는데(법25③), 이를 위반하여 사업보고서를 비치·공시하지 않은 경우

17. 증권선물위원회는 감리업무 등(법26①)을 수행하기 위하여 필요하면 회사 또는 관계회사와 감사인에게 자료의 제출, 의견의 진술 또는 보고를 요구하거나, 금융감독원장에게 회사 또는 관계회사의 회계에 관한 장부와 서류를 열람하게 하거나 업무와 재산상태를 조사하게 할 수 있는데(법27), 이를 위반하여 증권선물위원회의 자료제출 등의 요구·열람 또는 조사를 거부·방해·기피하거나 거짓 자료를 제출한 경우

18. 감사인은 손해배상책임을 보장하기 위하여 손해배상공동기금의 적립 또는 보험 가입 등 필요한 조치를 하여야 하는데(법31⑧), 이를 위반하여 손해배상공동기금의 적립 또는 보험 가입 등 필요한 조치를 하지 않은 경우

19. 회계법인은 회사 또는 제3자에 대한 손해를 배상하기 위하여 한국공인회계사회에 손해배상공동기금을 적립하여야 하는데(법32①), 이를 위반하여 손해배상공동기금을 적립하지 않은 경우

20. 그 밖에 외부감사법 또는 외부감사법에 따른 명령을 위반한 경우

Ⅱ. 조치 유형

증권선물위원회가 취할 수 있는 조치는 ⅰ) 해당 감사인의 등록을 취소할 것을 금융위원회에 건의, ⅱ) 일정한 기간을 정하여 업무의 전부 또는 일부 정지를 명할 것을 금융위원회에 건의, ⅲ) 손해배상공동기금 추가 적립 명령, ⅳ) 일정한 기간을 정하여 ㉠ 증권선물위원회가 감사인을 지정하는 회사, ㉡ 그 밖에 증권선물위원회가 정하는 특정 회사 중 어느 하나에 해당하는 회사에 대한 감사업무 제한, ⅴ) 경고, ⅵ) 주의, ⅶ) 그 밖에 위법행위를 시정하거나 방지하기 위하여 필요한 조치이다(법29③).

이에 따라 증권선물위원회는 감사인이 법령등을 위반한 경우에는 다음의 조치를 할 수 있다(외부감사규정26③).

1. 금융위원회에의 처분건의
   가. 등록취소

나. 1년 이내의 업무의 전부 또는 일부의 정지

2. 감사인이 조치결과를 통지받은 날부터 1년 이내에 결산일이 도래하는 회사 중 금융감독원장으로부터 감사인을 지정받은 회사에 대한 감사업무 제한

3. 증권선물위원회의 조치가 있는 날부터 5년 이내의 기간 동안 위법행위와 관련된 회사에 대한 감사업무 제한

4. 손해배상공동기금의 추가적립(위법행위와 관련된 회사로부터 받았거나 받기로 한 감사보수를 한도로 한다)[12]

5. 경고

6. 주의

7. 시정요구, 각서 제출요구 등 그 밖에 필요한 조치

Ⅲ. 지정제외점수의 부과 및 적용기준

여기서는 외부감사규정 시행세칙 [별표 2]의 「지정제외점수의 부과 및 적용기준」을 살펴본다.

1. 위법행위로 인해 감사인 중 회계법인에 대하여 규정 제26조 제3항에 따라 증권선물위원회 또는 금융감독원장이 조치를 하는 경우에는 다음의 조치단계별 지정제외점수표에 따라 지정제외점수를 부과한다. 다만, 특정 위법행위와 관련하여 업무일부정지 이상의 조치가 부과된 경우에는 지정제외점수를 부과하지 아니한다(별표 2 제1호).

---

12) 지적 사항 ⅰ) 전환사채 유동성 미분류에 대한 감사절차 소홀(중과실), ⅱ) 특수관계자거래 주석 관련 감사절차 소홀(과실)과 관련된 사안으로 기본조치의 가중은 해당사항이 없고, 기본조치의 감경은 회사가 제31기('17년) 및 제32기('18년) 지적사항을 자료제출요구서를 받은 날('19. 6. 26.)로부터 1개월 이내에 정정공시('19. 7. 25. '17년 및 '18년 재무제표 수정)하도록 적극 조력하였으므로 1단계 감경하여 중과실 Ⅳ 단계를 적용하여 회계법인(중과실 Ⅲ→Ⅳ단계)에 대하여는 손해배상공동기금 추가적립 20%, 당해회사감사업무제한 2년, 지정제외점수 30점의 조치를 부고하여, 공인회계사 A(중과실 Ⅲ→Ⅳ단계)['17년 주책임자, 담당이사, '17년~'18년 보조책임자, 계정담당자]에 대하여는 당해회사감사업무제한 1년, 주권상장(코스닥 및 코넥스 상장 제외)·지정회사 감사업무제한 1년, 직무연수 6시간의 조치를 부과하고, 공인회계사 B(과실 Ⅳ→Ⅴ단계)['18년 주책임자, 담당이사, '17년~'18년 보조책임자, 계정담당자]에 대하여는 주의 조치를 부과하였다.

❑ 조치단계별 지정제외점수표

위법 동기	중요도						
	가중시 최대	I	II	III	IV	V	감경시 최소
고의	300	250	200	150	100	60	40
중과실	150	100	60	40	30	20	10
과실	40	30	20	10	–	–	–

※ 지정제외점수의 부과시 적용되는 중요도는 "별표 제1호"에 의한 가중·감경 후 최종 조치
에 해당하는 중요도를 말한다.
※ 회계법인에 대하여 별표 제1호 V.6.에 의한 조치를 하는 경우에는 특별한 사정이 없는 한
지정제외점수 200점을 부과한다.

2. 지정제외점수 부과처분에 대한 법원의 집행정지결정이 나오는 경우 동
집행정지기간 동안 지정제외점수의 유효기간의 진행은 정지되며, 집행정지결정
이 효력을 상실한 날부터 나머지 유효기간이 진행된다(별표 2 제2호).

제3절 감사인에 소속된 공인회계사에 대한 조치

I. 조치 사유

증권선물위원회는 감사인에 소속된 공인회계사(회계법인의 대표이사를 포함)
가 [별표 2]의 어느 하나에 해당하는 경우에는 필요한 조치를 할 수 있다(법29
④). [별표 2]에 따른 증권선물위원회의 조치 사유는 다음과 같다.

[별표 2] 감사인에 소속된 공인회계사에 대한 조치 사유
1. 재무제표 대리작성 금지규정(법6⑥)을 위반하여 해당 회사의 재무제표를 대신하
   여 작성하거나 재무제표 작성과 관련된 회계처리에 대한 자문에 응하는 등의 행
   위를 한 경우
2. 감사인은 회계감사를 실시할 때 해당 회사가 법 제8조(내부회계관리제도의 운영
   등)에서 정한 사항을 준수했는지 여부 및 내부회계관리제도의 운영실태에 관한
   보고내용을 검토하여야 하고, 주권상장법인의 감사인은 법 제8조에서 정한 사항
   을 준수했는지 여부 및 내부 회계관리제도의 운영실태에 관한 보고내용을 감사하

여야 하는데(법8⑥ 단서), 이를 위반하여 제8조에서 정한 사항의 준수 여부 및 내부회계관리제도의 운영 실태에 관한 보고내용을 검토 또는 감사하지 않은 경우

3. 회계법인인 감사인은 동일한 이사에게 회사의 연속하는 6개 사업연도(주권상장법인, 대형 비상장주식회사 또는 금융회사의 경우에는 4개 사업연도)에 대한 감사업무를 하게 할 수 없으며, 주권상장법인, 대형비상장주식회사 또는 금융회사의 경우 연속하는 3개 사업연도에 대한 감사업무를 한 이사에게는 그 다음 연속하는 3개 사업연도의 모든 기간 동안 해당 회사의 감사업무를 하게 할 수 없는데(법9⑤), 이를 위반하여 감사업무를 한 경우

4. 감사인은 일반적으로 공정·타당하다고 인정되는 회계감사기준에 따라 감사를 실시하여야 하는데(법16①), 이를 위반하여 일반적으로 공정·타당하다고 인정되는 회계감사기준에 따르지 않고 감사를 실시한 경우

5. 회계법인의 대표이사 또는 품질관리업무 담당이사가 품질관리기준(법17①)을 위반하여 품질관리기준에 따른 업무설계·운영을 소홀히 함으로써 금융위원회가 정하여 고시하는 회사[13]에 대한 중대한 감사부실[14]이 발생한 경우. 이 경우 감사부실의 중대성에 대한 판단기준은 위반행위의 동기, 내용 및 정도 등을 감안하여 금융위원회가 정하여 고시한다.[15]

6. 감사인은 감사조서를 감사종료 시점부터 8년간 보존하여야 하는데(법19②), 이를 위반하여 감사조서를 감사종료 시점부터 8년간 보존하지 않은 경우

7. 감사인(그에 소속된 자 및 그 사용인을 포함)은 감사조서를 위조·변조·훼손 및 파기해서는 아니 되는데(법19③), 이를 위반하여 감사조서를 위조·변조·훼손 또는 파기한 경우

8. ⅰ) 감사인, ⅱ) 감사인에 소속된 공인회계사, ⅲ) 증권선물위원회 위원, ⅳ) 감사 또는 감리 업무와 관련하여 감사인, 감사인에 소속된 공인회계사, 증권선물위원회 위원을 보조하거나 지원하는 자, ⅴ) 증권선물위원회의 업무를 위탁받아 수행하는

---

13) "금융위원회가 정하여 고시하는 회사"란 주권상장법인, 대형비상장주식회사, 금융회사를 말한다(외부감사규정34①).
14) "중대한 감사부실"이란 감사업무를 수행한 이사가 등록취소 또는 1년 이상의 전부 직무정지 조치를 받는 경우를 말한다(외부감사규정34②).
15) 회계법인의 대표이사는 공인회계사법 제34조에 따라 감사보고서에 기명날인을 하는 자이고, 품질관리업무 담당이사는 감사보고서를 회사에 제출하기 이전에 해당 감사보고서의 작성과 관련된 중요사항과 결론을 객관적으로 평가하는 업무를 수행하는 자이다. 신외부감사법은 품질관리 소홀로 중대한 감사부실이 발생한 경우 담당이사 및 담당공인회계사와 함께 대표이사와 품질관리업무 담당이사에게도 제재조치를 할 수 있도록 근거를 마련한 것으로 감사보고서에 대한 책임성 확보 및 부실감사를 방지하기 위한 것이다(1차 정무위원회(2017), 43쪽).

한국공인회계사회의 관련자는 그 직무상 알게 된 비밀을 누설하거나 부당한 목적을 위하여 이용해서는 아니 되는데(법20), 이를 위반하여 직무상 알게 된 비밀을 누설하거나 부당한 목적을 위하여 이용한 경우

9. 감사인은 직무를 수행할 때 이사의 직무수행에 관하여 부정행위 또는 법령이나 정관에 위반되는 중대한 사실을 발견하면 감사 또는 감사위원회에 통보하고 주주총회 또는 사원총회("주주총회등")에 보고하거나(법22①) 또는 이사의 부정행위 등 감사 또는 감사위원회 통보 및 주주총회 또는 사원총회("주주총회등")에 보고의무(법22①) 또는 이사의 부정행위 등 사실 감사인 통보(법22⑥)에 따른 이사의 직무수행에 관하여 부정행위 또는 법령에 위반되는 중대한 사실을 발견하거나 감사 또는 감사위원회로부터 이러한 사실을 통보받은 경우에는 증권선물위원회에 보고하여야 하는데(법22⑦), 이를 위반하여 이사의 부정행위 또는 법령 위반사항 등에 대한 통보 또는 보고의무를 이행하지 않은 경우

10. 감사인은 회사가 회계처리 등에 관하여 회계처리기준을 위반한 사실을 발견하면 감사 또는 감사위원회에 통보하여야 하는데(법22②), 이를 위반하여 회사의 회계처리기준 위반 사실을 감사 또는 감사위원회에 통보하지 않은 경우

11. 감사인은 감사보고서를 일정 기간 내에 회사(감사 또는 감사위원회를 포함)·증권선물위원회 및 한국공인회계사회에 제출하여야 하는데(법23①), 이를 위반하여 감사보고서를 기간 내에 제출하지 않은 경우

12. 감사인 또는 그에 소속된 공인회계사는 주주총회등이 요구하면 주주총회등에 출석하여 의견을 진술하거나 주주등의 질문에 답변하여야 하는데(법24), 이를 위반하여 주주총회 등의 출석요구 등에 응하지 않은 경우

13. 증권선물위원회는 감리업무 등(법26①)을 수행하기 위하여 필요하면 회사 또는 관계회사와 감사인에게 자료의 제출, 의견의 진술 또는 보고를 요구하거나, 금융감독원장에게 회사 또는 관계회사의 회계에 관한 장부와 서류를 열람하게 하거나 업무와 재산상태를 조사하게 할 수 있는데(법27①), 이를 위반하여 증권선물위원회의 자료제출 등의 요구·열람 또는 조사를 거부·방해·기피하거나 거짓 자료를 제출한 경우

14. 그 밖에 외부감사법 또는 외부감사법에 따른 명령을 위반한 경우

Ⅱ. 조치 유형

위의 조치 사유에 대해 증권선물위원회가 취할 수 있는 조치는 ⅰ) 공인회

계사 등록을 취소할 것을 금융위원회에 건의, ⅱ) 일정한 기간을 정하여 직무의 전부 또는 일부 정지를 명할 것을 금융위원회에 건의, ⅲ) 일정한 기간을 정하여 ㉠ 주권상장법인, ㉡ 대형비상장주식회사, ㉢ 증권선물위원회가 감사인을 지정하는 회사(법11), ㉣ 그 밖에 증권선물위원회가 정하는 특정 회사에 대한 감사업무 제한, ⅳ) 경고, ⅴ) 주의, ⅵ) 그 밖에 위법행위를 시정하거나 방지하기 위하여 필요한 조치이다(법29④).

이에 따라 증권선물위원회는 공인회계사가 법령등을 위반한 경우에는 다음의 조치를 할 수 있다(외부감사규정26④).

1. 금융위원회에의 처분건의
   가. 등록취소
   나. 2년 이내의 직무의 전부 또는 일부의 정지[16]
2. 공인회계사가 조치결과를 통지받은 날부터 1년 이내에 결산일이 도래하는 회사 중 다음 어느 하나에 해당하는 회사에 대한 감사업무 제한
   가. 금융감독원장으로부터 감사인을 지정받은 회사
   나. 주권상장법인
   다. 대형비상장주식회사
3. 증권선물위원회의 조치가 있는 날부터 5년 이내의 기간 동안 위법행위와 관련된 회사에 대한 감사업무 제한
4. 연간 20시간 이내의 범위 내에서 한국공인회계사회가 실시하는 직무연수 실시의무 부과
5. 경고
6. 주의

---

16) 감사인은 ⅰ) 대여·선급금 등에 대한 감사절차 소홀('17년 연결: 22,700백만원, 별도: 20,715백만원): 감사인은 회사가 자산성이 없는 대여·선급금, 종속기업투자주식을 재무제표에 인식하여 자기자본을 과대계상하였음에도, 회사가 제시한 증빙에 대한 확인 절차 등을 소홀히 하여 회사의 회계처리기준 위반을 감사의견에 반영하지 못한 사실이 있고[동기: 중과실], ⅱ) 관계기업투자주식 등에 대한 감사절차 소홀('17년 연결: 2,402백만원, 별도: 3,499백만원): 회사가 회수가능성이 없는 관계기업투자주식 및 선급금에 대한 손상을 인식하지 않았음에도, 관계기업 재무제표에 대한 검토 및 자산의 회수가능성 평가 관련 감사절차 등을 소홀히 하여 회사의 회계처리 위반을 감사의견에 반영하지 못한 사실이 있어[동기: 중과실], 회계법인(중과실Ⅰ)은 손해배상공동기금 추가적립 70%, 당해회사감사업무제한 3년, 지정제외점수 100점의 조치를 받았고, 공인회계사 A(중과실Ⅰ)[주책임자, 담당이사, 계정담당자]는 직무정지건의 1년, 당해회사감사업무제한 4년, 주권상장·지정회사 감사업무제한 1년, 직무연수 16시간의 조치를 받았다.

7. 시정요구, 각서 제출요구 등 그 밖에 필요한 조치

Ⅲ. 주책임자와 보조책임자 조치

증권선물위원회는 외부감사법 제26조 제4항 각 호의 조치를 하는 경우에 감사를 담당했던 이사를 주책임자로 하고, 주책임자의 감사업무를 보조한 공인회계사("담당 공인회계사")를 보조책임자로 한다(외부감사규정26⑤ 본문).[17) 다만, 주책임자와 보조책임자를 구별하여 조치를 부과하는 것이 상당히 부당한 경우에는 그러하지 아니하다(외부감사규정26⑤ 단서).

Ⅳ. 위법행위에 대한 주책임자 조치

증권선물위원회는 위법행위에 대하여 외부감사규정 제26조 제4항 각 호의 조치를 하는 경우에 그 위법행위와 관련하여 다음의 구분에 따른 사람이 감독을 소홀히 한 경우에는 필요한 조치를 할 수 있다(외부감사규정26⑥).

1. 주책임자에 공인회계사 등록을 취소할 것을 금융위원회에 건의(법29④(1)) 또는 1년 이상의 전부 직무정지를 내리는 경우: 해당 감사보고서에 서명한

---

17) X회계법인은 ⅰ) 대여금 등에 대한 감사절차 소홀('17년 별도: 16,613백만원): X회계법인("감사인")은 회사가 자산성이 없는 대여금 등을 재무제표에 계상하는 등 관련 자산을 과대계상하였음에도, 자금거래증빙, 담보가치 확인 등 자산의 실재성과 회수가능성 확인을 위한 감사 절차를 소홀히 하여 회사의 회계처리 위반사실을 감사의견에 반영하지 못하고[동기: 과실], ⅱ) 허위 감사조서 제출(감리업무 방해): 금융감독원의 감리 관련 자료제출 요구에 대해, X회계법인은 감사절차가 종료된 이후 수정·추가한 감사조서(감사당시 확인하지 않은 자금이체 증빙을 회사에 요청하여 수령한 이후 감사조서에 추가 편철하는 등 20여 쪽 분량의 조서를 수정·추가)를 제출함으로써 정상적인 감리업무를 방해한 사실이 있어(과실Ⅰ→ 가중시최대, 감리업무 방해), 회계법인은 손해배상공동기금 추가적립 50%, 당해회사감사업무제한 4년, 검찰통보, 지정제외점수 150점의 조치를 받았고, 공인회계사 A(과실Ⅰ→ 가중시최대, 감리업무 방해)[주책임자, 담당이사]는 직무정지건의 1년, 당해회사감사업무제한 4년, 주권상장·지정회사 감사업무제한 1년, 직무연수 12시간, 검찰통보의 조치를 받았으며, 공인회계사 B(과실Ⅰ→Ⅰ, 감리업무 방해)[보조책임자, 계정담당자]는 직무정지건의 1년, 당해회사감사업무제한 4년, 주권상장·지정회사 감사업무제한 1년, 직무연수 8시간, 검찰통보 조치를 받았으며, 공인회계사 C(감리업무 방해)[중간감독자]는 직무정지건의 1년, 당해회사감사업무제한 4년, 주권상장·지정회사 감사업무제한 1년, 검찰통보 조치를 받았다.

대표이사(제1호),

2. 주책임자에 ⅰ) 공인회계사 등록을 취소할 것을 금융위원회에 건의, ⅱ) 일정한 기간을 정하여 직무의 전부 또는 일부 정지를 명할 것을 금융위원회에 건의, ⅲ) 일정한 기간을 정하여 ㉠ 주권상장법인, ㉡ 대형비상장주식회사, ㉢ 증권선물위원회가 감사인을 지정하는 회사(법11), ㉣ 그 밖에 증권선물위원회가 정하는 특정 회사에 대한 감사업무 제한 조치를 하는 경우: 주책임자의 지시·위임에 따라 담당 공인회계사를 감독하는 공인회계사(제2호)

제4절 벌칙부과 대상행위에 대한 조치

Ⅰ. 검찰 고발 및 통보

증권선물위원회는 재무제표 감리 또는 감사인 감리를 한 결과 법 제39조부터 제44조까지에 해당하는 위법행위("벌칙부과 대상행위")가 발견된 경우에는 관계자를 검찰총장에게 고발하여야 한다(외부감사규정26⑦ 본문).[18] 다만, 위법행위의 동기·원인 또는 결과 등에 비추어 정상참작의 사유가 있는 경우에는 검찰총장에게 통보할 수 있다(외부감사규정26⑦ 단서).[19]

---

[18] 지적 사항 Y회사에 대한 매도가능증권 등 금융자산 허위계상(고의) 등으로 ⅰ) A 前 대표이사('15. 8. 28.~'16. 3. 25., '16. 6. 3.~'16. 11. 24.): 회사 경영진을 선임하고 실질적인 경영권을 행사, ⅱ) B 업무집행지시자: 회사의 최대주주인 ㈜X 회장으로 A와 함께 Y회사의 중요한 의사결정을 수행, ⅲ) C 前 대표이사('16. 6. 3.~'17. 11. 21.): 회사 공동대표이사로 의사결정 수행, ⅳ) D 前 대표이사('16. 11. 24.~'17. 11. 21.): 회사 공동대표이사로 의사결정 수행, ⅴ) E 대표이사('17. 11. 21.~'20. 7. 10.): '16. 10월 입사하여 재무담당임원(미등기임원)으로 실질적인 재무제표 작성 책임이 있고, '17. 11. 21. 대표이사로 선임되어 의사결정을 수행, ⅵ) F 前 감사('16. 6. 3.~'17. 2. 15.): 회사의 최대주주인 ㈜X 부회장으로 회사의 주요 의사결정을 수행한 사실이 있어 검찰고발되었다.

[19] Y회사에 대한 지적 사항 ⅰ) 재고자산 과대계상(고의), ⅱ) 특수관계자 지급보증 관련 우발부채 주석 미기재(고의), ⅲ) 유형자산 및 무형자산 등 손상 과소계상(중과실), ⅳ) 종속회사에 대한 채권 관련 대손충당금 과소계상(과실)한 사실이 있어 과징금, 감사인지정 2년, 검찰통보(Y회사, 前 대표이사 A, 前 재무담당임원 B) 조치를 하여야 하나, 지적사항 중 고의로 판단한 지적사항은 前 대표이사 재직 당시 발생한 위반사항으로 회사는 동일 사안으로 이미 상장적격성 실질심사를 받았으며, 고의로 판단한 지적사항이 현재시점에는 모두 해소되어 더 이상 회계적 이슈가 아닌 점을 감안 시 회사가 재차 상장적격성 실질심사를 받는 것은 투자자 보호관점에서 조치가 과도한 측면이 있고, 다른 조치만으로도 제재효과를 충분히 달성할 수 있다고 인정되므로, 조치 원안대로 심의하되, 회사에 대한 조치 중 검찰통보를 조치에서 제외하고 검찰에 업무정보를 송부하는 것으로 수정심의하였다.

Ⅱ. 검찰 수사 의뢰

증권선물위원회는 위법행위에 대한 직접적인 증거는 없으나 제반 정황으로 보아 벌칙부과 대상행위가 있다는 상당한 의심이 가고 사건의 성격상 수사기관의 강제조사가 필요하다고 판단되는 경우에는 검찰총장에게 수사를 의뢰할 수 있다(외부감사규정26⑧).

제5절 조치등의 기준

Ⅰ. 필요적 고려사항

증권선물위원회는 감리등을 수행한 결과에 대하여 회사 및 감사인 등에 대한 조치(법29) 또는 과징금(법35)에 따른 조치 또는 고발등("조치등")을 하는 경우에 ⅰ) 위반동기, ⅱ) 위법행위의 중요도, ⅲ) 조치등의 가중·경감 사항을 충분히 고려하여야 한다(외부감사규정27①).

Ⅱ. 위반동기, 위법행위의 중요도 및 조치등의 가중·경감에 관한 기준

위반동기, 위법행위의 중요도 및 조치등의 가중·경감에 관한 기준은 [별표 7]과 같다(외부감사규정27②). 여기서는 [별표 7]을 살펴본다.

1. 위반동기

위반동기는 다음과 같다(별표 7 제1호).
(1) 고의
고의적인 위법행위란 위법사실 또는 그 가능성을 인식하고 법령등을 위반한 행위를 말하며, 다음의 구분에 따른 경우에 해당하는 위법행위에는 고의가 있다고 본다. 다만, 피조사자가 고의가 없음을 합리적으로 소명하는 경우에는 그러하지 아니하다(별표 7 제1호 가목).

1) 회사 및 임직원

가) 가공의 자산을 계상하거나 부채를 누락하는 등 회계정보를 의도적으로 은폐·조작 또는 누락시켜서 재무제표를 작성한 경우

나) 회계장부, 전표(傳票) 등 회계장부 작성의 기초가 되는 서류, 관련 전산자료 및 증빙자료 등을 위·변조하여 재무제표를 작성한 경우

다) 감사인이 요구한 자료를 위·변조하는 등 외부감사를 방해한 경우

라) 다음의 어느 하나에 해당하는 상황으로서 위법행위가 회사, 주주 또는 임직원(상법 제401조의2에 따른 사실상의 이사를 포함)의 이익에 직접적이고 상당한 영향을 미치는 경우

    (1) 재무제표에 나타나지 않는 자금의 조성, 임직원의 횡령·배임 및 특정금융정보법 제2조 제4호에 따른 자금세탁행위 등과 관련되는 경우

    (2) 특수관계자와의 비정상적 거래와 관련되는 경우

    (3) 금융기관의 여신제공, 채무감면 등과 관련되는 경우

    (4) 회계처리기준 위반사항을 수정하면 상장규정에 따라 거래소에 상장을 할 수 없거나, 상장을 유지할 수 없는 경우

    (5) 자본시장법에 따른 불공정거래행위와 관련되는 경우

마) 그 밖에 위법사실 또는 그 가능성을 인식하고 법을 위반한 경우

2) 감사인 및 공인회계사

가) 회사의 회계처리기준 위반을 묵인하거나 회사와 공모(共謀)하여 회사가 회계처리기준을 위반하여 재무제표를 작성하게 한 경우

나) 위법행위가 감사인 또는 공인회계사의 이익에 직접적이고 상당한 영향을 미치는 경우

다) 그 밖에 위법사실 또는 그 가능성을 인식하고 법을 위반한 경우

(2) 과실 및 중과실

고의적인 위법행위가 아닌 경우에는 과실에 따른 위법행위로 본다. 다만, 위법행위가 다음을 모두 충족하는 경우에는 그 위법행위에 중과실(重過失)이 있다고 본다(별표 7 제1호 나목).

1) 직무상 주의의무를 현저히 결(缺)하였다고 판단할 수 있는 상황으로서 다음의 어느 하나에 해당하는 경우

가) 회계처리기준 또는 회계감사기준을 적용하는 과정에서의 판단 내용이

합리성을 현저히 결한 경우

나) 회계처리기준 위반과 관련하여 내부회계관리규정 또는 회계감사기준에서 요구하는 통상적인 절차를 명백하게 거치지 않거나, 형식적으로 실시한 경우

다) 그 밖에 사회의 통념에 비추어 직무상 주의의무를 현저히 결하였다고 인정할 수 있는 경우

2) 회계정보이용자의 판단에 미치는 영향력이 큰 회계정보로서 다음의 어느 하나에 해당하는 경우

가) 회계처리기준 위반 관련 금액이 중요성 금액을 4배 이상 초과한 경우

나) 감사인이 회사의 재무제표 또는 경영전반에 대하여 핵심적으로 감사해야 할 항목으로 선정하여 감사보고서에 별도로 작성한 내용인 경우

다) 그 밖에 사회의 통념에 비추어 위법행위가 회계정보이용자의 판단에 미치는 영향력이 크다고 볼 수 있거나 경제·사회에 미치는 영향이 클 것이라고 판단되는 경우

2. 위법행위의 중요도

위법행위의 중요도는 다음과 같다(별표 7 제2호).

(1) 위법행위의 중요도에 따른 등급

위법행위의 중요도에 따른 등급은 중요성 금액 대비 회계처리기준 위반 금액의 비율에 따라 정한다. 다만, 위법행위의 중요도를 회계처리기준 위반 금액으로 판단하기 어려운 경우에는 해당 위법행위가 회계정보이용자의 판단에 미치는 영향력을 판단할 수 있는 기준을 별도로 정하여 판단한다(별표 7 제2호 가목).

(2) 중요성 금액

중요성 금액은 감사인이 회계감사기준에 따라 합리적으로 판단한 금액으로 본다. 다만, 그 금액을 정하는 과정에서의 판단 내용이 합리성을 현저히 결한 경우 또는 감사인이 중요성 금액을 정하지 않은 경우에는 금융감독원장이 다음의 사항을 고려하여 중요성 금액을 정한다(별표 7 제2호 나목).

1) 회사의 자산총액, 매출액 또는 그 밖의 재무성과

2) 그 밖에 회계처리기준 위반이 이해관계자에 미치는 영향

3. 조치등의 가중 · 감경 및 면제

조치등의 가중 · 감경 및 면제는 다음과 같다(별표 7 제3호).

(1) 가중사유

가중사유는 다음과 같다(별표 7 제3호 가목).

1) 회사가 증권선물위원회 또는 금융감독원장으로부터 조치(위반동기가 과실인 경우에 한정)를 받은 날부터 3년 이내에 고의 또는 중과실에 따른 법령등의 위반이 있는 경우
2) 회사가 증권선물위원회로부터 조치(위반동기가 고의 또는 중과실인 경우로 한정)를 받은 날부터 5년 이내에 고의 또는 중과실에 따른 법령등의 위반이 있는 경우
3) 공인회계사가 증권선물위원회 또는 한국공인회계사회로부터 조치를 받은 날부터 2년 이내에 다시 위법행위를 한 경우. 다만, 경고 이하의 조치를 받은 경우 2회 이상 받은 경우에 적용한다.
4) 위반기간이 3개 사업연도를 초과한 경우(고의인 경우에 한정)
5) 위법행위를 은폐 또는 축소하기 위하여 허위자료를 제출하거나 자료제출을 거부하는 경우
6) 내부회계관리제도에 중요한 취약사항이 있는 경우
7) 그 밖에 사회의 통념에 비추어 위법행위의 내용 또는 정도에 비해 조치등의 수준이 낮다고 판단되는 경우

(2) 감경사유

감경사유는 다음과 같다(별표 7 제3호 나목).

1) 회사의 직전 사업연도 말 자산규모 또는 직전 3개 사업연도의 평균 매출액 규모가 1,000억원 미만인 경우(단, 주권상장법인 또는 해당 사업연도 또는 다음 사업연도 중에 주권상장법인이 되려는 회사, 대형비상장주식회사 및 금융회사는 제외)
2) 감사인 감리 또는 품질관리수준에 대한 평가를 한 결과 법 제17조에 따른 품질관리기준을 충실히 이행하였다고 판단되는 경우
3) 회사 또는 감사인이 위법행위와 직접 관련된 투자자 등 이해관계자의 피해

를 충분히 보상하였다고 판단되는 경우

4) 부정행위 신고사유(법28① 각 호)의 어느 하나에 해당하는 사실을 증권선물
위원회에 신고하거나 해당 회사의 감사인 또는 감사(감사위원회가 설치된
경우에는 감사위원회)에게 고지한 경우

5) 회사가 감리집행기관으로부터 재무제표 감리 또는 재무제표 심사가 시작된
다는 사실을 통지받기 전(감리집행기관이 감리등을 실시하기 전에 해당 회
사가 회계처리기준 위반 혐의가 있다는 사실을 인지하게 된 경우에는 그 인
지한 날 이전)에 자진하여 회계처리기준 위반 내용을 수정공시하거나 수정
공시해야 할 사항을 별도의 공시자료를 통해 투자자 등 이해관계자에 알린
경우

6) 회사가 감리집행기관이 감리를 실시한다는 내용의 문서를 최초로 받은 날 이
후 1개월 이내에 회사가 자진하여 회계처리기준 위반 내용을 수정공시한 경
우. 다만, 수정공시한 내용이 다음의 어느 하나에 해당하는 경우는 제외한다.
가) 감리집행기관의 재무제표 심사 결과 회계처리기준 위반으로 지적된 사항
나) 회사가 감리집행기관이 감리를 실시한다는 내용의 문서를 최초로 받은
날 이후 1개월 이내에 감리집행기관으로부터 받은 문서의 내용과 직접
관련된 사항

7) 공인회계사가 조치일로부터 10년 이내에 정부 표창규정에 따른 장관급 이상
의 표창, 금융위원회 위원장, 금융감독원장으로부터 기업 회계투명성 제고에
기여한 공적으로 표창을 받은 경우. 다만, 동일한 공적에 의한 감경은 1회에
한하며, 검찰총장에의 고발등, 금융위원회에의 등록취소·전부 직무정지가
건의된 경우에는 적용하지 아니한다.

8) 공인회계사의 위법행위가 다음 각 호의 요건을 모두 충족하는 경우
가) 공인회계사의 위법행위가 회계감사기준에서 공인회계사에게 감사인의 품
질관리시스템에 의존할 수 있는 권리를 인정한 업무와 관련되어 있을 것
나) 위법행위 당시 공인회계사가 의존한 품질관리시스템에 대해 감사인이
설계·운영을 소홀히 한 사실이 인정될 것
다) 공인회계사가 의존한 품질관리시스템에 대한 감사인의 설계·운영 소홀
과 공인회계사의 위법행위 사이에 상당한 인과관계가 인정될 것

9) 위법행위의 원인, 결과, 방법 등으로 보아 정상을 특별히 참작할 사유가 있
는 경우

10) 그 밖에 위반자의 현실적 부담능력, 위반행위로 인해 취득한 이익의 규모
등을 고려해야 할 필요가 있는 경우

(3) 면제사유

면제사유는 다음과 같다(별표 7 제3호 다목).

공인회계사가 회계감사기준 등에서 요구되는 의무를 준수하기 위하여 전문가로서 선량한 주의의무를 다하였음에도 불구하고, 감사인이 품질관리기준에 따른 업무설계·운영을 소홀히 함으로써 위법행위를 방지할 수 없었던 것으로 인정되는 경우

4. 조치등의 병과

증권선물위원회와 감리집행기관은 2개 이상의 조치를 병과할 수 있다(별표 7 제4호).

5. 회계처리기준 위반 외 법령등 위반에 대한 조치등의 기준

회계처리기준 위반 외 법령등 위반에 대해서는 금융감독원장이 위반행위의 원인 및 결과 등을 고려하여 조치등의 기준을 정할 수 있다(별표 7 제5호).

Ⅲ. 재무제표 심사에 대한 조치

1. 조치

금융감독원장은 재무제표 심사(내부회계관리제도 감리를 한 경우에는 내부회계관리제도 감리를 포함)를 수행한 결과 ⅰ) 경고, ⅱ) 주의, ⅲ) 내부회계관리제도상 취약사항의 해소 등 위법상태를 시정하거나 다른 위법행위를 방지하기 위한 권고 중 어느 하나에 해당하는 조치를 할 수 있다(외부감사규정27③ 본문).

2. 회계처리기준 위반과 수정공시

피조사자의 재무제표에 회계처리기준 위반이 발견된 경우에는 그 위반사항에 대한 수정공시를 한 경우에 한정한다(외부감사규정27③ 단서).

Ⅳ. 양정기준

1. 양정기준 제정

금융감독원장은 [별표 7]에 따른 조치등에 관한 기준("양정기준")을 정할 수 있다(외부감사규정27④).

2. 양정기준의 참고

증권선물위원회는 조치등을 결정하는 경우에 양정기준을 참고할 수 있다(외부감사규정27⑤).

3. 양정기준과 다른 결정

증권선물위원회는 양정기준에서 고려되지 아니하거나 양정기준과 다르게 고려할 사유가 있는 경우에는 양정기준과 달리 결정할 수 있다(외부감사규정27⑥).

Ⅴ. 조치등의 면제

증권선물위원회 및 감리집행기관은 피조사자가 다음의 어느 하나에 해당하는 경우에는 조치등을 하지 않을 수 있다(외부감사규정27⑦).

1. 피조사자가 사망한 경우
2. 회사가 청산사무를 사실상 종결하여 조치등 대상의 소재지를 찾을 수 없는 경우 또는 청산등기가 완료된 경우
3. 회사가 영업을 폐지한 후 해산 또는 청산 절차를 밟지 않고 있으나 인적·물적 시설 등 법인의 실체가 없는 상태로 방치되어 있어 조치등이 불가능한 경우
4. 위법행위의 중요도가 일정수준 미만인 경우. 다만 다음 각 목의 어느 하나에 해당하는 경우로서 고의적인 법령등 위반에 따른 회계처리기준 위반금액이 50억원 이상인 경우에는 그러하지 아니하다.
   가. 재무제표에 나타나지 않는 자금의 조성, 임직원의 횡령·배임 및 특정금융정보법 제2조 제4호에 따른 자금세탁행위 등과 관련되는 경우
   나. 유가증권시장, 코스닥시장 또는 코넥스시장에의 상장 또는 상장폐지와

관련되는 경우
5. 위법행위에 천재지변, 재난, 그 밖에 책임이 없는 사유가 인정되는 경우

제6절 감리집행기관의 감리결과 처리

Ⅰ. 재무제표 심사

1. 회계처리기준 위반사항이 있는 경우: 재무제표 수정공시 권고

감리집행기관은 재무제표 심사를 수행한 결과 공시된 재무제표에 회계처리기준 위반사항이 있는 경우에는 피조사자에 해당 재무제표를 수정하여 공시할 것을 권고할 수 있다(외부감사규정28① 전단).

2. 회계처리기준 위반사항이 없는 경우: 조치등이 없다는 사실의 통지

감리집행기관은 재무제표 심사를 수행한 결과 공시된 재무제표에 회계처리기준 위반사항이 없는 경우에는 조치등이 없다는 사실을 해당 회사에 알려야 한다(외부감사규정28① 후단).

Ⅱ. 한국공인회계사회의 재무제표 심사 결과 조치

한국공인회계사회는 재무제표 심사를 수행한 결과에 대하여 ⅰ) 경고, ⅱ) 주의, ⅲ) 내부회계관리제도상 취약사항의 해소 등 위법상태를 시정하거나 다른 위법행위를 방지하기 위한 권고(외부감사규정39①) 중 어느 하나에 해당하는 조치가 필요하다고 판단한 경우에 그 심사가 종료되는 날이 속하는 분기가 종료된 후 다음 달까지 증권선물위원회 위원장에게 해당 심사 결과를 증권선물위원회 회의의 안건으로 부의할 것을 요청하여야 한다(외부감사규정28②).

Ⅲ. 증권선물위원회 안건 부의 요청

감리집행기관은 증권선물위원회 위원장에게 ⅰ) 감리등을 수행한 결과, ⅱ) 조치등에 대한 이의신청에 관한 사항, ⅲ) 회사 및 감사인 등에 대한 조치(법29)에 대한 직권재심에 관한 사항을 증권선물위원회 회의의 안건으로 부의할 것을 요청할 수 있다(외부감사규정28③).

Ⅳ. 감리위원회 심의 전치주의

증권선물위원회 위원장은 위의 증선위 부의 요청 안건을 증권선물위원회에 부의하고자 하는 경우 감리위원회의 심의를 거쳐야 한다(외부감사규정28④ 본문). 다만, 증권선물위원회 위원장이 긴급한 처리 등이 필요하다고 인정하는 경우에는 그러하지 아니할 수 있다(외부감사규정28④ 단서).

Ⅴ. 금융회사 검사 결과 회계처리기준 위반 혐의가 발견된 경우 안건 상정

증권선물위원회 위원장은 금융회사 검사를 수행한 결과 회계처리기준 위반 혐의가 발견된 경우(외부감사규정23①(8))에 따른 감리결과를 관련 금융회사 검사에 대한 금융위원회의 조치가 있기 전에 증권선물위원회에 상정하여야 한다(외부감사규정28⑤ 본문). 다만, 다른 법령등의 위반이 회계처리기준 위반에 대한 판단보다 먼저 결정되어야 하는 경우에는 그러하지 아니하다(외부감사규정28⑤ 단서).

제7절 감리위원회

Ⅰ. 감리위원회의 설치 및 구성

1. 설치

증권선물위원회는 ⅰ) 감사보고서 감리, 재무제표 감리, 품질관리감리(법26 ①(1)(2)(3)) 결과에 대한 조치등에 관한 사항, ⅱ) 조치등에 따른 이의신청 및 직권재심에 관한 사항, ⅲ) 앞의 2가지 업무에 준하는 사항으로서 감리위원회("위원회")의 위원장이 심의가 필요하다고 인정하는 사항을 효율적으로 심의하기 위하여 증권선물위원회 소속으로 감리위원회를 둔다(외부감사규정29①).

2. 구성

위원회는 위원장 1명을 포함한 9명의 위원으로 성별을 고려하여 구성한다(외부감사규정29②).

3. 위원장과 위원의 자격

위원장은 증권선물위원회 상임위원으로 한다(외부감사규정29③). 위원회의 위원(위원장을 제외)은 회계 또는 회계감사에 관한 전문지식과 공정한 직무수행을 위한 윤리성을 갖춘 사람으로서 증권선물위원회 위원장이 임명 또는 위촉하는 ⅰ) 금융위원회의 고위공무원단에 속하는 공무원 중에서 자본시장 정책 업무를 담당하는 사람(제1호), ⅱ) 위탁감리위원회 위원장(제2호), ⅲ) 회계전문가(영46)(제3호), ⅳ) 회계 또는 회계감사에 관하여 전문지식과 실무경험이 있는 자로서 한국상장회사협의회 회장이 추천하는 사람 1명(제4호), ⅴ) 회계에 대한 전문지식을 가진 변호사 1명(제5호), ⅵ) 채권자 또는 소비자보호단체 등 회계정보이용자 대표 1명(제6호), ⅶ) 회계, 회계감사 또는 관련 법률 등에 관하여 학식과 경험이 풍부한 사람 2명(제7호)의 사람이 된다(외부감사규정29④).

4. 위원장 직무대행

위원장이 부득이한 사유로 그 직무를 수행할 수 없을 때에는 위원장이 지명하는 위원(위 제2호부터 제4호까지의 위원을 제외)이 그 직무를 대행한다(외부감사규정29⑤ 본문). 다만, 불가피한 사유로 위원장이 그 직무를 대행할 위원을 지명하지 못할 경우에는 증권선물위원회 위원장이 지명하는 위원이 그 직무를 대행한다(외부감사규정29⑤ 단서).

5. 위촉위원의 결격사유

위촉위원, 즉 위의 위원의 자격 제4호부터 제7호까지의 위원의 결격사유는 제3조 제8항을 준용한다(외부감사규정29⑥). 따라서 ⅰ) 피성년후견인 또는 피한정후견인, ⅱ) 파산선고를 받고 복권되지 아니한 사람, ⅲ) 금고 이상의 실형을 선고받고 그 집행이 끝나거나(집행이 끝난 것으로 보는 경우를 포함) 집행이 면제된 날부터 5년이 지나지 아니한 사람, ⅳ) 금고 이상의 형의 집행유예를 선고받고 그 유예기간 중에 있는 사람, ⅴ) 금융회사지배구조법 시행령 제5조에 따른 금융관련법령에 따라 벌금 이상의 형을 선고받고 그 집행이 끝나거나(집행이 끝난 것으로 보는 경우를 포함) 집행이 면제된 날부터 5년이 지나지 아니한 사람, ⅵ) 공인회계사법 제48조(징계)에 따라 직무정지(일부 직무정지를 포함)를 받은 상태이거나 등록취소 또는 직무정지를 받은 날부터 5년이 지나지 아니한 사람은 위원이 될 수 없다(외부감사규정3⑧).

6. 위촉위원의 임기

위촉위원의 임기는 2년으로 하며, 한 차례만 연임할 수 있다(외부감사규정29⑦ 본문). 다만, 임기가 만료된 경우에도 후임자가 위촉될 때까지 그 직무를 수행할 수 있다(외부감사규정29⑦ 단서).

7. 위촉위원의 해촉

증권선물위원회 위원장은 위촉위원이 외부감사규정 제3조 제10항 각 호의 어느 하나에 해당하는 경우에는 해당 위원을 해촉할 수 있다(외부감사규정29⑧). 따라서 위촉위원이 ⅰ) 심신장애로 인하여 직무를 수행할 수 없게 된 경우, ⅱ)

비밀누설 등 직무와 관련된 비위사실이 있는 경우, ⅲ) 직무태만, 품위손상이나 그 밖의 사유로 위원으로 적합하지 아니하다고 인정되는 경우, ⅳ) 위원 스스로 직무를 수행하는 것이 곤란하다는 의사를 전달한 경우에는 해당 위원을 해촉(解囑)할 수 있다(외부감사규정3⑩).

Ⅱ. 감리위원회의 운영

1. 회의 소집

위원회의 회의는 ⅰ) 증권선물위원회 위원장이 위원회에 회부한 안건을 회의에 상정하고자 하는 경우, ⅱ) 그 밖에 위원장이 회의를 소집하는 것이 필요하다고 판단한 경우에 위원장이 소집하며, 위원장이 의장이 된다(외부감사규정30①).

2. 의결

회의는 재적위원 과반수의 출석으로 개의(開議)하고, 출석위원 과반수의 찬성으로 의결한다(외부감사규정30②).

3. 제척

위원은 ⅰ) 자기와 직접적인 이해관계가 있는 사항, ⅱ) 배우자, 4촌 이내의 혈족, 2촌 이내의 인척 또는 자기가 속한 법인과 이해관계가 있는 사항에 대한 심의·의결에서 제척된다(외부감사규정30③).

4. 회피

위원은 위의 제척 사유에 해당하면 위원회에 그 사실을 알리고 스스로 안건의 심의·의결에서 회피하여야 한다(외부감사규정30④).

5. 안건 담당 임직원의 위원 접촉 금지

피조사자 및 감리집행기관의 안건을 담당하는 임직원은 해당 안건에 대한 심의가 종결되기 전까지 위원과 개별적으로 접촉하여서는 아니된다(외부감사규정30⑤ 본문). 다만, 위원장이 시간, 장소 등을 지정하여 허용하는 경우에는 그러하지 아니하다(외부감사규정30⑤ 단서).

6. 안건 등의 문서 송부

위원장은 회의가 열리는 날부터 5일 전까지 회의 개최일시 및 장소, 해당 회의에 상정되는 안건 등을 문서로 위원에게 보내야 한다(외부감사규정30⑥).

7. 안건 설명 요청

위원장은 안건을 상정하며, 해당 안건에 관한 업무를 수행하는 기관장에게 소속 임직원이 회의에 출석하여 위원에게 안건을 설명할 것을 요청할 수 있다(외부감사규정30⑦).

8. 업무담당자의 의견청취

위원장은 필요한 경우에 회사, 관계회사, 감사인, 민간전문가 또는 금융위원회, 금융감독원, 한국회계기준원, 또는 한국공인회계사회(외부감사규정3⑤) 중 어느 하나에 소속된 업무담당자를 회의에 참석하게 하여 의견을 들을 수 있다(외부감사규정30⑧).

9. 의사록 작성 및 보고

금융위원회의 4급 이상 공무원 중에서 회계정책 업무를 담당하는 사람은 ⅰ) 회의 개최 일시 및 장소, ⅱ) 위원 출결 내역 및 위원 외 참석자의 성명·소속, ⅲ) 안건별 주요 논의내용, ⅳ) 의결내용 및 이에 반대하는 의견의 요지, ⅴ) 그 밖에 위원장 또는 위원이 기록을 요청한 사항을 기록하는 문서("의사록")를 작성하고 회의가 종료된 후 위원장에게 보고하여야 한다(외부감사규정30⑨ 전단). 이 경우, 의사록을 작성한 사람과 위원장은 의사록에 기명날인하여야 한다(외부감사규정30⑨ 후단).

10. 의사록의 보고

의사록을 작성한 사람은 차기 회의에서 그 의사록을 보고하여야 한다(외부감사규정30⑩).

11. 별도의 의결내용 등 첨부

금융위원회 위원장 또는 증권선물위원회 위원장은 증권선물위원회 위원장이 위원회에 회부한 안건을 금융위원회 또는 증권선물위원회에 상정하는 경우에 안건과는 별도로 의결내용 및 이에 반대하는 의견의 요지에 내용을 첨부하여야 한다(외부감사규정30⑪).

12. 비공개 회의

회의는 공개하지 아니함을 원칙으로 한다(외부감사규정30⑫).

13. 직무상 비밀 누설·이용 금지

위원 및 그 직에 있었던 사람은 그 직무에 관하여 알게 된 비밀을 누설 또는 이용하여서는 아니된다(외부감사규정30⑬).

제8절 조치등의 통지 및 이의신청 등

Ⅰ. 사전통지

1. 사전통지 사항

감리집행기관(과징금 부과금액이 5억원 이상인 경우에는 금융위원회)은 조치예정일 10일 전까지 피조사자 또는 그 대리인("당사자등")에게 다음의 사항을 통지("사전통지")하여야 한다(외부감사규정31①).

1. 회의 개최 예정 일시 및 장소
2. 당사자의 성명 또는 명칭과 주소
3. 조치등의 내용에 관한 다음 각 목의 사항
   가. 조치등의 원인이 되는 사실관계(회계처리기준, 회계감사기준, 품질관리기준, 그 밖에 법령등의 위반에 대한 판단근거를 포함)

　　나. 조치등의 근거가 되는 법령등

　　다. 조치등의 내용(감리위원회에 상정될 안건에 감리집행기관이 기재할 내용
　　　과 동일하여야 한다) 및 적용기준(위반동기 등을 포함)

　　라. 조치등에 관한 증거자료 목록. 다만, 조치등에 검찰총장에의 고발등이 포
　　　함된 경우에는 제외한다.

　4. 제3호의 사항에 대하여 의견을 제출할 수 있다는 안내 및 의견을 제출하지
　　아니하는 경우의 처리방법

　5. 의견을 제출할 수 있는 기관의 주소와 연락처

　6. 그 밖에 필요한 사항

2. 사전통지서 송부

　금융감독원장은 외부감사규정 제26조 제1항 및 제3항부터 제6항까지의 규
정에 의한 조치(회사에 대한 조치, 감사인에 대한 조치, 감사인에 소속된 공인회계사에
대한 조치, 주책임자와 보조책임자에 대한 조치, 위법행위에 대한 주책임자에 대한 조치)
가 예상되는 경우 감리결과보고 및 처리안을 증권선물위원회에 상정을 요청하기
전에, 외부감사규정 제27조 제3항 및 제39조 제1항에 의한 조치[재무제표 심사(내
부회계관리제도 감리를 한 경우에는 내부회계관리제도 감리를 포함)를 수행한 결과에 대
한 조치]가 예상되는 경우 금융감독원장의 조치예정일 10일 전까지 위반사실 및
예정된 조치의 종류를 기재한 조치사전통지서(별지 제34호 서식)를 피조치자에게
송부하여야 한다(외부감사규정 시행세칙40①).

3. 사전통지의 생략 사유

　다음의 어느 하나에 해당하는 경우, 즉 ⅰ) 공공의 안전 또는 복리를 위하여
긴급히 조치할 필요가 있는 경우, ⅱ) 해당 조치의 성질상 의견청취가 현저히 곤
란하거나 명백히 불필요하다고 인정될 만한 타당한 이유가 있는 경우에는 사전
통지를 하지 아니할 수 있다(외부감사규정31②, 외부감사규정 시행세칙40②).

4. 사전통지 생략 사유의 고지

　사전통지를 하지 아니한 경우에 금융위원회 위원장 또는 증권선물위원회 위
원장은 회의에서 당사자등에게 그 사유를 알려야 한다(외부감사규정31③).

5. 의견진술 기회 부여

조치사전통지서를 송부하는 경우에 ⅰ) 서면에 의한 방법, ⅱ) 감리위원회 및 증권선물위원회에 직접 출석하여 의견을 진술하는 방법(금융위원회, 증권선물위원회의 조치의 경우), ⅲ) 정보통신망에 의한 방법에 의하여 의견진술을 할 수 있도록 기회를 부여하여야 한다(외부감사규정 시행세칙40③).

6. 사전통지내용과 다른 경우의 사전통지서 별도 송부

증권선물위원회 조치안, 금융감독원장이 조치하려는 내용이 사전통지 내용과 달라진 경우 증권선물위원회 개최 전(증권선물위원회 조치안의 경우), 금융감독원장의 조치 전(금융감독원장 조치의 경우)에 조치안, 금융감독원장이 조치하려는 내용에 맞는 조치사전통지서를 별도로 송부한다(외부감사규정 시행세칙40④).

Ⅱ. 당사자등의 의견제출

당사자등은 금융위원회, 증권선물위원회 또는 감리집행기관이 조치등을 하기 전에 금융위원회 위원장, 증권선물위원회 위원장, 감리위원회 위원장 또는 감리집행기관에 문서 및 구두로 감리등의 결과에 대한 의견을 제출할 수 있다(외부감사규정32).

Ⅲ. 이의신청

1. 불복절차의 통지

금융위원회 위원장, 증권선물위원회 위원장 또는 감리집행기관은 조치등을 하는 경우에 피조사자에게 조치등의 내용, 사유 및 조치등에 대한 불복절차를 알려주어야 한다(외부감사규정33① 본문). 다만, 검찰에 고발등을 하는 경우에는 알려주지 아니할 수 있다(외부감사규정33① 단서).

2. 이의신청 기간

피조사자는 조치등을 통지받은 날부터 30일 이내에 금융위원회 또는 증권선물위원회에 이의신청을 할 수 있다(외부감사규정33②).

3. 이의신청시 증빙자료의 제출

피조사자는 이의신청을 하는 경우에 그 이유를 관련 증빙자료와 함께 금융위원회 또는 증권선물위원회에 제출하여야 한다(외부감사규정33③).

4. 이의신청 판단 결과 통지

금융위원회 위원장 또는 증권선물위원회 위원장은 이의신청을 접수한 날부터 60일 이내에 이의신청에 대한 판단 결과를 당사자등에게 알려야 한다(외부감사규정33④ 본문). 다만, 부득이한 사정이 있으면 30일의 범위에서 그 기간을 연장할 수 있다(외부감사규정33④ 단서).

5. 이의신청 판단 결과 통지기한 연기의 통지

이의신청에 대한 판단 결과를 알려야 하는 기한을 연기하려는 경우에는 그 기한이 도래하기 7일 전까지 그 사실(연기사유, 새로운 처리기한 등을 포함)을 당사자등에게 알려야 한다(외부감사규정33⑤).

6. 추가 이의신청의 금지

이의신청에 대한 판단 결과를 당사자등에게 알린 이후에 당사자등은 동일한 조치에 대하여 추가로 이의신청을 할 수 없다(외부감사규정33⑥).

Ⅳ. 증권선물위원회의 직권재심

금융위원회 또는 증권선물위원회는 ⅰ) 법원의 확정판결 또는 검찰의 혐의 없음 결정 취지를 감안하여 조치의 원인이 된 사실관계와 법률적 판단을 검토할 때 조치가 위법 또는 부당하다고 판단되는 경우, ⅱ) 증거문서의 오류·누락 또는 조치의 원인이 된 사실관계에 반하는 새로운 증거의 발견 등으로 조치가 위법 또는 부당하다고 판단되는 경우에 직권으로 다시 심의하여 조치를 취소하거나 변경할 수 있다(외부감사규정35).

V. 조치대상자의 이행내용 보고

감리집행기관은 감리결과 조치사항의 이행 여부를 확인하기 위하여 다음의 구분에 따른 기한 내에 조치대상자로 하여금 그 이행내용을 보고하도록 할 수 있다(외부감사규정36①).

1. 임원의 해임 권고: 임원의 해임 결정을 위한 주주총회 종료일로부터 1개월
2. 다음의 어느 하나에 해당하는 조치: 증권선물위원회의 조치를 통지 받은 날부터 1개월
   가. 임원의 면직 권고
   나. 임원 6개월 이내 직무정지
   다. 손해배상공동기금 추가적립
   라. 시정요구 또는 각서제출 요구에 따른 이행사항
3. 감사업무 제한: 감사업무 제한 기간 종료 후 1개월

제9절 심사·감리결과 조치양정기준

여기서는 외부감사규정 시행세칙 [별표 1]의 「심사·감리결과 조치양정기준」을 살펴본다.

I. 목적

이 기준은 "외부감사법" 제29조에 의한 조치등을 위하여 외부감사규정에서 금융감독원장에게 위임한 사항과 기타 필요한 사항을 정함을 목적으로 한다.

Ⅱ. 일반원칙

1. 기본원칙

가. 위법행위에 대한 조치양정은 관련금액의 중요성, 질적 특성, 고의성의 유무, 과실의 정도 및 발생원인·결과·방법 등을 종합적으로 판단하여 결정한다.

나. 위법행위가 동일 회계기간 내에서 동일 재무제표 양식의 관련 계정과목에 영향을 미치는 경우에는 이의 상쇄효과를 고려하고 위법행위가 서로 다른 회계기간(예를 들면 당기손익과 전기손익수정항목)에 걸쳐 영향을 미치는 경우에는 이를 고려하지 아니한다.

다. 위법행위 관련금액 결정에 필요한 자산·부채의 잔액 또는 거래내역 등을 회사의 파산 등 불가피한 사유로 인하여 확인이 불가능하거나 추정·판단의 차이 등으로 관련금액을 확정하기 곤란한 경우에는 계정과목간 연관성, 연간발생정도, 기타 제반요인을 종합적으로 고려하여 회계처리기준 위법혐의가 있거나 그 가능성이 높다고 판단한 금액을 위법행위 관련금액으로 사용한다.

라. 조치는 증권선물위원회 또는 금융감독원장의 행정조치("기본조치")와 검찰고발·통보·수사 의뢰(검찰고발·통보·수사의뢰를 합하여 "고발등"이라 한다), 금융위원회에의 조치건의로 구분하고, 기본조치와 고발등, 금융위원회에의 조치건의는 병과할 수 있다. 다만, 기본조치만으로 제재효과를 충분히 달성할 수 있다고 인정되는 경우에는 고발등, 금융위원회에의 조치건의는 아니할 수 있다.

마. 감리결과 외부감사법에 의한 과징금을 부과하는 경우에는 외부감사규정 [별표 8] 과징금부과기준을 적용하여 산출되는 금액을 과징금으로 부과한다.

바. 감리결과 자본시장법에 의한 과징금을 부과하는 경우에는 「자본시장조사 업무규정」에 의한 과징금부과기준을 적용하여 산출되는 금액을 과징금으로 부과한다.

사. 회사(회사 관계자를 포함) 또는 감사인이 동일한 회계처리기준 위반 또는 회계감사기준 위반으로 각 외부감사법과 자본시장법에 따른 과징금 부과요건에 해당하는 경우에는 마., 바.에 의하여 각 산출되는 금액 중 큰 금액을 과징금으로 부과한다.

아. 동일한 위법행위가 2회계연도 이상에 걸쳐 발생한 경우에는 각 회계연

도별 조치 중 가장 중한 조치를 부과한다.

　자. 같은 회계연도에서 위법행위의 동기("위법동기")가 다른 위법행위가 2가지 이상 발생한 경우에는 위법동기별 규모배수에 따라 산출된 기본조치 중 가장 중한 조치에서 1단계를 가중할 수 있다.

　차. 회사 재무제표의 주요사항 등에 대하여 감사인이 회계감사기준에서 명백히 규정하고 있는 중요한 감사절차를 현저히 위반한 경우에는 회사의 회계처리기준 위반이 적발되지 않은 경우에도 조치할 수 있다.

　카. 이미 위법행위로 조치를 받은 자에 대하여 그 조치 이전에 발생한 별개의 위법행위가 추가로 발견된 경우에는 다음 1), 2)에 따라 조치할 수 있다.

　　1) 추가 발견된 위법행위를 종전 조치시 함께 조치하였더라도 조치수준이 높아지지 않을 경우에는 조치하지 않는다.

　　2) 추가 발견된 위법행위를 종전 조치시 함께 조치하였더라면 종전 조치수준이 더 높아지게 될 경우에는 함께 조치하였더라면 받았을 조치수준을 감안하여 추가로 발견된 위법행위에 대하여 조치할 수 있다.

　타. 위법행위가 법의 벌칙부과 대상행위로 판단되는 경우 검찰총장에게 고발하여야 하고, 위법행위의 동기·원인 또는 결과 등에 비추어 정상참작의 사유가 있는 경우에는 고발을 검찰총장 통보로 갈음할 수 있으며, 위법행위에 대한 직접적인 증거는 없으나 제반 정황으로 보아 벌칙부과 대상행위가 있다는 상당한 의심이 가고 사건의 성격상 수사기관의 강제조사가 필요하다고 판단되는 경우에는 고발·통보에 갈음하여 검찰총장에게 수사를 의뢰할 수 있다.

　파. 감사보고서에 대한 감리 시에는 감사인 등이 기업의 상황을 고려하여 적절하게 감사계획을 수립한 후 일관되게 이행하였는지 여부 및 충분하고 적합한 감사증거를 입수하여 감사위험을 수용가능한 수준으로 감소시켰는지 등을 종합적으로 고려하여 감사인 및 공인회계사의 위법 여부 및 동기 등을 판단한다.

2. 연결재무제표 또는 연결감사보고서에 대한 양정기준 특례

　지배회사와 종속회사들로 구성된 연결실체내 다수의 재무제표 또는 감사보고서, 연결재무제표 또는 연결감사보고서에서 위법행위가 발견되는 경우 관련금액의 중요성, 위법동기 등을 각 재무제표별로 판단하여 회사단위로 조치를 부과하되 다음 가.부터 차.까지의 규정을 고려할 수 있다.

가. 위법행위가 지배회사의 별도재무제표(별도재무제표에 대한 감사보고서)와 연결재무제표(연결재무제표에 대한 감사보고서)에서 모두 발견된 때에는 각 재무제표별로 조치를 양정하되, 조치가 중복되거나 병과하는 것이 불합리하다고 판단되는 경우 가장 중한 조치를 부과할 수 있다.

나. 위법행위가 종속회사의 재무제표(종속회사의 감사보고서)와 지배회사의 연결재무제표(연결재무제표에 대한 감사보고서)에서 모두 발견된 때에는 각 재무제표별로 판단하여 회사 단위로 조치를 부과할 수 있으며, 연결재무제표의 위법행위가 종속회사의 위법행위로 인하여 발생한 경우를 포함한다. 이 경우 지배회사의 위법동기를 판단함에 있어 지배·종속 관계의 성격 및 정도, 종속회사의 위법동기, 종속회사의 종류 및 설립지 등을 종합적으로 고려할 수 있으며 조치가 중복되거나 병과하는 것이 불합리하다고 판단되는 경우 가장 중한 조치를 부과할 수 있다.

다. 나.에 따라 지배회사를 조치함에 있어 지배회사가 종속회사의 위법행위를 묵인·방조하거나 종속회사에 대한 중대한 감독 소홀로 연결재무제표의 위법행위가 발생하는 경우 가중 조치하거나 종속회사의 책임에 준하는 조치를 부과할 수 있다. 종속회사가 외부감사법에 의한 외부감사 대상법인이 아닌 경우에도 이를 준용할 수 있다.

라. 종속회사 및 종속회사 감사인이 외부감사법 제7조, 제21조에 따른 지배회사 및 지배회사 감사인의 자료제출 요구 또는 조사 등을 거부할 경우 종속회사 및 종속회사 감사인을 가중 조치할 수 있다.

마. 지배회사의 감사인과 종속회사의 감사인이 동일인이고 종속회사 위법행위가 연결재무제표에도 직접 영향을 미치는 경우 지배회사의 연결재무제표와 관련된 감사인의 위법동기는 종속회사에 대한 감사인의 위법동기와 동일한 것으로 판단할 수 있다. 다만, 지배회사와 종속회사의 감사담당 이사가 상이한 경우에는 종속회사 감사인의 위법동기를 고려하되, 회계감사기준에 따른 연결재무제표 감사절차 소홀 정도 등을 기준으로 지배회사 감사인의 위법동기를 별도로 판단할 수 있다.

바. 연결재무제표 작성 범위와 관련된 위법행위는 연결재무제표 기준으로 규모금액을 산정한다.

사. 연결재무제표 작성 범위와 관련된 위법행위가 다음의 어느 하나에 해당

하지 아니하고, 그 위법동기가 고의가 아닌 경우에는 중요도를 계산할 때 각 유형별 중요성 기준금액을 4배 상향하여 적용한다.

1) 누락 또는 잘못 포함된 피투자회사의 주요 재무정보가 공시된 재무제표 등을 통해 파악(피투자회사가 전자공시시스템을 통해 감사보고서, 사업보고서(분·반기 보고서를 포함)를 공시하거나 투자회사가 재무제표 주석 등에서 피투자회사의 재무정보를 공시하는 경우 등)되지 않는 경우

2) 위법행위를 정정하면 상장진입요건에 미달하거나, 상장퇴출요건, 관리종목 지정요건 또는 감사인 지정요건에 해당하는 경우

3) 연결 범위 결정 첫 해에 위법행위를 정정하면 순자산과 당기순이익이 모두 유의적으로 악화되거나, 적자반전 또는 완전 자본잠식 상태가 되는 경우

아. 연결재무제표 작성 범위와 관련된 위법행위가 사.에 해당하는 경우에는 Ⅳ.2.에 의해 계산된 최종 규모배수가 64배 이상이더라도 회사(임직원 포함) 또는 감사인(공인회계사 포함)에 대한 조치를 가중하지 아니할 수 있다.

자. 연결재무제표 작성 범위와 관련된 위법행위가 사.에 해당하는 경우에는 내부거래 금액이 대상 회사 재무제표의 단순합산 금액에서 차지하는 비중의 크기에 따라 회사(임직원 포함) 또는 감사인(공인회계사 포함)에 대하여 기본조치를 감경할 수 있다.

❑ 내부거래금액의 비중에 따른 감경

비중*	감경
40% 이상	-
10% 이상 ~ 40% 미만	1단계
10% 미만	2단계

* MAX = [자산비중, 부채비중, 매출액비중, 매출원가비중]

차. 연결재무제표 작성 범위와 관련된 위법행위가 사.에 해당함에 따라 중요도가 최소 조치 수준에 미달하는 경우에는 회사(임직원 포함) 또는 감사인(공인회계사 포함)에 대하여 '감경시 최소조치'를 부과한다.

Ⅲ. 위법행위의 동기 판단

1. 고의

위법사실 또는 그 가능성을 인식하고 법령등을 위반한 행위를 말하며, 다음의 구분에 따른 경우에 해당하는 위법행위에는 고의가 있다고 본다. 다만, 피조사자가 고의가 없음을 합리적으로 소명하는 경우에는 그러하지 아니다.

가. 회사 및 임직원

1) 가공의 자산을 계상하거나 부채를 누락하는 등 회계정보를 의도적으로 은폐·조작 또는 누락시켜서 재무제표를 작성한 경우

2) 회계장부, 전표(傳票) 등 회계장부 작성의 기초가 되는 서류, 관련 전산자료 및 증빙자료 등을 위·변조하여 재무제표를 작성한 경우

3) 감사인이 요구한 자료를 위·변조하는 등 외부감사를 방해한 경우

4) 다음의 어느 하나에 해당하는 상황으로서 위법행위가 회사, 주주 또는 임직원(상법 제401조의2에 따른 사실상의 이사를 포함)의 이익에 직접적이고 상당한 영향을 미치는 경우

    가) 재무제표에 나타나지 않는 자금의 조성, 임직원의 횡령·배임 및 특정금융정보법 제2조 제4호에 따른 자금세탁행위 등과 관련되는 경우

    나) 특수관계자와의 비정상적 거래와 관련되는 경우

    다) 금융기관의 여신제공, 채무감면 등과 관련되는 경우

    라) 회계처리기준 위반사항을 수정하면 자본시장법 제390조에 따른 상장규정에 따라 거래소에 상장을 할 수 없거나, 상장을 유지할 수 없는 경우

    마) 자본시장법에 따른 불공정거래행위와 관련되는 경우

5) 그 밖에 위법사실 또는 그 가능성을 인식하고 법을 위반한 경우

나. 감사인 및 공인회계사

1) 회사의 회계처리기준 위반을 묵인하거나 회사와 공모(共謀)하여 회사가 회계처리기준을 위반하여 재무제표를 작성하게 한 경우

2) 위법행위가 감사인 또는 공인회계사의 이익에 직접적이고 상당한 영향을

미치는 경우

3) 그 밖에 위법사실 또는 그 가능성을 인식하고 법을 위반한 경우

2. 과실 및 중과실

고의적인 위법행위가 아닌 경우에는 과실에 따른 위법행위로 본다. 다만, 위법행위가 다음 요건을 모두 충족하는 경우에는 중과실(重過失)에 의한 위법행위로 판단할 수 있으나, 피조사자가 합리적으로 소명하는 경우에는 그러하지 아니하다.

가. 직무상 주의의무를 현저히 결(缺)하였다고 판단할 수 있는 상황으로서 다음의 어느 하나에 해당하는 경우

1) 회계처리기준 또는 회계감사기준을 적용하는 과정에서의 판단 내용이 합리성을 현저히 결한 경우

2) 회계처리기준 위반과 관련하여 내부회계관리규정 또는 회계감사기준에서 요구하는 통상적인 절차를 명백하게 거치지 않거나, 형식적으로 실시한 경우

3) 그 밖에 사회의 통념에 비추어 직무상 주의의무를 현저히 결하였다고 인정할 수 있는 경우

나. 회계정보이용자의 판단에 미치는 영향력이 큰 회계정보로서 다음의 어느 하나에 해당하는 경우

1) 회계처리기준 위반 관련금액이 중요성 금액을 4배 이상 초과한 경우

2) 감사인이 회사의 재무제표 또는 경영전반에 대하여 핵심적으로 감사해야할 항목으로 선정하여 감사보고서에 별도로 작성한 내용인 경우

3) 그 밖에 사회의 통념에 비추어 위법행위가 회계정보이용자의 판단에 미치는 영향력이 크다고 볼 수 있거나 경제·사회에 미치는 영향이 클 것이라고 판단되는 경우

Ⅳ. 위법행위 유형 구분 및 위법행위의 중요도 결정과정 등

1. 위법행위의 구분

가. 위법행위가 당기손익 또는 자기자본에 영향을 미치는 경우(이하 "A유형"이라 한다)

나. 위법행위가 당기손익이나 자기자본에는 영향이 없으나 자산·부채의 과대·과소계상, 수익·비용의 과대·과소계상, 영업활동으로 인한 현금흐름의 과대·과소계상, 영업·비영업손익간 계정재분류, 유동·비유동항목간 계정재분류에 영향을 미치는 경우(이하 "B유형"이라 한다)

다. 위법행위가 다음 1)부터 3)까지의 각 항목과 관련한 주석사항인 경우(이하 "C유형"이라 한다)

  1) 특수관계자 거래

  2) 타인을 위한 담보제공, 질권설정, 지급보증 등으로 인하여 발생가능한 자산의 사용이나 처분의 제한 또는 우발부채(다만, 관련 채무잔액의 130% 이내 금액에 한하고, 관련 채무잔액의 130% 초과금액 또는 자신을 위한 담보제공, 질권설정, 지급보증 등과 관련한 금액은 라.에 해당한다)

  3) 진행 중인 소송사건 등으로 발생가능한 우발부채

라. 위법행위가 기타 주석사항 및 계정과목 분류 등과 관련된 사항으로서 가.부터 다.까지의 사항 이외에 해당하는 경우(이하 "D유형"이라 한다)

2. 중요성 기준금액

위법행위의 중요도를 결정하기 위해 중요성 기준금액을 결정하여야 하며, 중요성 기준금액은 감사인이 회계감사기준에 따라 합리적으로 판단하여 외부감사규정 제19조에 따라 감사보고서에 첨부한 문서에 기재하거나 감사보고서에 기재하는 방법으로 금융감독원장에게 제출한 중요성 금액(원칙적으로 재무제표 전체 중요성 금액)을 적용한다. 다만, 감사인이 중요성 금액을 정하는 과정에서의 판단 내용이 합리성을 현저히 결한 경우 또는 감사인이 중요성 금액을 정하지 않은 경우에는 '나. 표준 중요성 기준'에 따라 판단한다.

　　감사인이 중요성 금액을 정하는 과정에서의 판단 내용이 합리성을 현저히 결한 경우는 1) 회계법인이 회사별 규모, 상장여부, 감사위험 등을 고려한 구체적이고 체계적인 중요성 금액 결정기준을 마련하지 않은 경우, 2) 회사별 중요성 금액을 정함에 있어 담당이사의 재량에 크게 의존하는 경우, 3) 합리적 근거 없이 표준 중요성 기준 방식의 중요성 금액과 현저하게 차이가 나는 경우 등을 말한다.

　　이 경우 당해 위법행위의 수정으로 인한 법인세효과는 고려하지 아니한다. 한편, 위법행위의 중요도를 회계처리기준 위반금액으로 판단하기 어려운 경우에는 해당 위법행위가 회계정보이용자의 판단에 미치는 영향력을 판단할 수 있는 기준을 별도로 정하여 판단할 수 있다.

가. 감사인의 중요성 기준 적용

　1) 감사인의 재무제표 전체 중요성 금액을 감사인의 중요성 기준금액으로 본다.

　2) 위법행위 유형별 중요성 기준금액

　① A유형: 감사인의 중요성 기준금액의 1배

　② B유형: 감사인의 중요성 기준금액의 4배

　③ C유형: 감사인의 중요성 기준금액의 5배

　④ D유형: 감사인의 중요성 기준금액의 15배

나. 표준 중요성 기준 적용

　1) 회사의 자산 및 매출 규모 등을 고려하여 표준 중요성 기준금액을 산정한다.

　2) 위법행위 유형별 중요성 기준금액

　① A유형: 규모금액의 1%

　② B유형: 규모금액의 4%

　③ C유형: 규모금액의 5%

　④ D유형: 규모금액의 15%

* 규모금액: "표1"의 규모금액산출표에 따라 계산한 금액

3. 규모배수의 계산 및 적용방법

다음의 순서에 따라 위법행위 관련금액의 중요성 기준금액 대비 배수를 산

정한다.

　① 위법행위의 유형이 2가지 이상인 경우에는 위법동기별로 분류한다.

　② 위법동기별로 분류된 위법행위의 유형 중 같은 유형의 위법행위 관련금액은 합산하여 위법행위 유형별 중요성 기준금액 대비 배수(유형별 규모배수)를 계산한다.

　③ 위법동기별로 분류된 위법행위 유형별 규모배수를 합산하여 위법동기별 규모배수를 계산한다.

　④ 위법동기가 2가지 이상인 경우 <표2>에 따라 각각의 위법동기별 규모배수를 위법동기별로 환산하여 환산후 규모배수를 계산한다.

　⑤ D유형은 유형별 규모배수를 6배로 제한한다. 동 한도 적용은 위법동기별로 환산하기 전의 위법동기별로 규모배수의 합계를 기준으로 판단한다.

4. 규모배수 정도에 따른 중요도의 구분

　위법행위는 위법동기별 규모배수 및 환산후 규모배수에 따라 중요도를 다음과 같이 구분하며, 환산후 규모배수에 따른 중요도는 위법동기별 규모배수에 따른 중요도보다 1단계 범위 내에서 가중할 수 있다.

중요도	I	II	III	IV	V
규모배수	16배 이상	8배 이상 16배 미만	4배 이상 8배 미만	2배 이상 4배 미만	1배 이상 2배 미만

V. 조치기준

1. 회사 및 임직원

중요도	기본조치		
	고의	중과실	과실
가중시 최대	고의 I 단계와 동일	과징금 또는 증권발행제한 10월(회사) 과징금(회사 관계자) 감사인지정 3년 담당임원 해임(면직)권고	증권발행제한 6월 감사인지정 2년 담당임원 해임(면직)

중요도	기본조치		
	고의	중과실	과실
		감사(감사위원) 해임권고 직무정지 6월 이내	권고 직무정지 6월 이내
I	과징금 또는 증권발행제한 12월(회사) 과징금(회사 관계자) 감사인지정 3년 대표이사 및 담당임원 해임(면직)권고 감사(감사위원) 해임권고 직무정지 6월 이내 회사(임직원 포함) 검찰고발	과징금 또는 증권발행제한 8월(회사) 과징금(회사 관계자) 감사인지정 2년 담당임원 해임(면직)권고 감사(감사위원) 해임권고 직무정지 6월 이내	증권발행제한 4월 감사인지정 2년
II	과징금 또는 증권발행제한 11월(회사) 과징금(회사 관계자) 감사인지정 3년 대표이사 및 담당임원 해임(면직)권고 감사(감사위원) 해임권고 직무정지 6월 이내 회사(임직원 포함) 검찰고발	과징금 또는 증권발행제한 6월(회사) 과징금(회사 관계자) 감사인지정 2년 담당임원 해임(면직)권고 감사(감사위원) 해임권고 직무정지 6월 이내	증권발행제한 2월 감사인지정 1년
III	과징금 또는 증권발행제한 10월(회사) 과징금(회사 관계자) 감사인지정 3년 담당임원 해임(면직)권고 감사(감사위원) 해임권고 직무정지 6월 이내 회사(임직원 포함) 검찰통보	과징금 또는 증권발행제한 4월(회사) 과징금(회사 관계자) 감사인지정 2년	경고
IV	과징금 또는 증권발행제한 8월(회사) 과징금(회사 관계자) 감사인지정 2년 담당임원 해임(면직)권고 감사(감사위원) 해임권고 직무정지 6월 이내 회사(임직원 포함) 검찰통보	과징금 또는 증권발행제한 2월(회사) 과징금(회사 관계자) 감사인지정 1년	주의
V	과징금 또는 증권발행제한 6월(회사) 과징금(회사 관계자) 감사인지정 2년	과징금 또는 증권발행제한 1월(회사) 과징금(회사 관계자) 감사인지정 1년	주의

중요도	기본조치		
	고의	중과실	과실
감경시 최소	담당임원 해임(면직)권고 직무정지 6월 이내 회사(임직원 포함) 검찰통보		
	과징금 또는 증권발행제한 4월 (회사) 과징금(회사 관계자) 감사인지정 2년	증권발행제한 1월	조치없음

※ 가. 과징금은 외부감사법 또는 자본시장법상 과징금을 말한다. 과징금 부과의 세부적인 사항은 Ⅱ.1.마.부터 사.까지의 규정에 따른다.

　　나. 대표이사, 담당 임원, 감사(감사위원 포함. 이하 같음) 등의 해임(면직)권고는 조치대상자가 조치일 현재 조치대상회사에서 대표이사, 담당 임원, 감사 등으로 근무 중인 경우에 한하여 조치하고, 원칙적으로 6월 이내의 직무정지를 병과한다.

　　다. 퇴임하거나 퇴직한 임원이 해당 회사에 재임 또는 재직 중이었더라면 해임(면직)권고 조치를 받았을 것으로 인정되는 경우 그 받았을 것으로 인정되는 조치의 내용을 해당 회사에 통보할 수 있다. 이 경우 통보를 받은 회사는 그 사실을 해당 임원에게 통보하여야 한다.

　　라. 담당 임원 해임(면직)권고 조치를 해야 하는 상황임에도 담당 임원이 없는 경우에는 대표이사의 책임이 상당부분 인정되는 경우에 대표이사에 대하여 해임권고 조치를 하되, 담당 임원이 없고 대표이사의 책임을 인정하기도 어려운 경우에는 임원 해임권고 조치를 생략하고 감사인 지정 등 다른 조치를 가중하고 담당 임원을 두도록 개선권고 조치를 병과할 수 있다.

　　마. 검찰고발·통보는 다른 조치만으로 제재효과를 충분히 달성할 수 있다고 인정되는 경우에는 아니할 수 있으며, 혐의는 충분하나 객관적인 증거의 확보가 어렵다고 인정되는 경우 검찰고발을 검찰통보로 갈음할 수 있다.

　　바. 필요하다고 인정되는 때에는 상기 조치(조치없음을 포함)에 추가하여 시정요구, 각서(회계처리기준의 성실한 준수를 확약하는 내용이어야 한다) 제출요구, 관계기관통보, 개선권고 등의 조치를 부과할 수 있다.

　　사. 외부감사법 제11조 제2항 각 호의 어느 하나에 해당하는 회사에 대하여는 감리결과 감사인 지정 조치를 하는 경우 원칙적으로 지정기간을 3년으로 한다.

2. 감사인

중요도	기본조치		
	고의	중과실	과실
가중시 최대	고의 I단계와 동일	과징금 손해배상공동기금 추가적립 80% 당해회사 감사업무제한 4년	손해배상공동기금 추가적립 50% 당해회사 감사업무제한 3년
I	과징금 손해배상공동기금 추가적립 100% 당해회사 감사업무제한 5년	과징금 손해배상공동기금 추가적립 70% 당해회사 감사업무제한 3년	손해배상공동기금 추가적립 30% 당해회사 감사업무제한 2년
II	과징금 손해배상공동기금 추가적립 90% 당해회사 감사업무제한 4년	과징금 손해배상공동기금 추가적립 50% 당해회사 감사업무제한 3년	손해배상공동기금 추가적립 20% 당해회사 감사업무제한 2년
III	과징금 손해배상공동기금 추가적립 80% 당해회사 감사업무제한 4년	과징금 손해배상공동기금 추가적립 30% 당해회사 감사업무제한 2년	경고
IV	과징금 손해배상공동기금 추가적립 70% 당해회사 감사업무제한 3년	과징금 손해배상공동기금 추가적립 20% 당해회사 감사업무제한 2년	주의
V	과징금 손해배상공동기금 추가적립 50% 당해회사 감사업무제한 3년	과징금 손해배상공동기금 추가적립 10% 당해회사 감사업무제한 1년	주의
감경시 최소	과징금 손해배상공동기금 추가적립 30% 당해회사 감사업무제한 2년	손해배상공동기금 추가적립 10%	조치 없음

※ 가. 과징금은 외부감사법 또는 자본시장법상 과징금을 말한다. 과징금 부과의
세부적인 사항은 Ⅱ.1.마.부터 사.까지의 규정에 따른다.

나. 감사인이 소속 공인회계사의 회계감사기준 위법행위를 묵인·방조·지시하
는 등 조직적으로 관여한 것으로 확인되고 감사보고서 이용자에게 막대한
손실을 초래한 경우 또는 일정기간 동안 계속적으로 중대한 위법행위를 하

여 감사인으로서 적격성 있는 업무수행에 중대한 의문이 있는 경우로서 등
록취소 또는 업무정지건의 필요가 있다고 인정되는 경우에는 상기 조치에
더하여 등록취소 또는 업무정지건의를 할 수 있다.

　다. 필요하다고 인정되는 때에는 상기 조치(조치없음을 포함)에 추가하여 시정요
구, 각서제출요구, 관계기관통보, 개선권고 등의 조치를 부과할 수 있다.

3. 공인회계사

중요도	기본조치		
	고의	중과실	과실
가중시 최대	고의 Ⅰ단계와 동일	직무정지건의 2년 당해회사 감사업무제한 5년 주권상장·지정회사·대형비 상장주식회사 감사업무제한 1년 직무연수 16시간	당해회사 감사업무제한 3년 주권상장·지정회사 감 사업무제한 1년 직무연수 12시간
Ⅰ	등록취소건의 당해회사 감사업무제한 5년 주권상장·지정회사·대형비 상장주식회사 감사업무제한 1년 직무연수 20시간 검찰고발	직무정지건의 1년 당해회사 감사업무제한 4년 주권상장·지정회사·대형비 상장주식회사 감사업무제한 1년 직무연수 16시간	당해회사 감사업무제한 2년 주권상장(코스닥 및 코 넥스상장 제외)·지정회 사 감사업무제한 1년 직무연수 8시간
Ⅱ	직무정지건의 2년 당해회사 감사업무제한 5년 주권상장·지정회사·대형비 상장주식회사 감사업무제한 1년 직무연수 20시간 검찰고발	직무일부정지건의 6월 당해회사 감사업무제한 3년 주권상장·지정회사·대형비 상장주식회사 감사업무제한 1년 직무연수 12시간	당해회사 감사업무제한 1년 지정회사 감사업무제한 1년 직무연수 6시간
Ⅲ	직무정지건의 1년 당해회사 감사업무제한 5년 주권상장·지정회사·대형비 상장주식회사 감사업무제한 1년 직무연수 16시간 검찰통보	당해회사 감사업무제한 2년 주권상장·지정회사 감사업 무제한 1년 직무연수 8시간	경고 직무연수 2시간
Ⅳ	직무정지건의 6월 당해회사 감사업무제한 4년	당해회사 감사업무제한 1년	주의

중요도	기본조치		
	고의	중과실	과실
	주권상장·지정회사·대형비상장주식회사 감사업무제한 1년 직무연수 16시간 검찰통보	주권상장(코스닥 및 코넥스 상장 제외)·지정회사 감사업무제한 1년 직무연수 6시간	
V	직무일부정지건의 6월 당해회사 감사업무제한 3년 주권상장·지정회사·대형비상장주식회사 감사업무제한 1년 직무연수 12시간 검찰통보	당해회사 감사업무제한 1년 지정회사 감사업무제한 1년 직무연수 4시간	주의
감경시 최소	당해회사 감사업무제한 2년 주권상장·지정회사 감사업무제한 1년 직무연수 8시간	지정회사 감사업무제한 1년 직무연수 2시간	조치없음

※ 가. 직무연수는 제재조치의 실효성확보를 위해 필요한 경우에 선택적으로 부과한다.

　나. 검찰고발·통보와 금융위원회에의 등록취소 또는 직무(일부)정지건의 조치는 다른 조치만으로 제재효과를 충분히 달성할 수 있다고 인정되는 경우에는 아니할 수 있으며, 혐의는 충분하나 객관적인 증거의 확보가 어렵다고 인정되는 경우 검찰고발을 검찰통보로 갈음할 수 있다.

　다. 직무일부정지건의 조치는 조치대상자인 공인회계사에 대하여 직무정지건의 기간 동안 외부감사법상 감사 관련 모든 업무(감사계약 체결, 중간·기말감사, 감사보고서 작성 등)와 자본시장법상 분·반기 검토업무를 정지함을 원칙으로 한다.

　라. 필요하다고 인정되는 때에는 상기 조치(조치없음을 포함)에 추가하여 시정요구, 각서제출요구, 관계기관통보, 개선권고 등의 조치를 부과할 수 있다.

4. 위법행위 과실의 조치 특례

　외부감사규정 제23조에 따른 재무제표 심사 또는 심사를 거쳐 감리를 실시한 결과 위법동기가 과실인 경우 1.부터 3.까지의 규정에도 불구하고 위법행위 중요도가 가중시 최대, Ⅰ 또는 Ⅱ에 해당하더라도 경고 등(감사인 및 공인회계사에 대해서는 감리를 실시한 경우에 한하여 각각 지정제외점수 부과 및 직무연수 조치 가능)으로 조치할 수 있다. 다만, 외부감사규정 제23조 제1항 제2호 나목 및 다목에 따른 감리 및 종전의 외부감사규정에 따른 감리를 실시한 경우에는 이를 적용하지 아니하며, 감사인 및 공인회계사의 경우에는 회사의 위법행위도 과실이고 회사의 재무제표 수정공시 과정에서 적극 조력한 사실이 서류 등을 통하여 객관적으로 인정되는 경우에 한한다.

5. 회계법인 대표이사 또는 품질관리업무 담당 이사에 대한 조치기준

회계법인의 대표이사 또는 품질관리업무 담당 이사가 품질관리기준에 따른 업무 설계·운영을 소홀히 함으로써 중대한 감사부실이 발생한 경우에 다음과 같이 기본조치를 부과할 수 있다.

위법 중요도	중대	보통	경미
조치 종류	직무일부정지 건의 1년	주권상장·지정회사 감사업무 제한 1년	경고

 ※ 1. 회계법인의 대표이사 또는 품질관리업무 담당 이사가 외부감사법 제17조 제1항을 위반하여 품질관리기준에 따른 업무 설계·운영을 소홀히 함으로써 법 [별표2] 5. 및 규정 제34조에 따른 조치사유에 해당하는 경우에 적용함을 원칙으로 한다. 이 경우 중대한 감사부실이란 주권상장법인, 대형비상장주식회사 또는 금융회사의 감사업무를 수행한 이사가 회계감사기준 위반 등으로 등록취소 또는 1년 이상의 전부 직무정지조치를 받는 경우를 말한다.
 2. 위법 중요도를 고려함에 있어 그 구분기준은 다음과 같다.
  (1) 중대: 품질관리기준에 따른 품질관리 업무체계가 구축되지 아니하거나 형식적인 설계 및 운영으로 중대한 감사부실이 발생한 것으로 인정되는 경우
  (2) 보통: '중대', '경미'에 해당하지 않는 경우
  (3) 경미: 품질관리기준에 따라 업무체계가 대부분 적정하게 구축·운용되고 있으나 일부 운영상 미흡 등으로 중대한 감사부실을 미연에 방지하지 못하는 것으로 인정되는 경우

6. 자료제출 거부 등에 대한 조치

회사, 감사인 또는 공인회계사가 정당한 이유 없이 외부감사법 제27조 제1항에 의한 자료제출 등의 요구·열람 또는 조사를 거부(자료제출 요구에 대하여 3회 이상 거부 또는 현저하게 미흡한 자료를 제출하는 경우를 포함)·방해·기피하거나 허위의 자료를 제출하는 경우에는 특별한 사정이 없는 한 최소한 다음과 같이 조치할 수 있다. 다만, 자료 미제출의 특별한 사유가 있는 것으로 인정되는 경우에는 다음의 조치보다 감경하여 조치할 수 있다.

조치대상	기본조치	기본조치 이외의 조치 요구
회사	증권발행제한 11월 감사인 지정 3년 대표이사 및 담당임원 해임(면직)권고 감사(감사위원) 해임권고 직무정지 6월	검찰고발
감사인	당해회사 감사업무제한 4년	검찰고발
공인 회계사	주권상장·지정회사·대형비상장주식회사 감사업무제한 1년 당해회사 감사업무제한 5년	검찰고발 직무정지건의 1년

7. 회사의 고의적 회계처리기준 위반 조치 특례

회사의 위법행위의 동기가 고의로서 Ⅲ.1.가.4) 가) 또는 라)에 해당하는 경우에는 중요성 기준금액 미만이더라도 위법행위 관련금액이 50억원 이상인 경우에는 고의 Ⅴ단계의 조치를 부과할 수 있다.

8. 회사의 회계처리기준 위반과 관련이 없는 감사인의 감사절차 위반 조치 특례

회사의 회계처리기준 위반사항이 적발되지 않더라도 감사인이 회계감사기준에서 명백히 규정하고 있는 중요한 감사절차를 합리적인 근거 및 그 근거에 대한 문서화 없이 생략하거나 현저히 미흡하게 실시한 경우에는 다음과 같이 기본조치를 부과할 수 있다.

가. 회사의 회계처리기준 위반과 관련이 없는 감사인의 감사절차 위반의 경우 감사인 및 공인회계사에 대하여 중과실 Ⅴ단계에 해당하는 조치(회계법인인 감

사인에 대하여는 별표 2에 의한 중과실 V단계 해당 지정제외점수를 포함한다)를 부과할 수 있다. 다만, 동일 회계연도에 발생한 감사절차 위반행위의 개수가 2개(감사절차가 재무제표상 복수의 계정과목과 관련되어 있고 성격상 각각의 감사절차로 분리하기 어려운 경우에는 1개의 감사절차로 본다) 이상인 경우에는 1단계 가중할 수 있다.

나. '회사의 회계처리기준 위반과 관련이 없는 감사인의 감사절차 위반'과 '회사의 회계처리기준 위반과 관련한 감사인의 감사절차 위반'이 모두 존재하는 경우에는 회사의 회계처리기준 위반과 관련한 감사인의 감사절차 위반 조치수준을 1단계 가중한 조치와 중과실 V단계 조치(감사절차위반 행위의 개수가 2개 이상인 경우 1단계 가중한 조치) 중 중한 조치를 부과할 수 있다.

Ⅵ. 기본조치의 가중·감경 및 면제

1. 기본조치 가중·감경의 일반원칙 등

가. 가중 또는 감경은 기본조치에 대하여 사유별로 1단계를 조정하며, 가중·감경사유는 이와 직접 관련되는 위법행위에 대하여만 적용한다. 다만, 회사(임직원을 포함)에 대하여 3.가.4)(위법동기가 과실인 경우에 한한다), 7), 8)의 감경사유를 적용하거나 감사인(공인회계사를 포함)에 대하여 3.나.5)(위법동기가 과실인 경우에 한한다), 11), 12)의 감경사유를 적용하는 경우에는 사유별로 2단계 감경할 수 있다.

2. 기본조치의 가중사유

가. 위법행위가 다음의 어느 하나에 해당하는 경우에는 회사(임직원 포함)에 대하여 기본조치를 가중할 수 있다.

1) 회사가 증권선물위원회 또는 금융감독원장으로부터 조치(위법동기가 과실인 경우로 한정)를 받은 날부터 3년 이내에 고의 또는 중과실에 따른 법령등의 위반이 있는 경우. 이 경우 다시 위법행위를 한 시점은 확정된 재무제표 공시일 또는 는 재무제표에 대한 주주총회 승인일 중 빠른 날을 기준으로 판단한다.

2) 회사가 증권선물위원회로부터 조치(위법동기가 고의 또는 중과실인 경우로 한정)를 받은 날부터 5년 이내에 고의 또는 중과실에 따른 법령등의 위반이 있는

경우. 이 경우 다시 위법행위를 한 시점은 1)과 같다.

3) 위반기간이 3개 사업연도를 초과한 경우(다만, 위법동기가 고의인 경우로 한정)

4) 위법행위를 은폐 또는 축소하기 위하여 허위자료를 제출하거나 자료제출을 거부(자료제출을 현저하게 지연하는 경우를 포함)하는 경우

5) 내부회계관리제도에 중요한 취약사항이 있는 경우

6) 다수의 채권자, 투자자 등 이해관계자에게 중대한 손해를 입히거나 사회적 물의를 야기한 경우

7) 위법행위로 인해 당기손실이 당기이익이 되는 결과가 발생하거나 위법행위를 정정하면 완전 자본잠식상태가 되는 경우. 다만, 위법동기가 고의라고 판단하는 경우에는 적용하지 아니한다.

8) Ⅳ.2.에 따라 계산된 최종 규모배수가 64배 이상인 경우

9) 그 밖에 사회의 통념에 비추어 위법행위의 내용 또는 정도에 비해 조치 등의 수준이 낮다고 판단되는 경우

나. 위법행위가 다음의 어느 하나에 해당하는 경우에는 감사인 및 공인회계사에 대하여 기본조치를 가중할 수 있다.

1) 공인회계사가 증권선물위원회 또는 한국공인회계사회로부터 조치를 받은 날부터 2년 이내에 다시 위법행위를 한 경우. 다만 경고 또는 주의 조치를 받은 경우에는 2회 이상 받은 경우에 적용한다. 이 경우 다시 위법행위를 한 시점은 '감사인이 회사에 제출하는 감사보고서에 기재된 일자'로 보되 동 기재일자가 확인되지 않는 경우에는 감사인이 회사에 대하여 감사보고서를 제출한 날 또는 회사의 감사보고서 공시일자 중 빠른 날을 기준으로 판단한다.

2) 위반기간이 3개 사업연도를 초과한 경우(다만, 위법동기가 고의인 경우로 한정)

3)위법행위를 은폐 또는 축소하기 위하여 허위자료를 제출하거나 자료제출을 거부(자료제출을 현저하게 지연하는 경우를 포함한다)한 사실이 있는 경우

4) Ⅳ.2.에 따라 계산된 최종 규모배수가 64배 이상인 경우

5) 공인회계사의 위법행위에 대해 감사인의 품질관리기준에 따른 업무설계·운영 소홀 등이 인정되어 3.나.10)에 따라 공인회계사에 대한 조치를 감경하는 경우 또는 4.나.에 따라 공인회계사에 대한 조치를 면제하는 경우로서 감사인의 품질관리기준에 따른 업무설계·운영 소홀 등을 근거로 감사인에 대한 조치를 가중할 필요가 있는 경우

6) 그 밖에 사회의 통념에 비추어 위법행위의 내용 또는 정도에 비해 조치 등의 수준이 낮다고 판단되는 경우

3. 기본조치의 감경사유

가. 위법행위가 다음의 어느 하나에 해당하는 경우에는 회사(임직원 포함)에 대하여 기본조치를 감경할 수 있다.

1) 회사의 직전 사업연도 말 자산규모 또는 직전 3개 사업연도의 평균 매출액 규모가 1,000억원 미만인 경우(다만, 외부감사법 제4조 제1항 제1호 또는 제2호에 해당하는 회사, 대형비상장주식회사 및 금융회사는 제외)

2) 회사가 위법행위와 직접 관련된 투자자 등 이해관계자의 피해를 충분히 보상하였다고 판단되는 경우

3) 외부감사법 제28조 제1항 각 호의 어느 하나에 해당하는 사실을 증권선물위원회에 신고하거나 해당 회사의 감사인 또는 감사(감사위원회가 설치된 경우에는 감사위원회)에게 고지한 경우

4) 회사가 금융감독원장으로부터 재무제표 심사(심사를 거치지 않고 감리를 실시하는 경우에는 감리) 실시를 통지받은 시점(금융감독원장이 심사·감리 실시 이전에 해당 회사의 회계처리기준 위반 혐의를 인지하게 된 경우에는 그 인지한 시점) 이전에 자진하여 회계처리기준 위반 내용을 수정공시하거나 수정공시해야 할 사항을 별도의 공시자료를 통해 투자자 등 이해관계자에 알린 경우. 이 경우 검찰 등 외부기관의 혐의사항 통보일, 금융위원회·증권선물위원회 또는 금융감독원 내 타부서의 혐의통보일[금융감독원의 검사대상기관("금융회사")인 경우 검사착수일], 민원제보 접수일, 언론보도일, 조회공시요구일 등은 해당 회사에 회계처리기준 위반 혐의가 있다는 사실을 인지한 시점으로 본다. 한편 회계처리기준 위반 내용을 수정공시하거나 수정공시해야 할 사항을 별도의 공시자료를 통해 투자자 등 이해관계자에 알린 경우라 함은 다음의 어느 하나에 해당하는 경우를 말한다.

가) 증권선물위원회(금융위원회 및 금융감독원 포함)에 위법행위 사실을 문서(전자문서 포함)로 신고한 후 신고내용을 거래소 수시공시(상장법인) 등을 이용하여 즉시 공개하고 신고일부터 1개월 내에 회계처리기준에 맞게 재무제표를 수정·공시한 경우

나) 위법행위로 인한 오류를 회계처리기준에 맞게 재무제표에 반영하여 이

미 수정·공시한 경우

　5) 회사가 금융감독원장이 재무제표 심사 또는 감리를 실시한다는 내용의 문서를 최초로 받은 날 이후 1개월 이내에 회사가 자진하여 회계처리기준 위반 내용을 수정공시한 경우. 다만, 4)의 감경사유에 해당하거나 수정공시한 내용이 다음의 어느 하나에 해당하는 경우는 제외한다.

　　가) 금융감독원장의 재무제표 심사 결과 회계처리기준 위반으로 지적된 사항

　　나) 회사가 금융감독원장이 재무제표 심사 또는 감리를 실시한다는 내용의 문서를 최초로 받은 날 이후 1개월 이내에 감리집행기관으로부터 받은 문서의 내용(일반적·포괄적인 자료제출 요구와 관련된 사항은 제외)과 직접 관련된 사항

　6) 한국채택국제회계기준을 적용한 회사가 종전 기업회계기준과 차이가 있는 회계처리 방법에서 위법행위를 하였으나 위법동기가 고의가 아닌 경우. 다만, 2013. 12. 31. 이전 결산일이 도래한 사업연도에 발생한 위법행위로서 4) 또는 5)에 따른 감경사유에 해당하는 경우에 한정한다.

　7) 위법행위의 원인, 결과, 방법 등으로 보아 정상을 특별히 참작할 사유가 있는 경우

　8) 그 밖에 위반자의 현실적 부담능력, 위반행위로 인해 취득한 이익의 규모 등을 고려해야 할 필요가 있는 경우

　나. 위법행위가 다음의 어느 하나에 해당하는 경우에는 감사인 및 공인회계사에 대한 기본조치를 감경할 수 있다.

　1) 회사의 직전 사업연도 말 자산규모 또는 직전 3개 사업연도의 평균 매출액 규모가 1,000억원 미만인 경우(다만, 외부감사법 제4조 제1항 제1호 또는 제2호에 해당하는 회사, 대형비상장주식회사 및 금융회사는 제외)

　2) 외부감사법 제26조 제1항 제1호에 따른 감리 또는 같은 항 제3호에 따른 감리 또는 품질관리수준에 대한 평가를 한 결과 같은 법 제17조에 따른 품질관리기준을 충실히 이행하였다고 판단되는 경우

　3) 감사인이 위법행위와 직접 관련된 투자자 등 이해관계자의 피해를 충분히 보상하였다고 판단되는 경우

　4) 외부감사법 제28조 제1항 각 호의 어느 하나에 해당하는 사실을 증권선물위원회에 신고하거나 해당 회사의 감사인 또는 감사(감사위원회가 설치된 경우에는 감사위원회)에게 고지한 경우

5) 회사가 가.4)에 따른 행위를 하도록 사전에 의견을 제시하는 등 적극 조력한 사실이 서류 등을 통하여 객관적으로 인정되는 경우

6) 회사가 가.5)에 따른 행위를 하도록 사전에 의견을 제시하는 등 적극 조력한 사실이 서류 등을 통하여 객관적으로 인정되는 경우

7) 회사가 가.4) 또는 5)에 따른 행위를 하도록 회사에 권고하였으나 회사가 이를 거부하는 등 불가피한 상황에서 위법행위로 인한 오류를 반영하여 가.4) 또는 5)에 따른 감경시한 내에 감사의견 등을 변경하여 감사보고서를 재발행한 경우

8) 한국채택국제회계기준을 채택한 회사의 감사인 및 공인회계사가 종전 기업회계기준과 차이가 있는 회계처리기준에서 발생한 위법행위로 위법동기가 고의가 아닌 경우. 다만, 2013. 12. 31. 이전 결산일이 도래한 사업연도에 발생한 위법행위로서 5)부터 7)까지의 규정에 따른 감경사유에 해당하는 경우로 한정한다.

9) 공인회계사가 조치일로부터 10년 이내에 기업 회계투명성 제고에 기여한 공적으로 정부 표창규정에 따른 장관급 이상, 금융위원회 위원장, 금융감독원장의 표창을 받은 경우. 다만, 동일한 공적에 의한 감경은 1회에 한하며, 검찰총장에의 고발등 또는 금융위원회에의 등록취소 · 전부 직무정지 건의의 경우에는 적용하지 아니한다.

10) 공인회계사의 위법행위가 다음 각 호의 요건을 모두 충족하는 경우

가) 공인회계사의 위법행위가 회계감사기준에서 공인회계사에게 감사인의 품질관리시스템에 의존할 수 있는 권리를 인정한 업무와 관련되어 있을 것

나) 위법행위 당시 공인회계사가 의존한 품질관리시스템에 대해 감사인이 설계 · 운영을 소홀히 한 사실이 인정될 것

다) 공인회계사가 의존한 품질관리시스템에 대한 감사인의 설계 · 운영 소홀과 공인회계사의 위법행위 사이에 상당한 인과관계가 인정될 것

11) 위법행위의 원인, 결과, 방법 등으로 보아 정상을 특별히 참작할 사유가 있는 경우

12) 그 밖에 위반자의 현실적 부담능력, 위반행위로 인해 취득한 이익의 규모 등을 고려해야 할 필요가 있는 경우

4. 기본조치의 감면

가. 감사인 또는 공인회계사가 회사의 위법사항과 관련하여 전문가로서 정당한 주의의무를 다하여 회계감사기준에 따라 충분하고 적합한 감사증거 수집을 위한 감사절차를 취하였음에도 불구하고, 회사가 단독으로 또는 외부와 공모하여 핵심적인 증거가 되는 문서를 위·변조하는 등 조직적으로 위법사실을 은폐하여 다른 감사절차에 의하여도 위법가능성을 전혀 의심할 수 없었거나, 회사의 진술에 의하지 아니하고는 당해 위법사실을 알 수 없는 사항이라고 인정되는 때에는 해당 감사인 또는 공인회계사에 대한 조치를 면제할 수 있다.

나. 공인회계사가 회계감사기준 등에서 요구되는 의무를 준수하기 위하여 전문가로서 선량한 주의의무를 다하였음에도 불구하고, 감사인이 품질관리기준에 따른 업무설계·운영을 소홀히 함으로써 위법행위를 방지할 수 없었던 것으로 인정되는 경우에는 해당 공인회계사에 대한 조치를 면제할 수 있다.

다. 위법행위를 증권선물위원회에 신고한 자가 다음의 요건을 모두 갖춘 경우 해당 신고자에 대한 조치를 감면할 수 있다.

1) 신고자가 신고한 위법행위의 주도적 역할을 하지 아니하였고, 다른 관련자들에게 이를 강요한 사실이 없을 것

2) 증권선물위원회, 감리집행기관이 신고 위법행위에 관한 정보를 입수하지 아니하였거나 정보를 입수하고 있어도 충분한 증거를 확보하지 아니한 상황에서 신고하였을 것

3) 신고한 위법행위를 증명하는 데 필요한 증거를 제공하고 조사가 완료될 때까지 협조하였을 것

Ⅶ. 공인회계사의 책임구분

1. 일반원칙

가. 위법행위에 대하여 책임이 있는 공인회계사는 원칙적으로 감사보고서 및 감사조서에 기재된 바에 따른다. 다만, 감사보고서 및 감사조서에 기재된 자 이외에 위법행위에 대하여 책임있는 자가 있는 경우에는 그 자에 대하여도 감사

보고서 및 감사조서에 기재된 자에 준하는 조치를 할 수 있다.

나. 위법행위에 대한 조치를 함에 있어서는 담당이사를 주책임자로 하여 조치하고, 당해 업무를 보조한 공인회계사("담당공인회계사")를 보조책임자로 하여 조치할 수 있다. 다만, 주책임자와 보조책임자를 구분하여 조치하는 것이 심히 부당하다고 인정되는 경우에는 그러하지 아니하다.

다. 하나의 위법행위에 대하여 담당자가 2인 이상인 경우에는 업무분장의 내용과 업무의 특성에 따라 그 책임정도를 판단한다(예를 들어 매출 및 매출채권 과다계상 사실에 대하여 매출액담당자와 매출채권담당자가 서로 다를 경우 각자의 담당부분에 의한 책임정도를 판단).

라. 미등록 수습공인회계사 등 등록공인회계사가 아닌 감사보조자의 잘못으로 인한 위법행위에 대하여는 당해 감사보조자에 대하여 일차적인 감독책임이 있는 공인회계사를 조치할 수 있다.

마. 회계법인의 대표이사 등 담당 이사 외의 다른 감독자의 지시나 강요에 의해 위법행위가 이루어진 경우에는 당해 감독자를 주책임자로 조치할 수 있다.

2. 보조책임자에 대한 조치

보조책임자는 주책임자에게 부과되는 조치보다 한 단계 낮은 조치를 부과할 수 있다. 다만 주책임자에 대한 조치가 "감경시 최소조치"에 해당하는 경우에는 주책임자와 동일한 조치를 부과할 수 있다.

3. 중간감독자에 대한 조치

가. 담당 이사의 지시·위임에 따라 담당공인회계사를 감독할 위치에 있는 공인회계사("중간감독자")가 해당 업무에 관하여 감독책임을 소홀히 한 경우 조치를 할 수 있다. 다만, 주책임자에 대하여 주권상장(코스닥 및 코넥스 상장 제외)·지정회사 감사업무제한 1년(중과실 Ⅳ단계) 이하의 조치를 하는 경우 또는 주책임자의 위법동기가 과실인 경우에 는 중간감독자에 대한 조치를 생략할 수 있다.

나. 다음의 어느 하나에 해당하는 경우 중간감독자의 감독 소홀이 있는 것으로 추정한다. 다만, 중간감독자가 위법행위를 방지하기 위하여 해당 업무에 관하여 감독책임을 소홀히 하지 아니한 것으로 인정되는 경우에는 감독책임 소홀

이 없는 것으로 본다.

1) 중간감독자로서 감사참여자의 전문성 또는 적격성 검토, 담당 업무 배정, 감사업무계획 수립, 제반 감사업무 실시 과정에서 중요한 사항에 대하여 지시·감독업무를 소홀히 하여 감사절차 소홀이 발생한 경우

2) 중간감독자로서 감사업무의 내용, 감사증거 및 감사결론, 동 내용의 적절한 문서화 여부 등에 대한 검토를 소홀히 하여 감사절차 소홀이 발생한 경우

3) 기타 1), 2)에 준하는 사유가 있는 경우

다. 중간감독자가 다수인 경우 원칙적으로 중간감독자 중 최상위의 중간감독자를 조치대상으로 하되, 실질적으로 주책임자(담당 이사)의 지시·위임을 받아 업무를 수행한 자가 있는 경우에는 그 자를 조치대상으로 한다.

라. 중간감독자의 위법동기는 원칙적으로 주책임자와 동일한 것으로 보되, 주책임자의 위법동기가 고의인 경우에는 중간감독자의 위법행위 관여정도에 따라 달리 볼 수 있다.

마. 중간감독자의 위법행위의 중요도는 원칙적으로 주책임자의 중요도보다 1단계 낮은 수준으로 부과하되, 중간감독자가 위법행위에 적극적 개입, 묵인·방조하는 등 고의적 위반행위의 경우에는 주책임자와 동일한 중요도로 조치할 수 있다.

Ⅷ. 감사(감사위원)의 책임구분

가. 위법행위에 대한 조치대상은 원칙적으로 상근 감사(감사위원)로 하되, 상근직이 없거나 실제 영향력 등을 고려할 때 상근직에 대한 조치가 부당한 경우로서 해당 비상근 감사 또는 비상근 감사위원의 직무소홀이 큰 경우 비상근직에 대하여 조치할 수 있으며, 감사위원회의 경우 협의체 특성 등으로 인해 감사위원의 개별적 책임 구분이 어렵고, 위법행위에 대한 감사위원회의 책임이 인정되는 경우 모든 감사위원에 대하여 조치할 수 있다.

나. 감사(감사위원)는 회사의 회계 관련 위법행위가 발생한 경우 원칙적으로 감독 소홀에 따른 책임을 진다. 다만, 감사(감사위원)가 회사의 위법행위를 저지하기 위해 노력한 점 또는 감사업무를 충실하게 수행한 점 등이 인정되는 경우 감사(감사위원)에 대한 조치를 감면할 수 있다.

　다. 감사(감사위원)의 위법동기는 원칙적으로 회사의 위법동기와 동일한 것으로 보되, 회사의 위법행위를 알기 어려운 경우 회계 관련 감사(감사위원)의 직무를 소홀히 한 정도에 따라 중과실 또는 과실로 본다. 다만, 외부감사인이 감사(감사위원회)에게 내부통제 취약 또는 특정항목에 대한 이상징후 경고(warning letter) 등을 보고했음에도 이에 대한 감독업무 소홀로 회계 관련 위법행위가 발생한 경우 위법동기를 중과실로 본다.

　라. 감사(감사위원)의 위법행위의 중요도는 원칙적으로 회사의 위법행위의 중요도보다 1단계 낮은 수준으로 보되, 감사(감사위원)의 위법행위 적극 개입, 묵인·방조 등 고의적 위반행위 또는 내부통제절차의 중대한 결함 방치 등 중대한 감독 소홀의 경우에는 회사와 위법행위의 중요도와 동일한 것으로 보며, 감사(감사위원)의 고의적 위법행위의 경우 감사(감사위원) 해임권고에 더하여 감사(감사위원)에 대한 고발등을 할 수 있다.

　마. 감리결과 감사(감사위원)의 전문성 및 책임성 등이 미흡하거나 지원조직이 부실한 경우 회사에 대하여 개선권고를 병행할 수 있다.

〈표1〉

규모금액산출표

1. 규모금액의 산출

가. 대상 회계연도 말의 자산총계 :   억원

나. 대상 회계연도의 매출액 (*1) :   억원

다. 회사의 규모조정계수 적용 전 규모금액 (*2) :   억원

라. "라" 금액에 상응하는 규모조정계수 :

마. 규모금액[다(가 또는 나)÷라] :   원

(*1) 금융기관, 서비스업종 등의 경우에는 영업수익을 매출액으로 보며, 대상기간이 분·반기인 경우 원칙적으로 분·반기매출액을 연간으로 환산하여 사용할 수 있다.

(*2) "규모금액"은 위법행위 유형별로 아래 ①부터 ④까지의 구분에 따라 산정한다. 완전자본잠식회사의 경우 아래에서 자산총계를 부채총계로 보며, ①에 해당되면서 ② 또는 ③에도 해당하는 D유형의 경우, ①을 ②, ③보다 우선하여 적용한다.

① 아래 항목에 대해서는 심사·감리대상이 되는 회계기간의 기말 자산총계와 매출액을 평균한 금액을 규모금액으로 한다.

㉮ A, C유형 전체

㉯ B유형 중 영업활동으로 인한 현금흐름의 과대·과소계상

㉰ D유형 중 다음의 주석기재사항

－타인을 위한 담보제공, 질권 설정, 지급 보증 등으로 인하여 발생가능한 자산의 사용이나 처분의 제한 또는 우발부채로서 관련 채무잔액의 130% 초과금액

－자신을 위한 담보제공, 질권설정, 지급보증 등과 관련한 금액

㉱ ②~③에 해당되지 아니하는 기타 D유형 사항

② 아래의 항목에 대해서는 심사·감리대상이 되는 회계기간의 기말 자산총계를 규모금액으로 한다.

㉮ B유형 중 자산·부채의 과대·과소계상, 유동·비유동항목간 계정과목 분류 사항

④ D유형 중 자산·부채와 관련한 계정과목 분류 및 주석기재사항

③ 아래 항목에 대해서는 심사·감리대상이 되는 회계기간의 매출액을 규모금액으로 한다.

㉮ B유형 중 수익·비용의 과대·과소계상, 영업·비영업손익간 계정과목 분류 사항

㉯ D유형 중 수익·비용과 관련한 계정과목 분류 및 주석기재사항

④ 직전 사업연도말 자산총계가 1,000억원 미만인 비상장법인으로서 (*3). 각 호 중 어느 하나에도 해당하지 아니하는 회사는 매출액이 자산총계의 30% 미만이더라도 자산총계의 30%를 매출액으로 간주하여 규모금액을 산출할 수 있다.

(*3) 비상장법인으로서 다음의 어느 하나에 해당하지 아니한 경우에는 <표 1> 2.에 따라 산출된 규모조정계수의 100분의 50에 해당하는 조정된 규모조정계수를 사용할 수 있다. 다만, Ⅵ.3.가.1) 또는 Ⅵ.3.나.1)에 따른 감경 적용시 이를 적용하지 아니한다.

가) 사업보고서 또는 분·반기보고서를 제출한 법인

나) 거래소로부터 법 제4조제1항제2호(해당 사업연도 또는 다음 사업연도 중에 주권상장법인이 되려는 회사)에 해당하는 사실을 확인받은 법인

다) 직전 사업연도말 자산 총계가 1,000억원 이상이면서 차입금 의존도가 50% 이상인 법인. 이 경우 차입금 의존도는 '차입금÷총자산×100'로 계산하며 차입금에는 장·단기 차입금, 금융리스부채, 기타 차입금, 사채 등 이자지급의무가 있는 제반 부채를 포함한다.

라) 자산총액이 5천억원 이상인 법인

마) 금융회사

2. 규모조정계수

규모금액(억원) 구간		규모조정계수		
최소	최대	기본	보간율	구간 최소금액 (억원) 초과값
0	100	0.4	−	
100	300	0.6	+ 0.00100000	×
300	700	0.8	+ 0.00050000	×
700	1,000	1.0	+ 0.00066667	×
1,000	2,000	1.2	+ 0.00030000	×
2,000	5,000	1.5	+ 0.00010000	×
5,000	10,000	1.8	+ 0.00006000	×
10,000	20,000	2.1	+ 0.00003000	×
20,000	50,000	2.4	+ 0.00002000	×
50,000	100,000	3.0	+ 0.00001200	×
100,000	200,000	3.6	+ 0.00000700	×
200,000	500,000	4.3	+ 0.00000233	×
500,000	1,000,000	5.0	+ 0.00000400	×
1,000,000	2,000,000	7.0	+ 0.00000300	×
2,000,000	−	10.0		×

※ 주권상장법인, 주권상장예정법인 및 금융회사로서 규모금액이 700억원 미만인 회사에 대하여는 그 규모조정계수를 "1.0"으로 본다.

〈표2〉

위법동기가 다른 위법행위의 규모배수 합산방식

1. 지적사항의 위법동기(고의, 중과실, 과실)가 2가지 이상인 경우에는 각각의 위법동기별로 규모배수를 합하여 중요도와 기본조치수준을 결정한 후, 각각의 위법동기별에 따른 기본조치 중 가장 중한 조치를 기본조치로 한다(이하 "환산전 조치수준"). 다만, 위법동기가 과실인 위법행위는 고의 또는 중과실로 환산하지 아니하고, 고의 또는 중과실 위법행위도 과실로 환산에서 제외한다.

2. [별표 1] Ⅳ.3①부터 ③까지에 따라 계산된 위법동기별 규모배수는 다음의 환산계수를 곱하여 하나의 위법동기 규모배수로 환산하고, 환산된 규모배수를 합산한다.

가. 고의로 환산시 적용계수

구분	고의 해당 규모배수	중과실 해당 규모배수
환산계수	1배	1/8배

나. 중과실로 환산시 적용계수

구분	고의 해당 규모배수	중과실 해당 규모배수
환산계수	8배	1배

3. 2.에 따라 결정된 각각의 위법동기별 규모배수에 따른 각 조치 수준 중 가장 중한 조치를 기본조치로 한다(이하 "환산후 조치수준").

4. 1.에 따른 환산전 조치수준과 3.에 따른 환산후 조치수준를 비교하여 이 중 중한 조치를 최종 기본조치로 한다. 이 경우 최종 기본조치는 1.에 따른 환산전 조치보다 1단계 범위를 초과할 수 없다.

5. 검찰고발·통보는 4.에 따라 결정된 최종 기본조치를 적용하지 아니하고, 1.에 따른 기본조치 중 고의에 의한 기본조치에 따른다.

6. 과징금산정을 위한 위법행위 중요도는 고의와 중과실의 규모배수를 단순 합산하여 계산한다.

위반행위의 공시 등

제1절 위반사실의 공시 사유와 기간

증권선물위원회는 회사 또는 감사인이 ⅰ) 회계처리기준을 위반하여 재무제표를 작성한 경우, ⅱ) 감사보고서에 적어야 할 사항을 적지 아니하거나 거짓으로 적은 경우, ⅲ) 재무제표를 사전에 제출하지 않은 경우, ⅳ) 그 밖에 외부감사법 또는 「기업구조조정투자회사법 시행령」 제5조 제1항 각 호[1]의 법령(영36①)을 위반한 경우에는 그 위반사실이 확정된 날부터 3년 이내의 기간 동안 해당 위반사실을 공시할 수 있다(법30①).

---

1) 한국은행법, 은행법, 한국산업은행법, 중소기업은행법, 한국수출입은행법, 자본시장법, 보험업법, 상호저축은행법, 여신전문금융업법, 신용보증기금, 기술보증기금법, 신용협동조합법, 새마을금고법, 중소기업창업지원법, 신용정보법, 온라인투자연계금융업법, 외국환거래법, 금융위원회법, 자산유동화법, 한국자산관리공사법, 금융실명법, 외국인투자촉진법, 금융산업구조개선법, 담보부사채신탁법, 한국주택금융공사법, 금융소비자보호법.

제2절 감리결과 및 조치내용의 게시 및 통보

Ⅰ. 인터넷 홈페이지 게시

증권선물위원회는 ⅰ) 감사인이 제출한 감사보고서에 대하여 회계감사기준의 준수 여부에 대한 감사보고서 감리(법26①(1)), ⅱ) 회사가 제출한 재무제표에 대하여 회계처리기준의 준수 여부에 대한 재무제표 감리(법26①(2))에 따른 감리결과 및 이에 대한 증권선물위원회의 조치내용을 인터넷 홈페이지에 게시하여야 한다(법30②).

이에 따라 증권선물위원회 위원장은 감리등에 따른 조치등이 결정되면 지체없이 ⅰ) 조치등의 일시, ⅱ) 조치등의 원인이 되는 사실, ⅲ) 조치등의 내용을 인터넷 홈페이지에 게시하여야 한다(외부감사규정38① 본문). 다만, 경고 이하의 조치 및 과실에 따른 위법행위에 대한 조치는 그러하지 아니하다(외부감사규정38① 단서).

Ⅱ. 거래소 및 금융기관에의 통보

증권선물위원회는 ⅰ) 감사인이 제출한 감사보고서에 대하여 회계감사기준의 준수 여부에 대한 감리(법26①(1)), ⅱ) 회사가 제출한 재무제표에 대하여 회계처리기준의 준수 여부에 대한 감리(법26①(2))에 따른 감리 결과 및 이에 대한 증권선물위원회의 조치내용을 거래소(대상회사가 주권상장법인인 경우만 해당)와 "대통령령으로 정하는 금융기관"에 각각 통보하여야 한다(법30②).

여기서 "대통령령으로 정하는 금융기관"이란 은행(외국은행의 지점 또는 대리점 포함), 농협은행, 수협은행, 한국산업은행, 한국수출입은행, 중소기업은행, 집합투자업자, 신탁업자 및 종합금융회사, 보험회사, 신용보증기금, 기술보증기금, 그 밖에 회사에 대한 신용공여의 심사 등에 반영하기 위하여 증권선물위원회에 감리결과 등의 통보를 요청하는 금융기관을 말한다(영36②).

Ⅲ. 공정거래위원회 등 통보

증권선물위원회는 감리등의 결과에 따른 조치등에 관한 사항을 다음의 기관에 통보하여야 한다(외부감사규정38②). 즉 위에서 "대통령령으로 정하는 금융기관", 공정거래위원회, 국세청, 한국공인회계사회, 전국은행연합회, 종합금융협회, 생명보험협회, 손해보험협회, 상호저축은행중앙회, 예금보험공사, 여신전문금융업협회, 거래소, 한국금융투자협회, 금융위원회가 무보증사채의 신용평가 전문기관 및 채권가격 평가기관으로 지정한 기관에 통보하여야 한다.

Ⅳ. 금융기관의 신용공여심사 반영

위의 "대통령령으로 정하는 금융기관"은 증권선물위원회로부터 통보받은 내용을 신용공여의 심사 등에 반영할 수 있다(법30③).

과징금

제1절 서설

Ⅰ. 과징금의 의의

과징금은 행정법상의 의무를 위반한 자로부터 일정한 금전적 이익을 박탈함으로써 의무이행을 확보하려는 제재수단이다. 원래 과징금제도는 행정법상의 의무를 위반함으로써 그 위반자에게 경제적 이익이 발생하게 되는 경우에 그 이익을 박탈하기 위하여 그 이익액에 따라 과하여지는 일종의 금전적 제재금이었으나(본래적 과징금), 국민의 일상생활이 특정 사업에 크게 의존하고 있기 때문에 사업자가 의무를 위반한 때에도 사업의 취소·정지 등을 행하는 것이 곤란한 경우에 취소·정지에 갈음하여 제재를 가하는 수단으로도 이용되고(변형 과징금), 최근에는 의무위반이 있으면 경제적 이득을 취득하였을 것이라는 추정 아래 그 추정적 이득금액을 과징금으로 부과하는 제도도 증가하고 있는 추세이다.[1]

---

1) 정호경·이상수(2016), "자본시장법상 시장질서 교란행위에 관한 연구: 성립요건과 조사절

Ⅱ. 신외부감사법 시행 전 과징금제도의 문제점

신외부감사법 시행 전에는 회사의 분식회계와 감사인의 부실감사에 대한 과징금 규정은 없으며, 자본시장법과 공인회계사법에 과징금이 일부 도입되어 있으나 회사에 대한 과징금은 그 적용범위가 한정되어 실효성 거의 없는 실정이었다. 자본시장법은 회사의 사업보고서·증권신고서 허위기재 시에 일평균 거래금액의 10%(최대 20억원) 또는 모집·매출가액의 3%(최대 20억원)를 과징금으로 부과하도록 하고 있으나, 사업보고서 제출대상법인이 아니거나 증권을 발행하지 않은 회사의 분식회계에 대해서는 과징금 부과근거가 없는 문제가 있다.

Ⅲ. 신외부감사법의 입법취지

2017년 외부감사법의 개정을 통해 과징금부과 조항이 신설되었다. 과징금을 부과하는 경우 재량적인 감경을 최소화하고 회계부정으로 인한 이득액과 과징금의 부과금액을 연동시켜 집행할 필요가 있다. 그래야 징벌의 효과가 나타날 수 있기 때문이다. 그러나 회계부정이 시장에 큰 피해를 초래했다고 하더라도 엄격한 형사소송절차에서 그 행위자의 고의를 증명하기 어려운 경우가 많을 것이다. 고의를 증명하지 못하여 형사제재를 가할 수 없다면, 이는 형사제재만으로는 분식회계를 억제하는 데 실효적이지 못하다는 것을 의미한다. 따라서 과징금은 고의의 증명이 어려운 경우에도 부과할 수 있어 그 위력을 발휘할 것으로 예상된다.

Ⅳ. 회사 및 감사인에 대한 과징금 관련법령

1. 공인회계사법

금융위원회는 회계법인 또는 공인회계사(회계법인에 소속된 공인회계사를 포함)가 감사 또는 증명에 중대한 착오 또는 누락이 있는 경우(공인회계사법39①(5) 및 48①(2))에 해당하게 되어 업무정지 또는 직무정지처분을 하여야 하는 경우로

차상 주요 쟁점사항을 중심으로", 금융감독연구, 제3권 제2호(2016. 10), 128쪽.

서 그 업무정지 또는 직무정지처분이 이해관계인 등에게 중대한 영향을 미치거나 공익을 해할 우려가 있는 경우에는 업무정지 또는 직무정지처분에 갈음하여 회계법인에 대하여는 5억원 이하의 과징금을, 공인회계사에 대하여는 1억원 이하의 과징금을 각각 부과할 수 있다(공인회계사법52의2①).

위에서 "감사 또는 증명에 중대한 착오 또는 누락이 있는 때"란 공인회계사가 감사절차를 소홀히 하여 감사보고서의 내용에 실제와 중대한 차이가 있거나 중요한 사항이 누락된 경우를 말하고, 감사 또는 증명의 내용이 실제와 일치하거나 감사절차에 소홀함이 없는 경우에는 해당하지 아니한다.[2]

공인회계사법에 의한 과징금 부과대상은 회계법인 또는 개별 공인회계사이고, 위반행위는 감사 또는 증명에 중대한 착오 또는 누락으로 업무(직무)정지처분을 받은 경우이며, 과징금의 한도는 회계법인은 5억원, 공인회계사는 1억원이다.

2. 자본시장법

금융위원회는 자본시장법 제125조 제1항 각 호[3]의 어느 하나에 해당하는 자가 증권신고서·투자설명서, 그 밖의 제출서류 중 중요사항에 관하여 거짓의 기재 또는 표시를 하거나 중요사항을 기재 또는 표시하지 아니한 때에는 증권신고서상의 모집가액 또는 매출가액의 30%(20억원을 초과하는 경우에는 20억원)를 초과하지 아니하는 범위에서 과징금을 부과할 수 있다(자본시장법429①). 금융위원회는 사업보고서 제출대상법인이 사업보고서등 중요사항에 관하여 거짓의 기재 또는 표시를 하거나 중요사항을 기재 또는 표시하지 아니한 때에는 직전 사업연

---

2) 대법원 2017. 3. 30. 선고 2014두13195 판결.

3) 1. 그 증권신고서의 신고인과 신고 당시의 발행인의 이사(이사가 없는 경우 이에 준하는 자를 말하며, 법인의 설립 전에 신고된 경우에는 그 발기인)

2. 상법 제401조의2 제1항 각 호의 어느 하나에 해당하는 자로서 그 증권신고서의 작성을 지시하거나 집행한 자

3. 그 증권신고서의 기재사항 또는 그 첨부서류가 진실 또는 정확하다고 증명하여 서명한 공인회계사·감정인 또는 신용평가를 전문으로 하는 자 등(그 소속단체를 포함) 대통령령으로 정하는 자

4. 그 증권신고서의 기재사항 또는 그 첨부서류에 자기의 평가·분석·확인 의견이 기재되는 것에 대하여 동의하고 그 기재내용을 확인한 자

5. 그 증권의 인수인 또는 주선인(인수인 또는 주선인이 2인 이상인 경우에는 대통령령으로 정하는 자)

6. 그 투자설명서를 작성하거나 교부한 자

7. 매출의 방법에 의한 경우 매출신고 당시의 매출인

도 중에 증권시장(다자간매매체결회사에서의 거래를 포함)에서 형성된 그 법인이 발행한 주식(그 주식과 관련된 증권예탁증권을 포함)의 일일평균거래금액의 10%(20억원을 초과하거나 그 법인이 발행한 주식이 증권시장에서 거래되지 아니한 경우에는 20억원)를 초과하지 아니하는 범위에서 과징금을 부과할 수 있다(자본시장법429③).

과징금의 부과는 과징금부과대상자에게 각 해당 규정의 위반행위에 대하여 고의 또는 중대한 과실이 있는 경우에 한한다(자본시장법430①). 금융위원회는 과징금을 부과하는 경우에는 대통령령으로 정하는 기준에 따라 위반행위의 내용 및 정도, 위반행위의 기간 및 횟수, 위반행위로 인하여 취득한 이익의 규모를 고려하여야 한다(자본시장법430②).

자본시장법상 과징금 관련 조항 중 제429조 제1항은 공인회계사(소속단체 포함) 개인에 대한 과징금 부과가 가능한 조항이다. 다만, 이 조항은 증권을 공모로 발행할 경우의 필수 공시서류인 증권신고서와 투자설명서의 중요사항에 대해 거짓기재나 중요한 사항의 부실기재가 있는 경우에 대한 과징금 부과 조항이기 때문에 회계부정 기간에 신규로 증권을 발행한 사실이 없는 경우는 해당되지 않는다. 사업보고서의 공시위반에 대한 제재조항인 제429조 제3항은 법인에 대한 제재이므로 개인을 제재할 수 없으나 재무제표 등 회계 항목이 필수적으로 기재되는 정기공시에 대한 제재이기 때문에 회계부정이 발생한 경우 설사 해당 기간 동안 신규로 증권을 발행하지 않은 법인이더라도 과징금 부과가 가능하다. 개인에 대한 과징금 부과는 회계부정을 통해 증권을 발행하는 등 신규자금을 조달하는 경우에만 가능하고 증권발행과 무관한 일반적인 회계부정은 법인에 대한 과징금 부과만 가능하다.

3. 외부감사법

구외부감사법은 회사나 감사인에 대한 별도의 과징금 조항을 두고 있지 않았으며, 과태료에 대한 조항은 있었으나 내부회계관리제도와 관련한 위반사항이나 감사인의 자료제출 거부, 주주총회 출석거부 등과 같이 경미한 사항에 대한 제제이다.

자본시장법과 공인회사계사법에 과징금이 일부 도입되어 있으나 실효성이 크지 않아 외부감사법에 회사 및 감사인에 대한 과징금제도를 신설하여 회사는 분식회계 금액의 20% 이내, 이사 등 회사 관계자는 회사에 부과된 과징금의 10%

이내, 감사인은 감사보수의 5배 이내의 범위에서 과징금을 부과할 수 있도록 하였다.

제2절 회사 및 감사인에 대한 과징금

Ⅰ. 회사에 대한 과징금

1. 입법취지

신외부감사법은 외부감사 대상회사가 회계부정을 한 경우 과징금 부과근거를 신설하였다. 이는 상장법인은 물론 자본시장법의 적용을 받지 않는 비상장주식회사와 유한회사 등의 분식회계에 대해서도 제재할 필요성이 있는 현실을 반영한 것이다.[4]

2. 부과요건

금융위원회는 회사가 고의 또는 중대한 과실로 회계처리기준을 위반하여 재무제표를 작성한 경우에는 그 회사에 대하여 회계처리기준과 달리 작성된 금액의 20%를 초과하지 아니하는 범위에서 과징금을 부과할 수 있다(법35① 전단). 이 경우 회사의 위법행위를 알았거나 현저한 주의의무 위반으로 방지하지 못한 상법 제401조의2[5] 및 제635조 1항[6]에 규정된 자나 그 밖에 회사의 회계업무를 담당하는 자에 대해서도 회사에 부과하는 과징금의 10%를 초과하지 아니하는 범위에서 과징금을 부과할 수 있다(법35① 후단).

---

4) 1차 정무위원회(2017), 46쪽.
5) 상법 제401조의2(업무집행지시자 등의 책임)에 규정된 자는 ⅰ) 회사에 대한 자신의 영향력을 이용하여 이사에게 업무집행을 지시한 자, ⅱ) 이사의 이름으로 직접 업무를 집행한 자, ⅲ) 이사가 아니면서 명예회장·회장·사장·부사장·전무·상무·이사 기타 회사의 업무를 집행할 권한이 있는 것으로 인정될 만한 명칭을 사용하여 회사의 업무를 집행한 자를 말한다(상법401의2①).
6) 상법 제635조(과태료에 처할 행위)에 규정된 자는 회사의 발기인, 설립위원, 업무집행사원, 업무집행자, 이사, 집행임원, 감사, 감사위원회 위원, 외국회사의 대표자, 검사인, 공증인, 감정인, 지배인, 청산인, 명의개서대리인, 사채모집을 위탁받은 회사와 그 사무승계자 또는 직무대행자를 말한다(상법635①).

3. 제척기간

과징금은 각 해당 규정의 위반행위가 있었던 때부터 8년이 경과하면 이를 부과하여서는 아니 된다(법35③ 본문). 다만, 증권선물위원회의 감리(법26)가 개시된 경우 위 기간의 진행이 중단된다(법35③ 단서).

Ⅱ. 감사인에 대한 과징금

1. 입법취지

자본시장법과 공인회계사법에 과징금제도가 일부 도입되어 있으나 실효성이 크지 않아 외부감사법에 감사인에 대한 과징금제도를 신설하여 감사인에게 감사보수의 5배 이내의 범위에서 과징금을 부과할 수 있도록 하였다. 신외부감사법은 공인회계사법의 과징금 규정에 비해 다음과 같은 점에서 합리적인 입법이다. 과징금 부과대상 위반행위를 "회계감사기준을 위반하여 감사보고서를 작성한 경우"로 확장하였고, 과징금 부과 한도를 "해당 감사로 받은 보수의 5배를 초과하지 아니하는 범위"로 조정하였다.

2. 부과요건

금융위원회는 감사인이 고의 또는 중대한 과실로 회계감사기준을 위반하여 감사보고서를 작성한 경우에는 그 감사인에 대하여 해당 감사로 받은 보수의 5배를 초과하지 아니하는 범위에서 과징금을 부과할 수 있다(법35②).

3. 제척기간

과징금은 각 해당 규정의 위반행위가 있었던 때부터 8년이 경과하면 이를 부과하여서는 아니 된다(법35③ 본문). 다만, 증권선물위원회의 감리(법26)가 개시된 경우 위 기간의 진행이 중단된다(법35③ 단서).

제3절 과징금의 부과절차

I. 필요적 고려사항

금융위원회는 과징금을 부과하는 경우에는 과징금 부과기준에 따라 i) 회사의 상장 여부, ii) 위반행위의 내용 및 정도, iii) 위반행위의 기간 및 횟수, iv) 위반행위로 인하여 취득한 이익의 규모를 고려하여야 한다(법36①).

II. 과징금 부과기준(시행령)

과징금 부과기준은 [별표 1]의 기준을 말한다(영43①). 시행령 [별표 1]의 과징금 부과기준은 다음과 같다.

1. 과징금 산정방법

과징금 부과금액은 기준금액에 부과기준율을 곱하여 기본과징금을 산출한 후 필요시 가중하거나 감경하여 정한다. 이 경우 금융위원회는 위반행위의 정도, 위반행위의 동기와 그 결과 등을 고려하여 과징금 부과금액을 감경 또는 면제하거나 2분의 1의 범위에서 가중할 수 있다(별표 1 제1호).

2. 기준금액의 정의

기준금액의 정의는 다음과 같다(별표 1 제2호).

가. 회사: 재무제표에서 회계처리기준과 달리 작성된 금액을 기준으로 계정과목의 특성 및 중요성 등을 고려하여 금융위원회가 정하는 금액(별표 1 제2호 가목).

나. 회사관계자(상법 제401조의2 및 제635조 제1항 각 호 외의 부분 본문에 규정된 자나 그 밖에 회사의 회계업무를 담당하는 자): 회사의 재무제표가 회계처리기준을 위반하여 작성된 것에 대하여 회사관계자가 회사로부터 받았거나 받기로 한 보수, 배당 등 일체의 금전적 보상으로서 금융위원회가 정하는 금액(별표 1 제2호

나목).

다. 감사인: 회계감사기준을 위반하여 작성된 감사보고서에 대하여 해당 회사로부터 받았거나 받기로 한 감사보수로서 금융위원회가 정하는 금액(별표 1 제2호 다목).

3. 부과기준율의 적용

"부과기준율"이란 회사의 상장 여부, 과징금 부과의 원인이 되는 위반행위의 내용, 정도, 기간 및 횟수, 위반행위로 인하여 취득한 이익의 규모 등을 반영하여 금융위원회가 정하는 비율을 말한다(별표 1 제3호).

가. 위반행위의 내용은 위반 동기가 고의인지, 위반행위가 사전에 공모되었는지, 그 밖에 금융위원회가 정하는 사항을 고려하여 판단한다(별표 1 제3호 가목).

나. 위반행위의 정도는 위반금액, 그 밖에 금융위원회가 정하는 사항을 고려하여 판단한다(별표 1 제3호 나목).

4. 가중 또는 감면의 적용

가. 부과금액의 가중 여부는 증권선물위원회의 감리업무 등(법26① 각 호)의 업무에 협조하지 않거나 거짓 자료를 제출하는 등 금융위원회가 정하는 바에 따라 판단한다(별표 1 제4호 가목).

나. 부과금액의 감면 여부는 투자자 피해 배상 등 위반상태의 해소 및 예방을 위한 노력, 위반자의 객관적 부담능력, 내부회계관리규정의 준수 또는 품질관리기준 준수 등 예방 노력, 경영여건 등 그 밖에 금융위원회가 정하는 바에 따라 판단한다(별표 1 제4호 나목).

5. 금융위원회 고시

제1호부터 제4호까지에서 규정한 사항 외에 과징금 산정에 필요한 세부사항은 금융위원회가 정한다(별표 1 제5호). 금융위원회 고시인 외부감사규정 제43조 제1항은 아래서 살펴본다.

Ⅲ. 과징금 부과기준(외부감사규정)

과징금 부과기준은 [별표 8]과 같다(외부감사규정43①).

1. 기준금액

기준금액은 다음과 같다(별표 8 제1호).

가. 회사: 공시된 재무제표에서 회계처리기준과 달리 작성된 금액을 기준으로 중요성 금액, 연결재무제표가 투자자의 의사결정에 영향을 미치는 정도 등을 고려한 금액(별표 8 제1호 가목).

나. 회사 관계자: 회계처리기준 위반이 발견된 사업연도에 회사로부터 받은 보수, 배당, 이익이 실현되지 않은 증권·현물 등 일체의 금전적 보상(별표 8 제1호 나목).

다. 감사인: 회계감사기준을 위반하여 작성된 감사보고서에 대하여 해당 회사로부터 받았거나 받기로 한 감사보수(별표 8 제1호 다목).

2. 부과기준율

부과기준율은 다음과 같다(별표 8 제2호)

가. 부과기준율은 위법행위 중요도 점수를 기준으로 하여 다음의 표에 따라 산정한다(별표 8 제2호 가목).

위법행위 중요도 점수	부과기준율	
	회사	감사인 및 회사 관계자
2.6 이상	20%	500%
2.2 이상 ~ 2.6 미만	15%	350%
1.8 이상 ~ 2.2 미만	10%	250%
1.4 이상 ~ 1.8 미만	5%	150%
1.4 미만	2%	50%

나. 위법행위 중요도 점수는 다음의 표에 따라 항목별 중요도 점수와 가중

항목		가중치	상(上, 3점)	중(中, 2점)
위법행위 내용	회사 및 회사 관계자	0.4	• 재무제표에 나타나지 않는 자금의 조성, 임직원의 횡령·배임 및 「특정 금융거래정보의 보고 및 이용 등에 관한 법률」 제2조 제4호에 따른 자금세탁행위 등과 관련되는 경우 • 내부자거래 등 불공정거래행위와 직접 연계된 경우	• 가공의 자산을 계상하거나 부채를 누락하는 등 회계정보를 의도적으로 은폐·조작·누락시킨 경우 • 회계장부, 전표 등 회계장부 작성의 기초가 되는 서류, 관련 전산자료 및 증빙자료 등을 위·변조한 경우 • 감사인이 요구한 자료를 위·변조하는 등 외부감사를 방해한 경우 • 그 밖에 위법사실 또는 그 가능성을 인식하고 법을 위반한 경우
	감사인	0.4	• 위법행위가 감사인 또는 공인회계사의 이익에 직접적이고 상당한 영향을 미치는 경우 • 회사의 회계처리기준 위반을 묵인하거나 공모한 경우 • 위법행위 관련 내부회계관리규정 위반사실을 알았음에도 의도적으로 지적하지 않고 감사계약을 연장한 경우	• 그 밖에 위법사실 또는 그 가능성을 인식하고 법을 위반한 경우
위법행위 정도	위반 규모	0.2	중요성 금액을 16배 이상 초과	중요성 금액을 8배 이상 초과
	회사 유형	0.2	주권상장법인 (단, 코넥스시장 상장법인 제외)	코넥스시장 상장법인, 「자본시장과 금융투자업에 관한 법률」 제159조 제1항에 따른 사업보고서 제출대상법인, 대형비상장주식회사
	시장에 미치는 영향	0.2	위법행위로 인하여 다수 채권자, 투자자 등 이해관계자에게 중대한 손해를 입히거나 사회적 물의를 야기한 경우	위반 재무제표를 이용한 증권공모발행으로 다수의 채권자, 투자자 등 이해관계자에게 피해를 끼친 경우

치를 곱한 결과값을 모두 합하여 산정한다. 이 경우, 해당 항목의 중요도가 "상(上)" 또는 "중(中)"보다 낮은 경우에는 "하(下)"에 해당하는 것으로 보아 1점을 매긴다(별표 8 제2호 나목).

3. 기본과징금의 조정

기본과징금의 조정은 다음과 같다(별표 8 제3호).

가. 가중 사유 및 가중 규모

1) 별표 7의 제3호 가목 1), 2), 4) 또는 5)의 규정 중 어느 하나에 해당하는 경우에는 기본과징금의 50% 이하의 금액을 기본과징금에 가중할 수 있다.

2) 내부회계관리제도에 중요한 취약사항이 있는 경우에는 기본과징금의 20% 이하의 금액을 기본과징금에 가중할 수 있다.

3) 위법행위 내용의 중요도가 "상"인 경우에 기준금액의 10%와 기본과징금 간의 차액에 해당하는 금액을 기본과징금에 가중할 수 있다. 다만, 가중할 수 있는 금액은 기본과징금의 2분의 1의 범위 내로 한정한다.

4) 그 밖에 사회의 통념에 비추어 위법행위의 내용 또는 정도에 비해 기본과징금이 낮다고 판단되는 경우 기본과징금의 2분의 1의 범위 내에서 가중할 수 있다.

나. 감경 또는 면제에 관한 사유 및 감경 규모

1) 별표 7의 제3호 나목 1)부터 4)의 규정 중 어느 하나에 해당하는 경우에는 기본과징금의 50% 이하의 금액을 기본과징금에서 감경할 수 있다.

2) 별표 7의 제3호 나목 5)부터 7)의 규정 중 어느 하나에 해당하는 경우에는 기본과징금의 30% 이하의 금액을 기본과징금에서 감경할 수 있다.

3) 다음의 어느 하나에 해당하는 경우에는 사회의 통념에 비추어 합리적인 범위 내에서 기본과징금을 감경하거나 면제할 수 있다.

가) 별표 7의 제3호 나목 8) 또는 9)에 해당하는 경우

나) 위법행위가 발생한 사업연도 후 최대주주 및 경영진이 실질적으로 교체되었고, 과징금 부과시 회사 경영에 상당한 피해가 예상되는 경우

다) 회사 또는 주주가 회사 관계자의 회계부정을 신고하였고, 과징금 부과시 회사의 경영에 상당한 피해가 예상되는 경우

4. 과징금 부과금액의 결정

과징금 부과금액의 결정은 다음과 같다(별표 8 제4호).

가. 자본시장법 제429조에 따른 과징금 부과금액이 더 큰 경우에는 과징금을 부과하지 않을 수 있다.

나. 동일한 위법행위에 대하여 법원으로부터 받은 벌금, 과태료가 있는 경우에는 그 금액을 고려하여 과징금 부과금액을 조정할 수 있다.

다. 과징금이 10만원 미만인 경우에는 절사한다

Ⅳ. 합병의 경우

금융위원회는 고의 또는 중대한 과실로 회계처리기준을 위반하여 재무제표를 작성한 법인이 합병을 하는 경우 그 법인이 한 위반행위는 합병 후 존속하거나 합병으로 신설된 법인이 한 위반행위로 보아 과징금을 부과·징수할 수 있다(법36②).

Ⅴ. 동일사유와 차액부과

금융위원회는 회사 또는 감사인이 동일한 사유로 자본시장법 제429조에 따른 과징금을 부과받는 경우 해당 과징금이 외부감사법 제35조에 따른 과징금보다 적으면 그 차액만을 부과한다(법36③).

Ⅵ. 의견제출

의견제출에 관하여는 자본시장법 제431조를 준용한다(법36④). 따라서 금융위원회는 과징금을 부과하기 전에 미리 당사자 또는 이해관계인 등에게 의견을 제출할 기회를 주어야 한다(자본시장법431①). 당사자 또는 이해관계인 등은 금융위원회의 회의에 출석하여 의견을 진술하거나 필요한 자료를 제출할 수 있다(자본시장법431②). 당사자 또는 이해관계인 등은 의견 진술 등을 하는 경우 변호인의 도움을 받거나 그를 대리인으로 지정할 수 있다(자본시장법431③).

Ⅶ. 납부기한

과징금을 부과하는 경우에는 금융위원회가 정하여 고시하는 방법에 따라 그 위반행위의 종별과 해당 과징금의 금액을 명시하여 이를 납부할 것을 문서로 통지하여야 하고, 통지를 받은 자는 통지를 받은 날부터 60일 이내에 금융위원회가 정하여 고시하는 수납기관에 과징금을 납부하여야 한다(영43②).

제4절 이의신청

과징금 부과처분에 대하여 불복하는 자는 그 처분의 고지를 받은 날부터 30일 이내에 그 사유를 갖추어 금융위원회에 이의를 신청할 수 있다(법36④, 자본시장법432①). 금융위원회는 이의신청에 대하여 60일 이내에 결정을 하여야 한다. 다만, 부득이한 사정으로 그 기간 이내에 결정을 할 수 없을 경우에는 30일의 범위에서 그 기간을 연장할 수 있다(법36④, 자본시장법432①).

제5절 납부기한의 연장 및 분할납부 등

Ⅰ. 납부기한의 연장 및 분할납부

1. 사유

금융위원회는 과징금납부의무자가 ⅰ) 재해 또는 도난 등으로 재산에 현저한 손실을 입은 경우, ⅱ) 사업여건의 악화로 사업이 중대한 위기에 처한 경우, ⅲ) 과징금의 일시납부에 따라 자금사정에 현저한 어려움이 예상되는 경우, ⅳ)

그 밖에 앞의 3가지 사유에 준하는 사유가 있는 경우 과징금의 전액을 일시에 납부하기가 어렵다고 인정되는 경우에는 그 납부기한을 연장하거나 분할납부하게 할 수 있다. 이 경우 필요하다고 인정되는 때에는 담보를 제공하게 할 수 있다(법 36④, 자본시장법433①).

2. 신청

과징금납부의무자가 과징금납부기한의 연장을 받거나 분할납부를 하고자 하는 경우에는 그 납부기한의 10일 전까지 금융위원회에 신청하여야 한다(법36④, 자본시장법433②).

3. 취소

금융위원회는 납부기한이 연장되거나 분할납부가 허용된 과징금납부의무자가 ⅰ) 분할납부 결정된 과징금을 그 납부기한 내에 납부하지 아니한 경우, ⅱ) 담보의 변경, 그 밖에 담보보전에 필요한 금융위원회의 명령을 이행하지 아니한 경우, ⅲ) 강제집행, 경매의 개시, 파산선고, 법인의 해산, 국세 또는 지방세의 체납처분을 받는 등 과징금의 전부 또는 나머지를 징수할 수 없다고 인정되는 경우, ⅳ) 그 밖에 앞의 3가지 사유에 준하는 사유가 있는 경우에는 그 납부기한의 연장 또는 분할납부결정을 취소하고 과징금을 일시에 징수할 수 있다(법36④, 자본시장법433③).

Ⅱ. 과징금 징수 및 체납처분

1. 징수 및 체납처분 절차

금융위원회는 과징금납부의무자가 납부기한 내에 과징금을 납부하지 아니한 경우에는 납부기한의 다음 날부터 납부한 날의 전일까지의 기간에 대하여 체납된 과징금액에 연 6%를 적용하여 계산한 가산금을 징수할 수 있다(법36④, 자본시장법434①, 자본시장법 시행령382 전단). 이 경우 가산금을 징수하는 기간은 60개월을 초과하지 못한다(자본시장법 시행령382 후단). 금융위원회는 과징금납부의무자가 납부기한 내에 과징금을 납부하지 아니한 경우에는 기간을 정하여 독촉을 하고, 그 지정한 기간 이내에 과징금 및 가산금을 납부하지 아니한 경우에는 국세체납처분의 예에 따라 징수할 수 있다(자본시장법434②).

금융위원회는 체납된 과징금의 징수를 위하여 필요하다고 인정되는 경우에는 국세기본법 및 지방세기본법에 따라 문서로서 해당 세무관서의 장이나 지방자치단체의 장에게 과세정보의 제공을 요청할 수 있다(자본시장법434④ 전단). 이 경우 과세정보의 제공을 요청받은 자는 정당한 사유가 없으면 그 요청에 따라야 한다(자본시장법434④ 후단).

2. 체납처분의 위탁

금융위원회는 과징금 및 가산금의 징수 또는 체납처분에 관한 업무를 국세청장에게 위탁할 수 있다(법36④, 자본시장법434③). 금융위원회는 체납처분에 관한 업무를 국세청장에게 위탁하는 경우에는 금융위원회의 의결서, 세입징수결의서 및 고지서, 납부독촉장 등을 첨부한 서면으로 하여야 한다(자본시장법 시행383①).

Ⅲ. 과오납금의 환급

금융위원회는 과징금 납부의무자가 이의신청의 재결 또는 법원의 판결 등의 사유로 과징금 과오납금의 환급을 청구하는 경우에는 지체 없이 환급하여야 하며, 과징금 납부의무자의 청구가 없어도 금융위원회가 확인한 과오납금은 환급하여야 한다(법36④, 자본시장법434의2①). 금융위원회는 과오납금을 환급하는 경우 환급받을 자가 금융위원회에 납부하여야 하는 과징금이 있으면 환급하는 금액을 과징금에 충당할 수 있다(법36④, 자본시장법434의2②). 금융위원회는 과징금을 환급하는 경우에는 과징금을 납부한 날부터 환급한 날까지의 기간에 대하여 금융기관의 정기예금 이자율을 고려하여 금융위원회가 정하여 고시하는 이율인 가산금 이율을 적용하여 환급가산금을 환급받을 자에게 지급하여야 한다(법36④, 자본시장법434의3, 자본시장법 시행령383의2).

Ⅳ. 결손처분

금융위원회는 과징금 납부의무자에게 ⅰ) 체납처분이 끝나고 체납액에 충당된 배분금액이 체납액에 미치지 못하는 경우, ⅱ) 징수금 등의 징수권에 대한 소멸시효가 완성된 경우, ⅲ) 체납자의 행방이 분명하지 아니하거나 재산이 없다는 것이 판명된 경우, ⅳ) 체납처분의 목적물인 총재산의 추산가액이 체납처분 비용에 충당하면 남을 여지가 없음이 확인된 경우, ⅴ) 체납처분의 목적물인 총재산이 징수금 등보다 우선하는 국세, 지방세, 전세권·질권·저당권 및 동산채권담보법에 따른 담보권으로 담보된 채권 등의 변제에 충당하면 남을 여지가 없음이 확인된 경우, ⅵ) 채무자회생법 제251조에 따라 면책된 경우, ⅶ) 불가피한 사유로 환수가 불가능하다고 인정되는 경우로서 금융위원회가 정하여 고시하는 경우에는 결손처분을 할 수 있다(법36④, 자본시장법434의4, 자본시장법 시행령383의3).

제 5 장

과태료

제1절 과태료의 의의

과태료는 행정법상의 의무위반에 대하여 행정질서벌이다. 과태료는 직접적으로 행정목적이나 사회공익을 침해하는 데까지는 이르지 아니하고, 다만 간접적으로 행정상 질서에 장애를 줄 위험성이 있는 단순한 의무태만에 대한 제재로서 과하여지는 것으로 이해되고 있다.[1]

과태료 관련 법제는 과태료에 관한 일반법인 질서위반행위규제법과 과태료의 부과대상이 되는 질서위반행위의 유형과 그에 따른 구체적인 과태료 금액을 규정하고 있는 개별 법률들로 구성되어 있다. 특히 행정질서벌인 과태료에 관한 기본법으로 2008년 제정된 질서위반행위규제법은 행정작용의 실효성 확보수단 각각에 관한 일반법이 많이 존재하지 않는 국내 법제에 있어서 중요한 의의를 갖는다.

---

[1] 헌법재판소 1998. 5. 28, 96헌바83 결정(헌법재판소는 과태료는 형벌이라고 할 수 없으므로 죄형법정주의의 규율대상에 해당하지 아니한다고 판시하였다).

제2절 과태료 금액

Ⅰ. 5천만원 이하의 과태료

신고자등의 신분 등에 관한 비밀을 유지하여야 할 의무(법28②)를 위반하여 신고자등의 인적사항 등을 공개하거나 신고자등임을 미루어 알 수 있는 사실을 다른 사람에게 알려주거나 공개한 자, 또는 신고자등에게 불이익한 대우를 해서는 아니 될 의무(법28③)를 위반하여 신고자등에게 불이익한 대우를 한 자에 대하여는 5천만원 이하의 과태료를 부과한다(법47①).

Ⅱ. 3천만원 이하의 과태료

다음의 어느 하나에 해당하는 자에게는 3천만원 이하의 과태료를 부과한다(법47②).

1. 제8조(내부회계관리제도의 운영 등) 제1항 또는 제3항을 위반하여 내부회계관리제도를 갖추지 아니하거나 내부회계관리자를 지정하지 아니한 자
2. 제8조 제4항을 위반하여 내부회계관리제도의 운영실태를 보고하지 아니한 자 또는 같은 조 제5항을 위반하여 운영실태를 평가하여 보고하지 아니하거나 그 평가보고서를 본점에 비치하지 아니한 자
3. 제8조 제6항 및 제7항을 위반하여 내부회계관리제도의 운영실태에 관한 보고내용 등에 대하여 검토 및 감사하지 아니하거나 감사보고서에 종합의견을 표명하지 아니한 자
4. 제22조(부정행위 등의 보고) 제5항을 위반하여 감사 또는 감사위원회의 직무수행에 필요한 자료나 정보 및 비용의 제공 요청을 정당한 이유 없이 따르지 아니한 회사의 대표자

Ⅲ. 1천만원 이하의 과태료

감사인 또는 그에 소속된 공인회계사가 주주총회등의 출석요구에 따르지 아

니한 경우 1천만원 이하의 과태료를 부과한다(법47③).

Ⅳ. 500만원 이하의 과태료

회사의 감사인 선임등의 보고(법12②)를 하지 아니한 자, 또는 재무제표 또는 감사보고서를 비치·공시(법23⑤)하지 아니한 자에 대하여는 500만원 이하의 과태료를 부과한다(법47④).

제3절 금융감독원장의 부과건의

과태료를 부과할 때 금융감독원장은 해당 위반행위를 조사·확인한 후 위반사실을 명시하여 증권선물위원회에 과태료를 부과할 것을 건의할 수 있다(영48 ①).

제4절 과태료 부과기준

Ⅰ. 과태료의 부과기준(시행령)

과태료의 부과기준은 [별표 2]와 같다(영48②).

1. 일반기준

증권선물위원회는 위반행위의 정도, 위반행위의 동기와 그 결과 등을 고려하여 과태료 부과금액을 감경 또는 면제하거나 2분의 1의 범위에서 가중할 수 있다. 다만, 가중하는 경우에도 법 제47조에 따른 과태료 부과금액의 상한을 초과할 수 없다(별표 2 제1호).

2. 개별기준

(단위: 만원)

위반행위	근거 법조문	금액
가. 법 제8조 제1항 또는 제3항을 위반하여 내부회계관리제도를 갖추지 않거나 내부회계관리자를 지정하지 않은 경우	법 제47조 제2항 제1호	3,000
나. 법 제8조 제4항을 위반하여 내부회계관리제도의 운영실태를 보고하지 않거나 같은 조 제5항을 위반하여 운영실태를 평가하여 보고하지 않은 경우	법 제47조 제2항 제2호	3,000
다. 법 제8조 제5항을 위반하여 내부회계관리제도의 운영실태 평가보고서를 본점에 비치하지 않은 경우	법 제47조 제2항 제2호	600
라. 법 제8조 제6항 및 제7항을 위반하여 내부회계관리제도의 운영실태에 관한 보고내용 등에 대하여 검토 및 감사하지 않거나 감사보고서에 종합의견을 표명하지 않은 경우	법 제47조 제2항 제3호	3,000
마. 법 제12조 제2항에 따른 보고를 하지 않은 경우	법 제47조 제4항 제1호	500
바. 법 제22조 제5항을 위반하여 회사의 대표자가 감사 또는 감사위원회의 직무수행에 필요한 자료나 정보 및 비용의 제공 요청을 정당한 이유 없이 따르지 않은 경우	법 제47조 제2항 제4호	3,000
사. 법 제23조 제5항을 위반하여 재무제표 또는 감사보고서를 비치·공시하지 않은 경우	법 제47조 제4항 제2호	100
아. 감사인 또는 그에 소속된 공인회계사가 법 제24조에 따른 주주총회등의 출석요구에 따르지 않은 경우	법 제47조 제3항	1,000
자. 법 제28조 제2항을 위반하여 신고자등의 인적사항 등을 공개하거나 신고자등임을 미루어 알 수 있는 사실을 다른 사람에게 알려주거나 공개한 경우	법 제47조 제1항 제1호	5,000 다만, 직원의 경우에는 2,000만원으로 한다.
차. 법 제28조 제3항을 위반하여 신고자등에게 불이익한 대우를 한 경우	법 제47조 제1항 제2호	5,000 다만, 직원의 경우에는 2,000만원으로 한다.

Ⅱ. 과태료의 부과기준(외부감사규정)

과태료 부과기준은 [별표 9]와 같다(외부감사규정43②).

1. 과태료 산정방식

과태료 산정방식은 다음과 같다(별표 9 제1호).

가. 영 별표 2 제2호 각 목의 금액을 과태료 부과 기준금액("기준금액")으로 한다.

나. 하나의 행위가 2개 이상의 위법행위에 해당하는 경우에는 각 위법행위에 대하여 정한 과태료 중 기준금액이 큰 과태료를 부과한다.

다. 2개 이상의 위법행위가 경합하는 경우에는 각 위법행위에 대하여 정한 과태료를 각각 부과한다. 다만, 2개 이상의 동일한 종류의 위법행위에 대하여 과태료를 각각 부과하는 것이 합리적이지 않은 경우에는 그러하지 아니하다.

라. 2개 이상의 동일한 종류의 위법행위를 반복한 경우에는 반복된 행위의 시간적·장소적 근접성, 행위의사의 단일성, 침해된 법 규정의 동일성에 따라 행위의 동일성이 인정된다면 이를 하나의 행위로 평가할 수 있다.

마. 위법행위의 동기 및 결과를 고려하여 기준금액의 일정비율로 예정금액(동일인의 2개 이상의 위법행위가 경합하여 과태료를 각각 부과하는 경우 각 위법행위별 예정금액을 말한다. 이하 같다)을 산정한다.

바. 위반자에게 가중·감면사유가 있는 경우에는 예정금액을 가중·감면하여 과태료 부과금액을 산정한다.

사. 과태료 부과와 관련하여 이 규정에서 정하고 있는 내용을 제외하고는 「질서위반행위 규제법」에 따른다.

2. 예정금액의 산정

예정금액의 산정은 다음과 같다(별표 9 제2호).

가. 예정금액은 다음 표와 같이 산정한다.

동기 위반결과	상	중	하
중대	기준금액의 100%	기준금액의 80%	기준금액의 60%
보통	기준금액의 80%	기준금액의 60%	기준금액의 40%
경미	기준금액의 60%	기준금액의 40%	기준금액의 20%

나. 위반결과

1) "중대"란, 해당 위법행위가 언론(「방송법」에 따른 지상파방송사업자가 전국을 대상으로 행하는 방송 또는 「신문 등의 진흥에 관한 법률」에 따른 일반일간신문 중 서울에 발행소를 두고 전국을 대상으로 발행되는 둘 이상의 신문을 말한다. 이하 같다)에 공표되거나, 회사의 회계처리기준 위반과 관련되어 있어 회계정보의 투명성 및 신뢰성이 크게 훼손된 경우 등 사회·경제적 물의를 야기한 경우 또는 이해관계자에게 중대한 손해를 입히는 경우 등을 말한다.

2) "보통"이란, '중대', '경미'에 해당하지 않는 경우를 말한다.

3) "경미"란, 사회·경제적 파급효과가 없고 이해관계자에 미치는 영향이 미미한 경우 등을 말한다.

다. 위반동기

1) "상"이란, 위법행위가 위반자의 고의에 의한 경우로서 위법행위의 목적, 동기, 해당 행위에 이른 경위 등에 특히 참작할 사유가 없는 경우

2) "중"이란, 위법행위가 위반자의 고의에 의한 경우로서 위법행위의 목적, 동기, 해당 행위에 이른 경위 등에 특히 참작할 사유가 있는 경우 또는 위법행위가 위반자의 중과실에 의한 경우

3) "하"란, "상" 또는 "중"에 해당하지 않는 경우

라. 가목에도 불구하고, 위반결과 및 위반동기를 고려하여 정한 비율(이하 "예정비율"이라 한다)과 다른 비율을 적용할 사유(해당 사유가 가중 또는 감면사유와 중복되는 경우는 제외한다)가 있는 경우에는 예정비율을 달리 결정할 수 있다. 다만, 이 경우 그 사유를 조사결과 조치안에 명시하여야 한다.

마. 나목에도 불구하고, 감사인이 정당한 이유없이 법 제27조 제1항에 따른 자료제출 등의 요구를 거부 또는 기피하거나 거짓 자료를 제출한 경우에 대하여

과태료를 부과할 때에는 위반결과를 "중대"로 본다.

3. 최종 과태료 부과금액의 결정

최종 과태료 부과금액의 결정은 다음과 같다(별표 9 제3호).

가. 위반자에게 가중사유 또는 감경사유가 있는 경우에는 가중금액에서 감경금액을 차감한 금액을 예정금액의 50% 범위 내에서 가감하여 최종 과태료 부과금액을 결정한다. 이 경우 가중하는 경우에는 법률상 최고한도액을 넘지 못하며, 다목 3)에 해당하는 경우에는 예정금액의 50%를 초과하여 감경할 수 있다.

나. 가중사유
1) 과태료를 부과받은 날부터 5년 이내에 동일한 위법행위를 한 경우에는 예정금액의 20% 이내에서 가중할 수 있다.
2) 그 밖의 위법행위의 원인, 결과, 방법 등을 감안하여 필요하다고 인정되는 경우 예정금액의 20% 이내에서 가중할 수 있다.

다. 감경사유
1) 위법행위를 감리집행기관이 인지하기 전에 자진하여 신고하는 등 조사에 적극적으로 협조한 경우에는 예정금액의 100분의 30 이내에서 감경할 수 있다.
2) 위법행위를 감독기관이 인지하기 전에 스스로 시정 또는 치유한 경우에는 예정금액의 30% 이내에서 감경할 수 있다.
3) 2개 이상의 동일한 종류의 위법행위에 대하여 부과하려는 예정금액의 총액이 해당 위법행위에 대한 법률상 최고한도액(위법행위를 한 자가 법인이 아닌 경우에는 기준금액으로 한다)의 10배를 초과하는 경우에는 그 초과부분 이내에서 감경할 수 있다.
4) 2개 이상의 동일한 종류의 위법행위에 대하여 부과하려는 예정금액의 총액이 위법행위자의 연령(법인은 제외한다), 현실적인 부담능력, 환경 또는 위법행위의 내용 및 정황 등을 고려할 때 감경이 불가피하다고 인정되는 경우에는 예정금액의 50% 이내에서 감경할 수 있다.
5) 그 밖에 위법행위의 원인, 결과, 방법 등을 감안하여 필요하다고 인정되

는 경우 예정금액의 50% 이내에서 감경할 수 있다.

4. 과태료 부과의 면제

위반자가 다음의 사유에 해당하는 경우에는 과태료 부과를 면제할 수 있다
(별표 9 제4호).

가. 제27조 제7항 제1호부터 제3호까지의 사유 등으로 과태료 납부가 사실상
불가능하여 과태료 부과의 실효성이 없는 경우

나. 동일한 위법행위에 대하여 형벌·과징금 등 실효성 있는 제재조치를 이미
받은 경우

다. 공무원(금융감독원장을 포함한다)의 서면회신이나 행정지도, 기타 공적인
견해표명에 따라 위법행위를 행한 경우 등 「질서위반행위규제법」제8조(위
법성의 착오)에서 정한 바와 같이 자신의 행위가 위법하지 아니한 것으로
오인하고 행한 행위로서 그 오인에 정당한 사유가 있는 경우

라. 동일한 위법행위에 대하여 해당 회사 및 임직원 각각에 대하여 과태료를 부
과할 수 있으나, 위법행위가 해당 회사의 경영방침 또는 해당 회사의 대표
의 업무집행 행위로 발생되었거나 해당 회사의 내부통제의 미흡 또는 감독
소홀에 기인하여 발생된 경우 그 임직원

마. 최종 과태료 부과금액(동일인의 2개 이상의 동일한 종류의 위법행위가 경합
하는 경우에는 해당 위법행위에 대한 최종 과태료 부과금액의 합산액을 말
한다. 이하 같다)이 10만원 미만인 경우

바. 고의나 중대한 과실이 아닌 사소한 부주의나 오류로 인한 위법행위로서 이
해관계자에 미치는 영향이 없거나 미미한 경우

사. 그 밖에 가목부터 바목까지에 준하는 사유가 있어 과태료부과 면제가 불가
피하다고 인정되는 경우

5. 기타

최종 과태료 부과금액을 결정함에 있어서 10만원 단위 미만의 금액은 절사
한다(별표 9 제5호).

6. 내부회계관리제도 미구축 등 위반으로 인한 세부기준

내부회계관리제도 미구축 등 위반으로 인한 세부기준은 다음과 같다(별표 9 제6호).

가. 위반결과를 고려함에 있어 그 구분기준의 세부내용은 다음과 같다.

중대	보통	경미
제2호 나목 1)	제2호 나목 2)	1) 자본시장법 제159조 제1항에 따른 사업보고서 제출대상 법인이 아닌 경우 2) 그 밖에 사회·경제적 파급효과가 없고 이해관계자에게 미치는 영향이 미미한 경우

나. 제4호 사목에서 "그 밖에 가목부터 바목까지에 준하는 사유가 있어 과태료부과 면제가 불가피하다고 인정되는 경우"란 조치대상 회계연도에 위반회사의 임직원수가 5명 이하이거나 「채무자의 회생 및 파산에 관한 법률」에 따른 기업회생절차 또는 파산절차를 진행하는 경우 등 회사의 인력구조, 회사 활동의 특수성 등을 고려할 때 정상적인 내부회계관리제도의 구축·운영·관리가 어렵다고 판단되는 경우를 말한다.

제
5
편

손해배상책임

서 설

제1절 의의

　　외부감사법의 실효성을 확보하기 위해서는 외부감사법 위반에 대한 유효한
제재수단이 전제되어야 한다. 외부감사법 위반에 대한 제재로서 행정제재 및 형
사제재를 별론으로 하고, 민사책임을 묻는 민사제재야말로 그 경제적인 위력으
로 인해 확실한 재재수단이 될 수 있다.

　　감사인이 그 임무를 게을리하여 회사에 손해를 발생하게 한 경우에는 그
감사인은 회사에 손해를 배상할 책임이 있다(법31①). 이는 감사인의 피감사회
사에 대한 손해배상책임을 명확히 하여 그에 대한 사회적 신뢰를 유지시키기
위함이다.

　　또한 감사인이 중요한 사항에 관하여 감사보고서에 적지 아니하거나 거짓으
로 적음으로써 이를 믿고 이용한 제3자에게 손해를 발생하게 한 경우에는 그 감
사인은 제3자에게 손해를 배상할 책임이 있다(법31② 본문). 다만, 연결재무제표
에 대한 감사보고서에 중요한 사항을 적지 아니하거나 거짓으로 적은 책임이 종

속회사 또는 관계회사의 감사인에게 있는 경우에는 해당 감사인은 이를 믿고 이용한 제3자에게 손해를 배상할 책임이 있다(법31② 단서). 이는 감사인의 고의나 과실로써 사실과 다르게 작성된 감사보고서를 믿고 이용한 선의의 제3자 보호라는 정책적 목적을 달성하기 위함이다.

제2절 외부감사법, 자본시장법 및 민법의 관계

I. 외부감사법과 자본시장법상 회계감사인의 손해배상책임의 관계

외부감사법 제31조 제2항부터 제9항까지의 규정은 선의의 투자자가 사업보고서등에 첨부된 회계감사인(외국회계감사인을 포함)의 감사보고서를 신뢰하여 손해를 입은 경우 그 회계감사인의 손해배상책임에 관하여 준용한다(자본시장법170①).

자본시장법 제170조가 외부감사법 제31조 중 제1항(감사인의 임무해태가 있는 경우 피감사회사에 대한 손해배상책임)을 제외한 나머지 규정을 준용하고 있으므로 양자에 동일하게 적용되는 내용이 많다. 그러나 자본시장법 제170조와 외부감사법 제31조는 배상책임자, 배상청구권자, 증명책임에서 구별된다.

첫째, 외부감사법 제31조의 책임은 외부감사인만이 배상책임자가 되지만, 자본시장법 제170조의 책임은 외부감사인이 아닌 회계감사인, 즉 외부감사법에 의해 법정된 외부감사가 아닌 임의감사를 수행한 회계감사인도 배상책임자가 된다. 둘째, 외부감사법 제31조에서는 사업보고서등에 첨부된 감사보고서인지 여부를 불문하고 부실표시된 감사보고서를 믿고 이용한 제3자는 배상청구권자가 될 수 있다. 그러나 자본시장법 제170조에서는 사업보고서등에 첨부된 감사보고서를 신뢰한 선의의 투자자만이 배상청구권자가 될 수 있다. 셋째, 외부감사법 제31조에 기해 손해배상을 청구하는 경우에는 손해인과관계 및 손해액을 모두 청구권자가 증명하여야 한다. 그러나 자본시장법 제170조에서는 배상액의 추정 및 손해인과관계에 대한 증명책임의 전환규정이 있어 이를 배상청구권자가 증명할 필요가 없다.

● 관련판례 대법원 2002. 9. 24 선고 2001다9311 판결

이 판례는 주식회사의 외부감사에 관한 법률 제17조 제2항(현행 외부감사법 제31조 제2항)에 의한 감사인의 손해배상책임이 부정되는 경우 증권거래법 제197조 제1항(현행 자본시장법 제170조 제1항)에 의한 감사인의 손해배상책임을 구하기 위하여는 이에 관한 명시적 주장이 필요하다고 한 사례이다.

즉 원고는 피고 A회계법인에 대한 예비적 청구원인으로 위 주식회사의 외부감사에 관한 법률 제17조 제2항에 의한 손해배상을 구한다는 취지를 명백히 하였고, 피고 A회계법인에 대하여 위 증권거래법 제197조 제1항에 의한 손해배상을 구한다는 취지의 주장은 원심에 이르기까지 전혀 제출된 바 없음을 알 수 있는데다가 위 외감법에 기한 손해배상 청구에 증권거래법 제197조 제1항에 의한 손해배상 청구가 당연히 포함되는 것이라고 단정할 수도 없는 노릇이어서 이 부분 상고이유의 주장을 받아들일 만한 것이 되지 못한다.

● 관련판례: 대법원 2016. 9. 28. 선고 2014다221517 판결

자본시장법 제125조 제1항은 증권신고서와 투자설명서 중 중요사항에 관하여 거짓의 기재 또는 표시가 있거나 중요사항이 기재 또는 표시되지 아니함으로써 증권의 취득자가 손해를 입은 경우에는 그 손해를 배상하도록 규정하고 있고, 제126조 제1항은 그 손해액에 관하여 추정 규정을 두고 있다. 자본시장법 제125조 제1항에서 정한 이와 같은 손해배상책임은 민법의 불법행위책임과는 별도로 인정되는 법정책임이지만 그 실질은 민법의 불법행위책임과 다르지 아니하고, 제126조 제1항은 증권의 취득자가 입은 손해액의 추정 규정에 불과하므로, 자본시장법 제125조 제1항에서 정한 손해배상채무에 대한 지연손해금의 발생 시기에 대하여도 민법의 불법행위책임에 기한 손해배상채무의 경우와 달리 볼 것은 아니다. 또한 이러한 법리는 자본시장법 제170조 제1항, 외부감사법 제31조 제2항에 따른 손해배상책임의 경우에도 마찬가지로 봄이 타당하다.

II. 외부감사법과 민법상의 불법행위책임의 관계

외부감사법 제31조의 감사인의 책임은 기본적으로 불법행위책임이다. 즉 민법상 일반불법행위책임(민법750)에 대한 특별불법행위책임이다. 따라서 불법행위책임의 구성을 위한 고의·과실 요건, 인관관계, 손해배상의 범위 획정에 이르기까지 법률요건들이 그대로 타당하다. 다만 특별법상의 특별불법행위책임의 법률

요건이 일반불법행위책임에 비해 완화 내지 경감될 수 있을 뿐이다. 따라서 외부감사법상 감사인의 책임은 민법상 일반불법행위책임에 대하여 적용범위, 대상의 명확한 한정, 증명책임의 전환 등을 통해 피해자의 민사구제를 용이하게 하는 목적을 갖는다. 감사인의 책임은 결국 손해배상책임 발생의 요건이 특정되어 있고, 그에 대한 입증책임이 전환되어 있을 뿐만 아니라, 시장의 안정을 도모하기 위하여 그 책임을 물을 수 있는 기간이 단기간으로 제한되어 있는 손해배상책임으로서 민법상의 불법행위책임과는 별도로 인정되는 책임이라 할 것이므로, 감사인의 부실감사로 인하여 손해를 입게 된 제3자는 감사인에 대하여 손해배상책임과 민법상의 불법행위로 인한 손해배상책임을 다 함께 물을 수 있고, 회계법인 소속의 공인회계사에 대하여도 민법상의 불법행위로 인한 손해배상책임을 추궁할 수 있다.[1]

외부감사법상 손해배상책임을 발생시키는 행위는 민법상 일반불법행위책임의 요건에 해당하는 경우가 일반적이기 때문에, 양 책임의 요건을 동시에 충족하는 경우 두 가지 청구권을 모두 행사할 수 있다. 그러나 외부감사법상 책임규정이 제3자 등 투자자에게 유리하기 때문에 민법상 손해배상책임을 묻는 경우는 예외적인 경우일 것이다. 민법상 손해배상책임을 묻는 경우는 외부감사법상 손해배상책임에는 단기의 제척기간이 적용되므로 이 기간을 도과한 경우일 것이다. 민법상 손해배상책임의 경우는 소멸시효의 규정(민법 제766조에 의하면 손해 및 가해자를 안 날로부터 3년, 불법행위를 한 날로부터 10년)이 적용되기 때문이다.

---

1) 서울고등법원 2005. 4. 29. 선고 2004나64489 판결.

회사에 대한 손해배상책임

제1절 의의

감사인이 그 임무를 게을리하여 회사에 손해를 발생하게 한 경우에는 그 감사인은 회사에 손해를 배상할 책임이 있다(법31①). 이는 감사인이 과실로 인한 가해행위로 피감사회사에 손해를 발생시킨 경우의 배상책임을 규정한 것이다.

감사인이 회사에 대해 손해를 가하였을 경우, 우선 민법상의 일반원칙에 따라 위임계약의 불이행으로 인한 손해배상책임을 부담하거나 불법행위로 인한 손해배상책임을 부담한다. 이와 별도로 외부감사법이 감사인의 책임(법31①)을 규정한 것은 감사인이라는 지위의 특수성을 고려하여 민법상의 채무불이행책임이나 불법행위책임과는 다른 특수한 책임을 인정한 것으로 볼 수 있다.

제2절 책임당사자

Ⅰ. 배상청구권자

외부감사법에 기한 손해배상청구소송의 청구권자는 외부감사를 받은 피감사회사이다.

Ⅱ. 배상책임자

1. 외부감사법 제9조의 감사인

외부감사법에 따라 손해배상책임을 지는 감사인은 외부감사법에 따라 외부감사의 대상이 되는 회사에 대하여 외부감사를 하는 외부감사법 제9조의 감사인에 한정된다.

2. 감사반인 감사인: 참여 공인회계사의 연대책임

감사인이 감사반인 경우에는 해당 회사에 대한 감사에 참여한 공인회계사가 연대하여 손해를 배상할 책임을 진다(법31③).

3. 이사 · 감사의 연대책임

감사인이 회사에 손해를 배상할 책임이 있는 경우에 해당 회사의 이사 또는 감사(감사위원회가 설치된 경우에는 감사위원회의 위원)도 그 책임이 있으면 그 감사인과 해당 회사의 이사 및 감사는 연대하여 손해를 배상할 책임이 있다(법31④ 본문).

제3절 책임요건

Ⅰ. 임무를 게을리하여

감사인이 직무수행과 관련하여 선량한 관리자의 주의를 게을리함으로써 회사에 손해를 가하거나 손해를 방지하지 못한 경우를 의미한다. 따라서 이 책임도 과실책임이다. "임무를 게을리하여"는 널리 선량한 관리자의 주의(민법681)를 게을리하는 것이므로 외부감사법상의 의무를 위반하는 경우뿐만 아니라 외부감사법상 의무에 반하지 않더라고 발생할 수 있다.

Ⅱ. 손해의 발생

감사인이 그 임무를 게을리하여 회사에 손해가 발생해야 한다.

Ⅲ. 인과관계

손해배상의 일반원칙에 따라 임무를 게을리한 행위와 회사가 입은 손해 사이에는 상당인과관계가 있어야 한다. 따라서 임무를 게을리한 행위, 회사의 손해, 임무를 게을리한 행위와 손해의 인과관계는 감사인의 책임을 주장하는 회사가 증명하여야 한다.

감사인은 일반적으로 금융기관 등에 대한 조회절차를 실시할 때 스스로 조회처의 주소를 파악하는 경우뿐만 아니라 피감사회사 직원 등의 도움을 받아 조회처의 주소를 파악하는 경우에도 이를 다시 확인하는 등으로 조회서에 정확한 조회처의 주소가 표시되도록 할 의무가 있다.[1] 그러나 한편, 감사인이 금융기관

---

1) 대법원 2011. 1. 13 선고 2008다36930 판결(감사인에게 금융기관에 대한 조회서에 정확한 조회처의 주소가 표시되도록 할 의무가 부과되는 취지는, 감사인으로 하여금 해당 금융기관 계좌에 관하여 왜곡되지 아니한 감사증거를 확보하도록 하여 궁극적으로 재무제표가 피감사회사의 재무상태와 경영성과 및 기타 재무정보를 적정하게 표시하고 있는지 여부를 검증하고 그에 대한 올바른 의견을 표명하도록 하는데 있고, 특별한 사정이 없는 한 위와 같은 재무제표의 검증 및 그에 대한 의견표명을 떠나 직접적으로 피감사회사의 내부자가 저지르는 장래의 부정행위를 예방하고자 하는 데에 있다고 보기는 어렵다).

에 대한 조회서의 주소를 제대로 확인하지 아니한 잘못이 있다고 하더라도 그와 관련한 피감사회사의 모든 손해에 대하여 감사인이 손해배상책임을 져야 한다고 볼 수는 없고, 그 손해배상책임을 인정하기 위해서는 감사인의 잘못과 피감사회사의 손해 사이에 상당인과관계가 있음이 인정되어야 하며, 상당인과관계의 유무를 판단함에 있어서는 일반적인 결과발생의 개연성은 물론이고, 감사인의 의무를 부과하는 법령 기타 행동규범의 목적, 가해행위의 태양 및 피침해이익의 성질 및 피해의 정도 등을 종합적으로 고려하여야 한다.[2]

조회처 주소를 제대로 확인하지 않은 감사인의 잘못과 특정 회계연도에 대한 외부감사가 종료한 후에 자금팀장의 횡령 등 범행이 계속됨으로 인하여 피감사회사에게 확대된 횡령금액 상당의 손해 사이에는 상당인과관계가 없다.[3]

제4절 증명책임

Ⅰ. 증명책임의 전환

감사인 또는 감사에 참여한 공인회계사가 회사에 대한 손해배상책임을 면하기 위하여는 그 임무를 게을리하지 아니하였음을 증명하여야 한다(법31⑦ 본문).

Ⅱ. 증명책임 전환의 예외

감사인을 선임한 피감사회사가 감사인 또는 감사에 참여한 공인회계사에 대하여 손해배상 청구의 소를 제기하는 경우에는 그 자가 감사인 또는 감사에 참여한 공인회계사가 임무를 게을리하였음을 증명하여야 한다(법31⑦(1)).

---

2) 대법원 2011. 1. 13. 선고 2008다36930 판결.
3) 대법원 2011. 1. 13. 선고 2008다36930 판결(감사인이 피감사회사의 재무제표에 대한 회계감사를 실시하면서 피감사회사 자금팀장이 제공한 허위의 조회처 주소를 신뢰한 나머지 이를 제대로 확인하지 않고 예금잔액조회를 하여 위 자금팀장의 횡령 등 범행을 발견하지 못한 사안).

제3자에 대한 손해배상책임

제1절 서설

Ⅰ. 의의

감사인이 중요한 사항에 관하여 감사보고서에 적지 아니하거나 거짓으로 적음으로써 이를 믿고 이용한 제3자에게 손해를 발생하게 한 경우에는 그 감사인은 제3자에게 손해를 배상할 책임이 있다(법31② 본문). 다만, 연결재무제표에 대한 감사보고서에 중요한 사항을 적지 아니하거나 거짓으로 적은 책임이 종속회사 또는 관계회사의 감사인에게 있는 경우에는 해당 감사인은 이를 믿고 이용한 제3자에게 손해를 배상할 책임이 있다(법31② 단서).

감사인은 회사가 제출한 재무제표의 적정 여부를 감사하는 회계전문가로서 직접 제3자와 거래관계를 맺는 것은 아니다. 그러나 감사인은 회사가 제출한 재무제표의 적정 여부를 감사하여 감사보고서를 작성하게 되는데, 그 감사보고서

에 중요한 사항을 적지 아니하거나 거짓으로 적음으로써 이를 믿고 이용한 제3
자에게 손해를 발생하게 한 경우에는 그 감사인은 제3자에게 손해배상책임을 진
다. 즉 감사인은 회계감사를 실시함에 있어서 그 임무를 게을리하여 회사의 회계
처리가 기업회계기준이나 회계감사기준에 부합하지 아니함을 발견하지 못하거나
또는 분식처리의 사실을 발견하고도 이를 묵인하여 감사보고서에 그 사실을 기
재하지 아니한 때에는 이를 믿고 거래한 제3자 또는 선의의 투자자에 대한 손해
배상책임을 지게 된다.

Ⅱ. 입법취지

감사인의 제3자에 대한 손해배상책임은 감사인의 직무수행이 제3자의 손해
로 파급될 경우 감사인으로 하여금 이를 전보하게 함으로써 제3자를 보호하고,
감사인이 직무를 수행함에 있어 신중을 기하게 하려는 취지에서 규정한 것이다.

제2절 책임당사자

Ⅰ. 배상청구권자

외부감사법은 "감사인이 중요한 사항에 관하여 감사보고서에 적지 아니하거
나 거짓으로 적음으로써 이를 믿고 이용한 제3자"를 손해배상청구소송의 원고로
규정한다(법31②).

"제3자"는 감사보고서의 부실표시를 믿고 이와 상당인관계관계가 있는 손해
를 입은 제3자를 말한다. 즉 감사보고서를 믿고 회사에 투자한 투자자, 자금을
대출해준 금융기관, 기타 채권자 등이 해당할 것이다.

재무제표와 감사보고서를 이용하여 기업체의 신용위험을 평가하고 그 결과
에 따라 신용을 제공하는 금융기관은 특별한 사정이 없는 한 "제3자"에 해당한
다.[1]

---

1) 대법원 2008. 7. 10. 선고 2006다79674 판결(기업체의 재무제표 및 이에 대한 외부감사인
   의 회계감사 결과를 기재한 감사보고서는 대상 기업체의 정확한 재무상태를 드러내는 가

Ⅱ. 배상책임자

1. 외부감사법 제9조의 감사인

외부감사법에 따라 손해배상책임을 지는 감사인은 외부감사법에 따라 외부감사의 대상이 되는 회사에 대하여 외부감사를 하는 외부감사법 제9조의 감사인에 한정된다.[2]

장 객관적인 자료로서 증권거래소 등을 통하여 일반에 공시되고 기업체의 신용도와 상환능력 등의 기초자료로서 그 기업체가 발행하는 회사채 및 기업어음의 신용등급평가와 금융기관의 여신제공 여부 결정에 가장 중요한 판단 근거가 되는 것이므로, 적어도 금융기관이 기업체에 대하여 대출을 실행하거나 회사채를 인수하거나 보증을 제공하는 데 기초자료로 회사의 재무제표 및 그에 관한 감사인의 감사보고서를 이용할 것임은 충분히 예견가능하고, 따라서 재무제표와 감사보고서를 이용하여 기업체의 신용위험을 평가하고 그 결과에 따라 신용을 제공하는 금융기관은 특별한 사정이 없는 한 제3자에 해당한다. 또한 유동화자산 편입신청 기업에 관한 외부감사인의 감사보고서를 신뢰하여 이를 기초로 적격업체를 선정하고, 이에 따라 유동화전문회사의 금융기관에 대한 구상금 채무의 지급을 보증한 신용보증기관이 제3자에 해당한다).

2) 대법원 2020. 7. 9. 선고 2016다268848 판결(甲 회계법인이 乙 저축은행에 대한 회계감사를 수행한 후 감사보고서에 적정의견을 표시하자, 乙 은행이 회사채를 발행하면서 증권신고서에 "甲 법인이 乙 은행의 재무제표에 관하여 적정 의견을 제출하였다"고 기재하였는데, 위 회사채를 취득하였다가 乙 은행의 파산으로 손해를 입은 丙 등이 甲 법인을 상대로 구 자본시장과 금융투자업에 관한 법률(2013. 5. 28. 법률 제11845호로 개정되기 전의 것, 이하 "구 자본시장법"이라고 한다) 제170조 제1항, 구 주식회사의 외부감사에 관한 법률(2013. 12. 30. 법률 제12148호로 개정되기 전의 것, 이하 "구 외부감사법"이라고 한다) 제17조 제2항 등에 따른 손해배상을 구한 사안에서, 甲 법인이 감사업무를 수행하는 과정에서 乙 은행에 대하여 일부 대출채권의 자산건전성 분류 및 대손충당금 적립 액수의 오류를 지적하고 이를 바로잡을 것을 요청한 사실이 있고, 위 감사 당시 적용된 회계감사기준 등에 비추어 보면, 사후적으로 재무제표에서 일부 부정과 오류가 밝혀졌다고 하더라도, 감사인이 감사업무를 수행하면서 전문가적 의구심을 가지고 충분하고 적합한 감사증거를 확보하고 경영자 진술의 정당성 여부를 판단하기 위한 확인절차를 거치는 등 회계감사기준 등에 따른 통상의 주의의무를 다하였다면 그 임무를 게을리하지 아니하였음을 증명하였다고 봄이 타당하므로, 甲 법인이 위와 같이 요청한 이후에 그 내용이 최종 감사보고서와 최종 재무제표 등에 반영되어 수정되었는지 여부와 그 과정의 합리성과 적절성 등에 관하여 더 살펴보았어야 하는데도, 만연히 甲 법인이 乙 은행의 재무제표상 거짓 기재를 인지하고서도 이를 지적하지 아니한 채 적정의견의 감사보고서를 작성하여 제출하였다고 판단하여 甲 법인이 구 자본시장법 제170조 제1항, 구 외부감사법 제17조 제2항(신 외부감사법 제30조 제2항) 또는 민법 제750조에 따라 丙 등에게 손해배상책임을 부담한다고 본 원심판단에는 심리미진 등의 잘못이 있다고 한 사례).

2. 종속회사 또는 관계회사의 감사인

외부감사법은 "연결재무제표에 대한 감사보고서에 중요한 사항을 적지 아니하거나 거짓으로 적은 책임이 종속회사 또는 관계회사의 감사인에게 있는 경우에는 해당 감사인"을 손해배상책임자로 규정한다(법31② 단서).

3. 감사반인 감사인: 참여 공인회계사의 연대책임

감사인이 감사반인 경우에는 해당 회사에 대한 감사에 참여한 공인회계사가 연대하여 손해를 배상할 책임을 진다(법31③).

4. 이사 · 감사의 연대책임

감사인이 제3자에게 손해를 배상할 책임이 있는 경우에 해당 회사의 이사 또는 감사(감사위원회가 설치된 경우에는 감사위원회의 위원)도 그 책임이 있으면 그 감사인과 해당 회사의 이사 및 감사는 연대하여 손해를 배상할 책임이 있다(법31 ④ 본문).

제3절 객관적 요건(위법행위)

Ⅰ. 위법성

외부감사법 제31조 제2항은 감사보고서에 부실표시가 있는 경우 손해배상책임이 발생하는 것으로 규정하고 있다. 정보공시가 일정한 객관적 형태를 띠고 있는 경우에는 공시된 정보가 사실에 반하는 것 자체의 위법성이 문제된다. 즉 외부감사법 제31조 제2항은 감사보고서의 부실표시가 곧바로 손해배상책임을 발생시킬 수 있는 위법한 행위임을 규정하고 있다. 왜냐하면 일정한 공시서류를 작성하고 필요한 중요정보를 투자자 등 제3자에게 제공하여야 할 법적 의무를 위반하여 부실정보를 제공하는 것 자체가 위법성의 징표가 되는 것이다.

Ⅱ. 공시서류의 한정

감사인이 중요한 사항에 관하여 감사보고서에 적지 아니하거나 거짓으로 적음으로써 이를 믿고 이용한 제3자에게 손해를 발생하게 한 경우에는 그 감사인은 제3자에게 손해를 배상할 책임이 있다(법31②).

손해배상책임이 발생하게 되는 공시서류는 감사인이 감사결과를 기술한 감사보고서와 외부감사 참여 인원수, 감사내용 및 소요시간 등 외부감사 실시내용을 적은 첨부서류이다. 첨부서류는 감사보고서의 기재내용을 증명하고 해당 감사의 적정성을 증명하기 위하여 증권선물위원회가 감사보고서를 실질적으로 심사할 수 있는 서류로서의 기능을 하고 있다. 그러나 동시에 공시됨으로써 투자자의 합리적인 투자판단을 담보하는 기능도 수행한다. 따라서 첨부서류상의 중요한 부실표시도 책임의 대상이 된다.

손해배상책임이 발생하게 되는 공시서류는 감사보고서이다. 따라서 이에 해당하지 않는 문서의 부실표시나 구두에 의한 표시는 민법의 일반규정에 따라 처리된다.

Ⅲ. 중요사항의 부실표시

1. 중요성

손해배상책임이 발생하기 위해서는 감사보고서 중 중요한 사항이 표시되지 아니하거나 중요한 사항에 관하여 거짓의 기재를 함으로써 제3자가 손해를 입은 경우이어야 한다(법31②).

여기서 중요사항이란 투자자의 합리적인 투자판단이나 해당 증권의 가치에 중대한 영향을 미칠 수 있는 사항과 동등한 가치를 가진 사항을 말한다. 외부감사법은 중요하지 아니한 사항의 부실표시를 이유로 하여 제기되는 남소를 방지할 필요성에서 중요성을 요건으로 하고 있다. 따라서 법의 취지는 중요사항의 부실표시의 경우에 손해배상책임이 발생하는 것으로 하고 있다.

어떠한 사항이 중요한 사실이냐 아니냐는 구체적으로 결정할 사실의 문제에 속한다. 그러나 배상책임자인 피고가 투자자 등 제3자를 보호하기 위하여 표시

하여야 할 것으로 정해진 정형화된 감사보고서의 최소한의 기재사항은 특별한
사정이 없는 한 중요사항으로 추정하여야 할 것이다. 따라서 원고인 투자자등 제
3자는 감사보고서의 중요사항에 관한 부실표시를 주장·증명하여야 한다. 이에
반하여 피고는 그 기재사항이 중요사항이 아님을 반증한 때에는 책임을 부담하
지 않을 것이다.

감사대상회사의 회계처리 적정 여부와 이해관계인의 보호에 관련된 사항은
중요사항에 해당한다.3)

2. 사실의 부실표시

부실표시에 대한 책임을 발생시키는 표시는 원칙적으로 "사실"(fact)에 관한
표시이지만 합리적인 근거가 없는 의견이나 신념의 표시 또는 장래 사건의 표시
도 예외적으로 책임을 발생시킬 수 있을 것이다.

부실표시는 표시의 형태에 따라 소극적인 표시로서의 불표시와 적극적인 표
시로서의 허위표시로 구분할 수 있다. 그리고 외부감사법은 불표시(중요사항을 적
지 아니함)와 허위표시(중요사항을 거짓으로 적음)를 책임발생의 요건으로 하고 있
다. 허위표시란 감사보고서 중 중요사항에 관하여 기재된 사항이 명백하게 진실
에 반하는 경우를 말한다. 불표시는 표시내용 전체를 허위로 만들어 적극적으로
허위표시를 하는 것과 동일한 정도에 이르러야 손해배상책임을 발생시킨다. 그
런데 외부감사법이 배상책임의 객관적 요건으로 불표시를 명시하고 있으므로 적

---

3) 서울고등법원 2006. 10. 26. 선고 2005나8844 판결(외부감사법은 "주식회사에 대한 회계
감사를 실시하여 회계처리의 적정을 기하게 함과 동시에 이해관계인의 보호와 기업의 건
전한 발전에 기여함"을 목적으로 제정된 것인 점(외부감사법1), 외부감사는 "감사대상 재
무제표가 회사의 재무상태와 경영성과 및 기타 재무정보를 기업회계기준에 따라 적정하
게 표시하고 있는지에 대하여 독립적인 감사인이 의견을 표명함으로써 재무제표의 신뢰
성을 제고하고 재무제표의 이용자가 회사에 관하여 올바른 판단을 할 수 있도록 함"을 목
적으로 하는 것인 점(회계감사기준3), 재무제표 감사의 목적은 "감사인으로 하여금 재무
제표가 기업회계기준에 따라 중요성의 관점에서 적정하게 작성되었는지의 여부에 대한
의견을 표명"하도록 하는 데에 있는 점(회계감사준칙320④) 등에 비추어 보면, 감사대상
회사의 회계처리 적정 여부와 이해관계인의 보호에 관련된 사항은 "중요한 사항"에 해당
한다고 봄이 상당하다. 그런데 이 사건의 경우 앞서 본 소외 1 주식회사의 매출채권·재
고자산·고정자산 등의 허위계상에 따른 분식회계는 그 자체로써 기업회계기준에 위반되
고, 피고 법인의 주장에 따르더라도 위와 같은 분식회계는 감사의 결론에 영향을 미치는
것일 뿐만 아니라, 그 규모 및 효과 면에서도 이해관계인인 원고 및 이 사건 각 SPC의
유동화자산 편입대상업체 선정 심사에 심대한 영향을 미칠 수 있는 "중요한 사항"에 해
당하는 것이다).

극적인 허위표시와 불표시를 구별할 필요는 없다.

Ⅳ. 감사보고서를 믿고 이용한 제3자

손해배상책임이 발생하기 위해서는 중요한 사항이 표시되지 아니하거나 중요한 사항을 거짓으로 기재함으로써 이를 믿고 이용한 제3자에게 손해가 발생하여야 한다(법31②).

"감사보고서를 믿고 이용하였다"고 함은 감사의 대상이 되는 피감사회사의 재무제표에 대한 감사인의 의견을 진실한 것이라고 믿고 이에 근거하여 피감사회사에 투자하였다는 의미이다.

감사보고서는 피감사회사의 재무상태를 가장 정확하게 보여주는 객관적인 자료로서 제3자에게 제공되어 피감사회사의 주가형성 등에 영향을 미친다. 따라서 감사보고서를 믿고 거래한 선의의 투자자 또는 채권자만이 보호받는다.

제4절 주관적 요건

Ⅰ. 과실책임의 원칙

외부감사법은 "감사인 또는 감사에 참여한 공인회계사가 손해배상책임을 면하기 위하여는 그 임무를 게을리하지 아니하였음을 증명하여야 한다"고 규정하고 있다(법31⑦).

외부감사법은 감사인의 귀책사유를 책임의 성립요건으로 하고 있다. 즉 감사보고서의 부실표시에 대한 책임은 감사인의 증명책임이 전환된 과실책임이다. 따라서 외부감사법이 증명책임이 전환된 과실책임을 취하고 있으므로 배상책임자는 무과실책임을 부담하지 않는다. 그러나 배상책임자는 매우 제한된 항변의 이익만을 누릴 수 있기 때문에 자신에게 귀책사유가 없는 때에도 책임을 부담할 가능성이 있다. 왜냐하면 임무를 게을리하지 아니하였음을 증명하기 못하는 한 감사보고서상의 부실표시에 대한 책임을 부담하여야 하기 때문이다.

II. 유책성의 정도(과실기준)

감사인의 손해배상책임은 감사인이 고의로 중요한 사항에 관하여 감사보고
서에 기재하지 아니하거나 거짓으로 기재한 경우뿐만 아니라 과실로 중요한 사
항에 관하여 기재하지 아니하거나 거짓으로 기재한 경우에도 인정된다.[4]

외부감사법은 감사보고서상의 부실표시책임에 대하여 과실책임을 전제로
하고 있다. 그러나 증명책임을 전환하고 있으므로 투자자 등 제3자는 적극적으
로 배상책임을 질 자의 귀책사유를 증명할 필요는 없다. 또한 상법상의 이사 및
감사의 제3자에 대한 책임(상법401 및 415조)과는 달리 배상책임자는 경과실에 대
해서도 책임을 부담한다. 경과실에 대하여도 책임을 인정한 것은 감사보고서는
제3자인 투자자를 위한 대외적인 공시수단이며 중요사항에 관한 부실표시는 당
연히 제3자에게 손해를 미치게 될 것이므로 외부감사법 제9조의 감사인 등 배상
책임자는 이를 충분히 인식하여야 한다는 이유에 기인한다.

또한 외부감사법 제31조 제2항은 불표시와 허위표시를 구별하지 않고 동일
한 유책성 요건을 부과하고 있다.

III. 증명책임

1. 증명책임의 전환

감사인 또는 감사에 참여한 공인회계사가 회사에 대한 손해배상책임을 면하
기 위하여는 그 임무를 게을리하지 아니하였음을 증명하여야 한다(법31⑦ 본문).
따라서 원고는 피고의 과실을 증명할 필요는 없고, 피고가 무과실을 증명하여야
한다.

외부감사법 제31조 제7항 본문은 배상책임자(피고)에게 무과실의 증명책임
을 부담시키고 있다. 이 증명책임의 전환은 외부감사법이 그 목적달성을 위하여
증명책임분배의 원칙을 수정한 것이다. 이와 같이 감사인의 과실이 법률상 추정
되고 있으므로 감사인이 임무를 게을리하지 아니하였음을 증명하면 면책될 수
있다.

---

4) 대법원 2016. 12. 15. 선고 2015다241228 판결.

감사인은 손해의 전부 또는 일부와 감사보고서의 거짓 기재 사이에 인과관계가 없다는 점을 증명하여 책임의 전부 또는 일부를 면할 수 있다. 그리고 이러한 손해 인과관계 부존재의 증명은 직접적으로 문제된 감사보고서의 거짓 기재가 손해 발생에 아무런 영향을 미치지 아니하였다는 사실이나 부분적 영향을 미쳤다는 사실을 증명하는 방법 또는 간접적으로 문제 된 사업보고서 등이나 감사보고서의 거짓 기재 이외의 다른 요인에 의하여 손해의 전부 또는 일부가 발생하였다는 사실을 증명하는 방법으로 가능하다.[5]

민법 제750조의 일반불법행위로 인한 손해배상책임은 과실책임으로서 원고가 피고의 고의·과실을 증명하여야 하나, 외부감사법 제31조의 책임은 피고의 무과실을 면책요건으로 규정하므로 과실에 대한 증명책임이 전환되어, 피고가 임무를 게을리하지 아니하였음을 증명하면 면책된다.

2. 증명책임 전환의 예외

다음의 어느 하나에 해당하는 자, 즉 ⅰ) 감사인을 선임한 회사, ⅱ) 은행, ⅲ) 농협은행 또는 수협은행, ⅳ) 보험회사, ⅴ) 종합금융회사, ⅵ) 상호저축은행이 감사인 또는 감사에 참여한 공인회계사에 대하여 손해배상 청구의 소를 제기하는 경우에는 그 자가 감사인 또는 감사에 참여한 공인회계사가 임무를 게을리하였음을 증명하여야 한다(법31⑦ 단서). 이때 감사인의 손해배상책임이 인정되기 위해서는 손해배상을 청구하는 자가 감사인이 중요한 사항에 관하여 감사보고서에 기재하지 아니하거나 거짓으로 기재를 하였다는 점을 주장·증명해야 한다.[6]

외부감사법 제31조 제7항 단서는 본문의 "증명책임 전환의 예외"에 대한 예외를 규정한다. 즉 특정 배상청구권자가 책임을 묻는 경우에는 증명책임을 원칙으로 환원시키고 있다.

---

5) 대법원 2016. 12. 15. 선고 2015다241228 판결.
6) 대법원 2020. 7. 9. 선고 2016다268848 판결.

제5절 인과관계

손해배상책임이 발생하기 위해서는 중요한 사항이 표시되지 아니하거나 중요한 사항을 거짓으로 기재함으로써 이를 믿고 이용한 제3자에게 손해가 발생하여야 한다(법31②). 따라서 외부감사법은 피고(감사인)의 부실표시와 원고의 손해 사이에 인과관계가 존재할 것을 요구하고 있다. 투자자인 원고의 "손해"는 피고의 "부실표시"로 발생한 것이어야 한다.

주식거래에서 대상기업의 재무상태는 주가를 형성하는 가장 중요한 요인 중의 하나이고, 대상기업의 재무제표에 대한 외부감사인의 회계감사를 거쳐 작성된 감사보고서는 대상기업의 정확한 재무상태를 드러내는 가장 객관적인 자료로서 일반투자자에게 제공·공표되어 주가 형성에 결정적인 영향을 미친다. 주식투자를 하는 일반투자자로서는 대상기업의 재무상태를 나타내는 감사보고서가 정당하게 작성되어 공표된 것으로 믿고 주가가 당연히 그에 바탕을 두고 형성되었으리라고 생각하여 대상기업의 주식을 거래한 것으로 보아야 한다.[7]

---

7) 대법원 2020. 4. 29. 선고 2014다11895 판결; 대법원 2007. 1. 11. 선고 2005다28082 판결 ([1] 기업체의 재무제표 및 이에 대한 외부감사인의 회계감사 결과를 기재한 감사보고서는 대상 기업체의 정확한 재무상태를 드러내는 가장 객관적인 자료로서 증권거래소 등을 통하여 일반에 공시되고 기업체의 신용도와 상환능력 등의 기초자료로서 그 기업체가 발행하는 회사채 및 기업어음의 신용등급평가와 금융기관의 여신 제공 여부의 결정에 중요한 판단근거가 된다. 따라서 대규모 분식회계에 의한 재무제표의 감사와 관련하여 외부감사인에게 중요한 감사절차를 수행하지 아니하거나 소홀히 하여 그 주의의무를 위반한 감사상의 과실이 있었다면, 분식회계사실을 밝히지 못한 그와 같은 과실의 결과로서 기업체가 발행하는 기업어음이 신용평가기관으로부터 적정한 신용등급을 얻었고 그에 따라 금융기관이 위 기업어음을 매입하는 방식으로 여신을 제공하기에 이르렀다고 봄이 상당하고, 위와 같은 재무상태가 제대로 밝혀진 상황에서라면 금융기관이 여신을 제공함에 있어서 고려할 요소로서 '재무제표에 나타난 기업체의 재무상태' 외의 다른 요소들, 즉 상환자원 및 사업계획의 타당성, 채권의 보전방법, 거래실적 및 전망, 기업체의 수익성, 사업성과, 기업분석 및 시장조사 결과 등도 모두 극히 저조한 평가를 받을 수밖에 없으므로, 이러한 '재무제표에 나타난 기업체의 재무상태' 외의 요소들이 함께 고려된다는 사정을 들어 여신 제공 여부의 판단이 달라졌으리라고 볼 수 없다.

[2] 금융기관이 기업체와 기업어음 한도거래 약정을 체결하고 일정 기간 동안 기업어음의 만기 도래시마다 회전매입하는 방식으로 여신을 제공하기로 여신계약을 체결하였는데 그 계약이 대규모 분식으로 말미암은 것이어서 금융기관이 그러한 사정을 알았더라면 그대로 여신을 제공하지 아니하였으리라고 인정되는 경우, 최초의 여신계약 당시에 이미 회전매입을 거절하기에 충분하다고 볼 만한 사정이 발생하여 있는 경우에는 기업체의 자금에

의한 여신 회수가 사실상 불가능하여 정책적 고려 아래 회전매입을 계속한 것은 실질적으로 종전 기업어음의 만기 연장에 불과하며 이로써 종전의 손해가 소멸하고 새로운 손해가 발생한다고 볼 수 없다. 왜냐하면 그 상태에서 회전매입을 중단하고 여신을 회수한다는 것은 당초 매입하지 않았어야 할 기업어음을 매입한 이래 그 직전까지 계속 회전매입함으로 말미암아 이미 발생한 손해를 회복하는 것을 의미할 뿐이기 때문이다. 따라서 최종 회전매입결정이 분식회계가 이루어진 사업연도의 재정건전성과 무관한 정책적 고려에 의하여 이루어졌다 하더라도, 대규모 분식회계가 행하여진 재무제표에 대한 외부감사인의 회계감사상의 과실과 금융기관의 기업어음 매입으로 인한 손해 사이에 인과관계가 단절되지는 않는다.

[3] 대우전자 주식회사의 분식회계를 밝히지 못한 외부감사인에 대하여 제기된 불법행위로 인한 손해배상청구사건에서, 대우전자 주식회사를 포함한 대우그룹 전체 계열사에 대한 회계법인들의 심사 결과 발표시점 또는 그에 따른 구조조정방안 발표시점에서는 그 실시기준과 외부감사의 기업회계기준이 서로 달라 위 실사 결과의 차이가 분식회계로 인한 것인지 또는 분식회계를 밝혀내지 못한 것이 외부감사인의 주의의무위반에 해당하는지를 원고가 현실적이고도 구체적으로 인식하였다고 보기 어려워, 민법 제766조 제1항의 단기소멸시효의 기산점을 증권선물위원회의 외부감사인 등에 대한 징계건의 또는 그에 따른 재경부장관의 징계처분이 이루어진 때로 본 사례).

제
4
장

손해배상의 범위

제1절 의의

증권의 가격이 부실표시에 의하여 분식된 경우에 증권의 취득자인 투자자가 감사인에 대하여 청구할 수 있는 배상액은 손해배상의 일반원칙에 의하면 통상손해와 알았거나 알 수 있었을 특별한 사정으로 인한 손해인 특별손해이다(민법 393 및 763). 이론적으로는 부실표시가 없었다면 취득시 당해 증권이 가졌을 공정한 가격과 취득가액과의 차이이다.

그런데 증권의 공정한 가격은 그 산정이 용이하지 않다. 거래소에서 대량적·집중적으로 이루어지는 매매에 따라 형성되는 주식가격은 주식시장 내부에서의 주식물량의 수요·공급과 주식시장 외부에서의 각종 여건에 의하여 결정되는 지극히 가변적인 것이므로, 문제가 되고 있는 부실표시에 의하여 영향을 받았을 시가를 기준으로 하는 것도 문제이려니와 그 시기도 문제이다. 이와 같이 어려운 손해액의 산정책임을 증권의 취득자에게 부담시키는 것은 사실상 손해배상의 청구를 곤란하게 만든다.

외부감사법은 투자자 보호 측면에서 투자자가 손해배상청구를 가능한 한 쉽게 할 수 있도록 감사인에게 무과실의 증명책임을 전환하고 있지만 자본시장법 제126조 제1항의 규정과는 달리 손해배상액을 법정하고 있지는 않다. 따라서 손해배상액에 대한 증명책임은 감사인에게 배상청구를 하는 투자자인 제3자에게 있다.[1]

제2절 배상액의 산정

외부감사법은 손해배상액의 산정방법에 관한 규정을 두고 있지 않으므로 민법의 손해배상액 산정방법을 따라야 한다. 배상액의 산정은 손해배상의 기본원칙이 금전으로 대신할 수 있는 한 계약이 완전히 이행되었다면 또는 당해 불법행위가 없었다면 원고가 있었을 지위·상태로 원상회복하는 것이듯이 부실표시가 있는 감사보고서의 이용이라는 사기적이고 부정한 수단에 의해 투자자 등 제3자로부터 조달한 자금을 반환시키고자 하는 원상회복의 법리에 입각하여야 할 것이다.

감사인의 부실감사로 손해를 입게 된 투자자가 민법상의 불법행위책임에 기하여 배상을 구할 경우, 투자자인 증권의 취득자는 배상의무자의 허위기재 등의 위법행위와 손해 발생 사이의 인과관계 등의 요건사실을 모두 입증하여야 하나,

---

1) 서울남부지방법원 2013. 12. 10. 선고 2012가합11137 판결(甲회계법인과 乙주식회사가 외부감사계약을 체결하면서 작성한 외부감사계약서에서 "甲 회계법인의 계약사항 위반, 감사 및 검토 수행 시 고의 또는 중대한 과실로 인하여 乙회사에 발생한 손실에 대하여 甲 회계법인은 이 계약에 따라 수령하는 당해연도 감사보수금액을 한도로 배상책임을 진다"라고 정한 사안에서, 위 규정은 甲회계법인이 여러 고객들과 계약을 체결하기 위하여 일정한 형식으로 미리 마련한 것으로 약관의 규제에 관한 법률(이하 "약관규제법"이라 한다)에서 정한 "약관"에 해당하는데, 외부감사인 제도의 목적과 취지, 주식회사의 외부감사에 관한 법률에서 인정하고 있는 외부감사인의 민·형사상 책임 등 제반 사정에 비추어 볼 때 위 규정은 회계감사 업무수행 시 위법성이 매우 큰 감사인의 고의 또는 중과실로 인하여 乙회사에 부담해야 할 손해배상책임의 범위를 상당한 이유 없이 甲회계법인이 받은 감사보수 금액의 한도로 제한하는 조항에 해당하여 약관규제법 제7조 제2호(상당한 이유 없이 사업자의 손해배상 범위를 제한하거나 사업자가 부담하여야 할 위험을 고객에게 떠넘기는 조항)에 따라 무효이다).

특별한 사정이 없는 한 분식회계를 밝히지 못한 감사보고서의 내용은 기업어음의 가치를 결정하는 데 영향을 주어 부당하게 가격을 형성하게 하는 원인이 되고, 이로 인하여 기업어음을 매입한 사람은 손해를 입었다고 보아야 한다. 한편 그 손해액의 산정에 관하여 분식회계 및 부실감사로 인하여 기업어음의 가치평가를 그르쳐 기업어음을 매입한 사람이 입은 손해액은 기업어음의 대금에서 기업어음의 실제가치, 즉 분식회계 및 부실감사가 없었더라면 형성되었을 기업어음의 가액을 공제한 금액이라고 할 것이다.[2]

제3절 손해액

감사인의 부실감사를 토대로 주식거래를 한 주식투자자가 부실감사를 한 감사인에게 민법상 불법행위책임을 근거로 배상을 구할 수 있는 손해액은 일반적으로 그와 같은 부실감사로 상실하게 된 주가에 상응하는 금액이다. 이러한 주가에 상응하는 금액은 특별한 사정이 없는 한 부실감사가 밝혀져 거래가 정지되기 직전에 정상적으로 형성된 주가와 부실감사로 인한 거래정지가 해제되고 거래가 재개된 후 계속된 하종가를 벗어난 시점에서 정상적으로 형성된 주가의 차액이라고 볼 수 있다. 그와 같이 주가가 다시 정상적으로 형성되기 이전에 매도가 이루어지고 매도가액이 그 후 다시 형성된 정상적인 주가를 초과하는 경우에는 그 매도가액과의 차액이라고 할 수 있다.[3]

금융기관이 갖추어야 할 공신력 및 전문성에 비추어 금융기관이 고객의 요구에 의하여 제3자인 회계법인이 조회한 은행조회서에 대하여 회신하는 경우에는 고객에게 직접 정보를 제공하는 경우와 마찬가지로 그 회신을 받은 회계법인이 사실을 오인하지 않도록 정확하고도 충분한 신용정보를 제공하여야 할 주의

---

2) 대법원 2016. 4. 15. 선고 2013다97694 판결; 대법원 2008. 6. 26. 선고 2007다90647 판결 (그 결과 해당 기업체의 자기자본 규모와 비교하여 회계처리기준에 위반되는 분식회계의 규모가 심각한 수준임을 알면서도 외견상의 분식회계 내용 및 그에 기초한 회사채 또는 기업어음의 신용등급평가에 맞추어 그대로 대규모의 여신을 제공하는 것과 같은 사례는 극히 이례적이라고 할 수 있다).
3) 대법원 2020. 4. 29. 선고 2014다11895 판결.

의무가 있다.[4] 금융기관이 대상기업의 요구에 따라 회계법인에게 사실과 다른 금융거래내역을 회신함으로써 투자자들이 이를 기초로 작성된 부실 감사보고서를 신뢰하고 주식을 매수한 사안에서, 금융기관은 투자자들의 주식 매수로 인한 손해를 배상할 책임이 있으나 대상기업의 부도로 그 주식의 경제적 가치가 전혀 없게 되었다고 하더라도 주식매수대금 전체에 대한 손해배상책임을 부담하는 것은 아니라고 하였다.[5]

비공개기업의 주식거래에 있어서 대상기업의 재무상태는 그 주식의 거래나 매수가격을 결정하는 가장 중요한 요인 중의 하나이고, 대상기업의 재무제표에 대한 외부감사인의 회계감사를 거쳐 작성된 감사보고서는 대상기업의 정확한 재무상태를 드러내는 가장 객관적인 자료이므로 비공개기업의 주식을 매수하는 투자자로서는 감사보고서가 정당하게 작성된 것으로 믿고 그 주식을 거래하거나 그 매수가격을 결정한 것으로 보아야 한다.[6]

제4절 과실상계

민법상의 과실상계제도의 적용과 관련하여 피해자에게 과실이 인정되면 법원은 손해배상의 책임 및 그 금액을 정함에 있어서 이를 참작하여야 하고, 배상의무자가 피해자의 과실에 관하여 주장을 하지 아니한 경우에도 소송자료에 의하여 과실이 인정되는 경우에는 법원이 이를 직권으로 심리·판단하여야 하는 것인바, 이러한 법리는 책임감경사유에 관하여도 마찬가지라고 할 것이다.[7] 손해배상청구 사건에서 책임제한 사유에 관한 사실인정이나 그 비율을 정하는 것은 그것이 형평의 원칙에 비추어 현저히 불합리하다고 인정되지 않는 한 사실심의 전권사항에 속한다.[8]

---

4) 대법원 2007. 10. 25. 선고 2005다10364 판결.
5) 대법원 2007. 10. 25. 선고 2005다10364 판결.
6) 대법원 2007. 1. 11. 선고 2005다28082 판결.
7) 대법원 2006. 12. 7. 선고 2005다34766,34773 판결.
8) 대법원 2020. 4. 29. 선고 2014다11895 판결(갑이 을 은행의 분식회계 등 사실을 모르고 을 은행 주식에 투자하였다가 손해를 입자, 분식회계 등에 적극적으로 관여한 을 은행의 회장 병 등 및 분식회계 등 사실을 발견하지 못한 채 허위 내용이 기재된 감사보고서를

피해자의 부주의를 이용하여 고의로 불법행위를 저지른 자가 바로 그 피해자의 부주의를 이유로 자신의 책임을 감하여 달라고 주장하는 것이 허용되지 아니하는 것은, 그와 같은 고의적 불법행위가 영득행위에 해당하는 경우 과실상계와 같은 책임의 제한을 인정하게 되면 가해자로 하여금 불법행위로 인한 이익을 최종적으로 보유하게 하여 공평의 이념이나 신의칙에 반하는 결과를 가져오기 때문이므로, 고의에 의한 불법행위의 경우에도 위와 같은 결과가 초래되지 않는 경우에는 과실상계나 공평의 원칙에 기한 책임의 제한은 얼마든지 가능하다.[9]

제5절 책임의 분배

Ⅰ. 연대책임

1. 감사인의 연대책임

외부감사법은 회사가 복수의 감사인을 선임하는 것은 배제하지 않고 있기 때문에 회계법인이 다른 회계법인과 공동으로 외부감사를 실시할 수 있다. 이러한 상황에서 부실감사로 인해 회사와 제3자에게 손해가 발생한다면 어떻게 되는가?

외부감사법은 연대책임을 지는가에 관하여 명문의 규정을 두고 있지 않다. 일반적으로 법률이 다수인에게 객관적으로 동일한 배상책임을 인정하는 경우에, 특히 연대책임으로 한다는 규정이 없는 경우에는 일반적으로 부진정연대채무가 있는

작성한 정 회계법인을 상대로 불법행위에 따른 손해배상을 구하는 소를 제기하였는데, 정 법인의 책임비율이 문제된 사안에서, 정 법인의 책임비율을 고의로 대손충당금을 과소 적립하는 방법으로 분식행위를 하고 이를 기초로 허위의 사업보고서 등을 공시하는 데 적극적으로 관여한 병 등과 같게 정한 것은 적절하지 않으나, 병 등의 책임 부분이 40%로 확정된 것은 갑이 상고하지 않았기 때문일 뿐 책임비율이 적정하다는 것을 뜻하는 것은 아니므로, 정 법인의 책임비율을 병 등과 같게 정한 잘못이 있더라도 정 법인의 책임비율이 그 자체로 재량 범위에 있다면 그러한 잘못이 판결 결과에 영향을 미쳤다고 볼 수 없는데, 외부감사인에게 요구되는 주의의무를 위반한 정 법인의 과실 내용과 그 결과에 비추어 정 법인의 책임비율을 40%로 제한한 것 자체는 수긍할 수 있는 범위 내로서 이를 40%보다 낮은 비율로 정하지 않았다고 하여 형평의 원칙에 비추어 현저히 불합리하다고 볼 수 없으므로, 정 법인의 책임비율을 40%로 정한 원심판단에는 책임제한에 관한 법리오해의 잘못이 없다고 한 사례).

9) 대법원 2007. 10. 25. 선고 2006다16758,16765 판결.

것으로 해석한다. 따라서 감사인의 책임은 부진정책임으로 보아야 할 것이다.

감사인이 감사반인 경우에는 해당 회사에 대한 감사에 참여한 공인회계사가 연대하여 손해를 배상할 책임을 진다(법31③). 이는 감사반 소속 공인회계사의 책임을 연대책임으로 명시하여 엄격한 책임을 부담시킨 것이다.

2. 이사·감사의 연대책임

감사인이 회사 또는 제3자에게 손해를 배상할 책임이 있는 경우에 해당 회사의 이사 또는 감사(감사위원회가 설치된 경우에는 감사위원회의 위원)도 그 책임이 있으면 그 감사인과 해당 회사의 이사 및 감사는 연대하여 손해를 배상할 책임이 있다(법31④ 본문). 이는 이사와 감사(감사위원회 위원 포함)는 그 의무와 역할이 무겁기 때문에 연대책임으로 규정하고 제3자를 두텁게 보호하기 위한 것이다.

Ⅱ. 구상권과 부담부분

외부감사법의 배상책임을 부진정연대책임으로 보는 한 배상책임자 한 사람이 그 손해의 전액을 배상한 경우에는 다른 공동책임자에게 그 부담할 책임에 따라 구상권을 행사할 수 있다. 구상권을 인정하는 것이 공평할 뿐만 아니라 다른 배상책임자의 완전한 면책가능성을 줄임으로써 장래의 법규위반행위를 방지하는 것이 사회질서에 합치하기 때문이다.

부담부분은 형평을 기하고 부실표시의 발생을 방지하기 위해서 각 사안에 따라 책임자의 유책성, 관여의 정도 등을 고려한 규범적 판단에 의하여 결정되어야 할 것이다. 부담부분이 정해져 있는 경우에는 이에 따라야 할 것이나, 이것이 불가능한 경우에는 부담부분은 균등한 것으로 추정한다(민법424).

제6절 배상책임의 제한

I. 비례책임의 적용

1. 적용대상

손해를 배상할 책임이 있는 자가 고의가 없는 경우에 그 자는 법원이 귀책사유에 따라 정하는 책임비율에 따라 손해를 배상할 책임이 있다(법31④ 단서).

감사인이 투자자에 대해 손해배상책임을 부담할 경우 해당 회사의 이사나 감사도 그 책임이 있으면 감사인과 이사 및 감사는 연대하여 손해배상책임을 부담하는 것이 원칙이지만(법31④ 본문), 손해배상책임자가 고의가 없고 과실만 있는 경우에 법원이 귀책사유에 따라 정하는 책임비율에 따라 손해를 배상할 책임이 있도록 연대책임의 예외를 정하고 있다(법31④ 단서).

외부감사법은 감사인이 부실표시한 감사보고서를 믿고 이용한 제3자에게 손해가 발생한 경우 해당 회사의 이사와 감사가 책임질 사유가 있는 경우 연대책임을 진다고 하고(법31② 및 31④ 본문), 다만 "손해배상할 책임이 있는 자"가 고의가 없는 경우에는 귀책사유에 따른 책임비율에 따라 책임을 진다고 규정하고 있으므로 비례책임은 감사인에 한정하여 적용되는 것은 아니다.

2. 입법취지

비례책임은 부진정연대책임의 범주에서 벗어나 법원이 처음부터 다수의 책임주체별로 과실비율에 따른 책임액을 할당해주는 방식으로 형평의 이념을 관철하고자 하는 것이다.

Ⅱ. 비례책임 적용의 예외

1. 일정소득 이하의 배상청구권자: 연대책임의 적용

(1) 적용대상

손해배상을 청구하는 자의 소득인정액[10]이 1억 5천만원 이하인 경우에는 감사인과 해당 회사의 이사 및 감사는 연대하여 손해를 배상할 책임이 있다(법31 ⑤ 및 영37①). 외부감사법은 "손해배상을 청구하는 자"의 소득인정액이 1억 5천 만원 이하인 경우에는 비례책임의 적용이 배제되고 감사인은 원래대로 해당회사 의 이사 또는 감사와 연대책임을 지도록 하였다. 이 경우 손해배상을 청구하는 자의 소득산정은 그 손해배상 청구일이 속하는 달의 직전 12개월간의 소득인정 액을 합산한다(영37①).

(2) 입법취지

이 규정은 비례책임이 영세투자자 보호에 미흡할 수 있다는 점과 당사자의 정보비대칭 문제를 고려한 규정이다.

2. 추가배상책임

(1) 비례책임비율

비례책임을 부담하는 경우에도 손해를 배상할 책임이 있는 자 중 배상능력 이 없는 자가 있어 손해액의 일부를 배상하지 못하는 경우에는 배상의무자의 책 임비율(비례책임비율)의 50% 범위에서 대통령령으로 정하는 바에 따라 손해액을 추가로 배상할 책임을 진다(법31⑥). 따라서 손해액의 추가배상책임은 손해를 배 상할 책임이 있는 자 중 배상능력이 없는 자를 제외한 자가 그 배상능력이 없는 자로 인하여 배상하지 못하는 손해액에 대하여 비례책임비율의 50퍼센트 내에서 그 책임비율에 비례하여 정한다(영37②).

(2) 입법취지

추가배상책임 규정은 비례책임 도입에 따라 문제될 수 있는 투자자의 손해

---

10) "소득인정액"이란 보장기관이 급여의 결정 및 실시 등에 사용하기 위하여 산출한 개별가 구의 소득평가액과 재산의 소득환산액을 합산한 금액을 말한다(국민기초생활 보장법 2(9)).

를 전보하여 투자자를 두텁게 보호해주기 위한 고려에서 마련되었다.

제7절 배상청구권의 소멸

손해배상책임은 그 청구권자가 "해당 사실을 안 날"부터 1년 이내 또는 감사보고서를 제출한 날부터 8년 이내에 청구권을 행사하지 아니하면 소멸한다(법31⑨ 본문).[11] 다만, 감사인 선임을 할 때 계약[12]으로 그 기간을 연장할 수 있다(법31⑨ 단서).

여기서 "해당 사실을 안 날"이란 청구권자가 감사보고서의 기재누락이나 허위기재를 현실적으로 인식한 때를 말한다.[13] 또한 "해당 사실을 안 날"은 원고를 기준으로 판단하는 것이 아니라 일반인을 기준으로 판단하여야 한다. 즉 일반인이 그와 같은 감사보고의 기재 누락이나 허위 기재의 사실을 인식할 수 있는 정도라면 특별한 사정이 없는 한 청구권자 역시 그러한 사실을 현실적으로 인식하였다고 인정된다.[14]

---

11) 대법원 2008. 2. 14. 선고 2006다82601 판결(상법 제401조에 기한 이사의 제3자에 대한 손해배상책임이 제3자를 보호하기 위하여 상법이 인정하는 특수한 책임이라는 점을 감안할 때 일반 불법행위책임의 단기소멸시효를 규정한 민법 제766조 제1항은 적용될 여지가 없고, 일반채권으로서 민법 제162조 제1항에 따라 그 소멸시효기간은 10년이며, 제3자가 상법 제401조에 기한 이사의 제3자에 대한 손해배상책임만을 묻는 손해배상청구 소송에 있어서 외부감사법이 정하는 단기소멸시효는 적용될 여지가 없다).

12) 대법원 2013. 11. 14. 선고 2013다56310 판결(주식회사인 채권자의 외부감사인이 채권자에 대한 회계감사를 위하여 채권자의 재무제표에 기재된 매출채권 등 채권의 실재 여부를 확인함에 있어서 채권자가 외부감사인으로 하여금 해당 채권의 채무자에 대하여 채권 존부 확인을 하지 못하도록 하였다거나 해당 채무자로부터의 채무승인의 통지를 수령할 권한을 배제하겠다고 하는 등의 특별한 사정이 없는 한, 외부감사인은 채권자와의 외부감사인 선임계약에 기하여 피감 주식회사가 가지는 재무제표상 매출채권, 대여금채권 등의 채권과 관련하여 그 채무자로부터 적법한 감사활동의 일환으로 행하여지는 채무 확인 등의 절차를 통하여 소멸시효 중단사유로서 채무승인의 통지를 수령할 대리권을 가진다고 봄이 타당하다).

13) 대법원 2008. 7. 10. 선고 2006다79674 판결.

14) 대법원 1997. 9. 12. 선고 96다41991 판결.

책임이행의 보장

제1절 의의

2007년 증권관련 집단소송제도의 도입 이후 감사인의 부실감사에 대하여 책임을 묻는 손해배상소송이 증가하고 있다. 제도 도입 후 감사인을 상대로 한 소송은 매년 증가하고 있다. 이러한 추세와 더불어 정부는 감사인의 책임을 강화시키고 투자자들을 보호하기 위해 외부감사법을 통해 손해배상공동기금의 적립 및 손해배상책임보험의 가입을 강제하고, 공인회계사법을 통해 손해배상준비금의 적립을 강제하고 있다.

제2절 손해배상공동기금의 적립 등

I. 공동기금의 적립

1. 공동기금 적립의무

(1) 공동기금 적립의 목적

회계법인은 회사 또는 제3자에 대한 손해를 배상하기 위하여 한국공인회계사회에 손해배상공동기금("공동기금")을 적립하여야 한다(법32① 본문).

(2) 공동기금의 법적 성질

손해배상공동기금은 모든 회계법인이 그 업무로 인하여 회사 또는 제3자에게 가한 손해를 배상하기 위하여 당해 사업연도 회계감사보수총액을 기준으로 의무적으로 적립하는 것이고, 손해배상공동기금의 추가적립은 회계법인이 일정한 조치를 받는 경우 연간적립금 중 일정 비율을 추가로 적립하는 것이며 행정법상 의무이행확보수단으로서 일종의 금전적 제재의 성질을 가진다.[1]

(3) 합병과 존속법인의 승계

손해배상공동기금 및 손해배상공동기금의 추가적립과 관련한 공법상의 관계는 감사인의 감사보수총액과 위반행위의 태양 및 내용 등과 같은 객관적 사정에 기초하여 이루어지는 것으로서 합병으로 존속회계법인에게 승계된다.[2]

2. 적립 공동기금의 종류

적립하여야 할 공동기금은 기본적립금과 매 사업연도 연간적립금으로 한다(법32②).

(1) 기본적립금

회계법인이 공동기금으로 적립하여야 하는 기본적립금은 다음의 구분에 따른 금액으로 한다(영39①). 즉 ⅰ) 회계법인에 소속된 공인회계사의 수(산정방법은 한국공인회계사회가 정하는 바에 따른다)가 100명 미만인 경우 5천만원, ⅱ) 회계법

---

1) 대법원 2004. 7. 8. 선고 2002두1946 판결.
2) 대법원 2004. 7. 8. 선고 2002두1946 판결.

인에 소속된 공인회계사의 수가 100명 이상인 경우 2억 5천만원으로 한다.

(2) 연간적립금

(가) 원칙

회계법인이 매년 공동기금으로 적립하여야 하는 연간적립금은 해당 사업연도 감사보수의 4%로 한다(영39③ 본문). 다만, 금융위원회는 회계법인의 감사보수 증가율, 적립금 총액 또는 공동기금의 실질잔액 등을 고려하여 회계법인이 연간적립금의 적립비율을 달리하여 적립하게 할 수 있다(영39③ 단서).

(나) 예외: 추가적립

증권선물위원회는 손해배상공동기금 추가적립 명령(법29③(3))을 받은 회계법인에 직전 사업연도 감사보수의 3% 이내의 금액을 연간적립금으로 추가 적립하게 할 수 있다(영39④).

이에 따라 한국공인회계사회는 추가로 적립된 연간적립금(그 적립금의 운용수익금은 제외)에 대하여 추가적립의 원인이 되는 감사업무에 대한 손해배상 청구권 행사기간(청구권자가 해당 사실을 안 날부터 1년 이내 또는 감사보고서를 제출한 날부터 8년)이 끝났을 때에는 이를 적립한 회계법인의 반환청구에 따라 반환한다(영39⑤ 본문). 다만, 손해배상 청구권 행사기간 종료일에 그 감사업무를 원인으로 하여 손해배상을 청구하는 소송이 진행 중인 경우에는 그 소송의 확정판결이 내려진 후에 반환한다(영39⑤ 단서).

3. 공동기금의 적립한도

적립한도는 직전 2개 사업연도와 해당 사업연도 감사보수 평균의 20%로 한다(영39② 전단). 이 경우 적립금 총액(회계법인이 공동기금으로 적립하여야 하는 기본적립금과 연간적립금의 누계액 및 그 운용수익금의 합계액) 산정 시 손해배상공동기금 추가적립 명령(법29③(3))에 따른 추가적립금은 제외한다(영39② 후단).

4. 공동기금의 인출

회계법인은 ⅰ) 회계법인에 소속된 공인회계사의 수가 100명 이상인 회계법인이 100명 미만인 회계법인에 해당하게 된 경우 기본적립금의 초과분(초과분 운용에 따른 수익금을 포함), ⅱ) 해당 회계법인의 적립금 총액이 적립한도의 110%를 넘게 된 경우 적립한도의 초과분에 상당하는 금액을 인출할 수 있다(영39⑥).

5. 공동기금의 양도 등

(1) 양도 및 담보제공 금지 등

공동기금을 적립한 회계법인은 한국공인회계사회에 적립한 공동기금을 양도하거나 담보로 제공할 수 없으며, 누구든지 이를 압류 또는 가압류할 수 없다(법32③).

(2) 양도 허용

회계법인은 정관에 정한 사유의 발생, 사원총회의 결의, 등록의 취소, 파산, 법원의 명령 또는 판결로 해산하는 경우 공동기금을 양도할 수 있다(영41①).

회계법인은 양도를 하는 경우 그 사유 발생일(승인이 필요한 경우에는 그 승인일)부터 3년이 지난 날("양도가능일") 이후 공동기금을 양도할 수 있다(영41② 본문). 다만, 양도가능일에 해당 회계법인의 손해배상책임과 관련한 소송이 진행 중인 경우에는 그 소송의 확정판결에 따른 공동기금의 지급이 종료된 날부터 양도할 수 있다(영41② 단서).

6. 공동기금의 적립시기

회계법인은 다음의 구분에 따른 기간에 기본적립금과 연간적립금을 공동기금으로 적립하여야 한다(영40). 즉 i) 기본적립금은 설립인가일부터 1년 이내에 적립하여야 한다. 다만, 사업연도 중에 공인회계사의 수가 증가하여 100명 이상이 된 경우에는 그 다음 사업연도 종료일 이내로 한다. ii) 연간적립금은 매 사업연도 종료일부터 3개월 이내에 적립하여야 한다.

Ⅱ. 공동기금의 지급 및 한도

1. 공동기금의 지급

한국공인회계사회는 회계법인이 회사 또는 제3자에 대한 손해배상의 확정판결을 받은 경우에는 해당 회사 또는 제3자의 신청에 따라 공동기금을 지급한다(법33①).

2. 공동기금 지급순서와 회계법인별 한도 등

한국공인회계사회는 공동기금을 지급할 때에는 그 손해배상의 원인을 제공한 회계법인("배상책임법인")이 적립한 공동기금을 우선 사용하여야 하며, 부족분에 대해서는 회계법인별 한도(회계법인이 한국공인회계사회에 공동기금 지급을 신청한 날의 직전 사업연도 말 적립금 총액의 2배) 내에서 다른 회계법인이 적립한 금액을 그 적립금액에 비례하여 사용한다(영42① 전단). 이 경우 회계법인별 한도 산정 시 손해배상공동기금 추가적립 명령(법29③(3))에 따른 추가적립금은 적립금 총액에서 제외한다(영42① 후단).

이에 따라 한국공인회계사회는 지급을 하는 경우 신청자별로 지급하여야 할 배상금액의 총계가 회계법인별 한도를 넘게 된 경우에는 회계법인별 한도 내에서 한국공인회계사회가 산정하는 기준에 따라 신청자에게 나누어 지급한다(영42②).

3. 신청자별 한도

신청자별 한도는 신청자의 손해배상 확정판결 금액과 3천만원 중 적은 금액으로 한다(법33②, 영42③).

4. 회계법인 연대책임의 범위

한국공인회계사회가 공동기금을 지급하는 경우 회계법인은 신청자별, 회계법인별 한도에서 연대책임을 진다(법33③).

5. 구상권과 보전

한국공인회계사회는 공동기금을 지급한 경우 그 지급의 원인을 제공한 해당 회계법인에 대하여 구상권을 가진다(법33④). 이에 따라 한국공인회계사회는 배상책임법인의 적립금 총액을 넘게 지급한 금액에 대하여 구상권을 행사한다(영42④).

한국공인회계사회는 구상한 경우 다른 회계법인이 적립한 공동기금의 사용분을 그 사용비율에 따라 우선하여 보전(補塡)한다(영42⑤).

6. 부족금액의 적립

한국공인회계사회가 공동기금을 지급을 한 결과 한국공인회계사회가 정하는 바에 따라 산정한 공동기금의 실질잔액이 기본적립금보다 적으면 한국공인회계사회는 회계법인으로 하여금 그 부족한 금액을 적립하게 할 수 있다(법33⑤).

이에 따라 한국공인회계사회는 공동기금의 사용으로 공동기금의 실질잔액이 기본적립금보다 적게 된 경우에 1년 이내의 기간을 정하여 해당 회계법인으로 하여금 그 부족한 금액을 적립하게 하여야 한다(영42⑥ 전단). 다만, 배상책임법인은 그 부족한 금액을 즉시 적립하여야 한다(영42⑥ 후단).

Ⅲ. 공동기금의 관리 등

1. 구분 관리 및 회계처리

한국공인회계사회는 공동기금을 회계법인별로 구분하여 관리하여야 하며, 한국공인회계사회의 다른 재산과 구분하여 회계처리하여야 한다(법34①).

2. 공동기금의 운용 및 관리

(1) 운용위원회 설치

한국공인회계사회는 공동기금의 운용·관리에 관한 사항을 심의·의결하기 위하여 공동기금운용위원회("위원회")를 둔다(시행규칙7①).

(2) 운용방법

한국공인회계사회는 공동기금을 ⅰ) 국채·공채, 그 밖에 위원회가 정하는 유가증권의 매입, ⅱ) 위원회가 지정하는 금융기관에의 예치, ⅲ) 그 밖에 금융위원회가 정하는 방법으로 운용한다(시행규칙7②).

(3) 수익금의 공동기금 적립

한국공인회계사회는 공동기금을 운용한 결과 수익금이 발생하는 경우 해당 사업연도에 그 수익금(공동기금을 운용하는 과정에서 발생한 비용을 제외한 금액)을 공동기금에 적립한다(시행규칙7③).

(4) 위원회의 구성과 운영

위원회의 구성과 운영, 그 밖에 공동기금 관리에 필요한 사항은 한국공인회계사회가 금융위원회의 승인을 받아 정한다(시행규칙7④).

3. 공동기금 관리현황 등의 보고

한국공인회계사회는 매년 7월말까지 해당 사업연도 공동기금의 관리 등에 관한 주요 사항을 금융위원회에 보고하여야 한다(시행규칙8).

4. 공동기금의 지급 시기 · 절차

한국공인회계사회는 회사 또는 제3자가 공동기금 지급을 신청하는 경우 신청한 날부터 다음 달 말일까지 공동기금을 지급하여야 하며(시행규칙9①), 공동기금을 지급하였을 때에는 그 사실을 금융위원회에 보고하여야 한다(시행규칙9②).

5. 공동기금의 반환

한국공인회계사회는 공동기금을 적립한 회계법인이 정관에 정한 사유의 발생, 원총회의 결의, 등록의 취소, 파산, 법원의 명령 또는 판결로 해산하는 경우 그 회계법인이 공동기금에 적립한 금액에서 한국공인회계사회가 공동기금의 지급에 따라 사용한 금액을 뺀 금액("공동기금 잔액")을 그 회계법인의 사원(해산 당시의 사원으로 한정)에게 반환한다(시행규칙10①).

한국공인회계사회는 공동기금 잔액을 반환의 사유가 발생한 날부터 3년이 지난 후에 반환한다(시행규칙10② 본문). 다만, 반환을 하려는 날에 손해배상책임과 관련된 소송의 판결이 확정되지 않은 경우에는 판결이 확정된 날(공동기금을 지급하는 경우에는 공동기금을 지급한 날) 이후에 반환한다(시행규칙10② 단서).

6. 공동기금관리에 대한 검사

금융위원회는 필요하다고 인정되는 경우 한국공인회계사회의 공동기금의 관리 등에 관하여 검사를 할 수 있다(법34③).

제3절 손해배상책임보험의 가입 등

Ⅰ. 손해배상책임보험의 가입과 연간적립금 적립 예외

회계법인은 다음의 손해배상책임보험, 즉 ⅰ) 보상한도가 그 회계법인에 소속된 공인회계사의 수에 5천만원을 곱하여 산출한 금액(그 산출금액이 30억원 미만인 경우에는 30억원) 이상인 보험, ⅱ) 사고 한 건당 보상한도와 회계법인의 자기부담금이 금융위원회의 승인을 받아 한국공인회계사회가 정하는 기준에 맞는 보험에 가입한 경우에는 공동기금 중 연간적립금을 적립하지 아니할 수 있다(법32① 단서, 영38①).

Ⅱ. 손해배상책임보험 가입의 통지

회계법인은 손해배상책임보험에 가입한 경우에는 증명서류를 갖추어 한국공인회계사회에 그 사실을 통지하여야 한다(영38②).

Ⅲ. 연간적립금의 반환

한국공인회계사회는 손해배상책임보험에 가입한 회계법인이 ⅰ) 회계법인이 가입한 손해배상책임보험이 가입 전에 발생한 손해배상책임을 보장하는 보험인 경우, ⅱ) 소멸시효 완성 등의 사유로 손해배상책임보험 가입 전에 발생한 손해배상책임이 소멸한 경우에는 그 회계법인이 적립한 연간적립금(연간적립금 운용에 따른 수익금을 포함)을 반환하여야 한다(영38③).

제4절 손해배상준비금

Ⅰ. 손해배상준비금의 적립

회계법인은 직무를 행하다가 발생시킨 위촉인(회계에 관한 감사·감정·증명·계산·정리·입안 또는 법인설립등에 관한 회계 직무를 행하는 경우에는 선의의 제3자를 포함)의 손해에 대한 배상책임(외부감사법 제31조에 따른 손해배상책임을 포함)을 보장하기 위하여 당해 사업연도 총 매출액의 2%에 해당하는 금액을 매 사업연도마다 손해배상준비금을 적립하여야 한다(공인회계사법28①, 동법 시행령20①).

Ⅱ. 적립한도

회계법인은 손해배상준비금을 직전 2개사업연도 및 당해 사업연도 총 매출액 평균의 10%에 해당하는 금액에 달할 때까지 적립하여야 한다(공인회계사법 시행령20②).

Ⅲ. 구상금액의 계상

회계법인은 손해배상준비금의 사용으로 이사 또는 소속공인회계사를 포함한 직원에게 구상권을 행사한 경우 그 구상한 금액을 손해배상준비금에 계상하여야 한다(공인회계사법 시행령20③).

Ⅳ. 용도제한

손해배상준비금은 금융위원회의 승인없이는 손해배상 외의 다른 용도에 사용할 수 없다(공인회계사법28②).

증권관련 집단소송

제1절 증권집단소송의 의의 및 입법취지

"증권관련 집단소송"이란 증권의 매매 또는 그 밖의 거래과정에서 다수인에게 피해가 발생한 경우 그중의 1인 또는 수인(數人)이 대표당사자가 되어 수행하는 손해배상청구소송을 말한다(증권관련 집단소송법2(1)). 증권관련 집단소송법("법")상의 증권관련 집단소송은 제외신고를 하지 아니한 구성원 전체에 기판력이 미치고 소송이익이 피해자 구성원 전체에 귀속된다는 점에서 선정당사자제도와 같으나 대표당사자는 미국의 Class Action과 같이 피해자 구성원의 선정행위 없이 소송을 수행한다는 점에서 선정당사자와 다르다. 1997년 외환위기가 발생하자 그 원인 중 하나가 기업지배구조의 불투명성이라는 진단이 있었고, 당시 외환위기를 극복하기 위하여 진행되었던 IMF 등과의 차관협상에서 차관제공의 조건으로 증권 분야에 집단소송을 도입할 것을 강력히 권유받자 각계에서 기업의 경영투명성 확대를 위한 주요 정책으로 증권관련 집단소송의 도입을 주장하여 증권관련 집단소송법이라는 이름으로 입법하게 되었는데 증권시장에서 발생하는 기업의 분식회계·부실감사·허위공시·주가조작·내부자거래와 같은 각종 불법행위로 인하여 다수의 소액투자자들이 재산적 피해를 입은 경우, 민사소송법상의 선정당사자제도나 상법상의 주주대표소송(상법403)으로는 소액투자자들이 손해배상청구의 소를 제기하기 어려울 뿐만 아니라 다수의 중복소송으로 인하여 기판력이 서로 저촉될 우려가 있으므로 소액투자자들의 집단적 피해를 보다 효율적으로 구제할 수 있도록 함과 동시에 기업경영의 투명성을 높이려는데 입법취지가 있다.[1]

제2절 증권관련 집단소송제도 개관

Ⅰ. 개념의 정의

1. 총원

"총원"이란 증권의 매매 또는 그 밖의 거래과정에서 다수인에게 피해가 발생한 경우 그 손해의 보전에 관하여 공통의 이해관계를 가지는 피해자 전원을 말한다(법2(2)). 총원의 범위는 피해기간(불법행위일부터 그 불법행위가 공표되기 전까지의 기간: class period), 증권 발행법인, 증권의 종류, 거래행위 유형 등의 요소를 고려하여, 법원에 의하여 최종 확정된다(법15②(4) 및 법27).

총원의 범위와 관련하여 피해기간 내에 증권을 취득하였다가 그 기간 내에 다시 처분한 사람도 총원에 포함되는지가 문제된다. 예컨대 시세조종으로 인한 피해기간 중 주식을 취득한 사람이 시세조종 사실이 밝혀지기 전에 그 주식을 처분한 경우 그 사람은 시세조종으로 인하여 형성된 가격에 기초하여 주식을 취득하였지만 여전히 시세조종으로 인하여 형성된 가격에 주식을 처분한 것이므로 시세조종으로 인한 실질적인 피해는 없었던 것으로 볼 수도 있기 때문이다. 그러나 불법행위 일반론에 의하면 불법행위로 인한 손해는 불법행위가 있었던 시점에 발생하는 것이므로 시세조종으로 인한 피해기간 중에 주식을 취득한 사람에

---

1) 강현중(2005), "증권관련집단소송법에 관한 연구", 법학논총 제17집(2005. 2), 40−41쪽.

게는 주식 취득시점에 손해가 발생하는 것이고, 그 후 그 주식을 처분한 시점이 시세조종이 밝혀지기 전인지 및 처분가격이 얼마인가는 손해액의 산정에서 고려되어야 할 문제이므로, 위와 같은 경우는 총원에는 포함된다고 보아야 할 것이다.[2]

2. 구성원

"구성원"이란 총원을 구성하는 각각의 피해자를 말한다(법2(3)). 총원이 구성원들의 집합체로서 피해기간, 청구의 원인이 되는 불법행위, 증권의 종류, 거래행위 유형 등에 의하여 그 범위를 정하는 추상적인 개념임에 반하여, 구성원은 총원을 구성하는 각각의 피해자로서 개별적인 특정이 가능한 구체화된 총원 개개인이라고 할 것이다. 증권관련 집단소송법은 총원에 대하여는 그 범위만 정하도록 하고 있을 뿐이고, 나머지 모든 절차는 특정된 구성원을 전제로 규율하고 있다. 즉 구성원의 대표당사자 선임신청(법10③), 소송허가요건으로 구성원이 50인 이상이고 구성원의 보유 유가증권의 합계가 발행증권총수의 1만분의 1 이상일 것(법12①), 구성원에 대한 고지(법18②), 구성원의 제외신고(법28), 구성원의 권리신고(법49) 등이 그것이다.

3. 대표당사자

"대표당사자"란 법원의 허가를 받아 총원을 위하여 증권관련 집단소송 절차를 수행하는 1인 또는 수인의 구성원을 말한다(법2(4)). 대표당사자는 제외신고를 하지 아니한 구성원들의 명시적인 위임 없이도 권리의무에 관한 소송수행권을 가진다는 점에서 특수한 유형의 제3자의 소송담당의 지위에 있다.

Ⅱ. 적용대상

증권관련 집단소송의 소는 ⅰ) 자본시장법 제125조(거짓의 기재 등으로 인한 배상책임)에 따른 손해배상청구, ⅱ) 자본시장법 제162조(거짓의 기재 등에 의한 배상책임, 다만 제161조에 따른 주요사항보고서의 경우는 제외)에 따른 손해배상청구,

---

2) 전원열(2005), "증권관련집단소송법 해설", 인권과정의 제345호(2005. 5), 70쪽.

iii) 자본시장법 제175조(미공개중요정보 이용행위의 배상책임), 제177조(시세조종의 배상책임) 또는 제179조(부정거래행위 등의 배상책임)에 따른 손해배상청구, iv) 자본시장법 제170조(회계감사인의 손해배상책임)에 따른 손해배상청구에 한정하여 제기할 수 있다(법3①). 다만, 이러한 손해배상청구는 자본시장법상 주권상장법인이 발행한 증권의 매매 또는 그 밖의 거래로 인한 것이어야 한다(법3②).

Ⅲ. 증권관련 집단소송절차

1. 소의 제기 및 대표당사자의 결정

대표당사자가 되기 위하여 증권관련 집단소송의 소를 제기하는 자는 소장과 소송허가신청서를 법원에 제출하여야 한다(법7①). 법원은 소장과 소송허가신청서가 제출된 사실을 한국거래소에 즉시 통보하여야 하며, 한국거래소는 그 사실을 일반인이 알 수 있도록 공시하여야 한다(법7④). 법원은 소장 및 소송허가신청서를 접수한 날부터 10일 이내에 ⅰ) 증권관련 집단소송의 소가 제기되었다는 사실, ⅱ) 총원의 범위, ⅲ) 청구의 취지 및 원인의 요지, ⅳ) 대표당사자가 되기를 원하는 구성원은 공고가 있는 날부터 30일 이내에 법원에 신청서를 제출하여야 한다는 사실을 공고하여야 한다(법10①). 법원은 증권관련 집단소송의 소가 제기되었다는 사실을 공고한 날로부터 50일 이내에 제7조 제1항에 따라 소를 제기하는 자와 제1항 제4호에 따라 신청서를 제출한 구성원 중 법 제11조(대표당사자 및 소송대리인의 요건)에 따른 요건을 갖춘 자로서 총원의 이익을 대표하기에 가장 적합한 자를 대표당사자로 선임하는 결정을 하여야 한다(법10④).

2. 소송허가절차

증권관련 집단소송 사건은 ⅰ) 구성원이 50인 이상이고, 청구의 원인이 된 행위 당시를 기준으로 그 구성원이 보유하고 있는 증권의 합계가 피고회사의 발행증권총수의 1만분의 1 이상일 것, ⅱ) 제3조(적용범위) 제1항 각 호의 손해배상청구로서 법률상 또는 사실상의 중요한 쟁점이 모든 구성원에게 공통될 것, ⅲ) 증권관련 집단소송이 총원의 권리 실현이나 이익 보호에 적합하고 효율적인 수단일 것, ⅳ) 제9조(소송허가신청서의 기재사항 및 첨부서류)에 따른 소송허가신청서

의 기재사항 및 첨부서류에 흠이 없을 것의 요건을 갖추어야 한다(법12①). 대표
당사자는 소송허가 신청의 이유를 소명하여야 한다(법13①). 그런데 법원은 단순
히 제기된 사실의 소명에 그치지 않고 본안에 준해서 실질적으로 심사하려는 경
향이 있는 것으로 보인다. 그러나 집단소송에 참여하지 않는 투자자들에게 미치
는 기판력의 효과를 고려하더라도 집단소송의 허가절차를 사실상 본안에 준해서
지나치게 엄격하게 운용하는 것은 바람직하지 않다. 남소를 우려하는 입장이 있
지만 증권관련 집단소송법이 시행된 이후 10년 지난 지금까지 제기된 증권관련
집단소송이 몇 건에 불과한 것에 비추어 보면, 우리나라의 경우에는 남소를 우려
할 상태가 아니고 집단소송제도의 도입 취지를 살려 집단소송 등 민사적 구제수
단의 강화를 추진해야 할 상황이 아닌가 생각한다.[3] 법원은 소를 제기하는 자와
피고를 심문하여 증권관련 집단소송의 허가 여부에 관하여 재판을 하며(법13②),
필요한 경우에는 감독기관으로부터 손해배상청구 원인행위에 대한 기초조사 자
료를 제출받는 등 직권으로 필요한 조사를 할 수 있다(법13③).

미국의 경우 일단 허가가 이루어지면 막대한 손해배상과 주가하락 및 소송
비용부담을 우려한 피고 회사에 의하여 화해안이 제시되어 화해가 이루어지는
것이 대부분인데, 우리나라의 경우에도 그렇게 될 가능성이 어느 정도는 있다.
그러므로 이 허가신청절차는 어떤 의미에서는 본안절차보다 더 중요하다고 할
수 있다. 따라서 법원으로서는 허가신청에 대하여 신속하고도 정확한 판단을 내
릴 필요가 있다.[4]

3. 소송절차

법원은 필요하다고 인정할 때에는 직권으로 증거조사를 할 수 있고(법30),
구성원과 대표당사자를 신문할 수 있다(법31). 손해배상액의 산정에 관하여 자본
시장법이나 그 밖의 다른 법률에 규정이 있는 경우에는 그에 따른다(법34①). 그
러나 법률의 규정이나 증거조사를 통하여도 정확한 손해액을 산정하기 곤란한
경우에는 여러 사정을 고려하여 표본적·평균적·통계적 방법 또는 그 밖의 합리
적인 방법으로 손해액을 정할 수 있다(법34②). 증권관련 집단소송의 경우 소의

---

3) 김홍기(2012), "우리나라 증권관련집단소송의 현황과 개선과제", 경제법연구 제11권 제2
호(2012. 12), 80쪽.
4) 전원열(2005), 77쪽.

취하, 소송상의 화해 또는 청구의 포기는 법원의 허가를 받지 아니하면 효력이 없다(법35①). 상소의 취하 또는 상소권의 포기에 관해서도 법원의 허가를 받아야 한다(법38). 확정판결은 제외신고를 하지 아니한 구성원에 대하여도 그 효력이 미친다(법37).

4. 분배절차

분배에 관한 법원의 처분·감독 및 협력 등은 제1심 수소법원의 전속관할이다(법39). 법원은 직권으로 또는 대표당사자의 신청에 의하여 분배관리인을 선임하여야 한다(법41①). 분배관리인은 분배계획안을 작성하여 법원에 제출하여야 하며(법42①), 법원은 분배계획안이 공정하고 형평에 맞는다고 인정하면 결정으로 이를 인가하여야 한다(법46①). 증권관련 집단소송법이 정하는 분배절차를 요약하면, 판결절차에서의 손해산정은 집단을 전제로 총액 개념으로 산정하고(개별적인 구성원 및 권리내역은 검토하지 않는다), 구성원의 개별적인 몫은 구성원의 권리신고를 받아 결정한 후 별도의 분배절차에 의하여 결정한다는 것이다. 즉 증권관련 집단소송법은 기본적으로 개별 집행을 금지하고 대표당사자만을 집행권원의 주체로 하고 있다. 또한 이 법은 법원에 의하여 선임되는 분배관리인이라는 제도를 두고 있어, 이 분배관리인이 분배계획안을 작성하여 법원으로부터 인가를 받도록 하고 있다. 구성원은 분배계획안이 정하는 바에 따른 권리신고를 하고, 관리인은 이를 확인하여야 하며, 관리인은 분배기간 경과 후 분배보고서를 법원에 제출하고, 종료 후에는 분배종료보고서를 제출하여야 한다. 이러한 분배절차는 파산절차나 회사 회생절차와 유사하다고 할 수 있다.[5]

제3절 증권관련 집단소송에서의 소송허가

Ⅰ. 서설

증권관련 집단소송은 민사소송과 달리 소송허가를 받아야 소송이 유지될

---

5) 전원열(2005), 80쪽.

수 있다. 따라서 소송이 불허가되면 소제기가 없는 것으로 보아서 소송대리인의 선임, 소장의 제출, 인지액의 납입등 일련의 소송행위는 그 효력을 상실한다. 그러므로 소를 제기하는 자나 그 소송대리인은 소송불허가 결정이 나면 경제적, 시간적 손해를 입게 되므로 소송허가를 받기 위하여 노력할 것이고, 한편 소송허가결정이 확정되면 피고도 상당한 배상금을 지급할 가능성이 있기 때문에 소송불허가 결정을 이끌어 내기 위하여 노력한다. 소송허가신청의 개략적인 절차는 다음과 같다. 먼저 대표당사자가 되기 위하여 소를 제기하는 자는 소장과 소송허가신청서를 동시에 법원에 제출하여야 하고, 소장 및 소송허가신청서가 제출된 사실을 법원이 한국거래소 등에 즉시 통보하여 일반인이 알 수 있도록 하였다. 그리고 법원은 소송허가신청의 이유를 대표당사자로 하여금 소명하도록 함으로써 허가신청사유의 타당성을 판단하여 소송허가 여부를 결정한다. 그리고 법원은 대표당사자가 되기 위하여 신청한 자 중에서 총원의 이익을 가장 적절히 대표하는 자를 대표당사자로 선임한다. 소송허가신청이 경합된 경우에는 병합처리하고, 소송허가결정을 할 때에는 소송비용의 예납을 명하며, 허가결정이 확정된 때에는 구성원에게 그 사실을 지체 없이 고지하여야 한다. 허가결정에 불복하는 피고와 불허가결정에 불복하는 대표당사자는 모두 즉시항고를 할 수 있다.[6]

II. 소송허가의 기본구조

1. 허가의 구조

증권관련 집단소송은 먼저 법원이 허가 여부를 심리하여 허가결정을 한 후 비로소 본안심리를 하게 된다. 즉 대표당사자가 되기 위하여 증권관련 집단소송을 제기하는 자는 소장과 소송허가신청서를 함께 법원에 제출하여야 하고(법7①), 법원은 이를 공고하여 일정한 절차에 따라 대표당사자를 선정한 다음(법10), 대표당사자와 소송대리인 요건(법11) 및 소송허가 요건(법12)을 충족하는 경우에 소송허가 결정을 하며(법15), 법원의 허가결정이 있은 후에 본안심리에 착수한다. 따라서 법원의 심리대상은 허가 전에는 집단소송의 허가 여부이고, 허가 이후에

---

6) 최정식(2008), "증권관련집단소송법의 개선방안에 관한 고찰", 저스티스 통권 제102호, 한국법학원(2008. 2), 158-159쪽.

는 본안의 당부이다.

소송허가절차와 본안소송절차의 두 기능과 관련하여 이를 별개의 법원에 담당시킬 것인가, 아니면 동일한 법원에 담당시킬 것인가 하는 것이 문제된다. 이원주의적 구조를 취하는 경우 심리의 중복을 야기하는 등 소송경제상 비효율적이므로, 증권관련 집단소송법은 일원적 허가신청절차를 채택하고 있다. 따라서 허가법원과 수소법원을 동일한 법원이 담당하게 되므로 집단소송을 제기하는 자는 제소와 함께 같은 법원에 소송허가신청서도 제출하게 되고 법원은 허가 여부를 먼저 심리하여 허가결정을 한 후 비로소 본안심리에 착수한다.[7]

2. 허가의 목적

법원의 허가를 먼저 받도록 한 것은 집단소송의 특성상 법원에 적절한 판단재량을 부여하여 남소를 방지하기 위한 것이다. 이 목적을 살리기 위하여 증권관련 집단소송법은 대표당사자, 소송대리인 및 소송사건에 관한 허가요건(법11 및 법12)을 규정하고, 이를 법원으로 하여금 판단하도록 하고 있다. 소송허가제도는 원고측은 물론 피고의 이해에도 영향을 미치는 절차이다. 따라서 대표당사자에게 반드시 소송허가신청의 이유를 소명하도록 하고(법13①), 대표당사자뿐만 아니라 피고도 심문함으로써(법13②), 피고로 하여금 스스로 제소에 따른 불이익을 방어할 수 있도록 하고 있다. 왜냐하면 피고는 집단소송의 제기만으로도 사회적·경제적 신뢰에 막대한 타격을 입을 우려가 있기 때문이다. 이러한 의미에서 소송허가절차는 원래 집단소송의 남용을 막는데 그 목적이 있지만, 이와 더불어 피고의 이익을 보호하는 데도 그 취지가 있다고 본다.[8]

Ⅲ. 소송허가요건

1. 의의

증권관련 집단소송법은 허가요건으로 대표당사자, 소송대리인, 소송사건에 관한 각 요건을 규정하고 이를 갖출 것을 요구하고 있다(법11 및 법12). 즉 소송

---

7) 박휴상(2005), "증권관련 집답소송상 소송허가제도에 관한 고찰", 법학논총 제25집(2005. 12), 225–226쪽.
8) 박휴상(2005), 226쪽.

허가를 받으려면 대표당사자에게는 총원의 이익을 위한 공정하고 적절한 대표성(법11①)을, 소송대리인에게도 총원의 이익을 위한 공정하고 적절한 대리(법11②)를, 소송사건에 관하여는 다수성·공통성·적합성 등의 요건(법12)이 충족되어야 한다. 소송허가는 원고와 피고 쌍방의 이해관계에 직접적으로 영향을 미치는 중요한 절차이므로 증권관련 집단소송법은 소송허가요건의 충족 여부를 신중히 판단할 수 있도록 직권주의를 강화하고 있다. 대표당사자에게 반드시 소송허가신청의 이유를 소명하도록 하고 있으며(법13①), 법원으로 하여금 소를 제기한 자뿐만 아니라 피고에 대하여도 반드시 심문하도록 하고(법13②), 직권으로 필요한 조사를 할 수 있도록 함으로써(법13③) 소송허가요건의 충족 여부를 신중히 결정하도록 하고 있다.

2. 대표당사자의 요건

대표당사자가 되고자 하는 자는 소장과 소송허가신청서를 법원에 제출하게 되는데(법7①), 대표당사자는 소송허가신청서에 일정한 사항을 진술한 문서를 첨부하여야 한다(법9②). 대표당사자는 구성원 중 그 집단소송으로 인하여 얻을 수 있는 경제적 이익이 가장 큰 자 등 총원의 이익을 공정하고 적절히 대표할 수 있는 구성원이어야 하며(법11①), 최근 3년간 3건 이상의 증권관련 집단소송에 대표당사자로 관여하였던 자는 증권관련 집단소송의 대표당사자가 될 수 없다(법11③).

대표당사자는 직접 집단소송에 참여하지 않는 구성원의 소송 담당자로서 그들의 이익을 대변하는 기능을 수행하여야 하므로 총원의 이익을 공정하고 적절히 대표할 수 있는 구성원이어야 함은 당연하다. 다만 어떠한 구성원이 총원의 이익을 공정하고 적절히 대표할 수 있는 자인지는 구체적인 사정을 종합하여야 판단할 수 있을 것인바, 증권관련 집단소송법은 그 일응의 기준으로 "경제적 이익이 가장 큰 자"를 제시하고 있다. 최근 3년간 3건 이상의 증권관련 집단소송에 대표당사자로 관여한 자를 대표당사자에서 배제하는 이유는 증권관련 집단소송을 전문적으로 수행하는 직업적 원고(professional plaintiff)의 출현을 방지하기 위한 것이다. 그러나 3년간 3건의 제한은 소송대리인의 범위에 제한으로 작용할 수 있으며, 강력한 제소억제장치로 작용할 염려가 있다. 이는 증권관련 집단소송의 남용방지가 아니라 지나친 제한이라는 비판을 받을 수 있다. 따라서 그 제한을

완화하는 것이 필요하다는 견해가 있다.[9][10)

구성원의 이익을 공정하고 적절하게 보호하려는 대표당사자의 능력과 의지에 따라 대표당사자의 적절성 여부가 가려질 것이다. 따라서 대표당사자는 성실하게 소송을 수행하여야 함은 물론 효율적으로 변호사를 감독하여야 한다. 그러므로 대표당사자는 최소한 당해 사건의 사실 및 법률적인 기본 쟁점은 파악해야 하고 변호사와 잦은 접촉을 통하여 소송의 흐름을 파악하여야 한다. 그렇다고 하더라도 대표당사자가 사건의 사실적, 법률적인 쟁점을 세세하고 정확하게 알고 있어야 할 필요까지는 없다. 이처럼 대표당사자는 사건에 대한 기본적인 지식과 최소한의 감시능력을 가져야 하므로, 당해 소송의 청구취지와 원인을 전혀 알지 못하거나, 대표당사자의 의무를 소홀히 하면 그는 대표당사자로서 부적절하다. 이와 같은 대표당사자의 적절성은 대표당사자를 선임할 때에 한정되지 않고, 소송을 수행하는 과정에서도 필요하다.[11)

증권관련 집단소송은 대표당사자가 다수의 피해자를 대표하여 소송을 제기하는 것이고, 남소를 방지하기 위해서 소송허가절차가 있음을 감안하여 대표당사자의 제소에 따른 위험을 줄여주기 위한 특칙이 필요하다. 현행과 같이 5,000만원까지 부담하도록 하고 있는 인지대의 상한을 낮추고, 고지비용과 공고비용을 줄이기 위해서 현행과 같이 고지와 공고를 병행하도록 하고 있는 것을 선택적으로 행할 수 있도록 하는 등 소송비용을 줄이기 위한 제도개선과 더불어 대표당사자가 패소하는 경우에도 선의로 소송을 제기한 경우에는 소송비용의 부담을 하지 않도록 하는 특칙 마련이 필요하다는 견해가 있다.[12)

---

9) 신종석(2009), "증권관련집단소송에 관한 연구", 법학연구 제34집(2009. 5), 212쪽.
10) 이와 같은 규정은 우리나라의 현실에 부합하지 못하고 증권관련 집단소송의 제기를 억제하고 있다. 우리나라에서는 증권시장 등 전문적인 영역에서 소액투자자들을 대리할 수 있는 전문성을 갖춘 변호사들은 많지가 않다. 전문성이 있는 대부분의 변호사들은 금융회사나 대규모 투자자들을 위해서 일하고 있으며, 장기간의 소송기간을 감내하고 스스로 소송비용을 부담하면서까지 소액투자자들을 대리할 수 있는 소송대리인은 극히 한정적이다. 또한 증권관련분야에 대한 전문성을 함양할 기회가 위 규정으로 인하여 제한되는 부작용이 있다.
11) 김성태(2010), "증권관련 집단소송에 있어서 대표당사자에 대한 연구", 숭실대학교 법학논총 제24집(2010. 7), 205쪽.
12) 김주영(2007), "증권관련집단소송제의 미활성화, 그 원인, 문제점 및 개선방안", 기업지배구조연구 winter(2007), 63쪽.

3. 소송대리인의 요건

증권관련 집단소송의 원고와 피고는 변호사를 소송대리인으로 선임하여야
한다(법5①). 변호사강제주의를 채택한 것은 증권관련 집단소송의 공익적·전문
적 성격을 감안한 것으로, 집단소송의 대표당사자는 비록 자신이 변호사로서의
자격이 있다 하더라도 스스로 집단의 소송대리인이 될 수는 없으며, 반드시 타인
을 변호사로 선임하여야 한다. 또한 원고가 소송대리인을 선임하지 않는다면 법
원은 소송불허가 결정을 하면 되겠지만, 피고가 소송대리인을 선임하지 않는 경
우에는 문제이다. 피고가 소송대리인을 선임하지 않는다는 이유로 절차를 진행
하지 않는다면 이는 원고측에게 부당한 불이익을 부과하는 것이므로, 법원으로
서는 소송대리인의 선임을 촉구하는 등의 조치를 취하여도 피고가 계속 소송대
리인을 선임하지 않는다면 피고의 소송대리인이 없는 상태로 절차를 진행할 수
밖에 없을 것이다.

증권관련 집단소송의 대상이 된 증권을 소유하거나, 그 증권과 관련된 직접
적인 금전적 이해관계가 있는 등의 사유로 이 법에 따른 소송절차에서 소송대리
인의 업무를 수행하기에 부적절하다고 판단될 정도로 총원과 이해관계가 충돌되
는 자는 증권관련 집단소송의 원고측 소송대리인이 될 수 없다(법5②)

한편 소송의 특성을 감안하여 원고측 소송대리인에게 다음과 같은 일정한
자격을 요구한다. 원고측 소송대리인은 총원의 이익을 공정하고 적절하게 대표
할 수 있어야 한다(법11②). 소송대리인에게 이 요건을 요구한 것은 소송대리인이
실제로 소송을 주도하게 될 것임을 고려한 것이며, 소송허가신청서에 소송대리
인의 경력을 기재하도록 규정(법9①(5))한 것도 이 요건을 판단함에 있어 참작하
기 위한 것이다.[13] 또한 과거 대부분의 미국 법원들은 가장 먼저 소장을 제출하
는 변호사를 집단의 대표변호사로 선정한 바 있는데, 이러한 관례에 대하여 불충
분한 조사에도 불구하고 소를 제기하도록 하는 것으로 소장을 먼저 제출하는 것
이 변호사의 대표성을 나타내는 충분한 장치가 될 수 없다는 강력한 비판이 제
기되어 결국 대표당사자로 하여금 법원의 승인하에 집단을 대표할 변호사를 선
정할 수 있도록 함으로써 최초로 소장을 제출한 변호사가 궁극적으로 집단의 변

---

13) 법무부(2001),「증권관련집단소송법 시안 해설」(2011. 11).

호사가 될 것이라는 점을 부정하고, 법원의 심사를 통하여 공정하고 적절하게 집단을 대표할 수 있는 변호사를 선정하도록 한 것이다.[14]

4. 소송사건의 요건

증권관련 집단소송 사건은 다음과 같은 소송허가요건을 구비하여야 한다(법12①). 첫째, 구성원이 50인 이상이고(다수성), 둘째, 제3조 제1항 각호의 손해배상청구로서 법률상 또는 사실상의 중요한 쟁점이 모든 구성원에게 공통되어야 하며(공통성), 셋째, 증권관련 집단소송이 총원의 권리실현이나 이익보호에 적합하고 효율적인 수단이어야 하고(적합성), 넷째, 제9조 규정에 의한 소송허가신청서의 기재사항 및 첨부서류에 흠결이 없을 것을 요구하고 있다.

다수성 요건과 관련, 구성원이 50인 이상이고, 청구의 원인이 된 행위 당시를 기준으로 그 구성원이 보유하고 있는 증권의 합계가 피고 회사의 발행 증권 총수의 1만분의 1 이상이어야 한다(법12①(1)). 다만 증권관련 집단소송의 소가 제기된 후 구성원이 50인 미만으로 감소하거나 구성원의 보유 유가증권의 합계가 1만분의 1 미만으로 감소하는 경우에도 제소의 효력에는 영향이 없다(법12②). 공통성 요건 관련, 증권관련 집단소송 사건은 제3조 제1항 각호의 손해배상청구로서 법률상 또는 사실상의 중요한 쟁점이 모든 구성원에게 공통되어야 한다(법12①(2)). 공통성을 판단함에 있어서는 한 가지의 중요한 공통문제만 있으면 충분하지만, 이러한 공통된 쟁점은 공통되지 아니한 문제들보다는 비중이 훨씬 커야 할 것이다. 그리고 법문상 "제3조 제1항의 손해배상청구"라고 명시하고 있으므로 집단소송의 대상이 되는 각각의 손해배상청구별로 공통성이 요구된다고 할 것이다. 적합성 요건 관련, 증권관련 집단소송은 총원의 권리실현이나 이익보호에 적합하고 효율적인 수단이어야 한다(법12①(3)). 이 적합성은 증권관련 집단소송에 의하는 것이 각 피해자의 개별소송, 공동소송이나 선정당사자제도에 의한 소송보다 총원의 피해구제에 적합하고 효율적인 수단이어야 한다는 것을 의미한다. 집단 구성원의 수가 50인 이상이어서 다수성의 요건을 충족한다고 하더라도 증권관련 집단소송에 의하는 것보다 피해자 각자가 개별소송이나 공동소송에 의하는 것이 오히려 피해구제에 적합할 때에는 이 요건을 충족하지 못하게 된다. 그

---

14) 강현중(2005), 59쪽.

러므로 이 요건은 위 다수성·공통성의 요건을 포괄하여 집단소송의 본질적·실질적 요건을 제시한 것으로서, 이를 판단함에 있어서는 집단 구성원수에 관계없이 공동소송으로 소송진행을 하는 것이 적합하지 못할 정도로 상당한 다수인지, 대표당사자의 청구가 집단 구성원들의 청구와 비교하여 전형적인 것인지 등을 고려해야 할 것이다. 위 다수성·공통성·적합성의 요건 외에 소송허가신청서의 기재사항 및 첨부서류에 흠결이 없을 경우 증권관련 집단소송의 소송허가요건을 모두 갖추게 된다(법12①(4)).

Ⅳ. 소송허가절차

1. 허가절차

증권관련 집단소송에 대한 법원의 허가절차는 결정으로 신속히 처리되는 재판이므로 반드시 구두변론을 필요로 하는 것은 아니다(민사소송법134). 그러나 이 재판은 본안소송을 심리하기 위한 요건으로서, 원고를 비롯한 집단 구성원이나 피고 쌍방의 이해와 직접적으로 관계되는 중요한 절차이므로 증권관련 집단소송법은 이에 관하여 직권주의를 강화하고 있다. 대표당사자는 반드시 소송허가신청의 이유를 소명하여야 한다(법13①). 집단 구성원들 대부분이 허가절차에 관여하지 않기 때문에 대표당사자로 하여금 신청이유를 소명하도록 한 것이다. 이는 증명이 아니라, 소명이므로 소명방법으로 제출한 서증은 원본이 아닌 사본이라도 그 증거능력을 부인할 수 없다. 또한 증권관련 집단소송을 허가할 것인지 여부에 관한 재판을 함에 있어서 법원은 소를 제기한 자뿐만 아니라 반드시 피고에 대하여도 심문하지 않으면 안 된다(법13②). 이때 소를 제기한 자와 대표당사자로 선임된 자가 다를 수 있으므로, 소를 제기한 자 이외의 자가 대표당사자로 선임된 경우에는 그 대표당사자를 심문할 수 있도록 하였다(증권관련집단소송규칙 제8조, 이하 "규칙"이라 한다). 이와 같이 피고를 반드시 심문하도록 한 것은 일단 집단소송이 제기되면 피고의 사회적, 경제적 신뢰 등에 큰 타격을 가할 염려가 있기 때문에 피고를 심문하여 불이익을 방어할 수 있는 기회를 주기 위한 것이다. 법원은 집단소송의 허가 여부의 재판을 함에 있어서 손해배상청구의 원인이 되는 행위를 감독·검사하는 기관으로부터 손해배상청구 원인행위에 대한 기초조사 자료를 제출받는 등 직권으로 필요한 조사를 할 수 있다(법13③). 이와 같은 원고의 소명자료, 당사자심문 및 직권조사 등을 통하여 중요한 쟁점, 대표당사자나 소송대리인의 적격요건, 허가요건, 총원의 범위 등에 관한 판단자료가 집적되면 법원은 집단소송의 허가 여부를 결정으로 재판하게 된다.

2. 경합허가신청의 처리

동일한 분쟁에 관하여 수개의 증권관련 집단소송의 허가신청서가 동일한 법원 또는 각각 다른 법원에 제출된 경우 법원은 이를 병합심리하여야 한다(법14). 소송허가신청이 병합심리되면 본안소송절차도 병합심리됨은 물론이다. 이와 같이 동일분쟁에 관한 수개의 소송허가신청사건을 필요적으로 병합하도록 규정한 것은 분쟁의 일회적 해결을 통하여 소송경제 및 재판결과의 통일을 꾀하기 위한 것이다. 병합심리의 대상은 동일한 분쟁이어야 하므로 소송허가요건 중 일부만을 공통으로 하고 나머지 요건을 구비하지 못한 경우는 집단소송 자체가 허가되지 아니하므로 병합심리나 관할법원의 지정문제가 발생하지 아니한다.

병합심리를 하는 경우 법원은 소를 제기한 자(법7①), 대표당사자 선임신청서를 제출한 구성원(법10①(4)) 또는 대표당사자들의 의견을 들어 소송을 수행할 대표당사자 및 소송대리인을 정할 수 있다(법14④). 병합심리의 경우 다수의 대표당사자 및 소송대리인이 필수적이어서 법원의 심리가 복잡해지고 소송이 비효율적으로 진행될 수밖에 없다. 따라서 효율적인 소송진행을 위해서 법원이 임의적으로 소송을 수행할 대표당사자 및 소송대리인을 정할 수 있도록 한 것이다. 이와 같이 소송을 수행할 대표당사자 및 소송대리인으로 지정된 자는 병합된 사건 전체의 대표당사자 및 소송대리인이 된다(규칙12①). 위 직근상급법원의 심리법원 지정결정(법14②)과 소송을 수행할 대표당사자나 소송대리인 지정결정(법14④)에 대하여는 절차의 지연을 방지하기 위하여 불복을 할 수 없도록 하고 있다(법14⑤).

3. 소송허가 및 불허가의 결정

(1) 소송허부결정과 불복절차

법원은 적용범위(법3), 대표당사자 및 소송대리인의 요건, 소송허가요건에 적합한지 여부를 판단하여 결정으로 소송을 허가하거나 불허가한다(법15①). 증권관련 집단소송의 허가결정서에는 대표당사자와 그 법정대리인, 원고측 소송대리인, 피고, 총원의 범위, 주문, 이유, 청구의 취지 및 원인의 요지, 제외신고서의 기간과 방법, 고지·공고·감정 등에 필요한 비용의 예납에 관한 사항, 그 밖의 필요한 사항을 기재하여야 한다(법15②). 소송허가결정이나 소송불허가 결정을 하면 대표당사자 및 피고에게 그 결정등본을 송달하여야 한다(규칙14). 이는 즉시항고기간을 명백히 하기 위한 것이다. 법원은 집단소송의 허가 여부를 결정함에 있어서 당사자가 신청한 대로만 허가결정을 할 수 있는 것이 아니라 청구내용을 수정하여 허가할 수 있다. 그리하여 법원이 상당하다고 인정하는 때에는 직권으로 총원의 범위를 조정하여 허가할 수 있는 것으로 하였다(법15③). 집단소송 허가 및 불허가 결정과 총원의 범위 조정결정에 대하여는 즉시항고를 할 수 있다(법15④, 법17①). 증권관련 집단소송이 불허가 결정되면 허가신청과 함께 제기한 본안소송은 어떻게 될 것인지 문제된다. 이에 관하여 증권관련 집단소송법은 불허가결정이 확정된 때에는 증권관련 집단소송의 소가 제기되지 아니한 것으로 보고 있다(법17②). 소송불허가 결정이 확정되면 시효중단의 효력이 문제되는데, 이에 관하여는 별도의 규정을 두고 있다. 즉 불허가결정이 확정된 때로부터 6월 이내에 그 청구에 관하여 소가 제기되지 아니한 경우에는 시효중단의 효력은 소멸한다(법29(1)).

(2) 소송허가결정의 고지

소송허가결정이 확정되면 법원은 구성원 모두에게 개별 고지함과 아울러 전국을 보급지역으로 하는 일간신문에 이를 게재하여야 한다. 즉 소송허가결정이 확정된 때에는 지체 없이 대표당사자와 그 법정대리인의 성명·명칭 또는 상호 및 주소, 원고측 소송대리인의 성명·명칭 또는 상호 및 주소, 피고의 성명·명칭 또는 상호 및 주소, 총원의 범위, 청구의 취지 및 원인의 요지, 제외신고의 기간과 방법, 제외 신고를 한 자는 개별적으로 소를 제기할 수 있다는 사실, 제외신고를 하지 아니한 구성원에 대하여는 증권관련 집단소송에 관한 판결 등의 효력이 미친다는 사실, 제외신고를 하지 아니한 구성원은 증권관련 집단소송의 계속 중에 법원의 허가를 받아 대표당사자가 될 수 있다는 사실, 변호사 보수에 관한 약정, 그 밖에 법원에 필요하다고 인정하는 사항을 구성원 모두에게 주지시킬 수 있는 적당한 방법으로 대법원규칙이 정하는 방법에 따라 고지하고, 그 고지내용은 전국을 보급지역으로 하는 일간신문에 게재하여야 한다(법18).

고지에 의하여 구성원들은 제소된 집단소송을 이용하여 자신의 피해를 충분히 구제받을 수 있도록 노력하거나, 아니면 집단소송이 자신의 피해구제에 부적합한 때에는 그 판결 등의 기판력을 배제하기 위하여 제외신고를 하게 된다. 따라서 소송허가결정의 고지는 구성원들에게 자신의 권리를 적절히 보호할 수 있는 기회를 주는 제도라는 점에서 집단소송에 있어서 중요한 요소라고 할 것이다.15)

(3) 소송허가결정의 통보

법원은 증권관련 집단소송을 허가하는 경우 위 소송허가결정의 고지사항(법18①)을 지정거래소에 즉시 통보하여야 하며(법19①), 이 통보를 받은 지정거래소는 그 내용을 일반인이 알 수 있도록 공시하여야 한다(법19②). 이와 같이 지정거래소에 즉시 통보하도록 한 것은 지정거래소가 자체 통신망을 활용하여 각 증권회사나 증권투자자들에게 이를 전파하여 피해자들에게 권리보호의 기회를 주고 그 밖의 이해관계 있는 일반인들에게도 증권관련 집단소송의 제기로 인한 간접적 피해를 입지 않도록 배려한 것이다.

---

15) 박휴상(2005), 243쪽.

형사제재

제
1
장

서 설

제1절 구외부감사법 규정과 문제점

상법 제401조의2[1] 및 제635조 제1항[2]에 규정된 자나 그 밖에 회사의 회계업무를 담당하는 자가 회계처리기준을 위반하여 거짓으로 재무제표 또는 연결재무제표를 작성·공시한 경우 7년 이하의 징역 또는 7천만원 이하의 벌금에 처한다(구법20①). 또한 상법 제401조의2 및 제635조 제1항에 규정된 자, 그 밖에 회사의 회계업무를 담당하는 자, 감사인 또는 그에 소속된 공인회계사나 감사 또는 감리업무와 관련하여 감사인 또는 감사인에 소속된 공인회계사를 보조하거나 지

---

1) 상법 제401조의2(업무집행지시자 등의 책임)에 규정된 자는 ⅰ) 업무집행지시자: 회사에 대한 자신의 영향력을 이용하여 이사에게 업무집행을 지시한 자, ⅱ) 무권대행자: 이사의 이름으로 직접 업무를 집행한 자, ⅲ) 표현이사: 이사가 아니면서 명예회장·회장·사장·부사장·전무·상무·이사 기타 회사의 업무를 집행할 권한이 있는 것으로 인정될 만한 명칭을 사용하여 회사의 업무를 집행한 자를 말한다(상법401의2①).
2) 상법 제635조(과태료에 처할 행위)에 규정된 자는 회사의 발기인, 설립위원, 업무집행사원, 업무집행자, 이사, 집행임원, 감사, 감사위원회 위원, 외국회사의 대표자, 검사인, 공증인, 감정인, 지배인, 청산인, 명의개서대리인, 사채모집을 위탁받은 회사와 그 사무승계자 또는 직무대행자를 말한다(상법635①).

원하는 자가 일정한 행위를 하면 5년 이하의 징역 또는 5천만원 이하의 벌금에 처한다(구법20②).

위의 형사제재 규정상 법정형이 7년 이하 징역 또는 7천만원 이하의 벌금과 5년 이하의 징역 또는 5천만원 이하의 벌금으로 규정한 것은 형이 지나치게 낮다는 지적을 받아 왔다. 특히 벌금형의 상한이 매우 낮아 실효성이 없다는 비판을 받아왔다.

제2절 신외부감사법상의 개정내용

상법 제401조의2 제1항3) 및 제635조 제1항4)에 규정된 자나 그 밖에 회사의 회계업무를 담당하는 자가 회계처리기준을 위반하여 거짓으로 재무제표를 작성·공시하거나 감사인 또는 그에 소속된 공인회계사가 감사보고서에 기재하여야 할 사항을 기재하지 아니하거나 거짓으로 기재한 경우에는 10년 이하의 징역 또는 그 위반행위로 얻은 이익 또는 회피한 손실액의 2배 이상 5배 이하의 벌금에 처한다(법39①). 회계부정을 저지른 회사의 이사 등 및 회계담당자 등에 대해 징역형 및 벌금형의 벌칙을 상향조정하여 제재수준을 강화하였다.

또한 위 제1항에도 불구하고 회계처리기준을 위반하여 회사의 재무제표상 손익 또는 자기자본 금액이 자산총액의 일정 비중에 해당하는 금액만큼 변경되는 경우에는 [1. 재무제표상 변경된 금액이 자산총액의 10% 이상인 경우에는 무기 또는 5년 이상의 징역에 처한다. 2. 재무제표상 변경된 금액이 자산총액의 5% 이상으로서 제1호에 해당하지 아니하는 경우에는 3년 이상의 유기징역에 처한

---

3) 상법 제401조의2(업무집행지시자 등의 책임)에 규정된 자는 ⅰ) 업무집행지시자: 회사에 대한 자신의 영향력을 이용하여 이사에게 업무집행을 지시한 자, ⅱ) 무권대행자: 이사의 이름으로 직접 업무를 집행한 자, ⅲ) 표현이사: 이사가 아니면서 명예회장·회장·사장·부사장·전무·상무·이사 기타 회사의 업무를 집행할 권한이 있는 것으로 인정될 만한 명칭을 사용하여 회사의 업무를 집행한 자를 말한다(상법401의2①).
4) 상법 제635조(과태료에 처할 행위)에 규정된 자는 회사의 발기인, 설립위원, 업무집행사원, 업무집행자, 이사, 집행임원, 감사, 감사위원회 위원, 외국회사의 대표자, 검사인, 공증인, 감정인, 지배인, 청산인, 명의개서대리인, 사채모집을 위탁받은 회사와 그 사무승계자 또는 직무대행자를 말한다(상법635①).

다.]에 따라 각각 가중할 수 있다. 다만, 자산총액의 100분의 5에 해당하는 금액이 500억원 이상인 경우에만 적용한다(동조 제2항).

또한 위 제39조 제1항에 따라 징역에 처하는 경우에는 같은 항에 따른 벌금을 병과한다(법48). 또한 제39조 제1항을 위반하여 얻은 이익 몰수한다(법45 전단). 이 경우 그 전부 또는 일부를 몰수할 수 없으면 그 가액을 추징한다(법45 후단).

신외부감사법은 고의로 분식회계를 저지른 회사 이사 등에 대하여는 최대 10년 이하(구법은 7년 또는 5년)의 징역 또는 얻은 이익이나 회피한 손실액의 2배 이상 5배 이하의 벌금(구법은 7천만원 또는 5천만원)으로 형사제재를 강화하고, 징역과 벌금의 병과 신설하며, 몰수와 추징 규정을 신설하였다.

제3절 입법취지

형사제재 관련 징역형을 구외부감사법의 7년 이하 또는 5년 이하에서 10년 이하로 상향조정하고, 벌금형을 7천만원 이하 또는 5천만원 이하에서 위반행위로 얻은 이익 또는 회피한 손실액의 2배 이상 5배 이하로 상향 조정하였으며, 회계처리기준을 위반하여 회사의 재무제표상 손익 또는 자기자본 금액이 자산총액의 일정 비중에 해당하는 금액만큼 변경되는 경우에는 중형에 처하도록 규정한 것은 분식회계를 하더라도 얻을 수 있는 이득이 없게 하여 분식회계를 사전에 예방하려는 입법이다.

또한 징역과 벌금의 병과를 신설하고 몰수 규정을 신설한 것은 징역형만을 선고받는 경우에는 분식회계 근절의 실효성을 확보하기 어려운 점이 있기 때문에 징역과 벌금의 병과 및 몰수와 추징규정을 신설하여 회사의 분식회계를 강력하게 억제하려는 것이다.

형사처벌규정

제1절 형사처벌과 가중

Ⅰ. 법정형

1. 10년 이하의 징역 또는 그 위반행위로 얻은 이익 또는 회피한 손실액의 2배 이상 5배 이하의 벌금

상법 제401조의2 제1항[1] 및 제635조 제1항[2]에 규정된 자나 그 밖에 회사의 회계업무를 담당하는 자가 회계처리기준을 위반하여 거짓으로 재무제표를 작성·공시하거나 감사인 또는 그에 소속된 공인회계사가 감사보고서에 기재하

---

[1] 상법 제401조의2(업무집행지시자 등의 책임)에 규정된 자는 ⅰ) 업무집행지시자: 회사에 대한 자신의 영향력을 이용하여 이사에게 업무집행을 지시한 자, ⅱ) 무권대행자: 이사의 이름으로 직접 업무를 집행한 자, ⅲ) 표현이사: 이사가 아니면서 명예회장·회장·사장·부사장·전무·상무·이사 기타 회사의 업무를 집행할 권한이 있는 것으로 인정될 만한 명칭을 사용하여 회사의 업무를 집행한 자를 말한다(상법401의2①).

[2] 상법 제635조(과태료에 처할 행위)에 규정된 자는 회사의 발기인, 설립위원, 업무집행사원, 업무집행자, 이사, 집행임원, 감사, 감사위원회 위원, 외국회사의 대표자, 검사인, 공증인, 감정인, 지배인, 청산인, 명의개서대리인, 사채모집을 위탁받은 회사와 그 사무승계자 또는 직무대행자를 말한다(상법635①).

여야 할 사항을 기재하지 아니하거나 거짓으로 기재한 경우에는 10년 이하의 징역 또는 그 위반행위로 얻은 이익 또는 회피한 손실액의 2배 이상 5배 이하의 벌금에 처한다(법39①).

● 관련판례: 대법원 2010. 6. 24. 선고 2007도9051 판결

주식회사가 재고자산평가손실을 줄이기 위하여 실제 인상된 가격으로 거래할 의사가 없이 명목상으로만 제품의 판매가격을 인상하고 그와 같이 인상된 판매가격을 기초로 산정한 추정판매가액 및 순실현가능가액에 따라 재고자산평가를 한 다음 그러한 내용의 재무제표를 작성·공시하는 행위는 회계처리기준에 위반하여 허위의 재무제표를 작성·공시한 때에 해당한다.

● 관련판례: 헌법재판소 2004. 1. 29.자 2002헌가20 결정

감사보고서에 기재하여야 할 사항이 어느 범위에 이르는지 여부에 관하여는 헌법상 요구되는 명확성이 인정된다고 할 수 없으나, 이러한 불명확성은 "감사보고서에 허위의 기재를 한 행위"의 내용을 정하는데 있어서는 영향을 미칠 수 없으므로 이를 이유로 동 개념이 불명확하여진다고 할 수 없다. 따라서 "감사보고서에 허위의 기재를 한 때"라고 한 부분은 그것이 형사처벌의 구성요건을 이루는 개념으로서 수범자가 법률의 규정만으로 충분히 그 내용의 대강을 파악할 만큼 명확한 것이라고 할 것이므로 죄형법정주의의 한 내용인 형벌법규의 명확성의 원칙에 반한다고 할 수 없다.

● 관련판례: 대법원 2014. 12. 24. 선고 2012도13610 판결

감사보고서에 허위의 기재를 한 때는 행위자인 외부감사인이 감사보고서의 내용에 자신이 감사한 사실에 관한 인식이나 판단의 결과를 표현하면서 자신의 인식판단이 감사보고서에 기재된 내용과 불일치함을 알고서도 일부러 진실 아닌 기재를 한 때를 말한다. 그런데 외부감사인이 감사보고서에 기재된 자신의 인식이나 판단은 진실에 부합하므로 허위가 아니며, 설령 그렇지 않다 하더라도 자신은 그것이 허위라는 점을 몰랐다고 주장하는 경우에, 그 기재의 허위성 및 허위 기재의 고의는 사물의 성질상 그와 상당한 관련성이 있는 간접사실을 증명하는 방법에 의하여 증명할 수밖에 없고, 이때 무엇이 상당한 관련성이 있는 간접사실에 해당할 것인지는 정상적인 경험칙에 바탕을 두고 치밀한 관찰력이나 분석력에 의하여 사실의 연결상태를 합리적으로 판단하는 방법에 의하여야 한다.

● 관련판례: 대법원 2007. 8. 23. 선고 2005도4471 판결

주식회사의 재무제표에 대하여 회계감사를 실시하는 외부감사인으로서는 감사결과 종전 회계연도의 분식회계로 인하여 당해연도 대차대조표의 전기이월잔액에 왜곡이 있다는 사실을 인식하였다면 그와 같은 왜곡을 당해연도의 감사보고서에 적절히 지적하고 의견기재에 반영하여야 한다고 봄이 상당하므로, 그러한 조치 없이 감사보고서에 "적정의견'이라고만 기재한 것은 "허위의 기재"에 해당한다.

2. 가중규정

회계처리기준을 위반하여 회사의 재무제표상 손익 또는 자기자본 금액이 자산총액의 일정 비중에 해당하는 금액만큼 변경되는 경우에는 다음 각 호에 따라 각각 가중할 수 있다(법39② 본문). 다만, 자산총액의 5%에 해당하는 금액이 500억원 이상인 경우에만 적용한다(법39② 단서).

1. 재무제표상 변경된 금액이 자산총액의 10% 이상인 경우에는 무기 또는 5년 이상의 징역에 처한다.
2. 재무제표상 변경된 금액이 자산총액의 5% 이상으로서 제1호에 해당하지 아니하는 경우에는 3년 이상의 유기징역에 처한다.

3. 징역과 벌금 병과

징역과 벌금을 병과할 수 있다(법 제48조). 법정형에 징역형과 벌금형을 병과할 수 있도록 규정되어 있는 경우 법원은 공소장에 기재된 적용법조의 유무나 검사의 구형 여부와 관계없이 그 심리·확정한 사실에 대하여 재량으로 벌금형의 병과 여부를 정할 수 있다.[3]

Ⅱ. 위반행위로 얻은 이익

1. 이익산정방식

"위반행위로 얻은 이익"이란 함께 규정되어 있는 "손실액"의 반대 개념으로 그 위반행위로 인한 이익을 말하는 것으로서 위반행위로 인해 발생한 위험과 인

---

3) 대법원 2011. 2. 24. 선고 2010도7404 판결.

과관계가 인정되는 것을 의미한다. 여기서 산정된 이익의 규모에 따라 벌금의 가
중이 달라진다. 따라서 위반행위로 얻은 이익의 규모를 정확하게 산정해내는 것
이 형사재판에서 중요한 과제가 될 것이다.

2. 책임주의

"위반행위로 얻은 이익"을 범죄구성요건의 일부로 삼아 그 가액에 따라 그
죄에 대한 형벌을 가중하고 있으므로, 이를 적용할 때에는 위반행위로 얻은 이익
의 가액을 엄격하고 신중하게 산정함으로써 범죄와 형벌 사이에 적정한 균형이
이루어져야 한다.

제2절 배임수증죄

I. 배임수재

감사인, 감사인에 소속된 공인회계사, 감사, 감사위원회의 위원 또는 감사인
선임위원회의 위원이 그 직무에 관하여 부정한 청탁을 받고 금품이나 이익을 수
수(收受)·요구 또는 약속한 경우에는 5년 이하의 징역 또는 5천만원 이하의 벌금
에 처한다(법40① 본문). 다만, 벌금형에 처하는 경우 그 직무와 관련하여 얻는 경
제적 이익의 5배에 해당하는 금액이 5천만원을 초과하면 그 직무와 관련하여 얻
는 경제적 이익의 5배에 해당하는 금액 이하의 벌금에 처한다(법40① 단서).

배임수재에 있어서 "부정한 청탁"이라 함은 청탁이 사회상규와 신의성실의
원칙에 반하는 것을 말하고, 이를 판단함에 있어서는 청탁의 내용 및 이와 관련
되어 교부받거나 공여한 재물의 액수·형식, 보호법익인 사무처리자의 청렴성 등
을 종합적으로 고찰하여야 하며, 그 청탁이 반드시 명시적으로 이루어져야 하는
것은 아니고, 묵시적으로 이루어지더라도 무방하다.[4]

---

4) 대법원 2011. 2. 24. 선고 2010도11784 판결 등.

Ⅱ. 배임증재

제1항에 따른 금품이나 이익을 약속·공여하거나 공여의 의사를 표시한 자도 제1항과 같다(법40②).

따라서 감사인, 감사인에 소속된 공인회계사, 감사, 감사위원회의 위원 또는 감사인선임위원회의 위원에게 그 직무에 관하여 부정한 청탁을 하면서 금품이나 이익을 약속·공여하거나 공여의 의사를 표시한 자는 징역 또는 5천만원 이하의 벌금에 처한다(법40② 및 40① 본문). 다만, 벌금형에 처하는 경우 그 직무와 관련하여 얻는 경제적 이익의 5배에 해당하는 금액이 5천만원을 초과하면 그 직무와 관련하여 얻는 경제적 이익의 5배에 해당하는 금액 이하의 벌금에 처한다(법40② 및 40① 단서).

제3절 5년 이하의 징역 또는 5천만원 이하의 벌금

상법 제401조의2 제1항[5] 및 제635조 제1항[6]에 규정된 자, 그 밖에 회사의 회계업무를 담당하는 자, 감사인 또는 그에 소속된 공인회계사나 감사 또는 감리업무와 관련하여 감사인, 감사인에 소속된 공인회계사, 증권선물위원회 위원을 보조하거나 지원하는 자가 다음의 어느 하나에 해당하는 행위를 하면 5년 이하의 징역 또는 5천만원 이하의 벌금에 처한다(법41).

1. 상법 제401조의2 제1항 및 제635조 제1항에 규정된 자나 그 밖에 회사의 회

---

[5] 상법 제401조의2(업무집행지시자 등의 책임)에 규정된 자는 ⅰ) 업무집행지시자: 회사에 대한 자신의 영향력을 이용하여 이사에게 업무집행을 지시한 자, ⅱ) 무권대행자: 이사의 이름으로 직접 업무를 집행한 자, ⅲ) 표현이사: 이사가 아니면서 명예회장·회장·사장·부사장·전무·상무·이사 기타 회사의 업무를 집행할 권한이 있는 것으로 인정될 만한 명칭을 사용하여 회사의 업무를 집행한 자를 말한다(상법401의2①).

[6] 상법 제635조(과태료에 처할 행위)에 규정된 자는 회사의 발기인, 설립위원, 업무집행사원, 업무집행자, 이사, 집행임원, 감사, 감사위원회 위원, 외국회사의 대표자, 검사인, 공증인, 감정인, 지배인, 청산인, 명의개서대리인, 사채모집을 위탁받은 회사와 그 사무승계자 또는 직무대행자를 말한다(상법635①).

계업무 등 내부회계관리제도의 운영에 관련된 자로서 제8조(내부회계관리제
도의 운영 등) 제2항을 위반하여 내부회계관리제도에 따라 작성된 회계정보
를 위조·변조·훼손 또는 파기한 경우

2. 감사인 또는 그에 소속된 공인회계사나 감사업무와 관련된 자로서 제19조(감
사조서) 제3항을 위반하여 감사조서를 위조·변조·훼손 또는 파기한 경우
3. 제22조(부정행위 등의 보고)에 따른 이사의 부정행위 등을 보고하지 아니한
경우
4. 제24조(주주총회등에의 출석)에 따른 주주총회등에 출석하여 거짓으로 진술
을 하거나 사실을 감춘 경우
5. 제28조(부정행위 신고자의 보호 등) 제2항을 위반하여 신고자등의 신분 등에
관한 비밀을 누설한 경우

제4절 3년 이하의 징역 또는 3천만원 이하의 벌금

상법 제401조의2 제1항7) 및 제635조 제1항8)에 규정된 자, 그 밖에 회사의
회계업무를 담당하는 자, 감사인 또는 그에 소속된 공인회계사나 감사 또는 감리
업무와 관련하여 감사인, 감사인에 소속된 공인회계사, 증권선물위원회 위원을
보조하거나 지원하는 자가 다음의 어느 하나에 해당하는 행위를 하면 3년 이하
의 징역 또는 3천만원 이하의 벌금에 처한다(법42).

1. 제6조(재무제표의 작성 책임 및 제출) 및 제23조(감사보고서의 제출 등) 제3
항을 위반하여 재무제표를 제출하지 아니한 경우
2. 제6조 제6항을 위반하여 감사인 또는 그에 소속된 공인회계사가 재무제표를

---

7) 상법 제401조의2(업무집행지시자 등의 책임)에 규정된 자는 ⅰ) 업무집행지시자: 회사에
대한 자신의 영향력을 이용하여 이사에게 업무집행을 지시한 자, ⅱ) 무권대행자: 이사의
이름으로 직접 업무를 집행한 자, ⅲ) 표현이사: 이사가 아니면서 명예회장·회장·사장·
부사장·전무·상무·이사 기타 회사의 업무를 집행할 권한이 있는 것으로 인정될 만한 명
칭을 사용하여 회사의 업무를 집행한 자를 말한다(상법401의2①).
8) 상법 제635조(과태료에 처할 행위)에 규정된 자는 회사의 발기인, 설립위원, 업무집행사
원, 업무집행자, 이사, 집행임원, 감사, 감사위원회 위원, 외국회사의 대표자, 검사인, 공증
인, 감정인, 지배인, 청산인, 명의개서대리인, 사채모집을 위탁받은 회사와 그 사무승계자
또는 직무대행자를 말한다(상법635①).

작성하거나 회사가 감사인 또는 그에 소속된 공인회계사에게 재무제표 작성을 요구하는 경우

3. 정당한 이유 없이 제7조(지배회사의 권한) 및 제21조(감사인의 권한 등)에 따른 지배회사 또는 감사인의 열람, 복사, 자료제출 요구 또는 조사를 거부·방해·기피하거나 거짓 자료를 제출한 경우

4. 정당한 이유 없이 제10조(감사인의 선임) 제1항·제2항 또는 제8항에 따른 기간 내에 감사인을 선임하지 아니한 경우

5. 제20조(비밀엄수)를 위반하여 비밀을 누설하거나 부당한 목적을 위하여 이용한 경우

6. 정당한 이유 없이 제27조(자료의 제출요구 등) 제1항에 따른 자료제출 등의 요구·열람 또는 조사를 거부·방해·기피하거나 거짓 자료를 제출한 경우

7. 재무제표를 작성하지 아니한 경우

8. 감사인 또는 그에 소속된 공인회계사에게 거짓 자료를 제시하거나 거짓이나 그 밖의 부정한 방법으로 감사인의 정상적인 회계감사를 방해한 경우

감사인의 정상적인 외부감사를 방해함으로 인한 외부감사법 위반죄의 성립에 있어서 외부감사 방해의 결과가 실제로 발생하는 것을 요하지 아니하고 방해의 결과를 초래할 위험이 발생하면 충분하다.[9]

제5절 2년 이하의 징역 또는 2천만원 이하의 벌금

신고자등이 신고 또는 고지를 하는 경우 해당 회사(해당 회사의 임직원을 포함)는 그 신고 또는 고지와 관련하여 직접 또는 간접적인 방법으로 신고자등에게 불이익한 대우를 해서는 아니 되는데(법28③), 이를 위반하여 신고자등에게 「공익신고자 보호법」 제2조 제6호[10]에 해당하는 불이익조치를 한 자는 2년 이하의

---

9) 대법원 2015. 1. 15. 선고 2014도9691 판결.
10) 6. "불이익조치"란 다음의 어느 하나에 해당하는 조치를 말한다.
  가. 파면, 해임, 해고, 그 밖에 신분상실에 해당하는 신분상의 불이익조치
  나. 징계, 정직, 감봉, 강등, 승진 제한, 그 밖에 부당한 인사조치
  다. 전보, 전근, 직무 미부여, 직무 재배치, 그 밖에 본인의 의사에 반하는 인사조치
  라. 성과평가 또는 동료평가 등에서의 차별과 그에 따른 임금 또는 상여금 등의 차별 지급

징역 또는 2천만원 이하의 벌금에 처한다(법43).

제6절 1년 이하의 징역 또는 1천만원 이하의 벌금

상법 제401조의2 제1항[11] 및 제635조 제1항[12]에 규정된 자, 그 밖에 회사의 회계업무를 담당하는 자, 감사인 또는 그에 소속된 공인회계사가 다음의 어느 하나에 해당하는 행위를 하면 1년 이하의 징역 또는 1천만원 이하의 벌금에 처한다(법44).

1. 증권선물위원회가 감사인의 선임이나 변경선임을 요구한 경우 회사는 특별한 사유가 없으면 이에 따라야 하는데(법11④), 정당한 이유 없이 이를 위반하여 증권선물위원회의 요구에 따르지 아니한 경우
2. 회사는 증권선물위원회로부터 지정받은 감사인을 지정 사업연도 이후 최초로 도래하는 사업연도의 감사인으로 선임할 수 없는데(법11⑥), 이를 위반하여 감사인을 선임한 경우
3. 감사인은 감사보고서를 일정 기간 내에 회사(감사 또는 감사위원회를 포함)·증권선물위원 회 및 한국공인회계사회에 제출하여야 하는데(법23①),

---

마. 교육 또는 훈련 등 자기계발 기회의 취소, 예산 또는 인력 등 가용자원의 제한 또는 제거, 보안정보 또는 비밀정보 사용의 정지 또는 취급 자격의 취소, 그 밖에 근무조건 등에 부정적 영향을 미치는 차별 또는 조치
바. 주의 대상자 명단 작성 또는 그 명단의 공개, 집단 따돌림, 폭행 또는 폭언, 그 밖에 정신적·신체적 손상을 가져오는 행위
사. 직무에 대한 부당한 감사(監査) 또는 조사나 그 결과의 공개
아. 인허가 등의 취소, 그 밖에 행정적 불이익을 주는 행위
자. 물품계약 또는 용역계약의 해지(解止), 그 밖에 경제적 불이익을 주는 조치
11) 상법 제401조의2(업무집행지시자 등의 책임)에 규정된 자는 ⅰ) 업무집행지시자: 회사에 대한 자신의 영향력을 이용하여 이사에게 업무집행을 지시한 자, ⅱ) 무권대행자: 이사의 이름으로 직접 업무를 집행한 자, ⅲ) 표현이사: 이사가 아니면서 명예회장·회장·사장·부사장·전무·상무·이사 기타 회사의 업무를 집행할 권한이 있는 것으로 인정될 만한 명칭을 사용하여 회사의 업무를 집행한 자를 말한다(상법401의2①).
12) 상법 제635조(과태료에 처할 행위)에 규정된 자는 회사의 발기인, 설립위원, 업무집행사원, 업무집행자, 이사, 집행임원, 감사, 감사위원회 위원, 외국회사의 대표자, 검사인, 공증인, 감정인, 지배인, 청산인, 명의개서대리인, 사채모집을 위탁받은 회사와 그 사무승계자 또는 직무대행자를 말한다(상법635①).

이에 따른 감사보고서를 제출하지 아니한 경우

4. 주식회사가 대차대조표를 공고하는 경우에는 감사인의 명칭과 감사의견을 함께 적어야 하는데(법23⑥), 이를 위반하여 감사인의 명칭과 감사의견을 함께 적지 아니한 경우

몰수와 추징

제1절 의의

Ⅰ. 몰수의 의의

몰수는 범죄 반복의 방지나 범죄에 의한 이득의 금지를 목적으로 범죄행위와 관련된 재산을 박탈하는 것을 내용으로 하는 재산형이다. 원칙적으로 다른 형에 부가하여 과하는 부가형이다. 몰수에는 필요적 몰수와 임의적 몰수가 있다. 벌금형은 재산형이지만 일정한 금액의 지불의무를 부담하는데 그치며 재산권을 일방적으로 국가에 귀속시키는 효과를 가지는 않는다는 점에서 몰수와 구별된다.

Ⅱ. 추징의 의의

추징은 몰수의 대상인 물건을 몰수하기 불가능한 경우에 그 가액을 추징하는 것이다.

제2절 관련 규정

외부감사법 제39조 제1항을 위반하여 얻은 이익 또는 제40조에 따른 금품이나 이익은 몰수한다(법45 전단). 이 경우 그 전부 또는 일부를 몰수할 수 없으면 그 가액(價額)을 추징한다(법45 후단).

양벌규정

제1절 의의

법인의 대표자나 법인 또는 개인의 대리인, 사용인, 그 밖의 종업원이 그 법인 또는 개인의 업무에 관하여 제39조부터 제44조까지의 위반행위를 하면 그 행위자를 벌하는 외에 그 법인 또는 개인에게도 해당 조문의 벌금형을 과(科)한다(법46 본문).

여기서 법인이란 대표자, 대리인, 사용인, 그 밖의 종업원의 사업주인 법인이고, 대표자란 당해 법인의 대표권한을 가지는 자를 말하고, 개인이란 대리인, 사용인, 그 밖의 종업원의 사업주인 개인을 말하며, 대리인, 사용인, 그 밖의 종업원은 법 제46조에 임원이 그 행위자로서 명기되어 있지 않은 관계상 사용인 그 밖의 종업원에 법인의 임원이 포함된다고 해석하여야 한다. 왜냐하면 법인의 임원을 제외할 이유가 없고, 제외한다면 사용인 그 밖의 종업원과 균형이 맞지 않기 때문이다.

법인의 종업원에는 법인과 정식의 고용계약이 체결되어 근무하는 자뿐만 아니라 그 법인의 대리인, 사용인 등이 자기의 보조자로서 사용하고 있으면서 직접 또는 간접으로 법인의 통제·감독하에 있는 자도 포함한다고 할 것이다.

제2절 업무관련성

양벌규정에서 "그 법인 또는 개인의 업무에 관하여"라는 의미는 법인의 대표자, 법인 또는 개인의 대리인, 사용인, 그 밖의 종업원이 개인적으로 한 외부감사법 위반행위를 제외하는 취지이다.

제3절 이익의 판단기준

법인에게 부과되는 벌금형은 법인이 대표자의 위반행위로 인하여 얻은 이익 또는 회피한 손실액을 기준으로 그 상한을 정하여야 한다.

제4절 면책

법인 또는 개인이 그 위반행위를 방지하기 위하여 해당 업무에 관하여 상당한 주의와 감독을 게을리하지 아니한 경우에는 그러하지 아니하다(법46 단서).

● 관련판례: 대법원 2007. 8. 23. 선고 2005도4471 판결

회사합병이 있는 경우 피합병회사의 권리·의무는 사법상의 관계나 공법상의 관계를 불문하고 모두 합병으로 인하여 존속하는 회사에 승계되는 것이 원칙이지만, 그 성질상 이전을

허용하지 않는 것은 승계의 대상에서 제외되어야 할 것인바, 양벌규정에 의한 법인의 처벌은 어디까지나 형벌의 일종으로서 행정적 제재처분이나 민사상 불법행위책임과는 성격을 달리하는 점, 형사소송법 제328조가 "피고인인 법인이 존속하지 아니하게 되었을 때"를 공소기각결정의 사유로 규정하고 있는 것은 형사책임이 승계되지 않음을 전제로 한 것이라고 볼 수 있는 점 등에 비추어 보면, 합병으로 인하여 소멸한 법인이 그 종업원 등의 위법행위에 대해 양벌규정에 따라 부담하던 형사책임은 그 성질상 이전을 허용하지 않는 것으로서 합병으로 인하여 존속하는 법인에 승계되지 않는다.

참고문헌

강현중(2005), "증권관련집단소송법에 관한 연구", 법학논총 제17집(2005. 2).

권재열(1998), "회계감사와 회계감사인: 주식회사의 외부감사에 관한 법률과 관련하여" 연세법학연구 제5권 제1호(1998. 5).

권재열(2017), "주식회사의 외부감사에 관한 법률 개정안의 주요 규정에 대한 비판적 검토", 기업법연구 제31권 제3호((2017. 9).

금융감독원(2016), "회계투명성 향상을 위한 회계제도 개선 방안", 연구용역보고서(2016. 12).

금융감독원(2019), "2019년도 회계심사·감리업무 운영계획 마련"(2019. 5. 14).

금융감독원(2020), "2019년도 상장회사에 대한 심사·감리 결과 및 시사점"(2020. 4. 7), 보도자료.

금융감독원(2021), "2020년 중 상장회사에 대한 심사·감리 결과 분석 및 시사점"(2021. 2. 22), 보도자료.

금융위원회·금융감독원(2017), "회계 투명성 및 신뢰성 제고를 위한 종합대책"(2017. 1. 20).

김문철·전영순·최진영(2011), "외부감사인에 대한 품질관리감리제도의 문제점 및 개선방안", 회계저널 제20권 제3호(2011. 6).

김성태(2010), "증권관련 집단소송에 있어서 대표당사자에 대한 연구", 숭실대학교 법학논총 제24집(2010. 7).

김주영(2007), "증권관련집단소송제의 미활성화, 그 원인, 문제점 및 개선방안", 기업지배구조연구 winter(2007).

김홍기(2012), "우리나라 증권관련집단소송의 현황과 개선과제", 경제법연구 제11권 제2호(2012. 12).

박휴상(2005), "증권관련 집답소송상 소송허가제도에 관한 고찰", 법학논총 제25집(2005. 12).

법무부(2001), 「증권관련집단소송법 시안 해설」(2011. 11).

신종석(2009), "증권관련집단소송에 관한 연구", 법학연구 제34집(2009. 5).

이강(2016), "한국 외부감사제도의 생성 및 변천과정에 관한 연구", 가천대학교 일반대학원 박사학위논문(2016. 12).

이영종(2014), "주식회사 외부감사의 법적지위와 직무수행에 관한 고찰: 기관과 기관

담당자의 구별에 기초를 둔 이해를 위한 시론", 증권법연구 제15권 제3호 (2014. 12).

이은철·박석진(2016), "재무제표 대리작성 근절을 위한 외감법 개정의 실효성에 관한 연구", 회계학연구 제41권 제1호(2016. 1).

임형주(2015), "한국기업의 감사보수, 감사시간과 감사품질의 관련성에 관한 연구: Big4와 Non-Big4 비교중심 패널데이터 분석", 기업경영연구 제22권 제6호 (2015. 12).

장금주·강민정·김상순(2014), "법정 외부감사에서 배제된 소규모 비상장기업의 이익 조정," 회계저널, 제23권 제5호(2014).

장덕조(2014), 「회사법」, 법문사(2014).

전원열(2005), "증권관련집단소송법 해설", 인권과정의 제345호(2005. 5).

정무위원회(이하 "1차 정무위원회"라 함)(2017), "주식회사의 외부감사에 관한 법률 전부개정법률안 검토보고", 제350회 국회(임시회) 제1차 정무위원회(2017. 3).

정무위원회(이하 "2차 정무위원회"라 함)(2017), "주식회사의 외부감사에 관한 법률 전부개정법률안 검토보고", 제350회 국회(임시회) 제2차 정무위원회(2017. 9).

정무위원회(이하 "법안심사소위"라 함), "법안심사소위원회 심사참고자료", 제354회 국회(정기회) 제2차 법안심사소위원회(2017. 9).

정영기·조현우·박연희(2008), "자산규모에 의한 외부감사 대상 기준이 적절한가?", 회계저널 제17권 제3호(2008. 9).

정호경·이상수(2016), "자본시장법상 시장질서 교란행위에 관한 연구: 성립요건과 조사절차상 주요 쟁점사항을 중심으로", 금융감독연구, 제3권 제2호(2016. 10).

조군제(2011), "국제회계기준의 도입에 따른 내부회계관리제도의 정착방안", 국제회계연구 제39집(2011. 10).

조은정·정주렴·김범준(2016), "경영자 능력이 경영자−감사인간 의견불일치에 미치는 경향: 감사 전 재무제표의 증권선물위원회 제출의무화를 중심으로", 회계저널 제25권 제4호(2016. 8).

주인기·조성표·권선국·나종길(2006), "한국의 경제발전과 회계의 역할", 한국회계학회 학술연구발표회 논문집(2006. 6).

최정식(2008), "증권관련집단소송법의 개선방안에 관한 고찰", 저스티스 통권 제102호, 한국법학원(2008. 2).

최종서·김정애·곽영민(2015), "감사인의 비상장주식 가치평가 관련 업무 수행실패와 게이트키퍼로서의 책임: B사 감리사례분석을 중심으로", 회계저널 제24권 제5호(2015. 10).

하순금·조용언·박성환(2015), "감사인 지정여부와 보수주의의 관련성", 회계저널 제
24권 제2호(2015. 4).

한수진(2016), "회계감사인의 손해배상책임", 서울대학교 대학원 석사논문(2016. 2).

황문호·권수영·이영한(2011), "감사인 품질관리감리의 효과성에 관한 연구: 한국공
인회계사회의 품질관리감리를 중심으로", 회계·세무와 감사 연구 제53권 제2
호(2011. 12).

동아일보, 2016년 8월 9일: '유한회사' 베일 쓴 글로벌기업 … 한국내 매출액 규모도
깜깜.

찾아보기

저자소개

이상복

서강대학교 법학전문대학원 교수. 연세대학교 경제학과를 졸업하고, 고려대학교에서 법학 석사와 박사학위를 받았다. 사법연수원 28기로 변호사 일을 하기도 했다. 미국 스탠퍼드 로스쿨 방문학자, 숭실대학교 법과대학 교수를 거쳐 서강대학교에 자리 잡았다. 서강대학교 금융법센터장, 서강대학교 법학부 학장 및 법학전문대학원 원장을 역임하고, 재정경제부 금융발전심의회 위원, 기획재정부 국유재산정책 심의위원, 관세청 정부업무 자체평가위원, 한국공항공사 비상임이사, 금융감독원 분쟁조정위원, 한국거래소 시장감시위원회 비상임위원, 한국증권법학회 부회장, 한국법학교수회 부회장으로 활동했다. 현재 금융위원회 증권선물위원회 비상임위원으로 활동하고 있다.

저서로는 〈외국환거래법〉(2021), 〈금융소비자보호법〉(2021), 〈상호저축은행법〉(2021), 〈자본시장법〉(2021), 〈여신전문금융업법〉(2021), 〈금융법강의 1: 금융행정〉(2020), 〈금융법강의 2: 금융상품〉(2020), 〈금융법강의 3: 금융기관〉(2020), 〈금융법강의 4: 금융시장〉(2020), 〈경제민주주의, 책임자본주의〉(2019), 〈기업공시〉(2012), 〈내부자거래〉(2010), 〈헤지펀드와 프라임 브로커: 역서〉(2009), 〈기업범죄와 내부통제〉(2005), 〈증권범죄와 집단소송〉(2004), 〈증권집단소송론〉(2004) 등 법학 관련 저술과 철학에 관심을 갖고 쓴 〈행복을 지키는 法〉(2017), 〈자유·평등·정의〉(2013)가 있다. 연구 논문으로는 '기업의 컴플라이언스와 책임에 관한 미국의 논의와 법적 시사점'(2017), '외국의 공매도규제와 법적시사점'(2009), '기업지배구조와 기관투자자의 역할'(2008) 등이 있다. 문학에도 관심이 많아 장편소설 〈모래무지와 두우쟁이〉(2005)와 에세이 〈방황도 힘이 된다〉(2014)를 쓰기도 했다.

외부감사법

초판발행	2021년 6월 20일
지은이	이상복
펴낸이	안종만·안상준
편 집	심성보
기획/마케팅	장규식
표지디자인	조아라
제 작	우인도·고철민·조영환
펴낸곳	(주) **박영사**
	서울특별시 금천구 가산디지털2로 53, 210호(가산동, 한라시그마밸리)
	등록 1959. 3. 11. 제300-1959-1호(倫)
전 화	02)733-6771
f a x	02)736-4818
e-mail	pys@pybook.co.kr
homepage	www.pybook.co.kr
ISBN	979-11-303-3950-4 93360

정 가   32,000원